사회복지시설운영론

김 종 태 장 정 숙 공저

弘益齋 홍익재

저자 소개

김 종 태

한세 대학교 졸업
PHIL-HANGUK THEOLOGICAL COLLEGE 졸업
평택대학교사회개발대학원 졸업(사회복지학 석사)
명지대학교대학원 졸업(행정학 박사)
동원대학, 신흥대학, 벽성대학 사회복지학 강사
한서대학교, 명지대학교 강사
동아인재대학, 겸임교수
성민대학교, 전임강사
국제문화대학원대학교 겸임교수

장 정 숙

PHIL-HANGUK THEOLOGICAL COLLEGE 졸업
세종대학원 대학원 졸업(사회복지학 석사)
서남대학교 대학원 사회복지학박사 과정수료
국제문화대학원대학교 교육학 박사과정
동아인재대학교 사회복지학과 겸임교수
한서대학교, 성민대학교 사회복지학과 강사

사회복지시설운영론

2012년 11월 11일 초판인쇄
2012년 11월 15일 초판발행

편 저 자 김종태 장정숙
발 행 인 윤 백 현
발 행 처 弘益齋 홍익재
서울시 중구 신당 405-25
전 화 (02) 2234-0951
전 송 (02) 2234-0952

email hongikjae@naver.com
http://www.wellbeinglife.or.kr

등록 1980년 4월 7일 제15-4호

정가 20,000원

ISBN 978-89-7143-358-4 13330

머 리 말

사회복지에 대한 깊은 이해 없이 사회복지현장에 뛰어들어 많은 문제에 부딪히며 얻어낸 경험은 몹시 소중한 것이었다.

늦게 시작한 사회복지에 대한 공부는 체계적 이론에 입각한 지식을 터득하고 현실적인 복지현장에 나타나는 제반문제를 극복하기 위한 많은 노력중의 한 단계였다는 생각이 든다.

책을 통해 얻어진 지식도 소중하지만 임상현장에서의 체험 또한 소중한 것이라는 것은 재론의 여지가 없을 것이다.

사회복지사업에 있어서 보다 현실적인 면은 법리적인 것과 제도적 행정행위의 당위성이 아닌가 생각하게 되었다. 필요에 의해 이리저리 부딪히는 갖가시 문제들을 해결하기 위해 문헌을 뒤지고 여러 곳을 방문하여 자문을 구하고 강의시간이면 질문을 통해 갈증을 메꾸는 일에 엄청난 에너지가 소모되었다는 것을 말하지 않을 수 없다.

좌충우돌 현장 경험과 학문적 연구를 거친 사회복지시설 현장의 운영에 관한 강의를 맡게 되면서 깊은 생각을 하게 되었다.

학생들이 사회복지현장에 투입되었을 때 차분하게 실무를 할 수 있으려면 어떤 것이 우선순위가 되어야 할 것인가? 이론과 현실이 괴리되고 있는 현장에서 부딪히는 문제들을 교육과정에서 조금이라도 거리감을 좁힐 수 있는 교육에 대한 것이 필요하다는 생각이 들었다.

사회복지시설에서 근무하는 많은 시설장과 사회복지사가 안고 있는 공통질문에는 조금이나마 도움이 될 수 있었으면 하는 마음에서 그동안 가지고 있던 자료들을 모아 보았으며 2012년 보건복지부 사회복지시설운영안내, 사회복지법인 관리안내 지침을 중심으로 강의하기에 알맞도록 재구성하였음을 밝혀둔다.

특히 개정판의 특징은 '도가니 사건'의 계기가 된 것으로 2012년 7월 국무회의를 통과하여 8월 시행될 사회복지사업법 개정안은 사회복지법인 이사 정수의 1/3(소수점 이하 절사)이상을 시 · 도에 설치되어 있는 사회복지위원회 등에서 외부추천 이사제 도입으로 이사의 선임사유가 발생한 날부터 15일 이내에 추천을 요청하고, 요청을 받은 기관은 30일 이내에 법인의 설립목적 등을 고려하여 이사를 추천 선임하도록 하였다.

또한 직전 3회계연도 세입 평균이 30억 원 이상인 사회복지법인은 감사 중 1명을 '주식회사의 외부감사에 관한 법률'에 따라 선임하여야 하고, 시 · 도지사는 사회복지법인의 임원에 대하여 시정요구 없이도 임원이 회계부정, 횡령, 절취, 뇌물수수, 배임행위 등을 한 경우에는 해임명령을 할 수 있는 시행령을 마련하였다.

법률에서 사회복지법인 이사회 회의록 공개 의무화에 따라 이사회 회의록은 회의일부터 10일 이내에 사회복지법인의 인터넷 홈페이지 등을 통하여 3개월간 공개하도록 하였고, 이사회 의결로 공개하지 아니할 수 있는 사항은 개인의 사생활의 비밀 또는 자유를 침해할 우려가 있는 사항 등 '공공기관의 정보공개에 관한 법률'에 따른 비공개사항으로 정하였다.

보건복지부장관 또는 시 · 도지사가 사회복지법인 또는 사회복지시설에 대하여 행정처분을 한 경우, 그 처분 관련 정보의 공표 내용, 기간, 방법 등을 정하고, 행정처분 관련 정보를 공표할 경우 사회복지법인 또는 사회복지시설의 명칭, 처분의 사유, 근거법령, 처분내용 등을 해당 기관의 인터넷 홈페이지 등에 6개월 이내 기간 동안 게재하도록 하였다.

이에 본 저자는 앞선 내용과 함께 노인장기요양보험법에 의해 2008년 7월 전국을 대상으로 시행된 치매·중풍 등의 노인을 위한 장기요양서비스 제공의 실태와 사회복지시설 운영에 나타난 변화에 대응하기 방법과 이를 준비하기 위한 내용, 강의시간에 필요성을 느꼈던 사회복지시설 운영에 대한 내용을 보완할 필요성을 느끼게 되어 개정안을 출간하게 되었다.

한편 본서는 학문적이라기보다는 현장 실무에 도움이 되도록 한 것이 본 저서임을 다시한번 말씀드리며, 사회복지법인·시설 운영과 관련된 내용들이 주를 이루므로 사회복지현장 실습지도 참고도서로서 역할을 할 수 있다.

본서가 나오기까지 국제문화대학원대학교 오치선총장님과 도서출판 홍익재 윤백현 사장의 도움에 감사하며 노인의료복지시설 초원의 집 직원들과 교육학박사 과정의 제자들이 협조하여 준 결과에 대해서도 감사할 뿐이다.

아무쪼록 본서가 사회복지시설 운영에 조금이나마 도움이 되었으면 하는 마음 간절하며, 출간한 본서에 오류는 없는지 걱정이 앞선다.

선배제현들이 지적과 충고를 주시면 겸허히 받아들여 이 분야에 꼭 필요한 실무서가 될 수 있도록 보강할 것을 약속한다.

2012. 11.

김 종 태 識

목 차

머리말 ………………………………………………………………… 3

제1부 사회복지사업과 법인

제1장 사회복지개념 및 윤리 ……………………………………………… 15

제1절 사회복지의 개념 ……………………………………………… 15

1. 사회복지의 어의적 개념 / 15
2. 사회복지의 이념적 개념 / 15
3. 사회복지의 기능적 개념 / 15
4. 사회복지의 기능 / 16
5. 사회복지의 목적 / 17
6. 사회복지의 구성요소 / 18

제2절 사회복지의 윤리와 철학 ……………………………………… 19

1. 사회복지의 가치의 개념 / 19
2. 사회복지 가치의 내용 / 21
3. 사회복지시설 운영윤리와 철학 / 22

제2장 사회복지사업법 ……………………………………………… 33

제1절 사회복지사업의 정의 ……………………………………… 33

제2절 사회복지사업법의 목적 ……………………………………… 33

제3절 사회복지사업의 기본적 사항 ……………………………… 34

제4절 사회복지사업법령 ………………………………………… 34

1. 사회복지법인 관련 법령 / 35

제3장 사회복지법인의 설립 ……………………………………… 36

제1절 사회복지법인의 개념 ……………………………………… 36

1. 사회복지법인의 정의 / 36
2. 사회복지법인의 개념 / 36
2. 사회복지법인의 현황 / 38

제2절 사회복지법인 설립 ………………………………………… 39

1. 사회복지법인 설립절차의 개요 / 39
2. 사회복지법인 설립요건 / 40　　3. 사회복지법인의 특성 / 51

제4장 사회복지법인의 운영관리 ······ 57

제1절 사회복지법인의 관리 ······ 57

1. 사회복지법인의 운영관리 / 57　　2. 사회복지법인의 등기 관리 / 64
3. 사회복지법인의 정관변경의 인가 / 66

제2절 사회복지법인의 처분 ······ 67

1. 사회복지법인의 기본재산 처분허가 / 67
2. 사회복지법인의 소멸 / 70　　3. 사회복지법인의 관리감독 / 75

제2부 사회복지시설

제5장 사회복지시설 설치 ······ 79

제1절 사회복지시설의 개념 ······ 79

1. 사회복지시설의 정의 / 79　　2. 사회복지시설의 종류 / 80
3. 사회복지생활시설의 현황 / 83

제2절 사회복지시설 공통적용사항 ······ 85

1. 사회복지시설 관련 적용법령 / 85　2. 사회복지시설 설치제도 / 86

제3절 사회복지시설 휴지 재개 자진폐쇄 ······ 90

1. 사회복지시설 휴지 / 90　　2. 사회복지시설 재개 / 90
3. 사회복지시설 자진 폐쇄 / 90

제4절 사회복지시설에 대한 행정처분 ······ 91

1. 사회복지시설에 대한 행정처분 요건 / 91
2. 사회복지시설에 대한 행정처분의 주체 및 종류 / 91
3. 사회복지시설에 대한 행정처분의 세부기준 / 91
4. 시 군 구 추가조치사항 / 92

제6장 사회복지시설의 운영 ······ 94

제1절 사회복지시설 운영 ······ 94

1. 사회복지시설의 시설장(원장) / 94
2. 사회복지시설 운영위원회 / 96
3. 사회복지시설운영의 투명성 강화 / 98
4. 사회복지시설의 생활자 인권보호강화 / 100
5. 사회복지시설의 안전관리 / 101

제2절 사회복지시설 종사자관리 ······ 102

1. 사회복지시설 종사자 채용방법 / 103
2. 사회복지시설 종사자 직위분류 / 103
3. 사회복지시설 종사자의 역할 / 111
3. 사회복지사의 직무 내용 분석 / 119
2. 프로그램개발 전문가의 역할 / 122
3. 프로그램개발전문가의 전문성 / 124

제3절 사회복지시설 예산지원 ······ 128

1. 사회복지시설 예산의 목적과 적용범위 / 128
2. 용어의 정의 / 128

제4절 사회복지시설 후원금관리 ······ 129

1. 사회복지시설 후원금의 접수 / 129
2. 사회복지시설 후원금의 관리 / 129
3. 사회복지법인과 시설 후원금의 사용 / 129

제7장 근로기준법 적용업무 ······ 131

제1절 총 칙 ······ 131

1. 목 적 / 131
2. 적용범위 / 131
3. 용어의 정의 / 132

제2절 근로계약 ······ 133

1. 적용한계 / 133
2. 근로계약 체결시 명시사항 / 134
3. 근로계약 체결관련 고려사항 / 134
4. 종사자 해고의 제한 / 134

5. 해고의 예고 및 구제절차 등 / 135 6. 퇴직금제도 / 137
7. 기타 참조사항 / 138

제3절 임 금 ······ 139

1. 임금의 지급 / 139 2. 휴업수당의 지급 / 140
3. 임금대장의 작성 등 / 140

제4절 근로시간과 휴식 ······ 140

1. 근로시간 / 140 2. 연장근로시간 / 142
3. 근로시간 및 근로시간 산정의 특례 / 142
4. 연차유급휴가 / 143

제5절 여성종사자 보호규정 ······ 144

1. 시간외근로에 대한 규정 / 144 2. 휴가 및 휴식에 관한 규정 / 145

제6절 재해보상 ······ 145

1. 업무상질병과 요양의 범위 / 145 2. 재해보상 / 146
3. 재해보상 관련 기타사항 / 147

제7절 취업규칙 ······ 148

1. 취업규칙의 작성 신고 / 148 2. 종사자 의견청취 / 149
3. 취업규칙의 제한 / 149

제8장 사회복지법인시설 재무회계 ······ 150

제1절 사회복지법인의 재무 ······ 150

1. 목 적 / 150 2. 적용범위 / 150
3. 사회복지법인 및 시설의 회계 / 150

제2절 예 산 ······ 151

1. 예산의 편성 / 151 2. 준예산의 편성 / 152
3. 추가경정예산의 편성 / 152 4. 예비비의 계산 / 152
5. 세출예산의 이월 / 152 6. 특정목적사업 예산 / 153
7. 예산의 원칙 / 153

제3절 회 계 ······ 155

1. 회계총칙 / 155
2. 수 입 / 155
3. 지 출 / 156
4. 계 약 / 157

제4절 결 산 159

1. 결산의 보고 / 159
2. 결산보고서에 첨부하여야 할 서류 / 160
3. 감사실시 및 보고 / 160

제5절 물품관리 161

1. 물품의 관리 / 161
2. 물품의 조사 및 처리 / 161

제3부 사회복지시설 분야별 업무

제9장 노인복지시설별 업무 171

제1절 노인복지시설 운영관리 171

1. 노인복지시설 설치 운영주체 / 171
2. 노인복지시설 시설기준 및 직원배치기준 / 174
3. 노인복지시설 입퇴소 관리 / 180
4. 노인복지시설의 이용 및 운영 / 181
5. 운영에 대한 벌칙 및 행정처분 / 182
6. 결식 및 경로당 노인 무료급식 운영 / 187
7. 홀로사는 노인결연사업 / 190
8. 노인여가시설 운영 및 지원 / 193
9. 노인복지회관 설치 및 운영 / 197
10. 노인복지시설 관리 및 지원 / 206
11. 경로효친 사상 및 노인봉양의식 제고 / 220
12. 노인학대예방센터 / 225

제10장 장애인복지시설 업무 235

1. 장애인복지시설 설치운영 주체 및 종류 / 235
2. 장애인복지시설 설비 및 종사자 기준 / 236
3. 장애인복지시설 입 퇴소 관리 / 239

4. 장애인복지시설 이용 및 운영 / 239
5. 벌칙 및 행정처분 / 240

제11장 아동복지시설 업무 241

1. 아동복지시설 설치운영주체 및 종류 / 241
2. 아동복지시설 설비 및 종사자 기준 / 242
3. 아동복지시설 입 퇴소관리 / 246
4. 아동복지시설의 이용 및 운영 / 248
5. 운영에 대한 벌칙 및 행정처분 / 249

제12장 모부자복지시설 업무 250

1. 모부자복지시설 설치운영주체 및 종류 / 250
2. 모·부자 복지시설 설비 및 종사자 기준 / 251
3. 모·부자 복지시설 입 퇴소 관리 / 253
4. 운영에 대한 벌칙 및 행정처분 / 254

제13장 부랑인 및 노숙인 보호시설 업무 255

1. 부랑인 및 노숙인복지시설의 설치운영 주체와 종류 / 255
2. 부랑인 및 노숙인 복지시설 설비 및 종사자기준 / 255
3. 부랑인 및 노숙인 보호시설 입 퇴소관리 / 257
4. 부랑인 및 노숙인 복지시설 이용 및 운영 / 258

제14장 정신보건시설 업무 260

1. 정신요양시설 설치 운영주체와 종류 / 260
2. 정신요양시설 설비 및 종사자기준 / 261
3. 정신요양시설 입 퇴소 관리 / 263
4. 정신요양시설의 이용 및 운영 / 266
5. 운영에 대한 벌칙 및 행정처분 / 270

제15장 개인운영시설 운영관리 273

제1절 개인운영시설의 의의 ············ 273

제2절 개인운영시설 운영관리 ············ 273

1. 개인시설의 입소대상자 및 입 퇴소 절차 / 273
2. 개인시설의 시설 설비기준 / 275
3. 개인운영시설의 시설장 및 종사자 자격기준 / 275
4. 개인운영 사회복지시설에 대한 지원 / 277
5. 시설신고기준 완화 및 공동생활시설에 대한 근거마련 / 280

제16장 노인장기요양 서비스 ············ 283

제1절 노인장기요양보험제도의 개요 ············ 283

1. 노인장기요양보험제도제도의 기대효과 / 284
2. 서비스제공형태의 변화 / 284
3. 수급자에 대한 변화 / 285
4. 제도의 목적 / 285
5. 대상자 / 285

제2절 노인 장기요양시설의 개념 ············ 286

1. 장기요양시설의 종류 / 286
2. 장기요양급여제공 이용 절차 / 286
3. 장기요양등급판정체계 / 287
4. 장기요양급여의 종류 / 287
5. 노인복지법 시행령 시행규칙 개정안 주요내용 / 288

제3절 장기요양시설 설치 절차 ············ 294

1. 장기요양기관 설치절차 및 명칭 / 294
2. 장기요양기관 지정절차 / 295
3. 지정신청서제출 서류 / 295

제4절 시설 및 재가 서비스 제공절차 ············ 300

1. 시설입소 계약 절차 / 300
2. 재가서비스제공기관의 일반적 절차 / 302
3. 수가 및 급여기준 / 303

각종서식 ············ 308

참고문헌 ············ 362

찾아보기 ············ 363

표 목 차

[표2-1] 사회복지사업 법령 35
[표2-2] 사회복지법인 현황 38
[표2-3] 사회복지법인 설립 단계 39
[표2-4] 생활시설의 구분 53
[표2-5] 감사 및 지도감독 76
[표2-6] 감사 및 지도감독 76
[표5-1] 사회복지시설 관련법 및 종류 80
[표5-2] 사회복지시설 분류 및 관련부서 81
[표5-3] 사회복지생활시설 현황 83
[표5-4] 사회복지시설 법령 85
[표6-1] 종사자 직위 분류 104
[표6-2] 시설종사자(생활재활교사, 간병인력 등의) 자격 및 교육과정 비교 105
[표6-3] 요양보호사와 민간자격 비교 105
[표6-4] 간병서비스 인력배출 현황('06년말) 106
[표6-5] 유사인력 배출현황('05년말) 106
[표6-6] 요양보호사 배치 인력기준 126
[표6-7] 단체협약, 취업규칙, 근로계약 127
[표8-1] 법인회계 세입 세출예산과 목 구분 162

각종서식 목차

서식 1호-공통서식] 복지대상자 보장/급여(변경) 신청서 ······ 310
[서식 2호-공통] 복지대상자 ······ 312
[서식 6호-공통서식] 복지급여계좌변경신청서 ······ 313
[서식 7호] 2012년도 노인건강진단 1차대상자 명단 ······ 314
[서식 8호] 2012년도 노인건강진단 2차대상자 명단 ······ 314
[서식 9호] (   )차 노인건강진단결과 분석표 ······ 315
[서식 10호] (   )차 노인건강진단결과 조치내역 ······ 316
[서식 11호] 노인건강진단기록부 ······ 316
[서식 12호] 개안수술 지원신청서 ······ 319
[서식 14호] 재가복지시설 이용 신청서 ······ 320
[서식 15호] 재가복지시설 이용 의뢰서 ······ 321
[서식 16호] 재가노인 지원대상 실태조사표 ······ 322
[서식 17호] 모범경로당 선정서 ······ 324
[서식 18호] 후원신청서 ······ 325
[서식 19호] 2005년도 분기 결연후원사업 추진실적 총괄표 ······ 326
<후원금 결연> ······ 327
<후원품 > ······ 328
<붙임 자료 1> ○○시설 운영위원회 운영규정(안) ······ 329
<서식 1> 시설운영위원회 회의록 ······ 332
<서식 2> 시설운영위원회 정책건의사항 ······ 333
<서식 3> 시설별 설치신고서 ······ 334
양식) 노인주거복지시설설치신고서 ······ 336
양식) 장애인복지시설설치·운영신고서 ······ 337
양식) 아동복지시설설치신고서 ······ 338
양식) 부랑인복지시설 및 모자복지시설 설치 신고서 ······ 339
양식) 정신요양시설설치허가신청 및 허가사항변경통지서 ······ 340
<서식 4> 개인운영시설 계약서 예시 ······ 341

<서식 5> 개인시설 생활자 입퇴소 보고서 ······ 343
<붙임 1> 사회복지법인정관 변경인가신청서 ······ 344
<붙임 2> 기본재산처분허가신청서 ······ 345
<붙임 3> 장기차입허가신청서 ······ 346
<붙임 4> 사회복지법인합병허가신청서 ······ 347
<붙임 5> 발기인 총회회의록 예시 ······ 351
<붙임 6> 설립 발기인명단 ······ 352
<붙임 7> 기본재산목록 ······ 353
<붙임 8> 임원명단 ······ 354
<붙임 9> 법인이 사용할 인장 ······ 355
<붙임 10> 재산출연증서 ······ 356
<붙임 11> 임원 취임승낙서 ······ 357
<붙임 12> 임원의 이력서 ······ 358
<붙임 13> 특수관계 부존재 각서 ······ 360
<붙임 14> 사회복지법인임원임면보고서 ······ 361

제 1 부

사회복지사업과 법인

제 1 장 사회복지개념 및 윤리 15
제 2 장 사회복지사업법 33
제 3 장 사회복지법인의 설립 36
제 4 장 사회복지법인의 운영관리 57

제 1 장 사회복지의 개념과 윤리

제 1 절 사회복지의 개념

1. 사회복지의 어의적 개념

사회복지의 어의적 개념은 사회(social)와 복지(welfare)라는 단어의 합성어로써 사회적(social)이란 서비스가 집합적인 행동에 의하여 제공된다는 의미한다. 이는 서비스의 목적이 사회적 욕구의 충족을 겨냥하고 서비스의 제공동기가 이윤추구와 같은 경제적 동기가 아닌 상부상조 또는 이타주의와 같은 사회적 동기라는 의미를 포함하고 있다.

복지란 welfare의 단어 가운데 'well'과 'fare'의 복합어로써 'well'은 만족스럽게, 충분하게, 불만이 없는, 적당하게, 평안하게 등의 뜻을 의미하고 'fare'는 특정의 상태(stare of thing)를 의미하여 만족스러운 상태, 충분한 상태, 불만이 없는 상태, 행복의 전제 조건이 되는 일상생활의 상황, 즉 인간이 생활하는 삶의 상태가 안녕하여 인간다운생활을 할 수 있도록 기본적인 욕구를 사회적으로 지원하는 제반 사회적 노력의 총화라고 정의할 수 있다(김성이 김상균, 1994).

2. 사회복지의 이념적 개념

이념적 개념으로는 오늘날 인류의 희망과 욕망을 지배하고 있는 세계적으로 공통된 세 가지 이념을 가지고 있는데 첫째는 풍요의 이념 (the idea of abundance) 둘째는 상호관계의 이념 (the idea of mutuality) 셋째는 개발계획의 이념 (the idea of developmental planning)을 가지고 있다. 사회복지는 풍요롭게 하는 것이며, 대상자와 상호관계를 설정하여 아이디어를 개발하여 대상자의 인간존엄성의 보장과 인간다운 생활의 보장(헌법 제10조, 제34조) 그리고 자립적인 생활의 촉진 등을 최고도로 실현되도록 하는 활동이다.

3. 사회복지의 기능적 개념

기능적 개념은 미시적 측면과 거시적 측면으로 구분하는데, 미시적 측면은 전문적인 기법을 활용하여 개인, 가족, 집단 및 지역사회의 욕구 충족이나 문제해결을 도와주는 구체적인 활동으로 사회사업실천 (social work practice)이라 할 수 있다.

거시적 측면은 법과 제도를 통해 전체국민의 안락한 생활 보장활동을 할 수 있는 사회정책이라 할 수 있다.

광의의 사회복지 개념은 사회복지를 실체 개념으로 파악하여 평균적인 필요(need)가 충족되지 않은 개인, 가정, 집단 등에 사회적 서비스를 체계적으로 조직화하여 비복지(diswelfare)[1]를 해결하기 위한 사회적 서비스를 총칭하는 것이다.

협의의 개념은 '사회복지사업', '사회복지서비스'라는 용어를 사용하여 빈곤층, 노인, 아동, 장애인 등 사회적 약자나 요보호자에 대한 보호, 지도, 치료, 재활 등의 서비스를 제공하는 것이다.

ㅇ 로만신의 사회복지 개념의 변화 방향을 살펴보면 다음과 같다.

① 보완적 개념 ⇒ 제도적 개념으로 변화
② 자선 ⇒ 시민 권리로서 변화
③ 특수한 서비스(빈민) ⇒ 보편적 서비스(전체국민)로 변화
④ 최저조건 ⇒ 최적조건으로 변화되고 있다.
⑤ 개인적 개혁(문제해결) ⇒ 사회적 개혁(문제예방)으로 변화
⑥ 자발성(민간후원) ⇒ 공공성(정부지원)으로 변화
⑦ 빈민복지(빈민구제) ⇒ 복지사회(복지국가)로 변화

4. 사회복지의 기능

사회복지의 기능은 원조, 사회개혁, 사회통제의 3가지 기능을 가지는데, 원조는 프로그램과 서비스가 취약계층과 일반국민을 대상으로 심리사회적 문제 해결 도우며 물질적 지원을 할 때 발휘 되는 것. 사회구성원을 대상으로 원조서비스 제공. 욕구충족과 사회적 기능을 향상시키는 노력이며, 사회개혁은 각종 사회제도에 개입하여 이러한 사회제도가 인간의 복리증진과 사회적 기능을 향상 시키는데 유리 하도록 개혁하는 기능을 수행하는 것이다.

사회통제는 기존의 법, 제도, 규범에 동조하는 형태를 의미하며 특히 취약계층이 일탈행위를 보일 때 현존하는 사회규범에 맞추도록 요구하는 활동이다.

---

1) 비복지(diswelfare)란 '만족스럽지 못한 상태, 질병, 빈곤, 불안, 불행한 상태' 를 뜻한다.

5. 사회복지의 목적

1) 인간의 존엄성 확보

사회복지의 가장 중요한 목적은 인간의 인격을 인정하고 존중하는 데 있다. 인간은 다양한 개성을 가지고 살고 있지만, 모든 인간으로서의 존엄성을 인정받아야 하는 존재이다. 우리나라의 헌법 제10조에서도 모든 국민은 인간으로서의 존엄과 가치를 가지며, 행복을 추구할 권리를 가진다고 선언하고 있다.

2) 인간의 건강한 성장과 발달의 보장

사회복지의 두 번째 목적은 건강하고 자율적인 인간의 성장과 발달을 확보하는 것에 있다. 사회복지의 많은 프로그램은 인간의 성장과 발달을 지원하기 위한 개입활동으로서 어린이서부터 노인에 이르기까지 건강하고 건설적으로 성장하고 발달할 수 있다는 잠재적 가능성을 인정하고 있다.

3) 정상화

사회복지가 추구하는 세 번째 목적은 정상화 이념을 확보하는 것이다. 정상화는 오늘날 사회복분야의 새롭고도 매력적인 개념으로 대두되고 있다. 이 개념은 두 가지 측면을 가지고 있다. 하나는 모든 사람들은 정상적인 생활을 영위할 권리는 가진다는 점이고, 또 다른 의미는 장애인이 지역사회를 기반으로 하여 다른 사람과 더불어 살아갈 수 있게 하는 것 자체가 인간답고 정상적인 사회의 참 모순이라는 것이다.
즉 국민이 가지고 있는 편견이나 차별의식을 감소시켜서 정상화 이념을 정착시키는 것이 사회복지의 중요한 목적이 되고 있는 것이다.

4) 사회적 통합

사회적 통합이란 클라이언트로 하여금 사회의 구성원으로서 다른 사람과 마찬가지로 사회에 적극적으로 참여하고 살아갈 수 있게 보장하는 것이다. 즉 사회적인 통합을 이루어나가는 것이 중요한 의미를 가지는 것이다. 모든 국민의 인간다운 생활을 확보하는 첩경이 된다는 신념 하에서 사회적 통합을 사회복지의 중요한 목적으로 삼고 모든 사람의 삶의 질을 개선하기 위하여 개인과 사회 간의 유익한 상호작용을 증진시키거나 개선하려는 것이다.

6. 사회복지의 구성요소

- 민간 : 빈자에 대한 자선사업 · 사회사업
- 부자(자본가) : (민간)사회행동 · 지역복지 - (국가)조세정책 · 고용정책
- 빈자 : (민간) 자선사업 · 사회사업 (국가) 사회정책 사회입법
- 국가 · 정부 : (민간)사회복지서비스 (빈자) 사회정책 사회입법

제2절 사회복지의 윤리와 철학

사회복지법인이나 시설을 설립하거나 운영하는 과정에서 시설 운영의 비리와 인권문제의 피해 사례가 가끔씩 나타나고 있어 시설운영에 대한 부정적인 요소로 작용하는 경우가 있다. 이것은 시설운영자(종사자)에게서 사회복지에 대한 윤리와 철학이 정립되지 않은 원인일 수 있다.

그렇기 때문에 시설 운영자(종사자)는 인간의 존엄성과 구체적인 인간 행위와 깊은 관련이 있는 문제를 다루기 때문에 바람직한 가치(value)와 철학(philosophy)이 있어야 한다.

1. 사회복지의 가치의 개념

가치(價値 : values)라는 용어를 우리는 일상생활에서 광범위하게 사용하고 있다. 그러나 "가치가 무엇인가?"라는 질문에는 쉽게 답을 할 수가 없다. 더구나 가치의 본질을 규명하는 것은 추상적이고 어려운 문제이기 때문에 논란이 야기될 수 있다.

가치는 인간이 바람직한 것에 관한 관심과 결부되어 있다. 사람들의 관념으로서 사람들의 행동에 영향을 미치는 힘을 지니는 것이다.

가치는 '해야 하는 것', '해서는 안 되는 것' 또는 '있어야 하는 것', '있어서는 안 되는 것'에 대한 관념이라고도 규정된다.

가치는 사실(事實)과 구별되는 속성을 가진다. 우리는 사실과 가치로 구성된 세계에서 살아간다. 가치와 사실은 서로 결부되고 중첩적으로 존재하지만 가치의 세계와 사실의 세계는 관념적으로 구별된다. 가치와 사실은 의사결정에서 본질적으로 구별되는 역할을 한다.[2)]

가치의 세계는 '만들어지는 것'이다. 그러나 사실의 세계는 '주어진 것'이기 때문에 실제 세계에 있어서 사건과 대상에 대한 진술로서, 이의 진위가 경험적으로나 논리적으로 검증 될 수 있는 명제를 일컫는다. 어떤 대상에 대한 관심과 바람직한 상태에 대한 관념을 기초로 형성되는 개념이다.

가치는 인간이 무엇인가에 대한 관심과 결부되어 있다. 여기서의 관심이란 욕구・태도・선호 등의 용어로 바꾸어 쓸 수 있다. 인간들은 객체적인 존재로서 여러 가지에 관심을 갖는다. 인간이 갖는 관심자체에 의미가 있고 그것이 가치로 부상되는 것이다.

---

2) 오석홍, 「행정과 가치」, 서울대학교행정대학원 『行政論叢』, 1995.

가치는 인간이 관심을 갖는 생활의 제반 측면에서 바람직한 상태에 대한 관념이다.[3]

바트렛(H.Bartlett)는 "가치는 선(good)이며 바람직한(desirable)것" 이다. 라고 "가치는 정서를 가지며, 사회복지의 전문가들이 지향해야 할 목적이나 목표를 제시해 준다. 가치의 진수는 무엇이 보다 나은 것인가와 관련이 있다."

이것은 가치가 관심과 관념이라는 양 측면으로 그 내용을 구성하고 있음을 의미한다.

이러한 가치는 인간의 관심과 관념의 차이를 반영하는 것이기 때문에 그 존재유무와 존재방식을 둘러싸고 가치실재론(價値實在論)과 가치유명론(價値唯名論)이 대립하고 있다.

전자는 가치란 독자적으로 존재하는 것이라는 논거를 갖고 있는 반면, 후자는 가치란 사건이나 사물을 대하는 사람의 심리적 판단에 의하여 생겨나는 것이라고 한다.

가치실재론자들은 인간이 추구하는 가치에는 진 선 미와 같은 누구에게나 공통되는 보편적 가치가 있다는 절대주의 적 태도를 견지한다. 그러나 가치 유명론자는 그러한 가치마저도 그것의 인식과 평가는 사람에 따라 달라진다는 상대주의적 입장을 강조한다.

이러한 논란을 의식하여 Maslow는 가치라는 말 대신에 욕구(needs)라는 말을 사용하였고, Hodgkinson은 다양한 가치간의 혼란을 방지하고 가치를 분류가능하게 해주며 가치갈등의 해소를 위해 근거를 마련해 주기 위해 가치 개념의 분석 모델을 제시하고 있다.

이 모델에서는 가치의 기본 개념으로서 '옳음(right)과 '좋음(good)'의 두 요소로 나누어 놓고 있는데, 이 구별은 '바람직 한 것(desirable)'과 '바라는 것(desired)'의 차이와 같고 가치론(axiological, 善)과 의무론(deontological, 正) 사이의 구별로도 볼 수 있다.[4]

이러한 가치로 Hodgkinson은 가치의 유형을 초합리적(超合理的)가치, 합리적(合理的)가치, 반합리적(半合理的)가치로 구분하고 있다.

초합리적 가치는 형이상학적 · 초합리적 기반을 가지고 있으며, 종교적인 체제 속에서 성문화되어 나타난다. 예를 들어 성경에 '살인하지 말라'와 같은 십계명의 율법은 종교적인 윤리 강령이며 명령이고 계율의 형태를 취하는 것으로 나타나며 개인의 종교적 신앙이나 의지에 그 기초를 두고 있다. 옳거나 그른 것을 판단하는 차원의 성격을 지니고 있는 초합리적 가치는 개인에 따라서 이것을 가질 수도 있고 가지지 않을 수도 있으며 또 서로 다른 가치를 소유할 수도 있다.

합리적 가치는 절차나 결과의 합리성이 있기 때문에 정당화되는 가치이다. 이러한 가치들은 사회적 법규나 관습, 문화적 전통 등에 의하여 지지되고 있다.

반합리적 가치는 논리실증주의 · 행태주의 · 쾌락주의의 배경 아래 형성되는 가치이다. 이것은

3) 한영수, 行政價値에 관한 一考, 江南大學校『論文集』, 第32輯, 1998.
4) *Ibid*, p. 4.

개인적 애정이나 선호에 근거하여 정당성이 인정되는 가치이다.[5] 그래서 가치의 본질은 행동규범으로서 선과 악을 구별하여 행동하는 것이며, 선한 것 의 본질이 무엇인가? 또는 선한 것의 판단기준이 무엇인가를 규명하는 것이다.

모든 사회사상은 근본이 사회적 이해관계를 조정하는 기능과 연관 지어 있으며 사회적 가치개념은 권력이나 부등 사회적 제 가치의 배분원리에 관한 것이라고 할 수 있다.

인간의 궁극적인 목표는 '생존'이다. 이것은 인간은'더 나은', '더 가치 있는 생존'을 원한다는데서 출발한다. 이러한 목표를 보다 효과적으로 달성하기 위해 인간은 집단생활을 하며 공동체를 구성한다. 따라서 공존공생(共存共生)할 수 있는 원칙이 필요하게 되는 것이다. 이것은 사회적 합의에 의해 도출될 수 있으며 사회적 덕목으로서 사회적 가치인 것이다. 사회적 가치는 바로 공동체 생활의 기본 원칙이고 규범이며 이는 사회적 제가치의 배분원리에 관한 활동으로 볼 수 있다. 자유와 평등 정의 공익 등의 사회적 규범들은 공존공생의 질서를 위한 원칙이며 사회적 제가치의 배분 원리인 것이다.

사회복지의 가치는 인간을 존중하며 인간의 복지를 어떻게 중요시하고 있는가를 결정하는 철학과 불가분의 관계이다.

2. 사회복지 가치의 내용

사회복지는 가치 지향적이다. 많은 사람들이 공감하는 주된 사회복지 가치로는 평등, 자유, 연대, 정의, 이타주의 등이 있다.

1) 평 등

평등에는 수량적 평등과 비례적 평등, 기회의 평등으로 구분하는데, 수량적 평등은 모든 사람을 똑같이 취급하여 욕구나 능력의 차이에 관계없이 사회적 자원을 분배하는 개념으로서 가장 적극적인 평등의 개념이다.

비례적 평등은 개인의 욕구, 능력, 기여 정도에 따라 사회적 자원을 다르게 분배하는 개념이며, 기회의 평등은 결과는 무시한 채 과정만 똑같이 해 주는 개념이다.

---

5) *Ibid*, p. 4.

2) 자 유

자유의 개념에는 소극적 자유와 적극적 자유가 있다. 소극적 자유는 사람들 간의 상호작용 관계에서 다른 사람의 간섭 없이 자신의 의지대로 행할 수 있는 상태를 의미하며, 적극적 자유는 자기가 원하는 것을 할 수 있는 상태를 말한다.

3) 연 대

뒤르켕은 연대를 기계적 연대와 유기적 연대로 구분하여 기계적 연대는 가족이나 부족사회에서 흔히 나타나는 연대로서 구성원들을 결속시킬 수 있는 공통의 대인관계나 가치 그리고 신념이 존재할 때 가능하게 된다.

유기적 연대는 사회적 분화가 급격하게 발생하는 현대사회에서 질서를 유지하기 위해서 사회구성원들 개개인이 상이하게 평가되는 상이한 역할을 수행할 필요성을 갖게 되는데, 이러한 상이성에 근거한 연대이다.

4) 정 의

정의의 개념은 절차상의 정의, 실질적 정의, 능동적 과정으로서의 정의를 구분하고 절차상의 정의는 법률에서 정한 합법적인 절차를 강조한다.

실질적 정의는 결과로서 분배적 정의를 강조하고, 능동적 과정으로서 정의는 불의한 현상을 예방하고 치료하는 사회적 과정을 강조한다.

5) 이타주의

사회복지의 가장 강력한 가치 중 하나는 타인을 도와야 한다는 신념, 느낌, 태도 혹은 이타주의(altruism)라고 할 수 있다. 이타주의는 인간중심주의(humanitarianism)로써 협동을 절실히 요구하는 집합주의(collectivism)하에서 사회복지는 한층 더 발전하게 된다.

3. 사회복지시설 운영윤리와 철학

사회복지시설운영자(종사자)는 사회복지사업을 통해 인간다운 생활을 할 권리를 보장하고 사회복지의 전문성을 높이며, 사회복지사업의 공정, 투명, 적정을 기하고 지역사회복지의 체계를 구축하여 사회복지의 증진을 이루기 위해서는 무엇보다 시설 운영에 대한 확고한 운영철학을 가지고 있어야 한다.

철학(philosophy)의 개념은 어원상으로 'philos(사랑)'라는 말과 'sophia(지혜)'라는 낱말의 합성어로서 곧 '지혜를 사랑하는 것'이란 의미이다. 이것은 지식을 인간의 행복이나 복리와 관련하여 생각하는 것은 가치의 문제에 관심을 둔다는 것이며, 사랑한다는 것은 우리가 일상적으로 경험하듯이 어떤 대상에 전인격적으로 참여하는 것을 말한다. 그러므로 사회복지시설 운영자(종사자)는 서비스의 주체, 대상, 내용이 함께 할 수 있는 전인격적인 관계윤리와 인간관을 우선적으로 형성하기 위해서는 다음과 같다.

1) 사람은 누구나 도움이 필요하다. 인간은 생각하는 존재에서 도움을 필요로 하는 부족한 존재로 보아야 한다. 그러나 우리가 생각할 것은 누가, 왜, 도움이 어떻게 필요한 것인가를 찾아야 한다. 따라서 도움이 필요하다고 판단되는 사람이 도움 받기를 거절하는 경우는 무엇인가에 대해서도 이유를 찾아야 한다. 또 도움이 필요하지 않다고 인정되는 사람들이 도움을 요청하거나 갈망하는 것은 무엇인지에 대해서도 밝히는 것이 중요하다.

2) 도움에 대한 존엄성과 가치의 문제를 따져 보아야 한다. 왜? 도움이 필요한 사람이 자기 혼자서 문제를 풀어 나가도록 내버려 두는 것이 옳은 것은 아닌가? 도움이 필요한 사람은 왜 도움을 받아야만 하는가? 그리고 도와주는 사람은 왜 도움이 필요한 사람에게 개입하여 활동을 하여야 하는가? 이러한 문제에 대한 이유를 알기 위해서는 인간의 존엄성에 대해 올바르게 인식하는 것이 필요하다.

인간 존엄에 대해서는 긍정과 부정의 시각이 있다. 긍정적인 견해는 유대-기독교의 전통과 인문-계몽주의의 전통 그리고 동양의 성선설이 있다.

유대-기독교의 전통에서 사람은 신의 형상에 따라서 창조되어 사람은 인격을 가지고 있는데 정신을 부여 받은 개인을 뜻한다. 정신을 가진 인간은 다른 인간과 서로 함께 더불어 사는 존재이다. 동시에 인간은 인간과의 관계의 한계를 넘어서 자신을 만든 신에게 돌아가는 능력을 가진 존재이다. 즉 도움을 받고 주는 것의 가치를 지닌 인간의 존재임을 통해 사회복지사업의 기초를 형성하고 있는 것이다.

경제유물주의 대표적 학자인 칼 마르크스(Karl Marx), 프리드리히 엥겔스(Friedrich Engels)는 개인의 존엄보다는 미래의 인간 종의 번영과 융성에 주안점을 두어 인간은 자연을 변조시키고 인간 자신의 존속을 위하여 자신의 욕망을 자연에 적응시키는 존재라고 하였다. 인간은 개인이 아닌 종으로서의 인간을 말할 때 어쩔 수 없이 서로 돕는 문제를 논의하게 된다는 것이다.

인문-계몽주의의 전통은 프랑스 철학자 파스칼(Blaise Pascal : 1623-1662)은 그의 책 수상록에서 인간은 생각하는 존재이며, 생각하는 갈대라는 것을 말하고 있다. 임마누엘 칸트(Immanuel Kant:1724-1804)는 인간이성의 의미를 강조하고 있다. 이성은 도덕적 관점에서 가장 높은 가치를 가진다. 성숙된 인간에게서 이성은 개개인에게 나타나는 것이 아니라, 인간존재, 즉 종으로서의 인간에게서 실현된다는 것이다.

칸트는 사람이 정신과 육체의 어느 부족한 것이 있다고 하여 인간존엄성이 손상되는 것이 아니라는 뜻으로 부족한 인간을 돕는 것은 전체 인간, 즉 종으로서의 인간의 존엄을 높이기 위한 필수불가결한 요소가 되는 것이다. 인간의 존엄함은 생각하는 세계 안에서 도움의 존엄성을 가지고 사회복지사업을 통해 개입하는 것은 타당하다는 것이다.

한편 인간 존재에 부정적 전통, 즉 개인보다는 사회에 중점을 두어서 설명하고 있는 경제유물주의, 생물사회다윈주의, 쾌락공리주의에 대해 살펴보면, 경제 유물주의의 대표적 학자인 칼 마르크스(Karl Marx), 프리드리히 엥겔스(Friedrich Engels)는 개인의 인간 존엄보다는 미래의 인간 종의 번영과 융성에 주안점 대변하고 있다. 인간은 다른 동물과 달리 순수한 자연존재가 아니고, 자연을 변조 시키고, 인간 자신의 존속을 위하여 자신의 욕망을 자연에 적응 시키는 존재라는 것이다. 자연과의 교섭은 개인 차원이 아니라 언제나 사회적 생산과정과 관련이 있다. 문제는 인간이라는 종(Gattung)에 있다. 개인이 아닌 종으로서의 인간을 말할 때 어쩔 수 없이 서로 도움에 대해 논의하게 된다.

생물사회다윈주의의 대표적 학자인 찰스 다윈은 진화론을 통해 인간 종은 계속하여 진보하고 발전한다는 이론으로 인간사회에 적용한 것이다. 인간은 보존과 선택의 양면을 가지고 투쟁하는 것이 인간존재의 실질적인 모습으로 인간은 선택 투쟁에서 이기기 위하여 생존기회를 항상 개선해야 한다. 생물사회다윈주의자들은 생물학의 법이 사회에도 그대로 적용된다고 보고 있다. 투쟁 없이는 인간사회는 더 발전할 능력을 상실하게 된다. 약자를 돕는 것은 종국에 가서 그것이 사라지게 하거나 무력하게 하는 일을 돕는 것이 된다. 약자라는 개인의 소멸과 종이라는 전체의 생존 사이에서 어느 것을 선택할 것인가 하는 문제와 직결되어 이들은 혼자 살아남든가 아니면 투쟁에서 이길 능력이 없는 존재가 되어 사라질 수밖에 없다는 것이다. 이것이 종으로서의 인간을 살아남게 하는 방법이라고 본다.

벤담(Jeremy Bentham)(1789)은 그의 저서 『도덕 및 입법의 원리서설』에서 "모든 인간의 행동은 쾌락(pleasure)을 극대화하려는 욕구에서 나온다."는 것이다. 공리의 원리란 시(時)와 공(空)을 초월해서 모든 인간은 똑같이 하나의 동기, 즉 쾌락을 극대화하려는 동기에 의해서 행동하게 된다는 것이다. '최대다수의 최대행복의 원리'는 복수의 사회적 행위나 정책들 중에서 어느 행위나 정책이 더 옳은 것인지를 판단하는 기준은 결과적으로(결과주의 원칙에 따라) 사회를 구성하는 더 많은 사람들의 만족(쾌락)의 총계를 최대화하느냐에 따라 결정된다고 보는 것이다. 이것은 결국 특정한 계층에 소속하는 개인에게 관심을 보일 수는 없는 것이다.

3) 도울 능력을 갖추는 문제이다. 능력이란 주관적 가능성을 말하는 것으로 조건과 연결되어

있다. 도움이 필요한 사람은 돕는 사람의 능력 전체를 투자할 것을 요청함으로 사회복지사업은 전문화된 돕는 능력을 소유하고 있어야 한다. 돕고자 하는 자는 물질이나 정신재산, 기술 능력이 되었든 능력을 소유하고 있어야 한다. 도울 능력에는 전문능력으로 개관적인 형식요건으로서 법률이나 규범과 주관적인 내용 요건으로 정통성을 인정하는 능력을 가지고 있어야 한다. 우리가 누구를 돕는다는 것은 어느 한 개인이나 생명체가 자기 힘으로는 어려운 난관에 부딪혀 있는 문제를 스스로 해결하기가 힘들거나 해결할 수 없을 때 그 문제를 풀어주도록 하는 것을 말한다.

도움을 주는 것은 어느 때나 어떤 희생과 대가를 지불하면서라도 관여하고 개입하며 참여하는 것은 아니다. 바로 능력이 갖추어져 있을 때 개입하는 것이다.

여기에서 능력이란 인정하고, 가치를 부여하고, 말하고, 듣고, 행동하고, 설정하며 희망하고 느끼는 것을 통틀어 말한다. 그렇다면 우리는 그러한 능력을 어떻게 하면 도움에 동원할 수 있는가 하는 문제에 대해 관심을 가져야 할 것이다.

4) 도울 준비가 되어 있는가? 도울 능력이 준비되어 있다면, 실제 도움이 나와야 한다. 이것은 도울 준비가 되어 있다는 의지가 결정되어야 한다. 내가 누구인가를 무엇을 통하여 도와야 하겠다는 결정이다. 하지만 도울 수 있는 전문 능력과 개인의 능력을 가지고 있다고 하더라도 도덕성, 동정심, 협동심, 이웃사랑, 인간존엄에 대한 존중이 나타나야 한다.

5) 도움관계의 설정이다. 사회활동의 제반 목적은 사람들을 만나는 것이다. 만나는 사람들은 모두가 각양각색이기 때문에 그만이 가지고 있는 역사와 생활세계를 가지고 있다. 때문에 사회활동을 할 때는 동료나 클라이언트라고 생각하는 사람들만을 만나는 것이 아니라, 만나는 그들이 가지고 있는 역사(발달과정)와 그들의 생활세계(사회관계와 주변환경)을 만난다. 이들의 만남은 우연일수도 있고 우연이 아닐 수도 있는 만남이다. 그렇지만 이들의 만남은 결코 어떤 문제, 즉 자기 힘으로는 풀 수 없는 어떤 문제를 가지고 만나게 된다. 다시 말하면, 문제 때문에 만나게 되는 사람들이다.

그러므로 때때로 이들과의 만남은 인격을 뺀 "도움이 필요한 사람"으로 "도울 능력을 가진 사람"으로 "도움의 가치" 그리고 도울 능력과 만난다. 이 만남은 특별한 객관적 규정(법률, 재정확보책, 기관의 형성)은 도움이 필요한 것의 조건(기준), 전문 도울 수 있는 능력의 질적 기준, 이끌어 내는 도움의 방법과 종류의 크기 따위를 결정한다. 모든 만남의 변화는 바로 이러한 객관화한 조건들에 의하여 이루러진다.

도움관계는 동일성과 다름의 변증법 관계의 특수성을 가진다. 이 도움간계는 관계를 맺거나 설정하고, 지속시키고, 끝맺는다. 만남의 관계는 이렇게 변한다. 경우, 사건에 의해서 뿐만 아니라, 사람을 보고, 인식하므로 변한다.

도움관계의 인간학은 돕고-인정하고-믿는 관계다. 도움관계란 단순히 “돕는자-도움 받는 자”의 관계가 아니라, 전존재로서의 인간, 동류인안으로서의 존재로 보는 것이 중요하다. 타인에게서 자신을 재발견하고, 그 속에서 동류인간을 발견하는 것이 도움관계에서 나타난다. 이것이 가장 큰 관계의 끈을 찾고 유지하는 것이다. 이러한 관계라면 클라이언트에게서 가능한 한 빠른 시간에 문제가 해결되는 것을 기대해서는 아니 된다. 이것을 기다림의 관계라고 할 것이다.

두 파트너는 인간적 가능성을 관계 속에 정립할 때 도움관계는 이루어진다. 즉 이렇게 발전과 변화의 흐름이 있어야 할 것이다.

개별대화(말함)에서⇒ 상호대화로, 개별인정에서⇒이해, 합일에, 개별 느낌에서 ⇒ 공감, 동감, 협동, 연대로 개별의지, 희망에서⇒공동의 관심으로 그리고 개별행위에서 ⇒ 상호작용, Kooperation으로 변모하면서 공동으로 문제풀이에 다다르게 된다. 그러나 이것은 사회현상을 외면한 조화로 보면 오해다. 사회문화성을 버리고서는 이 문제를 생각할 수 없다. 사회문화성이란 인간의 사회성은 문화에서 특수성을 찾게 되는 것이지, 생물학적으로 태생되는 것이 아니다. 문화는 제2의 자연이라고 말하지만, 엄밀히 따지면 자연이라고 할 수 있다. 문화는 정신적 창조력의 다른 표현에 해당하는 것이며, 정신적 생활공간이요, 생활과정이다.

돕는 자의 인간학과 도움 받는 자의 인간학(장애인의 인간학)은 매우 긴밀한 관계를 가진다. 이들의 관계를 어떻게 설정하는가에 따라서 사회복지기관에 종사하는 사람들의 직업윤리와 철학이 정립된다고 보기 때문이다(김조년,2002)

인간관계는 돕고 도움을 받는 자와의 상호관계이지 단순한 일방관계는 결코 아니다. 이러한 관계존재로서의 인간에 대해 1) 인간은 다양한 의미와 불확실성 속에서 살아가는 법을 배운다. 2) 사람들이 자신의 삶에 참여할 수 있는 능력을 창출하는 가능성을 찾아야 한다. 3) 자율과 융합의 정도를 올리도록 하여야한다. 4) 체계의 가능성과 잠재력을 인정하고 받아들여야 한다. 5) 문제들은 정리되고 해결될 수 있다는 확신에 서야 한다. 6) 적응과 진화의 유연성과 특성을 유지하여야 한다. 7) 되어 가는 진행과정을 유지하고 인정하여야 한다. 즉 어떠한 경우에도 최종결정이라고 할 열쇠나 해답이 있는 것은 아니다. 마지막으로 양극단이나 다양한 극단들 사이에 균형을 잡아야 한다.

이렇게 놓고 보면 개입하거나 가르치는 것은 결코 중립일 수가 없다. 중요한 사실은 주고 받는 관계를 역동관계로 즉, 그것의 사회관계를 상호존중의 관계로 변화시키는 것이다.

사회복지시설 운영자(종사자)들은 클라이언트를 직접 만나지만, 그 만남에 영향을 주는 것은 매우 다양하다. 직장동료와의 관계, 관련 기관들과 어떻게 자신이 관계를 설정하고 있는 가의 문제, 그리고 사회 속에서 자신이 서 있는 위치나 사회를 느끼는 것이 어떠한가의 문제가 종합되어 클라이언트를 만나는 데 영향을 준다. 이것은 동시에 직업에 대한 가치와 의임사항을 지키고 더 관찰하여야 할 직업에 대한 윤리적 의무, 즉 실천을 효과 있게 하기 위하여 더 많은 지식을 습득하고 개발할 의무 그리고 존중, 친절, 정의, 신뢰와 믿음을 바탕으로 한 직장 동료에 대한 윤리적 의무 자기가 소속되어 있거나 관계하는 기관들에 대한 윤리적 의무 보편 복지를 펼쳐야 할 사회에 대한 윤리적 의무, 모든 차별을 극복하는 데 적극 참여하고, 클라이언트의 자율과 자결을 돕고, 항상 도울 수 있는 자세를 확보하여야 하는 클라이언트에 대한 윤리적 의무를 수반하다.

사회복지시설 운영자(종사자)들의 실제 문제는 돕는 일을 하는 사람들의 기본 철학과 그들이 세워야 할 윤리는 어떠해야 하는 것인가? 라는 질문의 해답이다. 그것은 첫째, 클라이언트에 대한 것과 사회가 부여한 과제를 성실히 이행하는 것 그리고 자기 자신이 그일 통하여 삶의 질을 느끼고 해방감과 행복을 느낄 수 있어야 한다.

이러한 과제를 성공적으로 수행하기 위해서 첫째, 고유한 목적과 내상이 되는 다른 사람을 위한 연대하는 도움의 윤리 둘째, 목적을 완성하고 목표에 도달하기 이한 수단으로서 다른 사람과 공동으로 작업하는 윤리, 그리고 돕는 주체로서 자기 자신을 투자하고 자기 자신에 대한 책임을 다하는 윤리를 설정할 필요가 있다.

사회복지시설 운영자(종사자)들은 인간의 존엄성과 질 높은 삶에 대한 개념을 재정리하고 자기 행복, 자기실현의 길을 마련하여 살맛나는 세상을 살아가는 자세가 준비되어 있어야 한다.

사회복지사의 윤리 강령

전 문

사회복지사는 인본주의・평등주의 사상에 기초하여, 모든 인간의 존엄성과 가치를 존중하고 천부의 자유권과 생존권의 보장활동에 헌신한다. 특히 사회적・경제적 약자들의 편에 서서 사회정의와 평등・자유와 민주주의 가치를 실현하는데 앞장선다. 또한 도움을 필요로 하는 사람들의 사회적 지위와 기능을 향상시키기 위해 저들과 함께 일하며, 사회제도 개선과 관련된 제반 활동에 주도적으로 참여한다.

사회복지사는 개인의 주체성과 자기결정권을 보장하는 데 최선을 다하고, 어떠한 여건 에서도 개인이 부당하게 희생되는 일이 없도록 한다. 이러한 사명을 실천하기 위하여 전문적 지식과 기술을 개발하고, 사회적 가치를 실현하는 전문가로서의 능력과 품위를 유지하기 위해 노력한다.

이에 우리는 클라이언트・동료・기관 그리고, 지역사회 및 전체사회와 관련된 사회복지사의 행위와 활동을 판단・평가하며 인도하는 윤리기준을 다음과 같이 선언하고 이를 준수할 것을 다짐한다.

1. 사회복지사의 기본적 윤리기준

1) 전문가로서의 자세

(1) 사회복지사는 전문가로서 품위, 자질을 유지하고, 자신이 맡은 업무에 대해 책임을 진다.

(2) 사회복지사는 클라이언트의 종교·인종·성·연령·국적·결혼상태·성 취향·경제적 지위·정치적 신념·정신, 신체적 장애·기타 개인적 선호, 특징, 조건, 지위를 이유로 차별 대우를 하지 않는다.

(3) 사회복지사는 전문가로서 성실하고 공정하게 업무를 수행하며, 이 과정에서 어떠한 부당한 압력에도 타협하지 않는다.

(4) 사회복지사는 사회정의 실현과 클라이언트의 복지 증진에 헌신하며, 이를 위한 환경 조성을 국가와 사회에 요구해야 한다.

(5) 사회복지사는 전문적 가치와 판단에 따라 업무를 수행함에 있어, 기관 내외로부터 부당한 간섭이나 압력을 받지 않는다.

(6) 사회복지사는 자신의 이익을 위해 사회복지전문직의 가치와 권위를 훼손해서는 안 된다.

(7) 사회복지사는 한국사회복지사협회 등 전문가단체 활동에 적극 참여하여, 사회정의 실현과 사회복지사의 권익옹호를 위해 노력해야 한다.

2) 전문성 개발을 위한 노력

(1) 사회복지사는 클라이언트에게 최상의 서비스를 제공하기 위해, 지식과 기술을 개발하는 데 최선을 다하며 이를 활용하고 전파할 책임이 있다.

(2) 클라이언트를 대상으로 연구하는 사회복지사는 저들의 권리를 보장하기 위해, 자발적이고 고지된 동의를 얻어야 한다.

(3) 연구과정에서 얻은 정보는 비밀보장의 원칙에서 다루어져야 하고, 이 과정에서 클라이언트는 신체적, 정신적 불편이나 위험·위해 등으로부터 보호되어야 한다.

(4) 사회복지사는 전문성을 개발하기 위해 노력하되, 이를 이유로 서비스의 제공을 소홀히 해서는 안 된다.

(5) 사회복지사는 제반교육에 적극 참여하여야 한다.

3) 경제적 이득에 대한 태도

(1) 사회복지사는 클라이언트의 지불능력에 상관없이 서비스를 제공해야 하며, 이를 이유로 차별대우를 해서는 안 된다.

(2) 사회복지사는 필요한 경우에 제공된 서비스에 공정하고 합리적으로 이용료를 책정해야 한다.

(3) 사회복지사는 업무와 관련해 정당하지 않은 방법으로 경제적 이득을 취하여서는 안 된다.

2. 사회복지사의 클라이언트에 대한 윤리기준

1) 클라이언트와의 관계

(1) 사회복지사는 클라이언트의 권익옹호를 최우선의 가치로 삼고 행동한다.

(2) 사회복지사는 클라이언트에 대하여 인간으로서의 존엄성을 존중해야 하며, 전문적 기술과 능력을 최대한 발휘한다.

(3) 사회복지사는 클라이언트가 자기결정권을 최대한 행사할 수 있도록 도와야 하며, 저들의 이익을 최대한 대변해야 한다.

(4) 사회복지사는 클라이언트의 사생활을 존중하고 보호하며, 직무 수행과정에서 얻은 정보에 대해 철저하게 비밀을 유지해야 한다.

(5) 사회복지사는 클라이언트가 받는 서비스의 범위와 내용에 대해, 정확하고 충분한 정보를 제공함으로써 알 권리를 인정하고 존중해야 한다.

(6) 사회복지사는 문서 · 사진 · 컴퓨터 파일 등의 형태로 된 클라이언트의 정보에 대해 비밀보장의 한계 · 정보를 얻어야 하는 목적 및 활용에 대해 구체적으로 알려야 하며, 정보 공개 시에는 동의를 얻어야 한다.

(7) 사회복지사는 개인적 이익을 위해 클라이언트와의 전문적 관계를 이용하여서는 안 된다.

(8) 사회복지사는 어떠한 상황에서도 클라이언트와 부적절한 성적관계를 가져서는 안 된다.

(9) 사회복지사는 사회복지 증진을 위한 환경조성에 클라이언트를 동반자로 인정하고 함께 일해야 한다.

2) 동료의 클라이언트와의 관계

(1) 사회복지사는 적법하고도 적절한 논의 없이 동료 혹은, 다른 기관의 클라이언트와 전문적 관계를 맺어서는 안 된다.

(2) 사회복지사는 긴급한 사정으로 인해 동료의 클라이언트를 맡게 된 경우, 자신의 의뢰인처럼 관심을 갖고 서비스를 제공한다.

3. 사회복지사의 동료에 대한 윤리기준

1) 동료

(1) 사회복지사는 존중과 신뢰로서 동료를 대하며, 전문가로서의 지위와 인격을 훼손하는 언행을 하지 않는다.

(2) 사회복지사는 사회복지 전문직의 이익과 권익을 증진시키기 위해 동료와 협력해야 한다.

(3) 사회복지사는 동료의 윤리적이고 전문적인 행위를 촉진시켜야 하며, 이에 반하는 경우에는 제반 법률규정이나 윤리기준에 따라 대처해야 한다.

(4) 사회복지사가 전문적인 판단과 실천이 미흡하여 문제를 야기 시켰을 때에는, 적절한 조치를 취하여 클라이언트의 이익을 보호해야 한다.

(5) 사회복지사는 전문직 내 다른 구성원이 행한 비윤리적 행위에 대해, 제반 법률규정이나 윤리기준에 따라 조치를 취해야 한다.

(6) 사회복지사는 동료 및 타 전문직 동료의 직무 가치와 내용을 인정 · 이해하며, 상호간에 민주적인 직무관계를 이루도록 노력해야 한다.

2) 수퍼바이저

(1) 수퍼바이저는 개인적인 이익의 추구를 위해 자신의 지위를 이용해서는 안 된다.

(2) 수퍼바이저는 전문적 기준에 의해 공정하게 책임을 수행하며, 사회복지사 · 수련생 및 실습생에 대한 평가는 저들과 공유해야 한다.

(3) 사회복지사는 수퍼바이저의 전문적 지도와 조언을 존중해야 하며, 수퍼바이저는 사회복지사의 전문적 업무수행을 도와야 한다.

(4) 수퍼바이저는 사회복지사 · 수련생 및 실습생에 대해 인격적 · 성적으로 수치심을 주는

행위를 해서는 안 된다.

4. 사회복지사의 사회에 대한 윤리기준

(1) 사회복지사는 인권존중과 인간평등을 위해 헌신해야 하며, 사회적 약자를 옹호하고 대변하는 일을 주도해야 한다.
(2) 사회복지사는 필요한 사회서비스를 개발하기 위한 사회정책의 수립・발전・입법・집행에 적극적으로 참여하고 지원해야 한다.
(3) 사회복지사는 사회환경을 개선하고 사회정의를 증진시키기 위한 사회정책의 수립・발전・입법・집행을 요구하고 옹호해야 한다.
(4) 사회복지사는 자신이 일하는 지역사회의 문제를 이해하고, 그것을 해결하는 일에 적극적으로 참여해야 한다.

5. 사회복지사의 기관에 대한 윤리기준

(1) 사회복지사는 기관의 정책과 사업 목표의 달성・서비스의 효율성과 효과성의 증진을 위해 노력함으로써, 클라이언트에게 이익이 되도록 해야 한다.
(2) 사회복지사는 기관의 부당한 정책이나 요구에 대하여, 전문직의 가치와 지식을 근거로 이에 대응하고 즉시 사회복지윤리위원회에 보고해야 한다.
(3) 사회복지사는 소속기관 활동에 적극 참여함으로써, 기관의 성장발전을 위해 노력해야 한다.

6. 사회복지윤리위원회의 구성과 운영

(1) 한국사회복지사협회는 사회복지윤리위원회를 구성하여, 사회복지윤리실천의 질적인 향상을 도모하여야 한다.
(2) 사회복지윤리위원회는 윤리강령을 위배하거나 침해하는 행위를 접수받아, 공식적인 절차를 통해 대처하여야 한다.
(3) 사회복지사는 한국사회복사협회의 윤리적 권고와 결정을 존중하여야 한다.

사회복지사 선서

나는 모든 사람들이 인간다운 삶을 누릴 수 있도록, 인간존엄성과 사회정의의 신념을 바탕으로, 개인 · 가족 · 집단 · 조직 · 지역사회 · 전체사회와 함께 한다.

나는 언제나 소외되고 고통받는 사람들의 편에 서서, 저들의 인권과 권익을 지키며, 사회의 불의와 부정을 거부하고, 개인이익보다 공공이익을 앞세운다.

나는 사회복지사 윤리강령을 준수함으로써, 도덕성과 책임성을 갖춘 사회복지사로 헌신한다.

나는 나의 자유의지에 따라 명예를 걸고 이를 엄숙하게 선서합니다.

제 2 장 사회복지사업법

제 1 절 사회복지사업의 정의

"사회복지사업이란, 사회복지사업법 제2조1항에서 『① 국민기초생활보장법 ② 아동복지법 ③ 노인복지법 ④ 장애인 복지법 ⑤ 모 · 부자 복지법 ⑥ 영유아보육법 ⑦ 성매매 방지 및 피해자 보호 등에 관한 법률 ⑧ 정신보건법 ⑨ 성폭력 범죄의 처벌 및 피해자 보호 등에 관한 법률 ⑩ 입양촉진 및 절차에 관한 법률 ⑪ 일제하일본군위안부피해자에대한생활안정지원및기념사업등에관한법률 ⑫ 사회복지공동모금회법 ⑬장애인노인임산부등의편의증진보장에관한법률 ⑭가정 폭력 방지 및 피해자 보호 등에 관한 법률 ⑮ 농어촌주민의 보건복지 증진을 위한 특별법의 법률에 의한 "보호 · 선도 또는 복지에 관한 사업"과 "사회복지상담 · 부랑인 및 노숙인 보호 · 직업보도 · 무료숙박 · 지역사회복지 · 의료복지 · 재가복지 · 사회복지관 운영 · 정신질환자 및 한센병력자 사회복귀에 관한 사업" 등 각종 복지사업과 이와 관련된 "자원봉사활동 및 복지시설의 운영 또는 지원을 목적으로 하는 사업"을 말한다(사회복지사업법 [일부개정 2005.3.31 법률 7428호]).

제 2 절 사회복지사업법의 목적

이 법(法)은 사회복지사업에 관한 기본적 사항을 규정하여 사회복지를 필요로 하는 사람의 인간다운 생활을 할 권리를 보장하고 사회복지의 전문성을 높이며, 사회복지사업의 공정 · 투명 · 적정을 기하고, 지역사회복지의 체계를 구축함으로써 사회복지의 증진에 이바지함을 목적으로 하고 있다.(사회복지사업법 제1조)

한편, 이 법의 목적 달성을 위하여 사회복지법인과 사회복지시설을 설치하여 모든 국민에게 상담 · 재활 · 직업소개 및 지도, 사회복지시설의 이용 등을 제공하며, 국민의 건강을 보호 · 증진하기 위하여 보건의료인이 행하는 모든 활동을 통해 정상적인 사회생활이 가능하도록 제도적으로 지원하는 것을 목적으로 하고 있다.[전문개정 2003.7.30]

제 3 절 사회복지사업의 기본적 사항

사회복지사업의 기본적 사항은 ① 사회복지사업법의 정의를 규정하여 이 법의 규정에 의한 사회복지사업만을 인정하며, ② 국가와 지방자치단체가 사회복지증진의 책임을 지도록 하였고, ③ 사회복지사업에 관한 중요사항과 제15조의3제2항의 규정에 의한 지역사회복지계획을 심의 또는 건의하기 위하여 보건복지부와 특별시 · 광역시 · 도 그리고 각 시 · 도 및 시 · 군 · 구에 각각 사회복지위원회를 두도록 하였다. ④ 읍 · 면 · 동의 사회복지사업을 원활하게 수행하도록 하기 위하여 복지위원을 두어 지역안의 저소득 주민 · 아동 · 장애인 · 노인 · 모자가정 · 요보호여자 등의 생활상태 및 가정환경을 파악하여 사회복지에 관하여 필요한 상담과 지도를 행하도록 하였으며, ⑤ 사회복지에 관한 전문지식과 기술을 가진 사람으로서 대통령령이 정하는 결격사유에 해당되지 아니한 사람에게 사회복지사의 자격증을 교부하게 하였다.(개정 1999.4.30) 규정에 의한 사회복지사의 등급제를 두어 1 · 2 · 3급으로 하고 등급별 자격 기준및 교부절차를 정하였다. 또한 1급 자격증을 교부받고자 하는 사람은 국가고시에 합격하도록 하였으며, ⑥ 사회복지사업에 관한 업무를 담당하게 하기 위하여 시 · 도 · , 시 · 군 · 구 및 읍 · 면 · 동 또는 제15조의 규정에 의한 복지사무담당기구에 사회복지사의 자격을 가진 사회복지전담 공무원을 두어 그 관할지역 안의 사회복지를 필요로 하는 사람 등에 대하여 항상 그 생활상태 및 가정환경 등을 파악하고, 사회복지에 관하여 필요한 상담과 지도를 행하도록 하였다. ⑦ 시 · 군 · 구청장은 지역복지계획을 시행함에 있어서 필요하다고 인정하는 경우에는 민간 사회복지관련 단체 등에 대하여 인력 · 기술 및 재정 지원을 할 수 있다. ⑧ 민간사회복지사업의 순수성 · 공정성 · 책임성을 높이고 그 적정하고 확실한 책임 경영을 위하여 사회복지법인 및 사회복지시설을 둘 수 있도록 하였다. ⑨ 사회복지법인에 한계를 두고는 있지만 운영의 효율성을 높이기 위해 수익사업을 허용도록 하고 있다.

제 4 절 사회복지사업법령

사회복지사업법은 헌법 중 제34조를 제정근거로 하고 있으며, 사회복지관련 서비스 법은 헌법 제10조 및 제11조를 제정 근거로 들 수 있다. 사회복지사업법은 헌법이 규정하고 있는 국민의 자유권(자유권적 기본권)과 사회권(생존권적 기본권)을 구체화할 법 가운데 사회복지정책에 대해서 규정하고 있는 법이며, 사람의 인간다운 생활을 할 권리를 보장하고 사회복지의 전문성을 높이며 사회복지사업의 공정・투명・적정을 기하고 지역사회복지의 체계를 구축함으로써 사회복지의 증진을 이바지함을 목적으로 하고 있다.(사회복지사업법 제1조).

1. 사회복지법인 관련 법령

본서에서 '법'이라함은 사회복지사업법, '법령'은 사회복지사업법 시행령, '규칙'은 사회복지사업법 시행규칙, '정관'은 사회복지법인 정관을 지칭한다.

이를 분류하면 비영리법인 일반사항과 사회복지법인 일반사항 사회복지사업관련사항 등으로 구분하며 각 세부내용에 해당하는 적용법령은 (표2-1)과 같다.

[표2-1] 사회복지사업 법령

분류	세부내용	적용법령
비영리법인 일반사항	법인관련 기본사항	민법
	공익법인 관련사항	공익법인의 설립・운영에 관한 법률
사회복지법인 일반사항	설립운영 관련사항	사회복지사업법
	재산회계 관련사항	사회복지법인재무・회계규칙
사회복지사업 관련사항 (목적사업)	사회복시일반	사회복지사업법 국민기초생활보장법 의료급여법(포함여부는 현재 개정 중) 사회복지공동모금회법
	노인복지	노인복지법
	아동복지	아동복지법 입양촉진 및 절차에관한 특례법
	장애인복지	장애인복지법 장애인・노인・임산부등의 편의증진에 관한법률
	부랑・노숙인 복지 결핵・한센복지	사회복지사업법
	정신보건	정신보건법
	농어촌보건복지	농어촌주민의 보건복지 증진을 위한 특별법
	모・부자복지	모・부자복지법
	영유아복지	영유아보육법
	특수폭력피해자복지	성매매방지 및 피해자보호에 관한법률 성폭력범죄의처벌및피해자보호등에관한법률 가정폭력방지 및 피해자보호등에 관한법률 일제하일본군위안부피해자에대한생활안정지원및기념사업등에관한법률
기타사항	조세특례관련	법인세법, 소득세법, 관세법, 지방세법 상속세 및 증여세법, 조세특례제한법 등
	부담금특례관련	농지세법, 도로교통정비촉진법, 사방사업법 등
	재산 및 계약 특례관련	지방재정법, 도시개발법 폐교재산의 활용촉진을 위한 특별법 국가를 당사자로 하는 계약에 관한 법률 등
	기타적용사항	건축법, 개발제한 구역의 지정 및 관리에 관한 특별법, 산림법, 산지관리법, 소방시설설치유지 및 안전관리에 관한 법률 전기사업법, 공공기관의 정보공개에 관한 법률 등

제 3 장 사회복지법인의 설립

제 1 절 사회복지법인의 개념

1. 사회복지법인의 정의

사회복지법인이란 사회복지사업법 제2조의 "사회복지사업"을 행할 목적으로 설립된 법인을 의미하며, 법인은 법률의 규정에 의함이 아니면 성립할 수 없으므로(민법 제31조) 사회복지법인의 경우에도 반드시 사회복지사업법상 제 조항을 근거로 성립한다.

2. 사회복지법인의 개념

시설법인은 사회복지사업법 제2조의 사회복지시설을 설치·운영할 목적으로 설립된 사회복지법인을 말하며, 지원법인은 사회복지사업을 지원할 목적으로 설립된 사회복지법인을 말한다. 한편 사회복지법인은 사(私)법인이면서 비영리 공익법인이며, 재단법인의 성격을 동시에 지닌다고 볼 수 있다. 법인의 종류는 매우 다양하나 대체적으로 아래와 같이 분류가 가능하다.

▸ 공법인, 사법인

법률관계가 복잡해져 획일적 기준으로 구별하기가 곤란하나 국가, 지방자치단체, 영조물법인, 한국은행 등 공공의 목적을 위해 공법으로 설립된 법인은 공법인, 민법과 상법 등에 의하여 설립되는 회사, 사단법인, 재단법인, 사회복지법인 등은 사법인에 해당한다.

▸ 영리법인, 비영리법인

설립목적이 영리의 추구에 있느냐에 따라 영리법인과 비영리법인으로 분류하며, 「민법」 제32조에 의해 관할 행정부서로부터 법인허가를 받은 비영리단체, 「공익법인의 설립·운영에 관한 법률」, 「사회복지사업법」, 「의료법」, 「조세 감면법」에서 규정한 비영리단체(공익법인, 사회복지법인 등)로 구분한다.

※ 영리도 아울러 목적으로 하고 있는 경우 영리법인이나, 비영리사업의 목적을 달성하는데 필요하여 본질에 반하지 않을 정도의 영리행위를 하는 것은 가능하다.

▶ 사단법인, 재단법인

사단법인은 일정한 목적을 위하여 결합한 사람의 단체이며, 재단법인은 일정한 목적을 위해여 바쳐진 재산을 그 실체로 하는 법인이다.

※ 법인은 사단법인, 재단법인 두 가지 중 하나로서 설립되어야만 하며, 중간적인 형태의 법인은 인정하지 않는다.

[그림 2-1] 법인의 종류

- 법인
  - 내국법인
    - 공公법法인人
      - 국가, 지방자치단체, 공공사단법인
      - 공공단체, 국영기업체,
    - 사私법法인人
      - 사단법인
        - · 영리법인 : 민법제39조 및 상법 제169조, (영리를 목적으로 하는 법인)
        - · 비영리법인 : 민법제32조 및 각 단행법,(학술 · 종교 · 자선 · 기예 · 기타 영리가 아닌 사업을 목적으로 하는 사단 혹은 재단법인을 말한다.)
        - · 공익법인 : 공익법인의 설립을 운영에 관한 법률 제4조
        - · 특수법인 : 각종 특별법 제정 규정에 의함
        - · 조합법인 : 각종 조합법의 규정에 의함
        - · 비영리, 비공익 사단 : 각종 친목단체, 회칙에 의함
      - 재단법인
        - · 학교법인 : 사립 학교법 제10조
        - · 복지법인 : 사회복지사업법 제16조
        - · 의료법인 : 의료법 제 41조
        - · 비영리법인 : 민법 제32조 및 각 단행법
        - · 공익법인 : 공익법인의 설립 · 운영에 관한법률 제4조
        - · 특수법인 : 각종 특별법 제정에 의함
        - · 조합법인 : 각종 조합법의 규정에 의함
        - · 비영리, 비공익 재단 : 각종 친목단체, 규정에 의함.
  - 외국법인
    - 공법인 - 대사, 공사, 영사관의 한국주재공관 등 자국이 승인한 자유
    - 사법인 - 회사, 상사 및 각종법인의 한국지부 등 우방국에 한하여 국제법 또는 조약 등에 의함

2. 사회복지법인의 현황

사회복지법인은 2010년말 현재 전국1,718개가 있으며, 시설법인1,451개와 지원법인267개이다(표 2-2). 사회복지시설법인의 경우 1~5개의 시설법인을 운영하고 있는 경우도 있다.

[표2-2] 사회복지법인 현황

(단위 : 개, 개소)

구분	합계	시설법인					지원법인				
		계	0~1	2~5	6~9	10 이상	계	5억 미만	5~9 억	10~ 30억	30억 이상
전국	1,718	1,451	1692	555	98	86	267	118	45	58	47
서울	297	198	50	77	29	42	99	15	23	29	32
부산	138	122	65	52	4	1	16	4	4	5	3
대구	79	73	35	27	5	6	6	1	1	1	3
인천	43	34	12	21	1	0	9	4	2	3	0
광주	52	47	17	25	3	2	5	1	1	1	2
대전	65	58	25	21	4	8	7	5	2		
울산	38	35	1	5	17	12	3	1	1		1
경기	195	150	78	60	7	5	45	31	6	7	1
강원	89	64	45	14	1	4	25	21		2	2
충북	65	51	22	22	6	1	14	11		2	1
충남	166	160	1085	51	4		6	3		3	
전북	101	99	55	37	4	3	2	2			
전남	75	73	34	38	1		2			2	
경북	102	88	41	40	5	2	14	7	4	2	2
경남	169	156	108	44	4		13	12		1	
제주	44	43	19	21	3		1		1		

1. 시설법인 : 운영하고 있는 시설 수(복지부 소관시설 기준)
1 : 1개소, 2~4 : 2개소에서 4개소, 5이상 : 5개소이상

제 2 절 사회복지법인 설립

1. 사회복지법인 설립절차의 개요

사회복지시설을 설치신고하기 위해서는 종전에는 사회복지법인에서만 설치할 수 있도록 허용하였으나, 1998년부터는 비영리법인 · 재단법인 · 사단법인 · 개인 누구나 할 수 있게 하였다. 사회복지법인 설립 절차 단계는 [표2-3]과 같이 처리되고 있다.

[표2-3] 사회복지법인 설립 단계

1단계	신청인의 법인설립 신청 (신청인→시군구)
◇ 조치사항	▸ 사회복지법인을 설립하고자 하는 자는 사회복지사업법 시행규칙 제7조에 규정되어 있는 사회복지법인 설립허가 신청서와 기타 구비서류를 완비하여 시군구에 제출
◇ 참고사항	○ 신청인은 신청서 제출 전 법인 주사무소가 소재할 시도 및 시군구와 법인설립 필요성 등에 대해 충분하게 협의하여 추후 절차가 원만하게 수행되도록 지도 ○ 시도 및 시군구는 사회복지법인 설립에 대한 문의가 있을 경우 신속하고 정확하게 안내할 것
2단계	검토의견 등 첨부하여 시도 제출(시군구→시도)
◇ 조치사항	▸ 시군구는 설립허가를 신청한 법인에 대한 기초자료(예) 자산에 관한 실지조사 결과, 법인설립 필요성에 관한 검토의견서 등)를 첨부하여 시도에 신청서를 제출
◇ 참고사항	○ 신청서를 접수한 시군구는 해당 법인이 소재할 사무소 및 기본재산 등을 직접 엄격하게 확인할 것(필요시 방문) ○ 시 · 도에서 조례 및 규칙 등으로 법인업무와 관련한 시 · 군 · 구의 권한 및 위임사항을 정하였을 경우 그에 따르되 법인의 허가 등 법인관리 업무의 중요사항은 반드시 시 · 도지사가 행할 것
3단계	시도에서 최종 허가여부 결정
◇ 조치사항	▸ 시도는 법인설립 신청서와 시군구의 기초자료, 시도의 복지여건 등을 종합적으로 검토하여 법인설립허가 최종 결정 ▸ 처리기한 ○ 목적사업의 범위가 2 이상의 시도에 걸치는 법인 : 22일 ○ 목적사업의 범위가 1 시도에 한정되는 법인 : 17일
◇ 참고사항	○ 법인 허가시 법인의 목적사업에 해당하는 기본재산을 갖추었는지 여부를 엄격하게 심사할 것 ○ 목적사업이 2 이상의 시도에 걸쳐있는 법인에 대해서는 관련시도의 의견을 충분히 수렴한 후 결정

2. 사회복지법인 설립요건

사회복지법인을 설립하고자 하는 자는 사회복지법인 설립허가신청서(붙임 1)등 관련서류를 주된 사무소를 관할하는 시군구청장을 거쳐 시도지사에게 제출하여 허가를 받아야 한다.(법제16조)

법인 설립에는 허가주의와 인가주의가 있는데, 허가주의는 법인 설립에 관하여 행정관청의 자유재량에 의한 허가를 필요로 하는 주의로 사립학교법인이나 사회복지법인이 이에 속한다. 인가주의는 법률이 정하는 요건을 갖추고 주무장관의 인가를 받음으로서 성립할 수 잇게 하는 주의를 말한다. 인가주의는 허가주의와 다르기 때문에 법률이 정하는 요건을 갖추고 있으면 인가권자는 반드시 인가를 해주었었다.

사회복지법인 설립허가신청서와 함께 첨부할 서류는 다음과 같다.(규칙 제7조)

① 설립취지서(붙임 2)

설 립 취 지 서

1. 법인설립취지
   -
   -

2. 사업내용
   -
   -
   -

※ 작성요령
- 설립취지를 간략 명료하게 정리하여 기재
- 설립취지에 따른 목적사업을 개조식으로 기재함
- 설립취지서 작성이 어려울 때는 발기인 회의록으로 대체하여도 무방함

첨부서류 1. 발기인 회의록 1부
　　　　 2. 설립발기인명단 1부.

• 법인설립 취지를 6하 원칙에 의해 기재한다.

• 발기인 회의록(붙임 3)

회의록에는 재산출연사항, 임원선출, 정관의 심의의결, 사업계획 및 수지예산 등에 관한 의결사항을 포함하며, 발기인 전원 기명날인을 해야 한다.

• 설립 발기인 명단(붙임 4)

직위, 성명 주민등록번호, 주소 및 약력 등 간략하게 기재

② 정 관

• 법 17조 정관기재사항은 반드시 기재한다.

• 첨부서류(붙임6, 7, 8 첨부)

법인 설립당시의 기본재산목록, 임원명단, 법인이 사용할 인장을 첨부해야 한다.

• 정관은 관련법규에 어긋남이 없도록 하고 발기인 전원 기명날인한다.

정관(定款)의 작성(법 제17조)

설립자는 법인의 기본규칙을 정하여 정관을 서면에 기재하고 기명·날인하여야 한다.(민법 제43조)

① 목적 ② 명칭 ③ 주된 사무소의 소재지

④ 사업의 종류(목적사업을 구체적으로 기재)

⑤ 자산 및 회계에 관한 사항

⑥ 임원의 임면 등에 관한 사항

⑦ 회의에 관한 사항

⑧ 수익을 목적으로 하는 사업이 있는 경우 그에 관한 사항

⑨ 정관의 변경에 관한 사항

⑩ 존립시기와 해산사유를 정한 때에는 그 시기와 사유 및 잔여재산의 처리방법

⑪ 공고 및 그 방법에 관한 사항

※ 유언으로 설립행위를 하는 경우에는 유증(遺贈)에 관한 규정을 준용해야 한다.(민법 제47조 제2항)

정관은 법 제17조 정한 사항을 모두 기재하고 있는 때에만 유효하며, 그 가운데 하나라도 빠지면 정관으로서의 효력이 생기지 않음을 유념해야 한다.

설립자가 정관에서 가장 중요한 목적과 자산만을 정하고 그 명칭, 사무소 주소지, 이사임면의 방법과 같은 가벼운 사항을 정하지 않고서 사망한 경우에 이해관계인 또는 검사의 청구에 의하여 법원이 이들 사항을 정할 수 있다.(민법 제44조)

사회복지법인 정관(예시)

제1장 총 칙

제1조 (목적) 이 법인은 법의 규정에 의한 을 수행함으로써 함을 목적으로 한다.

(비고) 1) 당해 법인의 특성에 따라 목적을 개괄적으로 기재한다.

제2조 (명칭) 이 법인의 명칭은 “사회복지법인” ○○○회·원·단(이하 “법인 회·원·단”이라 한다) 이라 칭한다.

(비고) 1) 다른 법인과의 명칭상의 혼동을 피하기 위하여 다른 법인과 유사하거나 동일한 명칭은 가급적 사용하지 않도록 한다.

※ 이하 "법인" 이라 칭한다.

제 3 조 (사무소의 소재지) ①이 법인의 주된 사무소는 ○○시 · 도 ○○○시 · 군 · 구 ○○○읍 · 면 · 동(리) ○○○번지에 둔다.

② 이 법인은 민법 제50조의 규정에 의하여 다음과 같은 분사무소(지부)를 둔다.

1. ○○○분사무소 : ○○시 · 도 ○○○시 · 군 · 구 ○○○읍 · (리) ○○번지
   ○○○분사무소 : ○○시 · 도 ○○○시 · 군 · 구 ○○○읍 · (리) ○○번지

(비고) 1) 분 사무소가 없는 경우에는 제2항은 필요하지 않다.

2) 사무소의 소재지는 최소 행정구역(예 : 서울특별시 또는 광주광역시) 단위까지 만을 표기하는 방법과 소재지번까지를 구체적으로 기입하는 방법이 있다. 앞의 경우에는 발기인 총회 회의록상에 구체적인 주소지가 표기되어야 하며, 뒤의 경우에는 주소지 이전시 정관변경과 등기가 필요하다.

제 4 조 (사업의 종류) ① 이 법인은 제1조의 목적을 달성하기 위하여 다음의 사업을 수행한다.

1. ○○○시설지원(설치운영)사업
2. ○○○사업지원
3. ○○○사업운영
4. 그밖에 이 법인 목적달성에 필요한 사업

(비고) 1) 각종시설 운영사업은 사회복지관계 법령에서 정하는 시설명칭을 사용한다.

제 2 장 자산 및 회계

제 1 절 자 산

제 5 조 (자산구분) ① 이 법인의 자산은 기본재산과 보통재산으로 구분하되, 기본재산은 목적사업용 기본재산과 수익용 기본재산으로 구분하여 관리한다.

② 기본재산은 다음 각 호의 재산으로 하며, 평가가액에 변동이 있을 때에는 지체없이 정관변경의 절차를 밟아야 한다.

1. 설립당시 기본재산으로 출연한 재산
2. 부동산
3. 이사회의 결의에 의하여 기본재산으로 편입된 재산

③ 기본재산의 목록과 평가가액은 "표 1"과 같다.

④ 기본재산 이외의 모든 재산은 보통재산으로 한다.

(비고) 1) 설립당초의 기본재산은 반드시 별표의 기본재산 목록에 등재되어야 한다.

2) 시설운영을 목적으로 하지 않고 일정한 출연재산에서 얻어지는 과실로서 보호대상자에 대한 단순한 지원 등 사회복지사업을 지원하는 것을 목적으로 하는 경우에는 목적사업용 기본재산과 수익용 기본재산으로 구분하지 아니한다.

제 6 조 (자산의 관리) ① 기본재산을 매도 · 증여 · 교환 · 임대 또는 담보에 제공하거나 그 밖의 권리의 포기, 의무의 부담 등의 처분을 하고자 하는 때에는 이사회의 의결을 거쳐 주무관청의 사전허가를 얻어야 한다.

② 법인이 매수 · 기부채납 · 후원 등의 방법으로 재산을 취득한 때에는 지체 없이 이를 법인의 재산으로 편입 조치하여야 한다.

③ 제2항의 재산을 취득한 경우 법인은 그 취득사유, 취득재산의 종류 · 수량 및 가액을 매년 1월말까지 전년도의 재산취득상황을 주무관청에게 보고하여야 한다.

④ 법인이 보건복지부령이 정하는 금액이상을 장기 차입하고자 하는 때에는 주무관청의 허가를 받아야 한다.

⑤ 기본재산과 보통재산의 운영과 관리에 관하여는 법령과 이 정관에 따로 정한 경우를 제외하고는 별도의 규정이 정하는 바에 의한다.

제 7 조 (경비와 유지방법) 이 법인의 운영비는 기본재산에서 발생하는 과실, 수익사업의 수익금, 기부금과 그 밖의 수입으로 충당한다.

제 2 절 회 계

제 8 조 (회계의 구분 등) 이 법인의 회계는 법인에 속하는 법인 일반회계와 시설운영에 속하는 시설회계 수익사업에 속하는 수익사업회계 및 기타 특별회계로 구분한다.

제 9 조 (회계의 처리) 이 법인의 회계처리는 사회복지사업법 및 관계법규에서 따로 정한 경우를 제외하고는 별도의 규정이 정하는 바에 따른다.

제 10 조 (회계년도) 이 법인의 회계년도는 정부의 회계년도에 따른다.

제 11 조 (사업계획 및 예산) 이 법인의 매회계년도의 사업계획 및 예산은 대표이사가 매회계년도 개시 1월전에 이사회의 의결을 "사회복지법인재무 · 회계규칙(보건복지부령)"이 정하는 서류를 첨부하여 주무관청에 제출하여야 한다.

제 12 조 (사업실적 및 결산) 이 법인의 매회계년도의 사업실적 및 결산은 회계년도가 끝 난후 1월 이내에 대표이사가 작성하여 감사의 감사를 거친 후 이사회의 의결을 거쳐 "사회복지법인재

무 · 회계규칙(보건복지부령)"이 정하는 서류를 첨부하여 주무관청에 제출하여야 한다.

제 13 조 (잉여금의 처리) 이 법인의 매회계년도 결산 잉여금은 차입금 상환 또는 다음회계년도에 이월 사용하는 것을 원칙으로 하되, 이사회의 결의에 의하여 특정한 사업을 위한 기금으로 적립할 수 있다.

제 14 조 (예산외의 채무부담) 수지예산으로서 정한 것 이외의 의무부담 또는 권리의 포기는 이사회의 의결을 거쳐야 한다.

제3장 임 원

제 15 조 (임원의 종류와 정수) 이 법인은 다음의 임원을 둔다.

1. 대표이사 1인
2. 상임이사 1인
3. 이사 7인(대표이사 및 상임이사 포함)
4. 감사 2인

(비고) 1) 대표이사의 명칭은 회장 등의 명칭을 붙이는 것도 가능하다.
2) 상임이사의 직이 필요한 때에는 상임이사를 두되, 필요가 없는 때에는 두지 아니하여도 된다.
3) 이사의 정수는 7인이상 감사는 2인이상으로 하고, 업무의 심의에 적정한 수를 확정적으로 기재하되, 약간인 또는 5인이상 10인이하 등으로 표기하지 않아야 한다.

제 16 조 (임원의 선임) ① 대표이사, 이사 및 감사는 이사회에서 선출한다.

② 상임이사는 대표이사가 선임된 이사중에서 지명하여 이사회의 의결을 거쳐 선임한다.

③ 이사를 임면하는 경우에는 보건복지부령이 정하는 바에 의하여 지체 없이 이를 주무관청에 보고하여야 한다.

(비고) 1) 대표이사는 선임된 이사중에서 호선하여도 가능하다.
2) 상임이사가 없는 때에는 제2항은 필요 없다.
3) 상임이사의 선임방법은 달리하여도 된다.

제 17 조 (임원선임의 제한) ① 이 법인은 이사 상호간의 관계에 있어서 사회복지사업법 제18조제2항의 규정에 의한 "특별한 관계에 있는 자"가 이사현원의 5분의 1을 초과할 수 없다.

② 감사는 감사 상호간 또는 이사와의 관계에 있어서 사회복지사업법 제18조제2항의 규정에 의한 "특별한 관계에 있는 자"가 아니어야 한다.

제 18 조 (임원의 임기 등) ① 이 법인의 대표이사 및 이사의 임기는 3년으로 하고 감사의

임기는 2년으로 하되, 연임할 수 있다.

② 임원 중 결원이 생긴 때에는 2월 이내에 보충하여야 하며, 임기가 만료되는 임원의 후임자는 임기만료 1월 이전에 선임하여야 한다.

(비고) 1) 임원의 법정임기를 초과하여 종신직으로 하는 것 등은 불가하다.

제 19 조 (임원의 결격사유) ① 사회복지사업법 제19조 각호의 1에 해당하는 자는 법인의 임원이 될 수 없다.

② 법인의 임원이 제1항의 사유에 해당할 때에는 그 직을 상실한다.

제 20 조 (임원의 해임) ① 이 법인은 그의 임원에 대하여 사회복지사업법 제22조의 규정에 의한 보건복지부장관의 해임명령을 받은 때에는 지체 없이 해임하여야 한다.

② 이 법인은 그의 임원이 다음 각 호의 1에 해당할 때에는 이사회의 의결을 거쳐 해임할 수 있다.

1. 법령, 법인의 정관 또는 규정에 위반한 때
2. 고의 또는 중대한 과실로 법인에 상당한 손해를 끼친 때
3. 직무태만 · 품위손상 기타 사유로 인하여 임원으로서 적당하지 아니하다고 인정되는 때
4. 기타 임원으로서의 능력이나 자질이 현저히 부족하다고 판단되는 때

제 21 조(임원의 직무)

① 대표이사는 이 법인을 대표하고, 제반 사무를 총괄하여 이사회의 의장이 된다.

② 상임이사는 대표이사를 보좌하고, 대표이사가 사고가 있는 때에는 그 직무를 대행한다.

③ 이사는 이사회를 구성하고, 이사회의 권한에 속하는 사항을 심의 · 의결한다.

④ 대표이사 유고시에는 대표이사가 지명하는 이사가 대표이사의 직무를 대행한다. 다만, 대표이사가 직무대행자를 지명하지 못한 경우에는 나머지 이사중에서 연장자 순으로 그 직무를 대행한다.

⑤ 감사는 다음의 직무를 행한다.

1. 이 법인의 재산상황과 회계를 감사하는 일
2. 이사회의 운영과 그 업무에 관한 사항을 감사하는 일
3. 제1호 및 제2호의 감사결과 부정 또는 불비한 점이 있음을 발견하는 때에는 이를 이사회와 주무관청에 보고하는 일
4. 제3호의 보고를 하기 위하여 필요한 때에는 이사회의 소집을 요구하는 일
5. 그밖에 이사회 운영과 그 업무에 관한 사항에 대하여 이사회에 참석하여 의견을 진술하는일

(비고) 1) 상임이사가 없는 경우에는 제2항은 불필요하나, 이 경우 직무대행자를 별도 규정하여야 한다.

제 22 조 (대표권의 제한) 이 법인의 대표이사이외의 이사는 이 법인을 대표하지 않는다.

제 23 조 (임원의 대우) 이 법인의 상임이사를 제외한 임원은 명예직으로 하되, 예산의 범위 안에서 임원의 활동에 필요한 실비를 지급할 수 있다.

제 24 조 (겸직금지) ① 이사는 이 법인의 시설장을 제외한 직원을 겸할 수 없다.

② 감사는 이 법인의 이사, 시설장 또는 직원을 겸할 수 없다.

제 4 장 이 사 회

제 25 조 (이사회 구성) ① 이 법인에 대표이사 및 이사로 구성되는 이사회를 둔다.

② 감사는 이사회에 출석하여 발언할 수 있다.

제 26 조 (의결사항) 이사회는 다음 사항을 심의 · 의결한다.

1. 정관의 변경에 관한사항
2. 제규정의 제정 및 개정에 관한 사항
3. 법인 합병 및 해산에 관한 사항
4. 임원임면에 관한 사항
5. 사업계획 · 실적 및 예산 · 결산에 관한 사항
6. 재산의 취득, 처분 및 관리에 관한 사항
7. 법인이 설치한 시설의 장의 임면에 관한 사항
8. 법인이 설치한 시설의 운영에 관한 사항
9. 수익사업에 관한 사항
10. 그밖에 법령이나 이 정관에 의하여 이사회의 권한에 속하는 사항

(비고) 1) 법인특성에 따라서 의결사항의 변동이 있을 수 있다.
2) 지원법인의 경우에는 7.8호는 해당되지 않는다.

제 27 조 (이사회의 소집 등) ① 이사회는 정기이사회와 임시이사회로 구분한다.

② 정기이사회는 매년 1월중에 개최하고, 임시이사회는 대표이사가 필요하다고 인정하는 때 또는 재적이사 3분의 1이상의 서면요청이 있는 때와 감사의 연서에 의한 요청이 있는 때에 소집한다.

③ 이사회를 소집하고자 하는 때에는 대표이사가 회의목적을 명시하여 회의개최 7일 이전까지 각 이사에게 통지하여야 한다.

④ 대표이사는 재적이사 3분의 1이상이 회의안건을 명시하여 소집을 요구한 때와 감사가 연서로 소집을 요구한 때로부터 14일 이내에 이사회를 소집하여야 한다.

제 28 조 (이사회의 개의와 의결정족수) ① 이사회는 이 정관에서 따로 정한 바를 제외하고는 재적이사 과반수의 출석으로 개의하고, 출석이사 과반수의 찬성으로 의결한다.

② 이사회의 의사는 서면결의에 의할 수 없다.

제 29 조 (의결제척사유) 대표이사 또는 이사가 다음 각 호의 1에 해당하는 때에는 그 의결에 참여하지 못한다.

1. 임원선임 및 해임에 있어서 자신에 관한 사항
2. 금전 및 재산의 수수를 수반하는 사항으로서 임원자신이 법인과 직접 관계되는 사항

제 30 조 (이사회 회의록) ① 이사회의 의사에 관하여는 의사록을 작성하여야 한다.

② 의사록에는 의사의 경과, 요령 및 결과를 기재하고, 의장과 참석이사 전원이 기명날인하여야 한다.

③ 대표이사는 의사록을 법인의 사무실에 비치하여야 한다.

제 5 장 수 익 사 업

제 31 조 (수익사업의 종류) ① 이 법인은 사회복지사업법 제28조의 규정에 의하여 법인의 목적사업 수행에 지장이 없는 범위안에서 다음의 수익사업을 할 수 있다.

② 제1항의 수익사업을 경영하기 위하여 대표이사는 이사회의 의결을 거쳐 관리자 또는 책임자를 임명한다.

제 32 조 (수익의 처분 및 관리) 수익사업에서 얻어지는 순수익은 법인 목적사업에 충당하거나, 이사회의 결의에 의거 특정한 기금으로 적립할 수 있다.

제 6 장 사무조직 및 운영

제 33 조 (사무국) ① 이 법인의 업무를 처리하기 위하여 법인사무국을 둔다.

② 사무국의 조직과 운영에 관하여는 별도의 규정으로 정한다.

제 34 조 (직원) ① 법인사무국 및 시설에는 필요한 직원을 둔다.

② 직원의 임용・복무・보수 등에 관하여는 별도의 규정으로 정한다.

③ 제2항의 규정에는 종사자의 정년을 규정한 인사규정이 반드시 포함되어야 한다.

제 7 장 정관변경 및 해산

제 35 조 (정관변경) 이 법인의 정관을 변경하고자 하는 때에는 재적이사 3분의 2이상의 의결을 거쳐 주무관청의 허가를 받아야 한다.

제 36 조 (해산 및 합병) 이 법인을 해산하거나 다른 법인과 합병하고자 하는 때에는 재적이사 4분의 3이상의 의결을 거쳐 주무관청의 허가를 받아야 한다.

제 37 조 (잔여재산의 귀속) 이 법인이 해산하는 때의 청산후 잔여재산은 주무관청의 허가를 받아 또는 지방자치단체에 귀속한다.

제 8 장 공 고 방 법

제 38 조 (공고의 방법) ① 이 법인의 법령과 정관 및 이사회의 의결에 의하여 공고하여야 할 사항은 일간신문에 싣는다.

② 제1항의 공고기간은 7일 이상으로 한다.

제 9 장 보 칙

제 39 조 (준용규정) 이 정관에 규정하지 아니한 사항에 대하여는 사회복지사업법, 공익법인의 설립·운영에 관한 법령 및 민법과 그 밖의 관계법규를 준용한다.

제 40 조 (운영규정) 이 정관시행에 관하여 필요한 사항은 별도의 운영규정으로 정한다.

제 41 조 (규정의 제·개정) ① 이 법인의 운영과 관련된 주요규정의 제·개정에 대하여는 이사회의 의결을 거쳐야 한다.

② 제1항의 내용중 주요규정의 여부는 이사회에서 결정한다.

부 칙

① (시행일) 이 정관은 주무관청의 허가를 받은 날부터 시행한다.

② (설립당시의 임원선임에 대한 경과조치) 이 법인 설립당시 발기인총회에서 선임된 임원은 이 정관에 의하여 선임된 것으로 본다.

② (설립당시의 임원 등) 이 법인 설립당시의 임원 및 법인이 사용할 인장은 표 2 내지 3과 같다.

(비고) 부칙으로 정한 사항이 5개항 이상일 경우에는 각각 조문으로 표기한다.

③ 재산출연증서(붙임 9)

- 출연재산의 구체적 내용(소재지, 지목, 지적, 평가가액 등) 기재한다.

- 출연인의 인적사항, 출연일자 기재 후 인감날인을 한다.
- 주식, 예금 등의 출연행위에 대하여는 공증인의 공증을 받도록 해야 한다.

④ 재산출연자의 인감증명서

- 재산출연증서 제출시 출연자의 인감증명을 첨부하여 인감증명의 용도는 "사회복지법인에 대한 재산출연용"으로 한다.

⑤ 재산의 소유를 증명할 수 있는 서류

- 부동산 등기부등본, 주식의 주주명부 사본, 현금의 경우 예금 잔고증명, 유가증권의 사본, 각종 무체재산권의 등록필증 사본 등을 첨부한다.

⑥ 재산의 평가조서

- 기본재산과 보통재산으로 구분하고, 기본재산은 목적사업용과 수익사업용으로 구분하여 평가가액을 일목요연하게 파악할 수 있도록 작성한다.
  - 지원법인은 목적용과 수익용을 구분하지 아니할 수 있다.
- 부동산은 지가공시 및 토지 등의 평가에 관한법률에 의한 감정평가법인의 감정평가서 또는 표준지의 공시지가를 기준으로 산정한 지가확인서를 첨부한다.
- 예금 등은 그 현재액을 증명할 수 있는 잔고증명서 기타 각종 재산을 평가할 수 있는 증빙서류를 첨부해야 한다.

⑦ 재산의 수익조서

- 수익용 기본재산을 갖춘 경우에 한하며 수익을 파악할 수 있도록 작성하고 수익산출 근거를 명시한다.
- 수익을 증명할 수 있는 기관이 발행하는 증빙서류(수익확인서, 배당이익 증명서, 이자수익 확인서, 납세필증 등)를 첨부해야 한다.

⑧ 임원의 취임승낙서(붙임 10)

- 임원취임자의 취임승낙의사 표시와 인적사항(주소, 성명, 주민등록번호, 주요경력 등)을 기재하고,
- 이사 및 감사 등의 직위와 취임기간을 명시하고 날인한다.
- 인감증명서 및 이력서(붙임 11) 첨부

⑨ 임원 상호간의 관계에 있어 법 제18조제2항의 규정(특별한 관계에 있는 자)에 저촉되지 아니함을 입증하는 각서 1부(붙임 12)를 제출해야 한다.

⑩ 설립 당해연도 및 다음 연도 사업계획서 및 예산서 각 1부를 제출해야 한다.

< 참고 : 법 제18조제2항의 특별한 관계에 있는 자의 범위 >

1. 출연자
2. 출연자 또는 이사와 다음 각목의 1에 해당하는 친족. 다만, 출연자 또는 이사가 출가녀인 경우에는 남편과의 관계에 의함
   가. 6촌 이내의 부계혈족과 4촌 이내의 부계혈족의 처
   나. 3촌 이내의 부계혈족의 남편 및 자녀
   다. 3촌 이내의 모계혈족과 그 배우자 및 자녀
   라. 처의 3촌 이내의 부계혈족 및 그 배우자
   마. 배우자(사실상 혼인관계에 있는 자를 포함한다)
   바. 입양자의 생가의 직계존속
   사. 출양자 및 그 배우자와 출양자의 양가의 직계비속
   아. 혼인외의 출생자의 생모
   자. 2촌 이내의 부계혈족의 배우자의 2촌 이내의 부계혈족
3. 출연자 또는 이사의 사용인 그 밖에 고용관계에 있는 자(출연자 또는 이사가 *"출자에 의하여 사실상 지배하고 있는 법인"*의 사용인 그 밖에 고용관계에 있는 자를 포함)
4. 출연자 또는 이사의 금전 그 밖의 재산에 의하여 생계를 유지하는 자 및 그와 생계를 함께 하는 자
5. 출연자 또는 이사가 재산을 출연한 다른 법인의 이사

▶ 3의 *"출자에 의하여 사실상 지배하고 있는 법인"*의 의미
   가. 법인의 발행주식총액 또는 출자총액의 100분의 30 이상을 출자자 1인과 그와 상기 "2" , "4" 및 사용인 그 밖에 고용관계에 있는 자(이하 "지배주주")가 소유하고 있는 경우
   나. 법인의 발행주식총액 또는 출자총액의 100분의 50 이상을 "가"의 법인과 그의 지배주가 소유하고 있는 경우
   다. 법인의 발행주식총액 또는 출자총액의 100분의 50 이상을 "가"의 법인과 그의 지배주주 및 "나"의 법인이 소유하고 있는 경우

3. 사회복지법인의 특성

1) 목적의 비영리성

사회복지법인은 반드시 사회복지사업법 제2조의 "사회복지사업"을 수행할 목적으로 설립되어야 하며, 사회복지사업을 수행함에 있어 이윤추구를 위한 영리목적이 아닌 사회복지라는 비영리목적을 위해 존재해야 한다.

※ 비영리사업의 목적을 달성하기 위해 필요한 한도에서 비영리사업의 본질에 반하지 않을 정도의 영리행위를 하는 것은 가능하나, 영리행위로 인한 수익은 언제나 사업목적의

수행에 충당되어야 한다.

예) 유료시설에서 생활비를 받는 경우, 운영비 보조를 위해 일정 영리사업을 하는 경우 등은 가능하나 이로 인한 수익은 시설기능보강, 운영비보조, 생활자 복지수준 향상 등을 위해 쓰여져야 한다.

사회복지법인을 설립하고자 하는 자는 수행하고자 하는 목적사업을 구체적으로 확정하여 신청해야 한다.

「사회복지사업법 제2조의 "사회복지사업" 수행」식의 추상적인 목적사업은 불가능하므로 수행하고자 하는 목적사업을 세부적이고 구체적으로 규정해야 한다.

예) 국민기초생활보장법 제○○조의 ○○사업

노인복지법 제○○조의 노인의료복지시설 중 무료노인요양시설운영

허가심사시 설립자의 재정능력 및 의도, 목적사업의 비영리성, 수익사업의 성격 등을 엄격하게 심사하므로 조세회피, 타 사업(의료, 교육, 수익목적의 사업 등)을 위한 법인 설립 등 순수하지 않은 법인설립은 미연에 방지하도록 하고 있다.

2) 설립행위(재산의 출연과 정관작성)

사회복지법인의 설립행위는 설립자가 기본재산 등을 출연하는 1)재산의 출연과 설립자의 법인 설립의도를 정관에 기재하는 2)정관의 작성으로 구분된다.

(1) 재산의 출연

가) 출연재산의 종류

법인의 설립자는 목적사업에 필요한 재산을 출연하여야 하며, 재산의 종류는 동산, 부동산 등 다양한 형태가 가능하며 확실한 것이면 채권도 가능하다. 다만, 출연하고자 하는 재산에 제한물권(지상권, 근저당권, 가등기)이 설정되어 있거나, 가압류 가처분 등이 되어 있어 법인이 채무를 부담하거나 재산권 행사가 제한되어서는 안 된다.

나) 출연재산의 귀속

생전처분으로 법인을 설립하는 때에는 출연재산은 법인이 성립된 때로부터 법인의 재산이 되며,(민법 제48조 제1항) 법인이 성립하는 시기는 설립등기를 완료한 때를 말한다.(민법 제33조) 유언(遺言)으로 법인을 설립하는 때에는 출연재산은 유언의 효력이 발생한 때로부터 법인에 귀속한 것으로 보고 있다.(민법 제48조 제2항) 유언의 효력이 발생하는 시기는 유언자가 사망한 때(민법 제1073조)이므로 유언으로 법인을 설립하는 때에는 법인의 설립등기가 완료된 때가

아닌 유언자가 사망한 때에 소급하여 법인에게 귀속해야 한다.

다) 법인재산의 구분(법 23조, 규칙 12조)

법인의 재산은 기본재산과 보통재산으로 구분한다.

(1) 기본재산은 목적사업 및 수익사업의 수행을 위해 기본적으로 필요한 재산으로 부동산, 정관에서 기본재산으로 정한 재산, 이사회의 결의에 의하여 기본재산으로 편입된 재산이 해당한다. 기본재산은 그 목록과 가액을 정관에 기재해야 한다.

① 목적사업용 기본재산은 : 법인이 시설 등을 설치하는데 직접 사용하는 기본재산을 말하며,

② 수익용 기본재산은 : 법인이 그 수익으로 목적사업의 수행에 필요한 경비를 충당하기 위한 재산을 말한다.

(2) 보통재산은 기본재산 이외의 재산으로 운영에 필요한 재산이다.

라) 기본재산의 기준(규칙 13조)

• 시설법인 : 시설종류별 설치기준에 적합한 시설(건축물)과 부지를 갖추거나 갖출 수 있는 목적사업용 기본재산을 갖춰야 하고 시설설치 부지는 시설설치가 가능한 지역[6]이어야 한다.

• 목적사업용 기본재산의 규모
– 시설(건축물) : 총 소요 면적 × 정부건축공사비 기준단가
– 부지 : 총 소요 면적 × 시가 등 매매적정가

(1) 생활시설

상시 10인 이상 시설거주자를 보호할 수 있는 목적사업용 기본재산을 갖추되, 개별법령에서 10인 미만의 소규모시설을 따로 정하고 있는 경우에는 당해 법령에 의한 시설의 설치기준에 해당하는 목적사업용 기본재산을 갖추어야 한다.

[표2-4] 생활시설의 구분

구분	10인미만 가능	상시 5인이상	상시 10인이상
시설	아동복지시설 모부자복지시설 부랑인복지시설	노인복지시설	장애인복지시설 정신요양시설

※ 여성부 소관시설 : 개별법령 참조

6) 그린벨트, 군사구역, 환경규제구역, 절대농지 여부 등을 우선적으로 파악해야 한다.

사회복지사업법 제2조1항 각호의 법령에 의한 시설 및 법 제34조제4항의 규정에 의한 시설은 각 개별법령의 시설의 설치기준에 해당하는 목적사업용 기본재산을 갖추어야 한다.

그리고 결핵 및 한센병 요양시설은 입소정원에 13.2㎡를 곱한 시설면적 이상에 해당하는 목적사업용 기본재산을 갖추어야 한다.

(2) 이용시설

당해 법인이 설치・운영하고자 하는 시설을 갖출 수 있는 목적사업용 기본재산을 갖추어야 한다.

지원법인 : 지원법인은 출연된 기본재산으로부터 발생하는 수익으로 인건비, 사업비 등 법인운영경비의 전액을 충당할 수 있는 기본재산을 갖추어야 한다(이자율 등을 고려할 것)

※ 설립당시 기존재산을 완비해야 하며 불확실한 미래소득(후원금, 기부금 등)은 기본재산으로 인정하지 아니한다.

3) 시・도지사의 설립허가(법16조)

법인을 설립하고자 하는 자는 시도지사의 허가를 받아야 한다.

(1) 시군구 검토의견 작성(령 8조)

시군구가 법인설립허가신청서 접수시

① 자산에 관한 실지조사의 결과와

② 법인설립의 필요성에 관한 검토의견을 첨부하여 시도지사에 송부하여야 한다.

가. 자산에 관한 실지조사결과서

시군구는 출연재산의 소유권 및 사용권이 확실한 것인지, 출연하는 부동산의 용도지역구분, 그린벨트 여부, 기타 건축 관련법, 군사, 환경관련법 등에 규제를 받고 있는지 여부를 파악하도록 하고 있다. 특히 시설법인의 경우 시설설치가 가능한지 여부, 시설이 지역사회와 너무 괴리된 곳에 위치하여 관리가 어려운지 여부 등도 검토대상이 되고 있다.

나. 법인설립의 필요성에 관한 검토의견

사업계획서 및 예산서 등의 적정여부, 설립자의 자질 및 재정능력 등에 대한 객관적 의견, 법인 목적사업에 대한 실현가능성 등에 대해 검토하여 의견을 제출하고 있다.

다. 기타 특기사항 및 의견

(2) 시도지사의 설립허가

가. 허가기준(공설법 제4조, 공설령 제5조)

시도지사는 법인설립허가 신청내용이 다음의 기준에 적합한 경우에 한하여 허가한다.

- 목적사업이 구체적이며 실현가능하다고 인정되는 경우
- 출연재산의 수입으로 목적사업을 원활히 달성할 수 있다고 인정되는 경우
- 목적사업이 적극적으로 사회복지를 유지·증진하는 것이라고 인정되는 경우

※ 시도지사는 상기내용에 적합하다고 해서 반드시 허가할 의무는 없으나(재량행위), 상기내용을 충족하지 못하였을 경우에는 허가가 되지 아니 한다.

나. 허가조건(공설법 제4조, 공설령 제6조)

시도지사는 법인설립 허가시 수혜자의 출생지, 출신학교, 직업, 근무처 기타 사회적 지위나 당해 법인과 특수 관계 등에 의해 수혜자의 범위를 제한할 수 없다는 뜻(반드시 붙여야 함)의 조건을 붙일 수 있다.

※ 시도지사가 수혜자의 범위를 특히 한정할 필요가 있다고 인정되는 때에는 그 한정할 범위에 관하여 미리 법인의 주된 사무소의 소재지를 관할하는 세무서장과 합의하여야 한다.

- 목적사업의 무상성 기타 목적사업의 운영에 관한 사항
- 기타 목적사업 원활한 달성을 위하여 필요한 사항

다. 타 시도와 협의(공설령 제4조, 공설령 제5조)

목적사업이 2이상의 시도의 소관에 속하는 경우에는 법인의 주된 사무소가 위치하는 시도에서 설립허가여부를 결정하되, 관련 시도와 협의하여야 한다.

신청법인이 목적사업으로 사회복지사업외 교육, 장학(교육인적자원부), 문예, 종교, 체육(문화관광부) 등 타 부처 소관사업을 포함하고 있을 경우, 설립자의 주된 의지가 무엇인지 파악해서 주된 목적사업을 주관하는 주무관청에서 설립허가가 이뤄지도록 하고 있다.

※ 주 목적사업이 사회복지사업이고 타 부처 소관사업이 부수적인 사업을 경우 타 부처의 협의가 원활하게 될 수 있도록 보건복지부 관련과에 협조를 구하도록 하고 있다.

4) 법인설립동기

시도지사의 허가를 받은 법인은 주된 사무소 소재지(등기소)에서 설립등기를 완료함으로써 성립된다.(민법 제33조)

• 설립등기(민법 제49조, 공설령 9조)

법인설립의 허가가 있는 때에는 3주내에 주된 사무소의 소재지(등기소)에서 설립등기를

한 후, 7일 이내에 시도지사에 보고해야 한다.

설립등기사항은 ① 목적 ② 명칭 ③ 사무소 ④ 설립허가의 연월일
⑤ 존립 시기나 해산사유를 정한 때에는 그 시기 또는 사유 ⑥ 자산의 총액
⑦ 출자의 방법을 정한 때에는 그 방법 ⑧ 이사의 성명, 주소
⑨ 이사의 대표권을 제한한 때에는 그 제한 등이다.

※ 등기하지 않으면 제3자에 대항하지 못하며, 등기의무를 해태할 경우 과태료의 처벌을 받는다.(민법 97조)

제 4 장 사회복지법인의 운영관리

제 1 절 사회복지법인의 관리

1. 사회복지법인의 운영관리

사회복지법인운영을 위한 임원구성으로서 이사(理事)와 감사(監事)를 두고, 법인의 의사결정기관인 이사회(理事會)를 반드시 두어야 한다.

1) 이사회(理事會)

(1) 이사회의 구성(법 18조, 령 9조, 공익법인의 설립 운영에 관한 법률 제6조)

이사회의 구성은 대표이사를 포함한 이사로써 구성하며(감사는 제외), 동조 제7항에 다음을 신설하여, "법인 관할 시 · 도지사는 국가 또는 지방자치단체가 설치한 법인 및 사회복지시설을 설치 · 운영하는 법인의 이사 중 1인을 보건복지부령이 정하는 자격을 가진 자중에서 추천할 수 있다." 이사장은 정관이 정하는 바에 따라 이사 중에서 호선(공설법 제6조)하며, 이사는 7인 이상 두어야 한다.(외국인 이사는 이사현원의 1/2 미만이어야 함) 이사회의 구성에 있어 시행령 제9조에 의한 "특별한 관계에 있는 자"는 이사현원의 1/5를 초과할 수 없다.
2012년 8월 시행될 사회복지사업법 개정안은 사회복지법인 이사 정수의 1/3(소수점 이하 절사)이상을 시 · 도에 설치되어 있는 사회복지위원회 등에서 외부추천 이사제 도입에 따라 이사의 선임사유가 발생한 날부터 15일 이내에 추천을 요청하고, 요청을 받은 기관은 30일 이내에 법인의 설립 목적 등을 고려하여 이사를 추천 선임하도록 하였다.

(2) 이사회의 기능(공설법 제7조)

- 법인의 예산, 결산, 차입금 및 재산의 취득 · 처분과 관리에 관한 사항
- 정관의 변경에 관한 사항
- 법인의 합병 · 해산에 관한 사항
- 임원의 임면에 관한 사항
- 수익사업에 관한 사항
- 기타 법령이나 정관에 의하여 그 권한에 속하는 사항

※ 사회복지법인은 재단법인의 성격을 띠어 사단법인의 사원총회와 같은 의사결정기관이 없으므로 이사회가 의사결정기관의 역할을 수행한다.

(3) 이사회의 소집(공설법 제8조)

• 이사회의 소집권자

원칙 : 이사회는 이사장이 소집하고 그 의장이 된다.

예외 : 이사장이 궐위되거나 이를 기피함으로써 7일 이상 이사회의 소집이 불가능한 때에는 재적이사 과반수의 찬동으로 시도지사의 승인을 받아 이를 소집할 수 있다.

→ 궐위 또는 기피 시에는 정관이 정하는 이사가 이사회를 주재한다.

※ 시도지사의 승인을 얻고자 할 때에는 승인신청서에 ① 이사회의 소집이 불가능한 사유와 이를 증명하는 서류, ② 재적이사 과반수의 찬동을 증명하는 서류, ③ 이사회를 소집하지 못함으로 인해 예상되는 손해의 구체적인 사실을 증명하는 서류를 첨부하여 시도지사에게 제출해야 한다.

• 이사회 소집이 가능한 경우
① 이사장이 필요하다고 인정한 때(직권소집)
② 재적이사 과반수이상이 회의의 목적을 제시하여 소집을 요구할 때
③ 법인의 감사가 법인의 업무와 재산상황을 감사한 결과, 불법 또는 부당한 점이 있음을 발견하여 이를 이사회에 보고하기 위해 이사회의 소집을 요구할 때
→ ②, ③의 경우 소집요구일로부터 20일 이내에 이사회를 소집해야 한다.

※ 이사회를 소집할 때에는 적어도 회의 7일전에 회의의 목적을 명시하여 각 이사에게 통지하여야 함. 다만, 이사 전원이 집회하고 또 그 전원이 이사회의 소집을 요구할 때에는 그러하지 아니한다.

(4) 의결정족수(공설법 제9조)

이사회의 의사는 정관에 특별한 규정이 없는 한 재적이사 과반수의 찬성으로 의결하고, 표결 및 발언권 등에 있어 각 이사는 평등한 의결권을 가지며, 이사회의 의사는 서면결의에 의할 수 없다. 또한 이사회의 의결은 대한국민 국민인 이사가 출석이사의 과반수가 되어야 한다.

※ 법인의 의사는 이사회를 통하여 결정되며, 이사회의 의사는 이사회 소집 후 정관에 의한 의결에 의해 결정되고, 사회복지법인 이사회 회의록 공개 의무화함에 따라(제10조의3 및 제10조의4), 이사회 회의록은 회의일로 부터 10일 이내에 사회복지법인의 인터넷

홈페이지 등을 통하여 3개월간 공개하도록 하였고, 이사회 의결로 공개하지 아니할 수 있는 사항은 개인의 사생활의 비밀 또는 자유를 침해할 우려가 있는 사항 등 '공공기관의 정보공개에 관한 법률' 에 따른 비공개사항으로 정하였다.

대법원 1994.9.23. 선고 94다35084 판결

사회복지법인의 이사회가 특정 이사에게 적법한 소집통지를 하지 아니하여 그 이사가 출석하지 아니한 채 개최되었다면 그 이사회결의는 무효

대법원 1998.12.23. 선고 97다26142 판결

법인의 이사나 감사 전원 또는 그 일부의 임기가 만료되었음에도 불구하고 그 후임이사나 감사의 선임이 없거나 또는 그 후임이사나 감사의 선임이 있었다고 하더라도 그 선임결의가 무효이고, 임기가 만료되지 아니한 다른 이사나 감사만으로는 정상적인 법인의 활동을 할 수 없는 경우, 임기가 만료된 구 이사나 감사로 하여금 법인의 업무를 수행케 함이 부적당하다고 인정할 만한 특별한 사정이 없는 한, 구 이사나 감사는 후임이사나 감사가 선임될 때까지 종전의 직무를 수행할 수 있음

2) 이사(理事)

(1) 이사의 의의

이사는 대외적으로 법인을 대표하고 대내적으로 법인의 업무를 집행하는 필수기관이다.(민법 제58조, 제59조) 이사의 정수는 대표이사를 포함한 7인 이상이어야 하며 그 임기는 3년으로 연임할 수 있다.(법 18조)

※ 이사의 수는 정관으로 정하며, 상한은 없으나 의사결정의 효율성 등을 감안하여 15인 이하(공설법 제5조 참조)로 규정하고 있다.

(2) 이사의 직무

이사는 선량한 관리자의 주의로 충실하게 그 직무를 행해야하며, 이사가 그 임무를 해태한 때에는 법인에 대하여 연대하여 손해배상의 책임이 있다.(민법 제61조, 제65조)

가) 법인의 대표(대외적 권한)

이사는 법인의 사무에 관하여 각자 법인을 대표하므로(민법 제59조) 이사의 행위는 대외적으로 법인의 행위로서 인정된다.(대표하는 사무에는 제한이 없음)

이사의 대표권에 대한 제한은 가능하나(민법 제59조) 그 제한은 반드시 정관에 기재하여야 하며 정관에 기재하지 않은 대표권의 제한은 무효이다.(민법 제41조)

※ 정관에 기재한 경우에도 이를 등기하여야만 제3자에 대항할 수 있으므로(민법 제60조) 제·개정된 정관은 최대한 빠른 시일 내에 반드시 등기하도록 해야 한다.

→ 법인과 이사의 이익이 상반하는 사항에 관하여는 이사는 대표권이 없으며 이 경우 이해관계인 또는 검사의 청구에 의하여 법원이 선임하는 특별대리인이 법인을 대표할 수 있다. (민법 제64조)

※ 일정 사항에 대해 일부이사와 법인의 이익이 상반되는 경우에는 동 사항의 결정에 있어 해당 이사를 의사결정과정에서 배제한 후 나머지 이사들이 법인을 대표하도록 하고 특별대리인의 선임은 해당 이사를 배제하였을 경우 정족수 부족 등으로 이사회 성립이 불가능할 경우에만 예외적으로 실시할 수 있다.

나) 법인의 업무집행(대내적 권한)

이사는 법인의 모든 내부적 사무를 집행할 권한이 있으며, 정관에 다른 규정이 없으면 법인의 사무집행은 이사의 과반수로써 결정한다.(민법 제58조)

3) 감사(監事)

(1) 감사의 의의

감사는 법인의 재산이나 업무집행상태의 적정 여부를 조사·감독하는 기관으로 필수기관이다. 감사의 정수는 2인 이상이어야 하며 그 임기는 2년으로 연임할 수 있다.(법 18조)

감사는 이사와 시행령 제9조의 "특별한 관계에 있는 자"가 아니어야 하며 일정 경우 1인을 법률과 회계에 관한 지식과 경험이 있는 자 중에서 시도지사가 추천할 수 있다.

※ 시도지사가 감사 중 1인을 추천할 수 있는 경우란 해당 법인이 업무와 재산관리에 있어 위법 또는 부당하여 정상적인 업무수행이 곤란하다고 판단되는 때이며 그 뜻을 당해 법인에게 서면으로 통지해야 한다.

2012년 개정안에서는 직전 3회계연도 세입 평균이 30억 원 이상의 사회복지법인은 감사 중 1명을 '주식회사의 외부감사에 관한 법률' 에 따라 선임하여야 한다(안 제10조)

(2) 감사의 직무(공설법 10조)

가) 대내적 직무

① 법인의 업무와 재산상황을 감사하는 일 및 이사에 대하여 이에 필요한 자료의 제출 또는

의견을 요구하고 이사회에서 발언하는 일

② 이사회의 회의록에 기명날인하는 일

③ 법인의 업무와 재산상황에 대하여 이사에게 의견을 진술하는 일

④ 법인의 업무와 재산상황을 감사한 결과 불법 또는 부당한 점이 있음을 발견한 때 이를 이사회에 보고하는 일

⑤ ④의 보고를 하기 위하여 필요한 때에는 이사회의 소집을 요구하는 일

나) 대외적 직무

① 법인의 직무와 재산상황을 감사한 결과 불법 또는 부당한 점이 있음을 발견한 때에는 지체 없이 시도지사에 이를 보고하여야 한다.

② 이사가 법인의 목적범위외의 행위를 하거나 기타 이 법 또는 이 법에 의한 명령이나 성관에 위반하는 행위를 하여 법인에게 현저한 손해를 발생하게 할 우려가 있는 때에는 그 이사에 대하여 직무행위를 유지(留止)할 것을 법원에 청구할 수 있다.

4) 임원의 임면(任免)

이사의 임면방법은 정관의 필요적 기재사항이며(법 17조) 따라서 정관에 의하여 정하여진다.

(1) 임원의 임면보고(법 18조, 규칙 10조)

공설법 5조는 임원 취임시 주무관청의 승인을 받도록 되어 있으나 사회복지사업법에서는 이를 보고로 갈음하고 있다.

법인은 임원을 임면하는 경우 법인임면보고서(붙임13)에 아래의 서류를 첨부하여 관할 시도지사에게 제출하여야 한다.

• 당해 임원의 선임(연임) 또는 해임을 결의한 이사회 회의록 사본 1부
• 취임승낙서(인감증명서 첨부), 이력서 각 1부
• 특수 관계 부존재 각서 1부

※ 연임되는 임원의 경우에는 이력서 및 특수 관계 부존재 각서를 제외함, 이사의 성명・주소는 등기사항이며(민법 49조) 이를 등기하지 않으면 이사의 선임・해임・퇴임을 가지고 제3자에게 대항할 수 없다.(민법 54조)

참고 판례

법인대표자의 유임, 중임을 금지하는 규정이 정관에 별도로 없는 경우 임기만료 후에 대표자의 개임(改任)이 없었다면 그 이사장을 묵시적으로 다시 선임하였다고 해석할 수 있음(대판 1970. 9. 17)

이사는 임기만료 또는 사임으로 그 직을 물러난 후에도 후임자가 정해질 때까지는 계속해서 직무를 수행할 권한을 가지나(대판 1972. 4. 11), 임기가 남아있는 다른 이사가 있고, 그에 의하여 법인의 정상적인 활동을 계속할 수 있는 경우에는 임기가 만료된 이사는 직무수행권이 없으며 당연히 퇴직함(대판1983. 9. 27)

사회복지법인의 임원이 될 수 없는 자(법 19조)

1. 미성년자
2. 금치산자 또는 한정치산자
3. 파산자로서 복권되지 아니한자
4. 법원의 판결 또는 다른 법률에 의하여 자격이 상실 또는 정지된 자
5. 금고이상의 실형의 선고를 받고 그 집행이 면제된 날로부터 3년이 경과되지 아니한자
6. 금고 이상의 형의 집행유예선고를 받고 그 유예기간중에 있는 자
7. 아래에 해당하는 자는 5, 6에도 불구하고 법인의 임원이 될 수 없음

ㅇ 사회복지사업 또는 그 직무와 관련하여

• **사회복지사업법에 위반하여**

- 50만원이상의 벌금형의 선고를 받고 그 형이 확정된 후 5년이 경과되지 아니한 자
- 형의 집행유예의 선고를 받고 그 형이 확정된 후 7년이 경과하지 아니한 자
- 징역형의 선고를 받고 그 집행이 종료(집행이 종료된 것으로 보는 경우 포함)되거나 집행이 면제된 날로부터 7년이 경과되지 아니한 자

• **아동복지법 제40조(제29조의 금지행위)의 죄를 범하거나 공통사항의 처벌을 받은 자**

- 아동에 대한 신체적, 성적, 정서적 학대행위
- 아동의 유기, 방임, 매매, 음행 및 음행매개, 구걸, 곡예행위
- 장애아동을 공중에 관람시키는 행위
- 정당한 알선기관외의 자가 아동의 양육을 알선하고 금품을 취득하는 행의
- 아동을 위하여 증여 또는 급여된 금품을 그 목적외의 용도에 사용하는 행위

• **아동복지법 제41조의 죄를 범하거나 공통사항의 처벌을 받은 자**

- 미신고 아동복지시설 설치운영한 자
- 시설의 조사를 거부·방해·기피, 질문을 거부·기피, 허위답변, 아동에게 답변을 거부·기피·허위답변을 하게 하거나 그 답변을 방해한 자
- 허위서류를 작성하여 시설종사자 자격을 인정받은 자
- 시설폐쇄명령, 위탁의 취소, 사업의 정지명령을 받고 사업을 계속한 자
- 직무상 지득한 비밀을 누설한 자

• **보조금법 제40조 내지 제42조의 죄를 범하거나 공통사항의 처벌을 받은자**

• **형법 제28장 유기와 학대의 죄, 제40장 횡령과 배임의 죄 (제360조 점유이탈물횡령은 제외)의 죄를 범하거나 공통사항의 처벌을 받은자**

8. 법 22조 규정에 의한 해임명령에 따라 해임된 날로부터 5년이 경과되지 아니한 자

⇒ 기존 임원이 상기 요건에 해당시 그 자격을 상실함

(2) 임원의 보충(법 20조, 규칙 11조)

임원 중 결원이 생긴 때에는 2월 이내에 이를 보충하여야 하고 법인이 기간 내 보충하지 않을시 시도지사는 지체 없이 이해관계인의 청구 또는 직권으로 임시이사를 선임해야 한다.

※ 이해관계인이 임시이사 선임을 청구하고자 하는 때에는 청구사유와 이해관계인임을 증명하는 서류를 관할 시도지사에게 제출하여야 한다.

(3) 임원의 겸직금지(법 21조)

이사는 법인이 설치한 사회복지시설의 장을 제외한 당해 시설의 직원을 겸할 수 없다. 또한 감사는 법인의 이사, 법인이 설치한 사회복지시설의 장 또는 그 직원을 겸할 수 없다.

(4) 임원의 해임명령(법 22조)

시도지사는 아래의 경우 법인에 대하여 그 임원의 해임을 명할 수 있다.

① 시도지사의 명령을 정당한 이유없이 이행하지 아니한 때

② 회계부정이나 현저한 불법행위 기타 부당행위 등이 발견되었을 때

③ 법인의 업무에 관하여 시도지사에게 보고할 사항에 대해 고의로 보고를 지연하거나 허위보고를 한때

④ 기타 사회복지사업법 또는 사회복지사업법에 의한 명령을 위반한 때 등으로 시 · 도지사는 사회복지법인의 임원에 대하여 시정요구 없이도 임원이 회계부정, 횡령, 절취, 뇌물수수, 배임행위 등을 한 경우에는 해임명령을 할 수 있는 시행령을 마련하였다(안 제10조의2)

(5) 시도지사의 이사 추천

시도지사는 국가 또는 지자체가 설립한 법인 및 시설을 운영하는 법인(시설법인)의 이사 중 1인을 추천할 수 있다. 추천이사의 자격은 이사 선임당시 해당 시도에 주민등록을 두고 있는 주민 중 사회복지에 관한 지식과 경험이 있는 자 로 하며, 선임된 이사가 주민등록지를 타 시도로 옮길 경우 당연 퇴직이다.

> • 이사회 운영 사례
>
> 문 : A법인의 이사로 등기되어 있는 甲이 B법인의 이사를 겸임할 수 있는지 여부
>
> 답 : 甲이 A.B법인에서 모두 상근이사(정기적으로 보수를 받는 이사)가 아니고, B법인의 출연자 및 임원상호간에 있어 특별한 관계에 있는 자에 해당되지 않을 경우 겸임도 가능하다고 사료
>
> 문 : A법인의 이사로 등기되어 있는 甲이 A법인 및 A법인이 설치한 시설과 전혀 관계없는 B법인의 직원 및 C시설의 장 또는 종사자로 근무가 가능한지 여부
>
> 답 : 甲이 A법인에서 상근이사가 아니고 B법인의 직원 및 C시설의 장 또는 종사자로 근무하는데 결격사유가 없는 경우 근무가 가능하다고 사료
>
> 문 : A법인의 감사로 등기되어 있는 甲이 A법인 및 A법인이 설치한 시설과 전혀 관계없는 B법인의 직원 및 C시설의 장 또는 종사자로 근무가 가능한지 여부
>
> 답 : B법인 및 C시설이 甲이 감사로 등기되어 있는 A법인의 이사들과 관계가 없고 甲이 B법인의 직원 및 C시설의 장으로 근무하는데 결격사유가 없다면 가능하다.

2. 사회복지법인의 등기 관리

1) 설립등기 : (사회복지법인 설립 참조)

2) 사무소 관련 등기

(1) 분사무소설치의 등기(민법 50조)

i) 새로운 분사무소 설치시 주사무소 소재지에 3주내에 분사무소를 설치한 것을 등기하고,

ii) 새로운 분사무소 소재지에서는 동기간 내에 민법 제49조의 설립등기사항을 등기하고,

iii) 기존에 존재하던 분사무소 소재지에도 법인이 새로운 분사무소를 설치하였음을 등기하여야 한다.

주사무소 또는 기존 분사무소 소재지를 관할하는 등기소의 관할 구역 내에 분사무소 신설시에는 3주내에 그 분사무소를 설치만을 등기하면 되고 설립등기사항은 등기할 필요는 없다.

(2) 사무소이전의 등기(민법 51조)

사무소 이전 시 구주소지에서는 3주내에 이전등기를 하고, 신주소지에서는 같은 기간 내에 설립등기사항을 등기해야 한다.

동일한 등기소의 관할 구역 내에 사무소 이전 시 3주내에 그 이전한 것을 등기하면 되고 설립등기사항은 등기할 필요는 없다.

3) 변경등기(민법 52조)

설립등기의 등기사항에 변경이 있는 때에는 3주내에 소재지 등기소에 변경등기를 해야 한다.

4) 직무집행정지 등 가처분 등기.(민법 52조의 2)

이사의 직무집행을 정지하거나 직무대행자를 선임하는 가처분을 하거나 그 가처분을 변경 · 취소하는 경우에는 주사무소와 분사무소가 있는 곳의 등기소에서 이를 등기하여야 한다.

5) 해산등기(민법 85조)

청산인은 파산의 경우를 제외하고는 그 취임 후 3주내에 ①해산의 사유 ②해산 년월일, ③청산인의 성명 및 주소 ④청산인의 대표권을 제한한 때에는 그 제한을 주된 사무소 및 분사무소 소재지에 등기하여야 한다.

※ 상기 등기사항에 변경이 생긴 경우에도 3주내에 변경등기를 해야 한다.

6) 등기의 효력

설립등기는 법인의 성립요건이며(민법 33조), 설립등기이외의 등기사항은 제3자에 대한 대항요건이다.(민법 54조)

7) 등기기간의 계산

시도지사의 허가를 요하는 등기사항은 그 허가서가 도착한 날로부터 등기의 기간을 기산한다.(민법 53조)

아. 설립등기 등의 보고

법인은 설립등기, 분사무소설치의 등기, 사무소이전의 등기, 변경등기 등을 한 때에는 등기를 완료한 날로부터 7일 이내에 등기보고서에 등기부등본 1부를 첨부하여 시도지사에 제출해야 한다.

※ 전자정부구현을위한행정업무등의전자화촉진에관한법률 제21조1항의 규정에 의한 행정정보공동이용을 통하여 첨부서류에 대한 정보를 확인할 수 있는 경우에는 그 확인으로 첨부서류를 갈음할 수 있다.

3. 사회복지법인의 정관변경의 인가

1) 정관변경인가신청(법 17조, 규칙 8조)

법인이 정관을 변경하고자 하는 때에는 정관변경인가신청서(붙임 1)에 아래의 서류를 첨부하여 시도지사에 제출한 후 정관변경에 대한 인가를 받아야 한다.

- 정관의 변경을 결의한 이사회 회의록 사본 1부
- 정관 변경안 1부
- 사업변경계획서, 예산서 및 재산의 소유를 증명할 수 있는 서류
  (사업의 변동이 있는 경우에 한함) 각 1부
- 재산의 평가조서 및 재산수익조서 (사업의 변동이 있는 경우에 한함) 각 1부

※ 정관중 공고 및 그 방법에 관한 사항을 변경하고자 하는 경우에는 시도지사의 인가를 받지 않아도 된다.

2) 정관 변경 인가 시 검토사항

(1) 정관변경의 적법성과 타당성

정관변경절차가 관계법령, 정관 등에 적합한지 여부 등을 검토하고 이사회 회의록에 정관변경의 구체적 내용이 논의되었는지 여부와 참석자 전원의 인감날인 여부를 확인해야 한다.

사업변경시, 변경된 사업이 설립자의 법인설립의도, 정관상 법인목적, 비영리 사회복지사업의 특성 등과 부합되는지 여부도 엄격하게 심사하고 있다.

(2) 정관변경에 따른 재원확보

정관변경으로 사업의 변경이 있을 때에는 확실한 재원조달방법이 있는지를 확인(先 재원확보, 後 정관변경 인가)

제 2 절 사회복지법인의 처분

1. 사회복지법인의 기본재산 처분허가

1) 기본재산 처분허가(법 제23조, 규칙 제14조)

(1) 기본재산 처분허가 신청

기본재산의 매도, 증여, 교환, 임대, 담보제공 또는 용도 변경하고자 할 때에는 반드시 시도지사의 처분허가를 받아야 한다.

※ 기본재산에 관한 임대계약을 갱신하는 경우에는 임대계약 갱신사실을 시도지사에 보고하는 것으로 갈음한다.

처분허가 신청 시 기본재산처분허가신청서(붙임2)에 아래의 서류를 첨부하여 시도지사에게 제출해야 한다.

- 기본재산 처분이유서 1부
- 기본재산의 처분을 결의한 이사회회의록 사본 1부
- 처분하는 기본재산의 명세서 1부
- 처분하는 기본재산의 감정평가서(교환의 경우에는 취득하는 재산의 감정평가서를 포함) 1부 (공인감정평가법인이 작성한 것에 한함)

시도지사의 기본재산 처분허가 시 허가서가 도착한 즉시 정관변경절차에 의거 정관변경에 대한 인가를 받아야 한다. (기본재산 처분허가를 받았다 하더라도 정관변경 인가를 받은 후에 기본재산을 처분하도록 지하고 있다.)

참고 판례

정관의 변경이 이루어지지 아니한다면 재단의 기본재산에 관한 처분행위는 그 효력을 발생할 수 없다고 할 것이고 재단법인의 정관의 변경은 주무부장관의 허가를 얻지 아니하면 그 효력이 없는 것(대판 1966. 11. 29)

재단법인의 기본재산 처분에 관한 주무관청의 허가가 없으며 그 처분행위는 무효(대판 1976. 11. 9

(2) 기본재산 처분허가시 검토사항

• 처분의 적정성 검토

사회복지법인에 출연된 재산 즉 기본재산은 바로 법인의 실체인 동시에 법인의 목적을 수행하기 위한 가장 기본적인 수단이므로 이를 처분한다는 것은 법인의 실체가 없어진다는 것을 의미하며 나아가서는 법인이 그 목적을 수행할 수 없게 된다는 것을 의미하므로 기본재산 처분신청 시 해당 기본재산의 성격, 총 기본재산에서 차지하는 비중, 처분 시 목적사업 수행가능성, 처분의 의도, 처분 후 사용용도 등에 대해 종합적이고 엄격한 심사를 수행한 후 허가여부를 결정하고 있다.

• 처분재산의 구체적 내용 확인

처분재산목록은 2월 이내 발행된 등기부등본 등 관련 증빙서로 확인하고 처분재산의 현재 소유권 등을 확인하고 있다.

– 등기부등본의 경우, 표제부(재산의 표시), 갑구(소유권, 가압류, 가처분 등 사항), 을구(저당권, 지상권, 전세권 등의 제한물건 설정사항)의 내용을 정밀 확인하고 있다.

⇒ 처분허가 전에 기본재산을 기처분 했는지 여부도 검토한다.

• 이사회 결의의 적법성 검토 등

이사회 소집의 적법성 확인(통보여부 등)과 이사회 회의록에 처분의 구체적 내용이 포함되고 참석이사 전원의 기명날인 등 결의의 성립 등에 흠이 없는지 등을 확인하고 있다.

2) 장기차입허가(법 23조, 규칙 15조)

(1) 장기차입허가 신청

장기 차입하고자 하는 금액을 포함한 장기차입금의 총액이 기본재산 총액에서 차입당시의 부채총액을 공제한 금액의 100분의 5에 상당하는 금액이상을 장기 차입하고자 할 때에는 시도지사의 허가를 받아야 한다.(장기차입금이란 1년 이상 차입하는 부채를 의미)

⇒ (신규 장기차입금 + 기존 장기차입금) ≥ (기본재산총액 - 차입당시 부채총액)× 5/100

예) ⅰ) 기본재산 10억, 부채총액 1억인 A법인이 시도지사 허가 없이 차입할 수 있는 장기차입금의 한도는 4,500만원 미만임

ⅱ) 상기 A법인이 4,400만원을 장기차입한 후(시도지사 허가를 받지 않아도 됨), 다시 110만원을 장기차입하려 할 경우에는 장기차입금의 총액이 4,500만원 이상이므로 반드시 시도지사 허가를 받아야 한다.

상기의 금액이상을 장기 차입하고자 할 때에는 장기차입허가신청서(붙임 3)에 아래의 서류를 첨부하여 시도지사에 제출하여야 한다.

- 이사회회의록 사본 1부
- 차입목적 또는 사유서(차입용도 포함) 1부
- 상환계획서 1부

(2) 장기차입 허가 시 참고사항

차입 허가 시 차입의 의도, 차입 후 법인의 정상운영여부, 차입금의 사용처 등을 면밀히 검토하고, 특히 차입금의 상환이 가능한지 여부를 심사한다.

3) 재산의 취득과 정관변경(법 24조, 규칙 16조)

(1) 재산의 취득

법인이 매수, 기부채납, 후원 등의 방법으로 재산을 취득한 때에는 지체 없이 이를 법인의 재산에 편입조치하고, 매년 1월말까지 전년도의 재산취득상황을 아래의 서류와 함께 시도지사에게 보고해야 한다.

- 재산 취득사유서 1부
- 취득한 재산의 종류, 수량 및 금액을 기재한 서류 1부
- 취득한 재산의 등기부등본 또는 금융기관의 증명서 등 증빙서류 1부

(2) 정관의 변경

상기의 사유 등으로 법인의 재산이 증가하는 경우에도 재산이 감소했을 경우와 마찬가지로 지체 없이 정관을 변경하여 시도지사의 승인을 받아야 한다.

	재산처분허가	정관변경	재산의 증감시점
기본재산 처분(재산의 감소)	필요	필요	정관변경인가 후 처분가능
재산의 취득(재산의 증가)	불필요	필요	정관변경인가 후 증가

참고 판례

기본재산을 감소하는 경우는 물론 이를 증가시키는 경우에도 반드시 그 정관의 기재사항에 변경을 초래한다 할 것이므로 이 두 경우에는 모두 정관의 변경이라 할 것이고 따라서 이러한 변경에는 주무관청의 인가를 받아야만 그 효력이 발생한다.

(大判 67다568, 大判 78다783)

2. 사회복지법인의 소멸(합병포함)

1) 법인소멸의 의의

법인의 소멸은 해산과 청산의 절차로 행해지는데 주의해야 할 점은 해산으로 법인의 권리능력이 곧 전적으로 소멸하지 않으며 청산의 종결로 법인은 완전히 소멸된다.

⇒ 先 해산, 後 청산

※ 해산이라 함은 법인이 본래의 적극적 활동을 정지하고 청산절차에 들어가는 것을 말하며, 청산은 해산한 법인의 재산관계를 정리하는 절차를 말한다.

해산 후 법인의 권리능력이 곧바로 소멸되는 것이 아니라 청산이 종결될 때까지 법인은 제한된 범위에서 권리능력을 가지며, 해산 후 청산종결까지 존속하는 법인을 청산법인(淸算法人)이라고 한다.

2) 법인해산(解散)의 사유(민법 77조)

(1) 존재기간의 만료 기타 정관에 정한 해산사유의 발생

(2) 파산(민법 79조)

법인이 채무를 변제할 수 없는 상태, 즉 채무초과(부채〉 자산)가 된 때에는 이사는 지체 없이 파산을 신청해야 한다.

※ 법인의 파산원인은 단순한 채무초과로써 충분(파산법 117조)하며 자연인과 같이 채무변재 능력 등은 고려하지 않는다.

(3) 설립허가의 취소(법 26조)

• 필요적 설립허가 취소사유

− 사위 기타 부정의 방법으로 설립허가를 받은 때 시도지사는 반드시 설립허가를 취소한다.

• 임의적 설립허가 취소사유

− 설립허가 조건에 위반한 때

− 시설폐쇄, 기본재산 소멸, 이사회 소멸 등으로 정관상 목적사업 수행이 사실상 불가능할 때

− 목적사업외의 사업을 한 때로 지원 법인으로 허가받아 시설을 운영하는 경우, 시 도지사의 허가 또는 승인 없이 수익사업을 수행하는 경우, 관련부처 협의 또는 허가 없이 의료, 교육, 문화 등의 사업을 임의로 수행 시 등

− 정당한 사유 없이 설립허가를 받은 날부터 6월 이내에 목적사업을 개시하지 아니하거나

1년 이상 사업실적이 없을 때

- 기타 법인운영에 중대한 사항에 대한 법, 명령, 정관 위반, 동일한 사항을 3회 이상 지속적으로 위반하는 경우, 시정명령을 3회 이상 지속적으로 거부하는 등 정상적 법인운영이 어려울 경우나 사회복지사업법 또는 사회복지사업법에 의한 명령이나 정관에 위반한 때이다.
- 임의적 설립허가 취소사유 발생하여 취소하는 경우 다른 방법으로 감독목적을 달성할 수 없거나 시정을 명한 후 6월 이내에 이를 이행하지 아니한 경우이다.

3) 청산(淸算)

(1) 청산의 의의

청산이란 해산한 법인이 처리되지 않고 남은 사무를 처리하고 재산을 정리하여 완전히 소멸할 때까지의 절차를 말한다.

• 청산은 ⅰ)파산으로 해산하는 경우의 청산과 　　　　ⅱ)파산이외의 원인에 의해 해산하는 경우의 청산이 있음 - 파산으로 해산 → 파산법이 정하는 질차에 따라 청산 - 파산이외의 원인에 의한 해산 → 민법이 규정하는 청산절차

※ 청산절차는 그 어느 것이나 모두 제3자의 이해관계에 중대한 영향을 미치기 때문에 이에 관한 규정은 강행규정이다. 따라서 정관에서 다른 규정을 하고 있더라도 그것은 효력이 없다.

(2) 청산법인

청산법인은 청산의 목적범위 내에서만 권리를 행사하고 의무를 부담한다.(민법 81조)

• 청산법인의 기관

법인이 해산하면 이사는 그 지위를 당연히 상실하며 이사에 갈음하여 청산인이 청산법인의 집행기관이 된다. 청산인은 청산법인의 능력의 범위 내에서 내부의 사무를 집행하고 외부에 대하여 청산법인을 대표한다. 이때 이사를 제외한 기타의 기관에는 변동이 없으며 계속하여 청산법인의 기관으로서 종전과 마찬가지의 권한을 갖고 있다.

예) 법인의 감사는 계속하여 청산법인의 직무를 감독

• 청산인

- 청산인의 자격(민법 82조, 83조)

가) 정관에서 정한 자

나) 정관에서 정하지 않으면 이사회의 의결로 선임

다) 이사회가 선임하지 않은 경우에는 대표이사

라) 위에 해당하는 자가 없거나 청산인의 결원으로 인하여 손해가 생길 염려가 있는 때에는 법원이 직권 또는 이해관계인이나 검사의 청구에 의해 청산인을 선임한다.

→ 중요한 사유가 있는 때에는 법인은 직권 또는 이해관계인이나 검사의 청구에 의하여 청산인에 대해 해임이 가능하다.(84조)

– 청산인의 직무

가) 해산의 등기와 신고(민법 85조, 86조)

- 청산인은 파산의 경우를 제외하고는 취임 후 3주내에 해산의 사유 및 년월일, 청산인의 성명 및 주소와 청산인의 대표권을 제한한 때에는 그 제한을 주된 사무소 및 분사무소 소재지에 등기하여야 한다.
- 해산등기사항에 변경이 생기면 기존 정관변경절차와 동일하게(민법 52조) 3주내 변경등기를 해야 한다.
- 청산인은 취임 후 3주내에 상기사항 시도지사에 신고하고, 해산등기사항에 변경이 생겨 변경등기를 한 경우에도 3주내에 시도지사에게 신고해야 한다.

참고 : 파산에 의한 청산

파산에 의한 청산에 있어서는 등기는 법원이 직권으로 등기소에 촉탁하고(파산법 110조), 주무관청에 법원이 통지하므로(파산법 115조) 청산법인은 등기신청이나 신고할 필요가 없다

나) 현존사무의 종결(민법 87조)

다) 채권의 추심(민법 87조)

회수할 수 있는 채권은 적극적으로 추심하여 회수하고, 변제기가 아직 닥쳐오지 않은 채권이나, 조건부 채권과 같이 즉시로 추심할 수 없는 채권은 적당한 방법으로 환가해야 한다.

라) 채무의 변제(민법 87조)

a) 채권신고의 독촉(민법 88조, 89조)

청산인은 취임한 날로부터 2개월 내에 3회 이상 공고로 일반채권자에 대해 일정한 기간 내에 그의 채권을 신고할 것을 최고하여야 한다. (단 신고기간은 2개월 이상으로 정함)

상기 공고에는 채권자가 기간 내에 신고하지 않으면 청산으로부터 제외된다는 것을 표시하여야

하며 공고는 법원의 등기사항의 공고와 동일한 방법으로 행하야 한다.

청산인이 알고 있는 채권자에 대하여는 개별적으로 채권을 신고할 것을 최고하여야 한다.(개별 통보할 것)

b) 변제(민법 89조, 90조, 91조, 92조)

청산인은 상기 채권 신고 기간 내에는 채권자에게 변제하지 못하나 이로 인해 채권자에 대한 지연손해배상책임 의무를 면하지 못한다.

청산중의 법인은 아직 변제기가 닥쳐오지 않은 채권에 대해서도 변제할 수 있다. 단, 조건 있는 채권, 존속기간의 명확하지 않은 채권 기타 가액이 명확하지 않은 채권에 관하여는 법원이 선임한 감정인의 평가에 의하여 변제할 수 있다. 채권신고기간 내에 신고하지 않은 채권자는 청산에서 제외되고 법인의 채무를 완제한 후 귀속권리자에게 인도하지 않은 재산에 대해서만 변제를 청구할 수 있다. 청산인이 알고 있는 채권자에 대해서는 신고하지 않았더라도 청산에서 제외하지 못하며 꼭 변제해야 한다. 만일, 채권자가 변제를 수령하지 않으면 공탁하여야 한다.(민법 487조)

마) 잔여재산의 처리(법 27조, 령 10조의2)

해산한 법인의 잔여재산은 정관이 정하는 바에 의하여 국가 또는 지방자치단체에 귀속된다. 국가 또는 지자체에 귀속된 재산은 i)사회복지사업에 사용하거나 ii)유사한 목적을 가진 법인에게 무상으로 내부하거나 무상으로 사용·수익하게 할 수 있다.

※ 해산한 법인의 이사본인 및 그와 "특별한 관계에 있는 자"가 이사로 있는 법인에 대하여는 무상으로 대부·사용·수익하게 할 수 없다.

바) 파산신청(민법 93조)

청산절차를 밟고 있는 도중에 법인의 재산이 그 채무를 완제하기에 부족하다는 것이 분명하게 된 때(즉 채무초과 상태)에는 청산인이 지체 없이 파산신고를 신청하고 이를 공고해야 한다.

법인의 파산으로 파산관재인이 정해지면 청산인은 파산관재인에게 사무를 인계하여야 하며, 인계함으로써 그 임무가 종료된다.

사) 청산종결의 등기와 신고(민법 94조)

청산이 종결한 때에는 청산인은 3주내 이를 등기하고 주무관청에 신고하여야 한다.

라. 법인의 합병(법 30조, 령 11조, 규칙 19조)

2개 이상 법인이 합병하고자 할 때에는 합병되는 형태에 따라 법인합병허가신청서(붙임4)에 아래의 서류를 첨부하여 시도지사의 허가를 받아야 한다.

법인 합병 시 합병 후 존속하는 법인 또는 합병에 의해 설립된 법인은 합병에 의해 소멸된 법인의 지위를 승계하고, 합병 후 신설법인 설립 시에는 관계 법인이 각각 5인씩 지명하는 설립위원이 정관을 작성하는 등 법인설립업무를 공동 처리해야 한다.

1) 합병 후 존속(A+B=A)

A법인이 B법인을 흡수하는 형태의 합병 시 아래의 서류를 구비하여 A법인의 주사무소가 위치하는 시도지사의 허가를 받아야 한다.

△ 법인합병허가신청서에 첨부해야 할 서류

- 관계법인의 합병결의서, 정관, 재산목록 및 대차대조표 각 1부
- 정관변경안 1부
- 사업계획서, 예산서 및 재산의 소유를 증명할 수 있는 서류 각 1부
- 재산의 평가조서 및 재산수익 조서 각 1부

  B법인의 사무소를 존속하고자 하는 경우에는 분 사무소 설치절차와 동일하게 처리해야 한다.
- B법인이 시설법인일 경우

ⅰ) B법인을 흡수한 A법인이 더 이상 시설운영이 불가능할 경우

A법인은 법 38조 및 규칙 26조에 의거 시설폐지 3개월 전까지 시설폐지신고서를 관할 시군구청장에게 제출하고 시설거주자에 대한 전원 및 귀가조치를 관할 시군구청장과 협의 하에 시행해야 한다.

ⅱ) B법인을 흡수한 A법인이 계속 시설을 운영하고자 하는 경우

시설운영자가 B법인에서 A법인으로 바뀌었기 때문에 운영자변경에 대해 관한 시군구청에 변경신고를 하고 계속 운영할 수 있다.

2) 합병 후 신설법인 설립(A+B=C)

A법인과 B법인이 합병하여 신규 C법인을 설립하는 경우에는 아래의 서류를 완비하여 C법인의 주사무소가 위치할 시도지사의 허가를 받아야 한다.

(나머지 사항은 “1) 합병 후 존속”과 동일)

△ 법인합병허가신청서에 첨부해야 할 서류

- 합병취지서, 재산목록 및 대차대조표 1부
- 합병 당해 연도 및 다음 연도의 사업계획서 및 예산서 각 1부

- 규칙 제7조제2항 제2호 내지 제9호의 서류 각 1부

3. 사회복지법인의 관리감독

1) 법원(法院)

법인의 해산과 청산의 감독은 법원이 담당(민법 84조, 95조)

2) 시 · 도지사(법 51조 등)

법인설립허가, 법인정관변경인가, 기본재산 처분허가 등 법인 업무전반에 대한 모든 사항은 시도지사 권한사항임

- 시도지사는 자체지도 · 감사계획에 의거 사회복지사업을 운영하는 법인(법인운영시설 포함)에 대한 소관업무에 관하여 지도 · 감독을 실시하며, 필요한 경우 그 업무에 관하여 보고 또는 관계서류의 제출을 명하거나 소속 공무원으로 하여금 법인의 사무소 또는 시설에 출입하여 검사 또는 질문하게 할 수 있다.(증표 지참)
- 법인의 주된 사무소의 소재지와 시설의 소재지가 동일한 시도 또는 시군구에 있지 아니한 경우 당해 시설의 업무는 시설 소재지의 시도지사 또는 시군구청장이 지도 · 감독하되, 별도의 행정협약을 체결한 경우 협약에 따른다. 필요한 경우 법인의 업무에 대하여 법인의 주된 사무소 소재지의 시 · 도지사 또는 시 · 군 · 구청장에게 협조를 요청할 수 있다.

3) 시 · 군 · 구청장(위임기관)

- 시 · 도지사는 법인 관련업무의 일부를 조례 등 자치법규로 시 · 군 · 구청장에게 위임이 가능하다. 그러나 포괄적 위임 및 법인설립허가, 중요기본재산처분허가, 임원의 해임명령, 중요사항에 대한 정관변경인가, 법인설립허가취소 등 중요사항에 대해서는 위임이 불가하다.

  보건복지부장관 또는 시 · 도지사가 사회복지법인 또는 사회복지시설에 대하여 행정처분을 한 경우, 그 처분 관련 정보의 공표 내용, 기간, 방법 등을 정하고(안 제24조의2) 행정처분 관련 정보를 공표할 경우 사회복지법인 또는 사회복지시설의 명칭, 처분의 사유, 근거법령, 처분내용 등을 해당 기관의 인터넷 홈페이지 등에 6개월 이내 기간 동안 게재하도록 하였다.

[표2-5] 감사 및 지도감독

종류	대상	주기	실시기관
○ 정기 감사 - 조직운영 전반 - 회계감사	법인 시설	최소 매3년마다 1회 연 1회 이상	시도지사(위임기관) 시군구청장
○ 수시 지도점검	시설	필요시(입·퇴소 실태, 생활실태)	시군구청장
○ 특별감사	법인 시설	진정, 투서, 언론보도, 비리발생, 인권침해 등 감사 필요성이 있을 경우	보건복지부장관 시도지사 시군구청장

4) 법인의 비치서류

• 정관 • 임원명부(임원의 성명, 약력, 주소 등 기재)

• 재산목록(기본재산과 보통재산 구분) • 회의록(총회, 임시이사회 등)

• 당해 회계연도 사업계획서, 직전 회계연도의 사업실적서

– 예산서, 결산서(추정손익계산서 및 추정대차대조표와 그 부속명세서 첨부)

• 현금 및 물품의 출납대장 • 보조금을 받는 경우 보조금관리대장

• 자산 및 회계에 관한 증빙서류

5) 벌칙규정

[표2-6] 감사 및 지도감독

<table>
<tr><td>허가받지 않고 법인 운영하는 경우</td><td>5년이하 징역 또는 1500만원이하 벌금</td></tr>
<tr><td>법인 수익사업으로 생긴 이득을 사회복지시설 운영 지원외 타 목적으로 사용시</td><td rowspan="2">1년이하 징역 300만원이하 벌금</td></tr>
<tr><td>정당한 이유 없이 행정기관에 보고를 하지 않거나 허위보고를 한자, 자료를 제출하지 않거나 허위자료를 제출한 자, 검사 질문을 거부 방해 또는 기피한자</td></tr>
<tr><td>사회복지사 채용을 회피하는 자</td><td>300만원 이하 벌금</td></tr>
<tr><td colspan="2">법인의 대표자 또는 법인의 대리인, 사용인, 기타 종업원이 그 법인 업무에 관하여 위반행위를 한 때에는 행위자를 벌하는 외에 그 법인 또는 개인에 대하여도 각각에 해당하는 벌금형을 과함.</td></tr>
</table>

제 2 부

사회복지시설

제 5 장 사회복지시설 설치 79

제 6 장 사회복지시설의 운영 94

제 7 장 근로기준법 적용업무 131

제 8 장 사회복지법인시설 재무회계 150

제 5 장 사회복지시설 설치

제 1 절 사회복지시설의 개념

1. 사회복지시설의 정의

사회복지시설이 과거에는 구호적인 측면이 강하였으며, 지역사회 주민과의 관계가 원만하지 못하고 단절되어 부정적인 시각이 많았으며, 요즈음도 일부 지역 주민들은 사회복지시설이 지역에 설치되는 것에 대해 혐오감의 따가운 눈총을 보내고 있는 실정이다. 그러나 현재는 사회정상화(normalization)차원에서 치료적이며 예방적으로 서비스를 제공하여 건전한 사회관계를 유지할 수 있도록 노력하고 있으며, 모든 국민이 복지의 대상이 되는 보편적인 복지로 변화되어 가고 있는 상황임으로 사회복지시설이 지역사회주민의 다양한 복지 욕구를 충족시키기 위한 복지문제까지 포용할 수 있는 상태가 되어야 한다.

『사회복지시설』의 정의는 사회복지사업법 제2조에서 '사회복지사업을 행할 목적으로 설치된 시설' 이라고 한다. 즉 사회복지시설이란 사회・경제적으로 생활의 어려움 가지고 있으며, 심신의 장애로 인해 자립 생활이 어려운 사람들의 복지증진을 위한 보호・육성・치료・재활・훈련 등 적절한 원조를 목적으로 설치된 시설・설비 및 직원운영조직을 의미한다.[7)]

『사회복지시설』은 설립 및 운영주체에 따라 공공시설 과 법인시설, 개인시설로 구분한다.

「공공시설」은 국가 또는 지자체가 설립하고 운영(위탁운영 포함)하는 시설을 말하며,

「법인시설」은 사회복지법인 또는 비영리법인 등이 설립하고 운영하되, 국가(지방정부 포함)에서 기능보강비(신축, 증개축 등), 운영비(인건비 등), 생활자 생계비 등을 일부 또는 전부를 직접 보조하는 시설이다.

「개인시설」은 법인, 단체, 개인 등이 설립하고 운영하되, 국가에서 시설에 대해 기능보강비, 운영비 등을 직접적으로 지원하지 않는 시설을 말한다.

특히 법인 시설과 개인시설의 차이점으로는 법인시설은 기초생활보장수급자를 시설수급자로 관리하고, 개인시설은 수급자를 지역수급자로 관리하고 있다.

---

7) 사회복지사업법 제2조의 사회복지사업에 해당하지 않는 사회복지사업, 선교・포교 등 종교행위 등을 수행하는 시설은 사회복지시설이 아니다.

2. 사회복지시설의 종류

사회복지시설의 종류는 소관부서별로는 보건복지부와 여성부로, 기능적으로는 [표5-1]과 [표5-2]와 같이 생활시설과 이용시설로 크게 나눌 수 있다.

[표5-1] 사회복지시설 관련법 및 종류

관련법	시설종류	세부종류		소관부서
		생활시설	이용시설	
사회복지사업법	부랑인 · 노숙인시설 결핵 · 한센시설 종합사회복지관	ㅇ부랑인시설 ㅇ결핵 · 한센시설	ㅇ종합사회복지관 *ㅇ노숙인쉼터* *ㅇ상담보호센터*	보건복지부
노인복지법	노인복지시설	ㅇ노인주거복지시설 ㅇ노인의료복지시설	ㅇ재가노인복지시설 ㅇ노인여가복지시설 ㅇ노인보호전문기관	
아동복지법	아동복지시설	ㅇ아동양육시설 ㅇ아동일시보호시설 ㅇ아동보호치료시설 ㅇ아동직업훈련시설 ㅇ자립지원시설 ㅇ아동단기보호시설 *ㅇ공동생활가정*	ㅇ아동상담소 ㅇ아동전용시설 ㅇ아동복지관 *ㅇ지역아동센터* *※ 2개이상 아동시설이 혼합되어 있는 종합시설 설치가능*	
장애인복지법	장애인복지시설	ㅇ장애인생활시설 ㅇ장애인유료복지시설 중 생활시설	ㅇ장애인지역사회재활시설 중 이용시설 ㅇ장애인직업재활시설 ㅇ장애인유료복지시설 중 이용시설	
모부자복지법	모부자복지시설	ㅇ모(부)자보호시설 ㅇ모(부)자자립시설, ㅇ미혼모시설, ㅇ일시보호시설	ㅇ여성복지관 ㅇ모 · 부자 가정상담소	
정신보건법	정신보건시설	ㅇ정신요양시설 ㅇ사회복귀시설 중 생활(주거)시설	ㅇ사회복귀시설 중 이용시설	
국민기초생활보장법	*자활후견기관*		*ㅇ자활후견기관*	
농어촌주민의보건복지증진을위한특별법	*복합노인복지시설*	*ㅇ 농어촌지역에 한해 노인복지시설 중 "노인보호전문기관"을 제외한 2종류이상의 사회복지시설을 동일 또는 인접 건물에 설치가능*		
영유아복지법	보육시설		ㅇ보육시설	여성부
성매매방지및피해자보호등에 관한 법률	*성매매 피해 지원시설*	*ㅇ일반지원시설* *ㅇ청소년지원시설* *ㅇ외국인여성지원시설*	*ㅇ자활지원센터*	
성폭력범죄의처벌및피해자보호등에관한법률	성폭력피해보호시설	ㅇ성폭력피해자보호시설	ㅇ성폭력피해상담소	
가정폭력방지및피해자보호등에관한법률	가정폭력보호시설	ㅇ가정폭력피해자보호시설	ㅇ가정폭력상담소	

※ 이탤릭체 부분은 신규로 사회복지시설로 포함된 시설임

「생활시설」이란, 요보호 대상자들을 입소시켜 거주하도록 하여 서비스를 제공하는 시설로써 통상 「사회복지시설」이라고 하고, 「이용시설」이란, 다양한 사회복지서비스를 제공하는 종합사회복지관·자활후견기관·지역아동센터·각종상담소 등의 시설을 「사회복지기관」 혹은 「이용시설」로 구별하고 있다

[표5-2] 사회복지시설 분류 및 관련부서

대상자별	시설 종류		소관부서
노인	ㅇ주거	·양로, 노인공동생활가정, 노인복지주택	노인요양보장과 노인지원과
	ㅇ의료	·노인요양, 노인요양공동생활가정 ·전문요양병원	
	ㅇ여가	·노인복지회관	
		·경로당, 노인교실, 노인휴양소	
	ㅇ재가	·방문요양서비스, 방문목욕서비스	
		·주간보호서비스, 단기보호서비스	
	ㅇ노인보호전문기관		
아동	ㅇ아동양육시설, *공동생활가정*		아동정책과
	ㅇ아동일시보호시설, 아동단기보호시설		
	ㅇ아동보호치료시설, *지역아동센터*		
	ㅇ아동직업훈련시설, 자립지원시설		
	ㅇ아동상담소, 아동전용시설, 아동복지관		
장애인	ㅇ생활시설	·장애유형별생활시설	장애인정책과 재활지원과
		·중증장애인요양시설	
		·장애인영유아생활시설	
	ㅇ지역사회 재활시설	·장애인복지관	
		·장애인의료재활시설	
		·장애인주간보호시설,	
		·장애인단기보호시설	
		·장애인공동생활가정	
		·장애인체육시설, 장애인수련시설	
		·장애인심부름센터	
		·수화통역센터, 점자도서관, 점서 및 녹음서 출판시설	
	ㅇ직업재활 시설	·작업활동시설, 보호작업시설	
		·근로작업시설, 직업훈련시설	
		·장애인생산품판매시설	
	ㅇ장애인유료복지시설		
모부자	ㅇ모(부)자보호시설, 모(부)자자립시설		인구가정정책과
	ㅇ미혼모시설, 일시보호시설		
	ㅇ여성복지관, 모부자가정상담소		
부랑·노숙인	ㅇ부랑인시설, *노숙인쉼터, 상담보호센터*		복지자원정책과
정신	ㅇ정신요양시설		정신보건과
	ㅇ사회복귀시설	·정신질환자생활훈련시설	
		·정신질환자작업훈련시설	
		·정신질환자주거시설	
		·정신질환자종합훈련시설	
기타시설	ㅇ결핵·한센시설		질병정책과
	ㅇ종합사회복지관		복지자원정책과
	ㅇ자활후견기관		자활지원과
	ㅇ복합노인복지시설		노인지원과

노인복지시설의 종류(노인복지법 제31조)

종 류	시 설	설 치 목 적	입 소(이용) 대 상 자	설 치
노인주거복지시설	양로시설	노인을 입소시켜 급식과 그 밖에 일상생활에 필요한 편의를 제공	○ 다음 각 호의 어느 하나에 해당하는 자로서 일상생활에 지장이 없는 자 가. 「국민기초생활보장법」 제2조에 따른 수급권자(이하 "기초수급권자"라 한다)로서 65세 이상의 자 나. 부양의무자로부터 적절한 부양을 받지 못하는 65세이상의 자 다. 본인 및 본인과 생계를 같이 하고 있는 부양의무자의 월소득을 합산한 금액을 가구원 수로 나누어 얻은 1인당 월평균 소득액이 통계청장이 통계법 제17조제3항에 따라 고시하는 전년도의 도시근로자가구 월평균 소득을 전년도의 평균 가구원수로 나누어 얻은 1인당 월평균 소득액 이하인 자(이하 "실비보호대상자"라 한다)로서 65세 이상의 자 라. 입소자로부터 입소비용의 전부를 수납하여 운영하는 양로시설 또는 노인공동생활가정의 경우는 60세이상의 자	시장·군수 구청장에 신고
	노인공동생활가정	노인들에게 가정과 같은 주거여건과 급식, 그 밖에 일상생활에 필요한 편의를 제공		
	노인복지주택	노인에게 주거시설을 분양 또는 임대하여 주거의 편의·생활지도·상담 및 안전관리등 일상생활에 필요한 편의를 제공	단독취사등 독립된 주거생활을 하는데 지장이 없는 60세 이상의 자	〃
노인의료복지시설	노인요양시설	치매·중풍 등 노인성 질환 등으로 심신에 상당한 장애가 발생하여 도움을 필요로 하는 노인을 입소시켜 급식·요양과 그 밖에 일상생활에 필요한 편의를 제공	○ 노인성질환 등으로 다음 각 호의 어느 하나에 해당하는 자 가. 「노인장기요양보험법」 제15조에 따른 장기요양급여수급자 나. 기초수급권자로서 65세 이상의 자 다. 부양의무자로부터 적절한 부양을 받지 못하는 65세 이상의 자 라. 입소자로부터 입소비용의 전부를 수납하여 운영하는 노인요양시설 또는 노인요양공동생활가정의 경우는 60세 이상의 자	〃
	노인요양공동생활가정	치매·중풍 등 노인성 질환 등으로 심신에 상당한 장애가 발생하여 도움을 필요로 하는 노인에게 가정과 같은 주거여건과 급식·요양, 그 밖에 일상생활에 필요한 편의를 제공		
	노인전문병원	주로 노인을 대상으로 의료를 행하는 시설 ☞ 의료법에 의한 의료기관을 개설할 수 있는 자(치과의사 및 조산사 제외)에 한하여 시·도지사의 허가를 받아 설치	가. 노인성질환으로 치료 및 요양을 필요로 하는 자 나. 임종을 앞둔 환자	시·도지사 허가
노인여가복지시설	노인복지관	노인의 교양·취미생활 및 사회참여활동 등에 대한 각종 정보와 서비스를 제공하고, 건강증진 및 질병예방과 소득보장·재가복지, 그 밖에 노인의 복지증진에 필요한 서비스를 제공	60세 이상의 자	시장·군수 구청장에 신고
	경로당	지역노인들이 자율적으로 친목도모·취미활동·공동작업장 운영 및 각종 정보교환과 기타 여가활동을 할 수 있도록 하는 장소를 제공	65세 이상의 자	〃
	노인교실	노인들에 대하여 사회활동 참여욕구를 충족시키기 위하여 건전한 취미생활·노인건강유지·소득보장 기타 일상생활과 관련한 학습프로그램을 제공	60세 이상의 자	〃
	노인휴양소	노인들에 대하여 심신의 휴양과 관련한 위생시설·여가시설 기타 편의시설을 단기간 제공	60세 이상의 자 및 그와 동행하는 자. 다만, 이용인원이 정원에 미달하는 때에는 정원의 100분의 30의 범위안에서 그 외의 자도 이용할 수 있다.	〃
재가노인복지시설	방문요양서비스	가정에서 일상생활을 영위하고 있는 노인으로서 신체적·정신적 장애로 어려움을 겪고 있는 노인에게 필요한 각종 편의를 제공하여 지역사회안에서 건전하고 안정된 노후를 영위하도록 하는 서비스	○ 장기요양수급자나 심신이 허약하거나 장애가 있는 65세 이상의 자(이용자로부터 이용비용의 전부를 수납받아 운영하는 시설의 경우에는 60세 이상의 자로 한다)로서 다음 각 호에 해당하는 자 가. 방문요양서비스 : 가정에서 보호가 필요한 자 나. 주·야간보호서비스 : 주간 또는 야간 동안의 보호가 필요한 자 다. 단기보호서비스 : 단기간의 보호가 필요한 자 라. 방문 목욕서비스 : 가정에서의 목욕이 필요한 자	〃
	주·야간보호서비스	부득이한 사유로 가족의 보호를 받을 수 없는 심신이 허약한 노인과 장애노인을 주간 또는 야간 동안 보호시설에 입소시켜 필요한 각종 편의를 제공하여 이들의 생활안정과 심신기능의 유지·향상을 도모하고, 그 가족의 신체적·정신적 부담을 덜어주기 위한 서비스		
	단기보호서비스	부득이한 사유로 가족의 보호를 받을 수 없어 일시적으로 보호가 필요한 심신이 허약한 노인과 장애노인을 보호시설에 단기간 입소시켜 보호함으로써 노인 및 노인가정의 복지증진을 도모하기 위한 서비스		
	방문목욕서비스	목욕장비를 갖추고 재가노인을 방문하여 목욕을 제공하는 서비스		
노인보호전문기관	노인보호전문기관	시·도지사가 노인보호전문기관을 지정·운영, 노인학대 신고, 상담, 보호, 예방 및 홍보, 24시간 신고·상담용 긴급전화(1577-1389) 운영	노인학대행위자에 대한 상담 및 교육 학대받은 노인의 발견·상담·보호 등 노인학대 예방 및 방지를 위한 홍보	시·도지사 지정

주) 노인복지법제38조(재가노인복지시설), 동법 시행규칙제26조의2(재가노인지원서비스)에 근거한 재가노인지원서비스는 시설 및 인력기준은('10.8.31.)현황제외함

3. 사회복지생활시설의 현황

장애인생활시설은 490개소에 정원은 29,419명, 현인원은 25,345명, 아동복지시설은 23,565 정원에 현인원 17,117명, 노인시설은 69,237개소에 정원163,136명이 이용 중에 있다.

1) 장애인생활시설 총괄표(2011.12.)

[표5-3] 사회복지생활시설 현황

(단위 : 시설수, 명)

시도	합 계			지체장애			시각장애			청각장애			지적장애			중증장애			장애영유아		
	시설수	정원	현원	시설수	정원	현원	시설수	정원	현원	시설수	정원	현원	시설수	정원	현원	시설수	정원	현원	시설수	정원	현원
합계	490	29,419	25,345	39	2,594	2,102	15	1,122	787	9	552	361	226	12,161	10,788	191	12,404	10,798	10	586	509
서울	43	3,868	3,175	3	240	208	3	202	147	1	62	47	13	1,057	926	21	2,203	1,758	2	104	89
부산	24	1,791	1,377	4	312	241	1	95	26	1	76	49	10	850	650	6	367	321	2	91	90
대구	18	1,651	1,518	3	410	384							6	576	516	8	567	521	1	98	97
인천	22	1,226	952	2	154	81	1	100	60	1	50	21	5	225	194	12	647	559	1	50	37
광주	15	871	681	3	180	124	1	100	46				9	421	369	2	170	142			
대전	17	1,092	865	1	120	79	1	70	70				7	512	434	7	337	235	1	53	47

2) 장애인직업재활시설 총괄표(2011.12.)

(단위 : 시설수, 명)

시도	시설수	근로장애인	근로사업장		보호작업장		작업활동시설		직업훈련시설		종사자	
			시설수	근로장애인	시설수	근로장애인	시설수	근로장애인	시설수	근로장애인	정원	현원
합계	456	12,870	53	2,190	403	10,680	0	0	0	0	2,504	2,260
서울	106	3,223	10	514	96	2,709					537	468
부산	22	637	1	32	21	605					102	94
대구	30	708	4	156	26	552					114	111
인천	26	718	3	163	23	555					111	110
광주	15	447	4	145	11	302					100	94
대전	14	470	2	103	12	367					105	102

3) 장애인지역사회재활시설 총괄표(2011.12.)

(단위 : 시설수, 명)

시도	시설수(개소)											종사자수(명)										
	소계	장애인복지관	의료재활시설	주간보호시설	단기보호시설	공동생활가정	장애인체육관	장애인심부름센터	수화통역센터	점자도서관	점자도서 및 녹음서 출판시설	소 계	장애인복지관	의료재활시설	주간보호시설	단기보호시설	공동생활가정	장애인체육관	장애인심부름센터	수화통역센터	점자도서관	점자도서 및 녹음서 출판시설
합계	1,851	199	17	485	119	637	27	156	180	27	4	11,692	5,825	889	1,624	511	825	327	875	700	106	10
서울	394	43	4	104	33	170	6	1	23	7	3	3,200	1,720	375	331	158	177	135	160	114	26	4
부산	112	14	1	48	2	38	2	1	5	1		629	347	7	123	8	53	42	17	21	11	
대구	69	6	1	31	1	22	2	1	4	1		381	166	9	103	3	39	21	17	18	5	
인천	77	8	2	24	5	34	1	1	1	1		559	258	143	73	17	36	2	19	8	3	
광주	44	4		15	1	17	1	2	4			215	98		52	5	26	5	12	17		
대전	75	5	2	25	7	26	3	1	5	1		576	144	202	87	27	50	33	12	21		
기타																						

사료 . 보건복지부2011년 현황인용

4) 아동복지시설 현황

아동복지시설 정 · 현원 현황

2010. 12. 31 현재 (단위 : 개소, 명)

구분	계(현원)		양육시설		직업훈련시설		보호치료시설		자립지원시설		일시보호시설		종합시설	
	정원	현원	정원	현원	정원	현원	정원	현원	정원	현원	정원	현원	정원	현원
계	23,565	17,118	21,369	15,787	120	69	664	495	380	235	857	402	175	131
서 울	4,343	3,153	3,366	2,633	120	69	80	79	90	74	547	188	140	110
부 산	2,625	1,963	2,475	1,893	0	0	90	36	30	28	30	6	0	0
대 구	1,584	924	1,434	840	0	0	40	35	80	30	30	19	0	0
인 천	881	707	822	678	0	0	0	0	0	0	59	29	0	0
광 주	1,000	747	910	663	0	0	0	0	30	24	60	60	0	0
대 전	952	653	772	500	0	0	150	140	30	13	0	0	0	0
울 산	150	122	150	122	0	0	0	0	0	0	0	0	0	0
경 기	2,314	2,030	2,125	1,852	0	0	74	80	0	0	115	98	0	0
강 원	707	525	672	504	0	0	0	0	0	0	0	0	35	21
충 북	1,001	740	941	699	0	0	30	29	30	12	0	0	0	0
충 남	1,090	794	1,060	772	0	0	0	0	30	22	0	0	0	0
전 북	1,199	909	1,099	829	0	0	70	61	30	19	0	0	0	0
전 남	2,182	1,364	2,045	1,328	0	0	100	22	30	13	7	1	0	0
경 북	1,358	946	1,349	945	0	0	0	0	0	0	9	1	0	0
경 남	1,804	1,217	1,774	1,204	0	0	30	13	0	0	0	0	0	0
제 주	375	325	375	325	0	0	0	0	0	0	0	0	0	0

5) 연도별 노인복지시설 현황

(단위 : 개소, 명)

종 류	시 설	2010		2009		2008		2007		2006	
		시설수	입소정원	시설수	입소정원	시설수	입소정원	시설수	입소정원	시설수	입소정원
합계		**69,237**	**163,136**	**66,854**	**130,421**	**63,919**	**112,064**	**60,788**	**150,548**	**59,117**	**119,498**
노인주거 복지시설	**소 계**	**397**	**17,270**	**360**	**14,353**	**347**	**17,342**	**398**	**16,579**	**366**	**16,074**
	양로시설	300	11,906	285	11,561	306	11,520	384	13,014	351	12,509
	노인공동생활가정	75	618	56	438	21	177				
	유료노인복지주택	22	4,746	19	2,354	20	5,645	14	3,565	15	3,565
노인의료 복지시설	**소 계**	**3,852**	**131,074**	**2,712**	**99,350**	**1,832**	**81,262**	**1,186**	**61,406**	**898**	**52,628**
	노인요양시설	2,429	107,506	1,642	82,271	1,332	66,715	1,114	51,310	815	40,589
	노인요양공동생활가정	1,346	11,361	1,009	8,504	422	3,500				
	노인전문병원	77	12,207	61	8,575	78	11,047	72	10,096	83	12,039
노인여가 복지시설	**소 계**	**62,469**		**61,065**		**59,422**		**57,777**		**56,789**	
	노인복지관	259		237		228		211		183	
	경로당	60,737		59,543		57,930		56,480		55,504	
	노인교실	1,464		1,280		1,260		1,082		1,099	
	노인휴양소	9		5		4		4		3	
재가노인 복지시설	**소 계**	**2,496**	**14,792**	**2,696**	**16,718**	**2,298**	**13,460**	**1,408**	**72,563**	**1,045**	**50,796**
	방문요양서비스	1,118		1,228		1,111		767	62,736	523	42,832
	주야간보호서비스	786	14,086	714	12,768	621	10,627	504	8,109	409	6,557
	단기보호서비스	67	706	288	3,950	217	2,833	137	1,718	113	1,407
	방문목욕서비스	525		466		349					
노인보호 전문기관	노인보호전문기관	23		21		20		19		19	

주) 유료노인복지주택 입소정원 : ' 08 및 ' 07년에는 시 · 군 · 구 조사자료에 의거 표기하였으나, 현실적으로 주택은 1세대에 1명 또는 여러명이 거주가능으로 입소정원이 없음.(' 08년 노인복지주택 세대수는 2,596세대, ' 07년 2,012세대임)

6) 개인운영신고시설 종별현황 (2005)

구 분	계	노인	모자	부랑인	아동	장애인	정신	결핵	한센
시설 수(개소)	1,150	526	16	34	132	416	19	5	2
생활자 수(명)	20,648	9,233	164	898	1,643	7,502	1,024	96	88
종사자 수(명)	3,654	1,676	43	95	353	1,327	111	17	32

※ 생활자 중 48%인 9,918명은 기초생활보장대상자 임

제 2 절 사회복지시설 공통적용사항

1. 사회복지시설 관련 적용법령

사회복지사업법 제2조의 "사회복지사업"을 행할 목적으로 설치된 모든 시설에 적용한다. 사회복지사업법은 사회복지사업에 관한 기본법으로 영유아복지법, 아동복지법 등 개별 법령에 규성이 있을 경우 해당법령이 우선적으로 적용된다.

[표5-4] 사회복지시설 법령

시설종류	법정 시설 명	사회복지관련법령
노인복지시설	노인주거복지시설 노인의료복지시설 재가노인복지시설 노인여가복지시설 노인보호전문기관	○ 노인복지법 제31조내지 제44조 등 ○ 노인복지법 시행령 제20조의3내지 제24조 등 ○ 노인복지법 시행규칙 제14조내지 제31조 등 - 시행규칙 별표 1내지 별표 11
	복합노인복지시설	○ 농어촌주민의보건복지증진을위한특별법 제24조 ○ 농어촌주민의보건복지증진을위한특별법시행규칙 제8조
장애인복지시설	장애인생활시설 장애인지역사회재활시설 장애인직업재활시설 장애인유료복지시설	○ 장애인복지법 제48조내지 제52조 등 ○ 장애인복지법 시행령 등 ○ 장애인복지법 시행규칙 제32조내지 제36조 등 - 시행규칙 별표 3, 별표 4 등
아동복지시설	아동양육시설 아동일시보호시설 아동보호치료시설 아동직업훈련시설 자립지원시설 아동단기보호시설 아동상담소 아동전용시설 아동복지관 공동생활가정 지역아동센터	○ 아동복지법 제14조내지 제22조 등 ○ 아동복지법 시행령 등 - 시행령 별표 1, 별표 4내지 별표 6 등 ○ 아동복지법 시행규칙 제10조내지 제17조 등 - 시행규칙 별표 2내지 별표 5 등

시설종류	법정시설명	사회복지 관련 법령
부랑인 · 노숙인 복지시설	부랑인복지시설 노숙인쉼터 상담보호센터	○ 사회복지사업법 제34조내지 제41조 등 ○ 사회복지사업법 시행령 제18조2내지 제19조 등 ○ 사회복지사업법 시행규칙 제20조내지 제26조의 2 등 - 시행규칙 별표 3 등 ○ 부랑인및노숙인보호시설 설치운영규칙 등, 별표 1내지 별표 3 등
모부자복지시설	모(부)자보호시설 모(부)자자립시설 미혼모시설 일시보호시설 여성복지관 모부자가정상담소	○ 모부자복지법 제19조내지 제24조의 2 등, 모부자복지법 시행령 등 ○ 모부자복지법 시행규칙 제10조, 제11조 등 - 시행규칙 별표2내지 별표4 등
정신시설	정신요양시설 정신질환자 사회복귀시설	○ 정신보건법 제10조내지 제20조 등, 정신보건법 시행령 등 ○ 정신보건법 시행규칙 제6조내지 제13조 등 - 시행규칙 별표 4내지 별표 7 등 ○ 정신요양시설의설치기준및운영등에관한규칙 등 - 운영규칙 별표1내지 별표3 등
기타	결핵 · 한센시설 종합사회복지관	○ 사회복지사업법 제34조내지 제41조 등 ○ 사회복지사업법 시행령 제18조2내지 제19조 등 ○ 사회복지사업법 시행규칙 제20조내지 제26조의 2 등 - 시행규칙 별표2, 별표3 등
	자활후견기관	○ 국민기초생활법 제16조 등, 시행령 제12조 등 ○ 국민기초생활법 시행규칙 제27조내지 제30조 등

2. 사회복지시설 설치제도

1) 사회복지시설 신고제도

(1) 국가 또는 지방자치단체외의 자가 시설을 설치 · 운영하고자 하는 때에는 시장 · 군수 · 구청장에게 신고하여야 한다.

(2) 각 개별법령의 신고기준을 참고하여 신고가능여부를 확인하되, 100인 이상 대형시설, 중증장애인시설, 치매노인시설 등의 경우 시설설비 및 종사자 요건을 엄격하게 적용하고 있다.

(3) 개별법령에 허가 및 지정 등을 요구하는 경우 개별 법령이 우선적으로 적용 된다.

☞ 신고하지 않고 사회복지시설을 설치 · 운영할 경우, 시설장은 1년 이하 징역 및 300만원이

하 벌금에 처하고 해당시설은 폐쇄조치하도록 되어있다.

2) 사회복지시설 설치 주체

국가 또는 지방자치단체, 사회복지법인 또는 비영리법인, 개인 등은 결격사유가 없는 한 누구나 사회복지시설을 설치 · 운영할 수 있다.

결격사유 예) 사회복지사업법 40조의 규정에 의해 폐쇄명령을 받고 1년이 경과되지 아니한 자

3) 신고 접수 시 구비서류 (사회복지사업법 시행규칙 참조)

- 법인의 정관 1부(법인에 한함)
- 법인등기부등본 1부(법인에 한함)
- 시설운영에 필요한 재산목록
- 사업계획서 1부
- 예산서 1부 사회복지법인 재무 · 회계규칙제10조 제2항의 별표 참고해 작성
- 시실의 평면도 및 건물의 배치도 등

☞ 단, 개별법령에 구비서류에 관한 규정되어 있을 경우 해당 법령이 우선한다.

참고 : 사회복지사업법상 신고제도

ㅇ 행정절차법 제40조의 신고

- 행정절차법 제40조에서 규정하고 있는 신고는 "개별법령에서 규정한 형식상의 신고요건을 갖추어 행정청에 일정한 사항을 통지"함으로써 의무가 끝나는 강학상 의미의 신고임
- 판례에 의하면 행정절차법상 신고의 경우, 민원인이 신고서를 행정청에 접수함으로써 법적효과가 발생하며 행정청은 신고수리를 거부할 수 없음

ㅇ 사회복지사업법 제34조의 신고

▷ 97년 개정을 통해(법률 제5358호) 허가제에서 신고제로 전환

▷ 사회복지사업법 제6조 (사회복지시설 설치방해금지 의무)

⇒ 시 · 군 · 구청장은 "정당한 이유"없이 사회복지시설의 설치를 지연시키거나 제한하는 조치를 하여서는 아니 된다.

- 사회복지사업법상 신고제도는 자족적 공법행위인 행정절차법 제40조의 신고보다는 정당한 이유가 있을 경우 사회복지시설의 설치를 지연 또는 제한할 수 있는 완화된 허가제에 가깝다고 할 수 있음
- 단, 정당한 이유 없이 신고접수를 거부할 경우 사회복지사업법 제6조에 위배되며, 신고거부 자체가 행정소송의 대상이 되므로 신중을 기할 것

예) 주민들의 님비현상에 의한 단순 민원 등은 정당한 사유가 아님

ㅇ 사회복지시설 신고접수 절차 예시

① 해당 시설의 신고요건 안내

→ 면담을 통해 운영하고자 하는 시설의 종류, 규모, 운영주체 등에 대해 상담한 후 관련법령의 신고요건을 안내하고 신고서 양식 배부

② 사회복지사업법 및 시설 개별법령 충족여부 검토

→ 신고서 제출시 사회복지사업법 및 개별법령에서 요구하는 신고요건에 적합한지를 검토하고 보완요구 또는 수리여부 결정(필요시 현장방문)

③ 타 법령 충족여부 검토

→ 사회복지사업법 및 시설 개별법령을 충족하였다면, 소방 관련법, 건축법, 그린벨트 관련법 등 타 법령 위반여부를 검토하여 최종적으로 신고수리여부 결정

④ 사회복지시설 신고증 발급

→ 해당 민원인에게 신고증을 발급하고 사회복지사업법 및 개별법령상 시설운영에 따른 권리 · 의무안내

4) 사회복지시설 민간위탁 (시행규칙 제22조의2, 제23조 참조)

국가 또는 지자체가 설치한 시설은 사회복지법인 또는 비영리법인에게 위탁운영이 가능하다. 공개모집을 통해 수탁자를 모집하고 수탁자선정심의위원회(위원회 구성은 시행규칙 제22조의2 제4항 참조)를 통해 수탁자를 선정하되, 수탁자의 재정능력 등을 종합적으로 고려하여 선정한다.

< 참고 : 사회복지시설 위탁운영 관련 >

○ 위탁대상시설 : 국가 또는 지자체가 설립한 시설

○ **수탁자의 자격 : 사회복지법인 또는 비영리법인**

※ 시설운영의 안정성, 영속성, 공공성 등 차원에서 사회복지법인 또는 비영리법인에 그 자격을 제한하고 있으나, 개별법령에 기타 단체 및 개인에게 위탁할 수 있는 근거규정이 있을 경우(영유아보육법 제15조 등)에는 그에 따름

○ 위탁방법 및 선정기준

- 위탁방법 : 반드시 **공개모집에 의해 수탁자를 선정(예외조항 없음)**

- 선정기준의 설정

· 설정주체 : 위탁기관의 장

※ 선정기준은 가능한 수탁자선정심의위원회의 의결을 받을 것

· 선정기준에 포함되어야 할 사항

→ 필수사항 : 수탁자의 재정능력, 공신력, 사업수행능력, 지역간 균형분포, 시설에 대한 평가결과(평가한 경우에 한함)

→ 임의사항 : 그 외 위탁기관의 장이 필요하다고 인정되는 사항

○ 수탁자선정심의위원회의 구성

- **공개모집한 수탁자는 반드시 심의위원회를 구성하여 선정할 것**

- 위원의 구성

· 위탁기관의 장이 임명 또는 위촉한 9인의 위원(위원장 1인 포함)

※ 위원장은 위탁기관의 장이 위원중 1인을 지명

- 위원의 자격은 시행규칙 제22조의 2 제4항 1호내지 4호를 참고하되, **가능한 민간위원을 과반수 이상으로 할 것**

○ 위탁계약의 체결 및 갱신 등

- 계약이 체결 : 위탁시에는 시행규칙 제23조 제1항 1호내지 7호에 관한 사항을 포함한 계약서를 체결해야 함

- 계약기간 : 5년 이내로 함

※ 위탁기간 종료시 특별한 사유가 없는 한 갱신보다는 재위탁과정을 거칠 것

- 계약의 갱신 : 위탁자가 필요하다고 인정할 경우, 선정위원회의 심의를 거쳐 계약기간을 갱신할 수 있음

☞ **계약의 갱신은 계약내용의 갱신이 아닌 계약기간의 갱신이므로, 중대한 계약내용의 변경이 있을 경우에는 상기 위탁과정을 거쳐 재위탁해야 함**

제3절 사회복지시설 휴지 재개 자진폐쇄

1. 사회복지시설 휴지

시설의 운영을 휴지하고자 하는 때에는 휴지 3개월 전까지 시장·군수·구청장에게 신고하여야 한다.

• 구비서류

– 시설의 휴지사유서(법인의 경우 휴지를 결의한 이사회의 회의록 사본)1부

– 시설거주자에 대한 조치계획서 1부,

– 시설의 재산에 관한 사용 또는 처분계획서 1부

• 시·군·구 추가조치사항

– 시설거주자에 대한 조치계획서의 타당성과 이행여부 확인

– 시설거주자의 사용료 반환여부 확인, 보조금·후원금품 등 사용실태 확인

– 전원조치 등 시설거주자의 권익을 보호하기 위한 추가 조치를 시행해야 한다.

2. 사회복지시설 재개

시설의 운영을 재개하고자 하는 때에는 재개 3개월 전까지 시장·군수·구청장에게 신고하여야 한다.

• 구비서류 : 시설재개사유서(법인의 경우 재개를 결의한 이사회의 회의록 사본)1부

3. 사회복지시설 자진 폐쇄

시설의 운영을 폐쇄하고자 하는 때에는 폐쇄 3개월 전까지 시장·군수·구청장에게 신고하여야 한다.

• 구비서류

– 시설의 폐지사유서(법인의 경우 폐지를 결의한 이사회의 회의록 사본)1부

– 시설의 재산에 관한 사용 또는 처분계획서 1부

– 사회복지시설 신고증 1부

• 시·군·구 추가조치사항 : 시설의 휴지 때와 동일

제 4 절 사회복지시설에 대한 행정처분

1. 사회복지시설에 대한 행정처분 요건

- 시설이 설치기준에 미달될 때
- 사회복지법인 또는 비영리법인이 설치 운영하는 시설의 경우, 그 사회복지법인 또는 비영리법인의 설립허가가 취소된 때
- 설치목적의 달성 기타의 사유로 계속하여 운영될 필요가 없다고 인정될 때
- 회계부정이나 불법 기타 부당행위 등이 발견된 때
- 기타 사회복지사업법 또는 사회복지사업법에 의한 명령을 위반한 때

2. 사회복지시설에 대한 행정처분의 주체 및 종류

보건복지부장관, 시 · 도지사, 시장 · 군수 · 구청장은 상기 행정처분의 요건에 해당할 경우 시설의 개선, 사업의 정지, 시설의 장의 교체를 명하거나, 시설의 폐쇄를 명할 수 있다.

3. 사회복지시설에 대한 행정처분의 세부기준

1) 일반기준(시행규칙 제26조의2 별표3 참조)

가. 위반행위("2. 개별기준"에 의한 위반행위를 말한다. 이하 같다)의 차수에 따른 행정처분의 기준(이하 "처분기준"이라 한다)은 최근 2년간 같은 위반행위로 행정처분을 받은 경우에 적용한다. 이 경우 처분기준의 적용일은 동일한 위반행위에 대한 행정처분일과 재적발일을 기준으로 한다.

나. 동시에 2개 이상의 위반행위가 있는 경우에는 가장 중한 위반행위에 대한 처분기준을 적용한다.

다. 위반행위가 4이상 또는 시설거주자에 대한 학대 등 중대한 불법행위로 인하여 시설의 정상적인 운영이 불가능하다고 인정되는 때에는 제2호의 개별기준에 불구하고 제1차 위반시에 시설의 폐쇄를 명할 수 있다.

라. 위반행위의 차수에 따른 처분기준이 "2. 개별기준"에 의한 시설장 교체, 시설폐쇄 명령에 해당된다 하더라도 그 정도가 경미하거나 기타 상당한 이유가 있다고 인정되는 경우에는 각각 1회에 한하여 시설장 교체에 갈음하여 개선명령, 시설폐쇄에 갈음하여 시설장 교체명

령을 발할 수 있다. 이 경우 당해 처분은 차수의 산정에 산입하지 아니한다.

2) 개별기준

4. 시 군 구 추가조치사항

보건복지부장관, 시・도지사 또는 시장・군수・구청장이 시설을 폐쇄하고자 할 때에는 시설장 등을 참석시켜 청문을 하여야 한다.

※ "행정절차법" 상 처분 및 청문(의견청취)절차 참조

위반행위	근거법령	행정처분 기준		
		1차 위반	2차 위반	3차위반 이상
1. 시설이 설치기준에 미달하게 된 때	법제40조 제1항제1호	개선명령	시설장교체	시설폐쇄
2. 사회복지법인 또는 비영리법인이 설치・운영하는 시설의 경우 그 사회복지법인 또는 비영리법인의 설립허가가 취소된 때	법제40조 제1항제2호	시설폐쇄	-	-
3. 설치목적의 달성 기타의 사유로 계속하여 운영될 필요가 없다고 인정할 때	법제40조 제1항제3호	시설폐쇄	-	-
4. 회계부정이나 불법행위 기타 부당행위 등이 발견된 때				
가. 국가나 지방자치단체의 보조금 또는 후원금을 사용용도 외의 용도로 사용한 때	법제40조 제1항제3의2	개선명령	시설장교체	시설장교체
나. 회계장부를 기재하지 아니하거나 허위로 기재한 때	법제40조 제1항제3의2	개선명령	시설장교체	시설장교체
다. 기타 회계 및 시설운영과 관련한 부당행위가 발생된 때	법제40조 제1항제3의2	개선명령	개선명령	시설장교체
5. 그밖에 이 법 또는 이 법에 의한 명령에 위반된 때				
가. 법 제34조제2항의 규정에 의한 신고를 하지 아니하고 시설을 설치・운영한 때	법제40조 제1항제 호	개선명령	시설폐쇄	-
나. 법 제36조제1항의 규정에 의한 운영위원회를 설치 또는 운영하지 아니한 때	법제40조 제1항제4호	개선명령	시설장교체	시설장교체
다. 정당한 이유없이 법 제51조제1항의 규정에 의한 보고 또는 자료제출을 하지 아니하거나 허위로 한때 또는 검사・질문을 거부・방해하거나 기피한 때	법제40조 제1항제4호	개선명령	시설장교체	시설장교체
라. 그밖에 이 법 또는 이법에 의한 명령에 위반된 때	법제40조 제1항제4호	개선명령	개선명령	시설장교체

시장・군수・구청장은 시설의 폐쇄시 시설거주자의 권익보호 등을 위해 시설의 휴지, 자진폐쇄와

전원조치 등 동일한 조치를 취해야 한다.

※ 시설폐쇄시 시설거주자 권익 보호조치를 기피 또는 거부한 자 및 정당한 이유 없이 시설의 개선, 사업정지, 시설장 교체, 시설폐쇄 명령을 위반할 경우 1년이하 징역 또는 300만원이하 벌금에 처 한다.

제 6 장 사회복지시설의 운영

제 1 절 사회복지시설 운영

1. 사회복지시설의 시설장(원장)

1) 상근 의무

사회복지시설의 장은 상근 의무의 책임이 있다. 상근의무란 휴일 기타 근무를 요하지 않은 날을 제외하고 일정한 근무 계획 하에 매일 소정의 근무시간 중 상시 그 직무에 종사하여야 하는 것을 말한다. 공무원의 상근시간 : 평일 09시 ~ 18시, 토요일 09시 ~ 13시(주5일 시행전)

(1) 겸 직

정부에서 운영비를 지원하는 시설의 장의 타 직종 겸직관련 사항으로는 국가공무원복무규정 제25조의 영리업무와 시설장을 겸직하여 상근시간 내에 정상적인 시설운영이 불가능할 경우 상근의무 위반에 해당한다.

하지만, 명예직, 겸임교수, 시간강사 등 영리추구가 현저하지 않거나 영리업무에 해당하지 않은 직은 시설장과 겸직이 가능하다.

※ 단, 출강 등 외출시에는 근무상황부에 기록하도록 하며 과도한 출강 등으로 정상적인 시설 운영이 불가능할 경우에는 상근의무 위반에 해당한다. 명예직 시설장으로 겸직이 불가피한 경우에는 시설의 정상적인 운영이 가능하다고 시군구청장이 판단하는 경우 겸직이 가능하다.

예) 대학부설 시설에 해당 대학 교수가 시설장에 임명되는 경우
종교법인 시설에 해당 종교법인 소속 성직자가 임명되는 경우
시설부설 기관(재가복지봉사센터 등)의 장을 시설장이 겸직하는 경우

(2) 개인운영신고시설의 상근의무

정부에서 운영비 지원이 없는 개인운영신고시설의 상근의무는 정부에서 인건비의 일부 또는 전부를 보조하는 시설은 상근의무를 엄격하게 적용하여 국민의 세금이 낭비되는 일이 없도록 하되, 개인운영신고시설 등 정부지원이 없는 시설은 생활자의 최소한의 복지수준이 유지되는 한도 내에서 탄력적으로 적용한다.

※ 생계유지를 위한 자영업 종사, 운영비 마련을 위한 부업 등으로 인해 시설장이 상근하기가 어려울 경우에도 최소한의 조치(종사자 중 1인을 시설장 대리로 임명 등)를 취했을 경우 이를 인정하는 방향으로 관리하도록 한다.

2) 사회복지시설의 장이 될 수 없는 자

1. 미성년자
2. 금치산자 또는 한정치산자
3. 파산자로서 복권되지 아니한 자
4. 법원의 판결 또는 다른 법률에 의하여 자격이 상실 또는 정지된 자
5. 금고이상의 실형의 선고를 받고 그 집행이 면제된 날로부터 3년이 경과되지 아니한 자
6. 금고 이상의 형의 집행유예선고를 받고 그 유예기간 중에 있는 자
7. 아래에 해당하는 자는 5, 6에도 불구하고 시설장이 될 수 없는 공통사항은 다음과 같다.

◦ 사회복지사업법에 위반하여
- 50만원 이상의 벌금형 선고를 받고 그 형이 확정된 후 5년이 경과되지 아니한 자
- 형의 집행유예의 선고를 받고 그 형이 확정된 후 7년이 경과하지 아니한 자
- 징역형의 선고를 받고 그 집행이 종료(집행이 종료된 것으로 보는 경우 포함)되거나 집행이 면제된 날로부터 7년이 경과되지 아니한 자

• 아동복지법 제40조(제29조의 금지행위)의 죄를 범하거나 공통사항의 처벌을 받은 자
- 아동에 대한 신체적, 성적, 정서적 학대행위
- 아동의 유기, 방임, 매매, 음행 및 음행매개, 구걸, 곡예행위
- 장애아동을 공중에 관람시키는 행위
- 정당한 알선기관외의 자가 아동의 양육을 알선하고 금품을 취득하는 행의
- 아동을 위하여 증여 또는 급여된 금품을 그 목적외의 용도에 사용하는 행위

• 아동복지법 제41조의 죄를 범하거나 공통사항의 처벌을 받은 자
- 미신고 아동복지시설 설치운영한 자
- 시설의 조사를 거부·방해·기피, 질문을 거부·기피, 허위답변, 아동에게 답변을 거부·기피·허위 답변을 하게 하거나 그 답변을 방해한 자
- 허위서류를 작성하여 시설종사자 자격을 인정받은 자
- 시설폐쇄명령, 위탁의 취소, 사업의 정지명령을 받고 사업을 계속한 자
- 직무상 지득한 비밀을 누설한 자

• 보조금법 제40조 내지 제42조의 죄를 범하거나 공통사항의 처벌을 받은 자
• 형법 제28장 유기와 학대의 죄, 제40장 횡령과 배임의 죄 (제360조 점유이탈물 횡령은 제외)의 죄를 범하거나 공통사항의 처벌을 받은 자

2. 사회복지시설 운영위원회

1) 시설운영위원회 설치목적

사회복지시설에 대한 지역사회의 부정적 인식을 불식하고, 시설운영의 민주성·투명성 제고 및 생활자 권익 향상 등을 위해 사회복지시설 운영위원회(이하 운영위원회)를 설치·운영토록 한다. (의무사항)

2) 시설운영위원회 설치 대상시설

가) 원칙적으로 모든 사회복지시설을 대상으로 한다.

나) 사회복지생활시설

• 생활자 수가 10인 미만 시설의 경우

– 3개소 당 1개 운영위원회를 원칙으로 하되, 해당 시·군·구에 3개소 미만일 경우에는 10인~20인 미만 1개소와 공동으로 운영한다.

☞ 5개소, 11개소 등 3개소로 분류하기 곤란한 경우 해당 시장·군수·구청장이 생활자 수를 고려하여 자체적으로 운영위원회 수 및 위원수를 결정한다.

• 생활자 수가 10~20인 미만 시설

– 2개소당 1개 운영위원회를 원칙으로 하되, 해당 시·군·구에 1개소만 있을 경우 해당 시설에 운영위원회 1개를 운영한다.

• 생활자 수가 20인 이상 시설

– 1개소당 1개 운영위원회 운영하되, 위원 수는 생활자 수를 고려하여 시장·군수·구청장이 결정한다.

☞ 생활자 수가 100인 이상의 대형시설, 정신요양시설, 중증장애인시설 등 문제발생 우려 시설은 반드시 관계공무원이 운영위원회위원으로 참여한다.

다) 사회복지이용시설

종합복지관 등 사회복지이용시설의 경우 원칙적으로 모든 시설에 운영위원회를 설치하도록 하되, 시설특성, 이용자 수, 시설규모 등을 고려하여 시장·군수·구청장이 자율적으로 결정한다.

3) 시설운영위원회의 구성

가) 위원회는 위원장 및 시설의 장 각 1인을 포함하여 5인이상 10인이하 위원으로 구성한다.

나) 위원회의 위원은 아래에 해당하는 자 중에서 시설장의 추천을 받아 관할 시장·군수·구청

장이 임명 또는 위촉한다. (공무원은 시설장 추천 필요 없음)

- 시설생활자(이용자) 또는 시설생활자(이용자)의 보호자 대표
- 지역주민
- 후원자 대표
- 관계공무원
- 시설종사자
- 기타 시설운영에 관하여 전문적인 지식과 경험이 풍부한 자

다) 위원장은 호선, 위원의 임기는 3년으로 하되 연임할 수 있고 보궐위원의 임기는 전임자의 잔임 기간으로 한다.

4) 시설운영위원회의 논의사항

가) 시설운영계획의 수립 · 평가에 관한 사항

나) 사회복지프로그램의 개발 · 평가에 관한 사항

다) 시설종사자의 근무환경 개선에 관한 사항

라) 시설거주자의 생활환경 개선 및 고충처리 등에 관한 사항

마) 시설과 지역사회와의 협력에 관한 사항

- 사회복지사무소, 지역사회복지협의체 등과 네트워크 구축

바) 그 밖에 시설의 장이 부의하는 사항

☞ 시설운영위원회에서 논의된 사항 중 합리적인 사항은 시 · 군 · 구 복지정책에 반영될 수 있도록 하고, 필요할 경우 시 · 도, 보건복지부 등에 정책을 건의한다.

5) 시설운영위원회 운영

가) 회의의 개최

- 정기회의 분가별 1회 이상 개최토록 한다.
- 수시회의

- 시설운영위원회 운영규칙에 규정한 회의개최 요건에 해당할 경우(재적의원 1/3의 요청이 있을 경우 등) 수시로 회의를 개최한다.

☞ 운영규칙은 붙임자료1(운영규칙안 예시)을 참조하되, 법령에 위반되지 않는 한 각 시설운영위원회 결정으로 제 · 개정 가능하다. (단, 법령에 규정되어 있는 사항은 필수적으로 운영규칙에 포함시킬 것)

• 회의의 공개

– 위원회의 회의는 시설생활자, 시설종사자, 지역주민 등에게 공개를 원칙으로 하되, 개인정보보호 등 불가피한 사유 시 위원장이 비공개결정을 할 수 있다.(비공개사유공개해야 함)

나) 회의록의 작성 및 보고

– 위원회의 간사는 매년 1회 정기 및 수시회의의 결과를 간략하게 요약하여 정본은 위원회에 보관하고 사본 1부는 시·군·구청장에게 제출한다. (서식1, 2참조)

– 시·군·구에 제출된 회의록 중 정책건의가 필요한 사항은 매년 1회(매년 12. 1) 시·도를 경유하여 보건복지부 복지자원정책과 및 개별시설과로 보고한다.

다) 기타 사항

• 위원회 운영에 필요한 예산은 원칙적으로 시설 운영비에서 지출한다.

• 회의수당, 회의장소 등 위원회 운영에 세부적인 사항은 운영위원회 자율적으로 결정 한다.

3. 사회복지시설운영의 투명성 강화

1) 사회복지생활시설 회계통합시스템

'04. 3월부터 사회복지생활시설 회계통합시스템을 한국사회복지협의회에 위탁하여 운영 중에 있다. 향후 시스템을 개선하여 시설에서 시·군·구로 회계통합시스템을 통하여 보고토록 할 계획이며, 법·제도를 개정하여 가입 및 사용 등을 의무화할 예정이다.

☞ 금명 중 시·군·구 및 시·도 담당자에게 회계통합시스템 ID를 발급할 예정이며 시설평가시 시설회계시스템 사용정도를 평가항목에 포함하고 향후 각종보고를 전산을 통해서만 받을 예정이므로 해당 지역 내 시설의 회계시스템에 가입하도록 한다.

2) 사회복지시설종사자 정년제 권고(시행일 : 2002년 1월 1일)

시설 사유화의식을 탈피하고 조직쇄신을 위해 정년제를 권고하였다. 사회복지시설의 근로계약, 취업규칙 등에 시설장 및 시설종사자의 정년에 대해 규정될 수 있도록 권고한다.

- 정년상한 : 시설장 65세(단, 현재 재직 중인 설립자 및 설립자의 직계가족 1세대에 한해 70세) 종사자 60세
- 경과조치 : 2001년 12월 31일 이전 종사자(시설장 포함)는 10년간 유예기간 부여

⇒ 정년제는 종사자의 신분을 보장하기 위한 제도가 아니라 예산의 지급 기준이므로, 업무수행 능력이 없거나 종사자가 비리를 자행할 경우 등 근로기준법상 해고사유가 발생할 경우

시설에서 근로계약, 취업규칙 등에 의거 적절한 조치를 취할 수 있다.

3) 신용카드 사용 등 의무화

시설운영비 5만원이상 집행시는 신용카드를 사용하여 집행하되, 농어촌지역이나 카드 미가맹점에 대해서는 5만원이상 집행시 온라인(On-line)을 활용한다.

국세청에서 2005년부터 "현금영수증 제도"를 시행하고 있으므로, 현금영수증 발급이 가능한 곳에서는 5만원이상 집행 시 신용카드 외 현금도 사용가능하다.

→ 현금영수증은 발급시 신분확인 절차 등에 있어 간이영수증과 다르므로 시설에서 이를 혼돈하지 않도록 해야 한다.

< 참고 : 사회복지시설의 정년제도 >

○ 정년퇴직년

- 설립자 및 설립자 직계가족 1세대

2001. 12. 31 이전 재직 (10년 유예)	생년월일	~1942년	1943년	1944년~
	정년퇴직년	2012년	2013년	2014년~
2002. 1. 1 이후 재직 (유예 없음)	생년월일	~1935년	1936년	1937년~
	정년퇴직년	2005년	2006년	2007년~

- 설립자 및 직계가족 1세대가 아닌 시설장

2001. 12. 31 이전 재직 (10년 유예)	생년월일	~1947년	1948년	1949년~
	정년퇴직년	2012년	2013년	2014년~
2002. 1. 1 이후 재직 (유예 없음)	생년월일	~1940년	1941년	1942년~
	정년퇴직년	2005년	2006년	2007년~

- 시설종사자

2001. 12. 31 이전 재직 (10년 유예)	생년월일	~1952년	1953년	1954년~
	정년퇴직년	2012년	2013년	2014년~
2002. 1. 1 이후 재직 (유예 없음)	생년월일	~1945년	1946년	1947년~
	정년퇴직년	2005년	2006년	2007년~

⇒ 2002년 1월 1일 이후 설립된 시설 또는 신규채용(재취업 포함)된 시설장, 종사자는 유예조치를 적용하지 않고 정년을 적용할 것

○ 정년퇴직일

- 1월에서 6월사이 정년도달자 : 6월 30일
- 7월에서 12월사이 정년도달자 : 12월 31일

☞ 정년도달일은 당해 종사자(시설장 포함)의 출생일을 기준으로

4. 사회복지시설의 생활자 인권보호강화

인권침해 등으로 정상적 운영이 불가능한 시설은 시·군·구청장이 1회 적발만으로 시설폐쇄를 명하도록 하고 있다.

※ 인권침해로 인한 생활자 사망, 붕괴위험의 절박성 등 시설의 정상적 운영이 불가능함이 중대하고도 명백해야 하며, 시설폐쇄가 청문 등의 사유로 지연될 경우 먼저 생활자를 전원조치 한 후 시설폐쇄를 추진하고 있다.

'05. 8월 설치예정인 지역사회복지협의체내 시설옴부즈만 제도를 도입하여 인권침해 감시 및 구제 등 민관합동 상시 감시체계를 구축한다.

• 시설 조치여부 시·군·구 점검사항

- 생활자에게 인권침해사실 진정권에 대한 고지 여부
- 시설 내에 진정함 설치 유무
- 시설생활자가 작성한 진정서의 인권위원회 송부 여부
- 방문 조사시 협조 상태 등

< 참고 : 사회복지시설에 비치해야 할 서류 >

▸ 법인의 정관, 법인설립허가증 사본 : 법인시설에 한함
▸ 사회복지시설 신고증, 시설의 건축물관리대장
▸ 시설거주자·퇴소자 명부 및 상담기록부
▸ 시설의 운영계획서 및 예산결산서, 후원금품 대장
▸ 시설의 장과 종사자의 명부

※ 개별법령에 해당시설에 비치해야 할 서류를 규정하고 있을 경우 개별법령의 비치서류가 우선 (예 : 정신시설→ 정신과 전문의가 발급한 진단서 등)

☞ 시설에 위의 서류를 배치하지 않을 경우 300만원이하 과태료에 처함

< 참고 : 사회복지시설 인권보호관련 국가인권위원회법 관련규정 >

ㅇ **진정함의 설치・운용**(동법 시행령제7조)
- 시설 내 진정함 설치의무, 용지・필기도구 및 봉함용 봉투(위원회서 정한 규격) 비치
- 진정함 설치시 설치장소를 위원회에 통보, 생활자가 직접 진정서를 넣도록 함
- 시설 소속 직원은 매일 지정된 시간에 진정함 확인후 진정서 등을 지체없이 위원회로 송부

ㅇ **위원회가 보낸 서면의 열람금지**(동법 시행령제8조)

ㅇ **진정서의 자유로운 작성 및 제출**(동법 시행령제9조)
- 진정서 작성의사를 표명시 방해금지 및 작성된 진정서의 열람・압수 폐기 금지
- 생활자 징벌중(징벌조사중 포함)이라도 진정서 또는 서면등의 자유로운 작성・제출보장

ㅇ **시설의 방문조사**(동법 제24조)
- 위원회는 필요시 시설의 방문・조사가 가능하며 이때 시설장은 필요한 편의를 제공
- 방문조사시 시설 직원 및 시설생활자와 면담・구술・서면의견 진술 가능
- 시설 직원은 면담장소에 입회할 수 있으나 녹음하거나 녹취하지 못함

ㅇ **시설수용자의 진정권 보장**(동법 제31조)
- 시설생활자가 진정하고자 하는 경우 시설 직원은 즉시 진정서 작성에 필요한 편의를 제공
- 시설생활자가 진정하기를 원하는 경우, 그 뜻을 즉시 위원회에 통보
- 진정서는 즉시 위원회에 송부하고 위원회로부터 접수증명원을 발급받아 이를 진정인에게 교부
- 진정인과 위원 등과의 면담에는 시설 직원이 참여하거나 그 내용을 청취 또는 녹취하지 못함
- 시설직원 등은 시설생활자가 작성한 진정서를 열람하지 못함

5. 사회복지시설의 안전관리

1) 보험가입여부 확인 (법 제34조의 2)

사회복지시설은 화재보험에 가입할 의무가 있으므로 신고 접수 시와 매년 화재보험 가입여부를 확인한다. (화재보험은 종합보험으로 가입)

☞ 화재보험에 미가입하고 시설 운영시 300만원이하의 과태료에 처함

2) 시설안전점검 실시(법 제34조의 3)

1) 시・군・구는 시설장으로 하여금 매 반기 시설에 대해 정기안전점검을 실시하도록 하고 안전에 문제가 있을 시 수시안전점검을 실시한 후 그 결과를 시장・군수・구청장에 보고하도록 한다.

2) 시장・군수・구청장은 안전에 필요한 경우 시설의 운영자루 하여금 시설의 보완 또는

개보수를 요구할 수 있다.(시설장은 응해야 함)

3) 국가 또는 지방자치단체는 예산의 범위 내에서 안전점검, 시설의 보완 및 시설의 개보수에 소요되는 비용의 전부 또는 일부를 보조할 수 있다.

☞ 시설안전점검을 수행하지 않을 경우 300만원이하 과태료에 처함

< 참고 : 사회복지시설 수시안전점검 >

○ 정기안전점검		○ 수시안전점검		○ 결과보고		○ 개보수명령
· 시설장 · 매반기	➡	· 시설장 · 위해발생우려시	➡	· 시설장 · 매반기	➡	· 시장군수구청장 · 필요시

▶ 수시안전점검 사유

- 정기안전점검결과 당해 시설의 구조설비의 안전도가 취약하여 위해의 우려가 있는 때

▶ 수시안전점검 실시 가능 자

- 시설물의 안전관리에 관한특별법 제9조의 규정의 안전진단전문기관
- 건설산업기본법 제9조의 규정의 시설물의 유지관리를 업으로 하는 전문건설업자

▶ 안전점검기준

- 시설물의안전관리에관한특별법 제13조의 규정에 의한 안전점검및정밀안전진단지침

제 2 절 사회복지시설 종사자관리

사회복지사업법 제4조와 제5조에 규정한 사회복지시설 종사자는 사회복지를 증진할 책임을 지며, 사회복지서비스와 보건의료서비스를 함께 필요로 하는 사람에게 이들 서비스가 연계되어 제공되도록 노력하여야 한다.

또한 사회복지를 필요로 하는 사람에 대하여 그 사업과 관련한 상담 · 작업치료 · 직업훈련 등을 실시하고 필요한 경우에는 주민의 복지욕구를 조사할 수 있다.

사회복지업무에 종사하는 사람은 그 업무를 행함에 있어서 사회복지를 필요로 하는 사람을 위하여 차별 없이 최대의 봉사를 책임지도록 규정하고 있다.

[표6-2] 시설종사자 (생활재활교사, 간병인력 등의) 자격 및 교육과정 비교

관련규정	근무처	교육기관	종사자명	자격증 교부	교육과정	비고
노인복지법	노인복지시설	-	**생활지도원**	없음	없음	
노인복지법	**가정봉사원파견 시설**	가정봉사원 교육기관 (법39조의3)	**가정봉사원**	지정교육기관 이수	- 8시간 (시행규칙29조의2) - 사업안내지침 (연1회 보수교육) **·유급 40시간/ 무급 20시간**	
영유아보육법	보육시설	지정교육 훈련시설 (규칙13조)	**보육교사**	국가자격증 발급 (여성가족부장관)	- 이론 25과목 이수 - 실습 160시간	
아동복지법	아동복지시설	-	**보육사**	없음	없음	사회복지사등기존 자격증소지자 활용
장애인복지법	장애인 복지시설	-	**생활지도원**	없음	없음	
산업재해보상 보험법	요양기관	-	**간병인**	없음	없음	간호사등 기존자격증 소지사 활용
모부자복지법	모부자 복지시설	-	**생활지도원**	없음	없음	
정신보건법	사회복귀시설	-	**보조원**	없음	없음	
부랑인및노숙 인보호시설 설치운영규칙	부랑인 복지시설	-	**생활지도원**	없음	없음	
건강가정 기본법	가정	건강가정 지원센터	**가정봉사원**	지정교육기관 이수	- 매년 이론실습 16시간 시행규칙 제3조)	

[표6-3] 요양보호사와 민간자격 비교

	요양보호사	민간자격증
명칭	요양보호사	노인복지사, 케어복지사, 간병사, 간병인 등
근거법령	**개정 노인복지법** (요양보호사 명칭 및 업무, 교육과정 및 교육기관 설치기준 등 규정)	**협회 등의 자체규정** (내부규정에 의거 운영사항 규정)
업무범위	노인신체수발 및 일상생활 지원	장애인 등 다양한 대상자 간병
활동분야	노인요양 및 재가노인요양시설	요양시설 및 병원 등
양성기관	요양보호사 교육훈련기관	협회, 사단법인, 개인 등
교육시간	1급 : 240시간 2급 : 120시간	간병인 (대한적십자사) : 60시간 YWCA 전문간병사 : 120시간 케어복지사2급 (한국케어복지협회) : 200시간 이상
교육과정	노인을 대상으로 특화된 내용	대부분 다양한 간병대상의 일반적 교육내용
인증방법	교육과정 수료	교육과정 수료 또는 자격시험

[표6-4] 간병서비스 인력배출 현황('06년말)

명칭	교육기관	교육과정	배출인원 ('04년부터)	비고
케어복지사1급	한국케어복지협회 회원대학(원) (99개)	14과목 (필수8, 선택6)	7,440명	대학에서 14과목 이수 및 학위취득 → 한국케어복지협회 주관 1급 자격시험 통과
케어복지사2급	한국케어복지협회에서 승인한 양성기관(101개)	200시간	5,840명	교육기관에서 과정 이수 → 한국케어복지협회 주관 2급 자격시험 통과
YWCA 전문간병사	대한YWCA연합회 (44개 회원기관)	120시간	3,340명	
간병사	한국자활후견기관협회 산하 가사간병교육센터	120시간	7,150	
간병인	사랑나눔 간병인협회	100시간	2,000	
간병인	대한적십자사	60시간	10,000명	자격증 발급 : 대한적십자사 총재
가정봉사원	재가협회 산하 가정봉사원 교육훈련원	40시간	11,000명	노인복지법시행규칙 근거(8시간 이상 교육)
노인복지사	이강사회교육원	130시간 ※자격증 취득과 별개	8,400명	필기시험 합격 → 자격증 발급 : (사)민간자격협회장
간병사	대한간병진흥원 (55개교육장)	120시간 ※ 자격증 취득과 별개	15,000명	필기시험 합격 → 자격증 발급, 실습교육 8시간
노인수발관리사	(사)한국자격 진흥협회	60시간 ※자격증 취득과 별개	800명	필기시험 합격 → 자격증 발급, 실습교육 5시간
계			**70,970명**	

[표6-5] 유사인력 배출현황('05년말)

구 분	사회복지사	간호사	전문(가정)간호사	간호조무사
배출인원	129,999	214,930	5,804	340,024
활동인력(추정)	54,931	99,000	500	140,810

2) 호봉의 획정(지자체에서 별도 규정시 그에 따름)

가) 원칙적으로 근무년수 1년에 대해 1호봉을 인정한다.

나) 호봉은 현 시설 근무경력에 본 지침에서 인정하는 경력을 합산하여 결정한다.

3) 경력의 인정(지자체에서 별도 규정시 그에 따름)

가) 경력인정의 범위

① 다음에 해당하는 자의 근무경력은 10할(100%)을 인정한다.

㉠ 사회복지사업법에 의한 사회복지시설에 근무한 경력

㉡ 조건부신고시설의 경우 2002년 조건부시설로 신고한 이후 종사자로 근무한 경력

㉢ 군 의무복무 경력(무관후보생 경력은 제외)

② 다음에 해당하는 자의 근무경력은 8할(80%)을 인정한다.

㉠ 물리치료사, 간호(조무)사, 정신보건전문요원, 사회복지사, 영양사로서

→ 의료법에 의한 의료기관, 지역보건법에 의한 보건소(보건의료원 포함)에서 관련 자격(면허)증을 소지하고 동종 직종에 근무한 경력

→ 초중등교육법, 고등교육법, 평생교육법, 특수교육진흥법 등의 법률에 의한 각급 학교에서 관련 자격(면허)증을 소지하고 동종 직종에 근무한 경력

→ 법령에 의해 채용이 의무화된 사업장에서 관련 자격(면허)증을 소지하고 동종직종에 근무한 경력

㉡ 특수학교교사 자격증 취득 후 특수교육진흥법 제2조제2호의 규정에 의한 특수교육기관(특수학교) 및 동법 제2조제3호에 의한 고등학교 이하의 각 급 학교에 설치된 특수학급에 근무한 경력

㉢ 장애인직업재활기금사업 전문 인력 경력

㉣ 공무원으로서 사회복지사업법 제2조의 규정에 의한 사회복지사업 관련 부서에 근무한 경력(사회복지전담공무원 근무경력 등)

③ 이 외에 사회복지관련 법인 및 단체, 기타 사회복지사업에서의 근무경력은 시설담당과 및 지방자치단체에서 소관 사업별 특성 및 지자체 예산사정 등을 감안하여 별도의 지침으로 규정한다.

④ 기타 참고사항

시설종사자가 지역간 또는 시설간 이직하는 경우에도 호봉산정 등에서 불이익을 받지 않도록 공통적으로 적용되는 경력은 인정될 수 있다.

본 지침 상 근무경력은 종사자 호봉산정을 위한 것으로 다른 법령에 규정되어 있는“근무(종사)한 경력”에 해당하지 않는다.

나) 경과조치

2004년 1월 1일 이전에 종전의 지침에 의해 근무경력이 인정받고 있던 자에 대해서는 종전의 인정받는 근무경력을 계속 적용한다.

다) 경력기간의 계산

(1) 인정대상 경력기간의 계산

- 인정하는 경력이 중복된 경우에는 그 중 유리한 경력 하나만 인정
- 기간계산에 있어 임용일은 산입하고 퇴직일은 제외한다.

• 경력기간은 년・월・일까지 계산하되, 민법상 역(曆)에 의한 방법에 의해 계산한다. (민법 제160조 참조) (12월을 1년으로, 30일을 1월로 계산함)

※ 단, 근무종료일이 법령 또는 계약에 의해 비리 정하여진 군복무기간의 퇴직(전역)일 또는 계약직의 계약기간 만료일은 근무경력에 산입한다.

① 기간을 週, 月 또는 年으로 정한 때에는 曆에 의하여 계산한다.

② 週, 月 또는 年의 처음으로부터 기간을 기산하지 아니한 때에는 최후의 週, 月, 또는 年에서 그 기산일에 해당한 날의 전일로 기간이 만료한다.

③ 月 또는 年으로 정한 경우에 최종의 月에 해당일이 없는 때에는 그 月의 말일로 기간이 만료한다.

예) 03년 1월 5일에 사회복지시설에 임용된 종사자가 04년 3월 9일에 퇴직하였을 경우 △ 임용일 산입(2003년 1월 5일), 퇴직일 제외(204년 3월 9일) △ 기산일 전일에 해당하는 날로 만료시 1월로 계산하되(예 : 1. 5~2. 4) 기산일 전일에 해당하는 일자가 없는 경우에는 그달의 말일까지를 1월로 계산(예 : 1. 31~2. 28) △ 2월의 경우, 실제일수가 28일이나 월력에 의해 1월로 계산 △ 상기 계산방법에 의해 경력을 계산하면 근무경력은 1년 2월 4일임 → '03. 1. 5 ~ '04. 1. 4 : 1년 → '04. 1. 5 ~ '04. 3. 4 : 2월 → '04. 3. 5 ~ '04. 3. 8 : 4일

(2) 경력환산율을 적용한 경력기간 계산방법

- 환산율 적용후의 경력기간은 연・월・일 단위까지 산출
- 환산율이 10할(100%)인 경우에는 경력기간을 그대로 인정하고, 환산율이 10할미만인 경우에는 연・월・일 단위로 각각 환산율을 적용하되, 소수점이하는 절사

(3) 병역법에 의한 군의무복무기간의 계산

(가) 군의무복무기간 인정범위

- 병역법에 의한 군 의무복무기간은 군복무경력 중 3년 이내의 기간만 인정
- 단, 다음에 해당하는 자가 해군 또는 공군에서 의무복무를 한 경우에는 3년 6월의 기간

내에서 인정한다.(해군의 상륙병과(해병)는 제외)

→ 현역병(지원에 의하지 않고 임용된 하사 포함, 병역법 제18조)

→ 학군무관후보생과정을 마친 자로서 현역의 장교 또는 하사관으로 편입된 자. (병역법 제57조)

→ 의무, 법무, 군종장교 및 5급 공개채용시험 합격 후 장교로 편입된 자. (병역법 제58, 59조)

(나) 군의무복무경력 계산

• 병역법에 의해 1948년 8월 15일 이후 복무한 군 의무복무경력을 확인

→ 현역군인(병 · 하사관 · 준사관 · 장교 · 방위병 · 상근예비역과 보충역 포함)으로 복무한 경력

→ 현역병 입영 후 병역법에 의해 전투경찰대원이나 교정시설 경비교도로 전임하여 복무한 경력

→ 학도의용군 경력

학도의용군은 병적증명서로 실역복무기간 확인 안되는 경우 8월을 군복무경력으로 인정

• 군의무복무기간은 병적증명서(주민등록표 초본 또는 각 군 본부에서 발급한 군 경력 증명서 포함)에 기재되어 있는 사실상 실역으로 복무한 기간을 기준으로 산정한다.

→ 특례보충역 등으로 방위산업체 등에서 근무한 경력은 병적증명서에 실역복무기간으로 기재되어 있다 하더라도 사실상 실역에 복무한 기간이 아니므로 군 복무기간으로 보지 않는다.

(4) 경력의 증명 및 전력조회

(가) 경력의 증명

경력증명은 권한 있는 자(시설장, 시군구청장 등)가 발행한 경력증명서에 의한다.

※ 경력을 증명할 수 있는 서류가 없거나 불충분한 경우에는 재직기간을 객관적으로 증명할 수 있는 내부증빙자료(임용장, 승진발령기록 등) 또는 외부증빙자료(국민건강보험공단자료, 금융기관 보수입금내역, 세무서 근로소득납세증명 등)을 통해 인정 한다.

(나) 전력조회

전력 조회는 경력증명서 등을 발급한 기간을 대상으로 한다. 전력 조회시 정규직원 여부, 담당업무, 경력기간 등 경력인정과 관련된 사항을 확인한다.

– 공무원 경력과 군 경력은 경력증명서 내용이 불확실하거나 복무기간 등에 의문이 있을 경우 해당관청에 조회실시
– 사회복지시설 근무경력과 기타유사경력(8할 인정경력)은 보조금 지급과 관련된 것이므로 반드시 실시하되, 임용일로부터 3월 이내에 완료토록 한다.

4) 초임호봉의 획정

가) 대상 : 시설에 신규 채용되는 종사자

나) 시기 : 신규채용일

다) 방법

초임호봉은 1호봉으로 하되, 추가적으로 인정되는 경력이 있는 경우는 환산된 근무경력 1년을 1호봉씩으로 하여 초임호봉을 획정한다.

초임호봉의 획정에 반영되지 아니한 1년 미만의 잔여기간이 있는 때에는 그 기간을 다음 승급기간에 산입한다.

5) 호봉의 재획정

가) 시설 재직 중인 종사자가 다음 각 호에 해당하는 경우에는 호봉을 재획정 한다.

- 새로운 경력을 합산하여야 할 사유가 발생한 경우
- 당해 종사자에게 적용되는 호봉 획정의 방법이 변경되는 경우

나) 시기

- 법령이나 지침의 개정에 의해 재획정하는 경우는 그 법령이나 지침에 의한다.
- 재획정하고자 하는 날 현재로 휴직·정직 중인 경우는 복직 일에 재획정 한다.
- 기타, 다른 사유로 재획정하는 경우는 재획정 사유가 발생할 날이 속하는 달의 다음달 1일에 재획정 한다.

다) 방법

- 호봉을 재획정하는 때에는 초임호봉 획정의 방법에 의한다.
- 호봉 재획정에 반영되지 아니한 잔여기간은 그 기간을 다음 승급기간에 산입
- 최고호봉은 30호봉을 초과할 수 없다.

6) 승 급

가) 대상 : 시설에 재직 중인 직원이 다음에 모두 해당하는 경우 호봉을 승급한다.

• 정기승급일이 되어야 한다

• 정기승급일 현재 승급제한기간 중에 해당되지 않아야 한다.

• 호봉의 승급에 필요한 기간(승급기간)이 1년을 경과하여야 한다.

나) 정기승급일 : 호봉승급은 매년 1월 1일과 7월 1일자로 2회 시행한다.

다) 승급의 제한

• 다음에 해당하는 자는 당해 기간동안 승급시킬 수 없다.

– 징계처분, 직위해제 또는 휴직(남녀고용평등법상의 육아휴직과 업무상 질병으로 인한 휴직은 제외) 중에 있는 자

– 징계처분이 종료된 날로부터 다음의 기간이 경과되지 아니한 자

• 정직 : 18월, 감봉 : 12월, 견책 : 6월

라) 방법 : 승급기간 1년에 대해 1호봉씩 승급, 잔여승급기간은 다음 승급기간에 반영

3. 사회복지시설 종사자의 역할

1) 시설운영자의 역할

(1) 시설내적 역할

① 시설생활자의 보호를 담당한다.

– 개별적인 보호

– 시설생활자에 의한 선택

– 지속성의 보장

– 변화 능력의 개발

– 가치의 공유

② 직원의 연수교육을 받아야 한다.

③ 시설보호의 평가

④ 시설의 운영관리

⑤ 시설 운영의 계획

(2) 시설외적 역할

① 시설의 홍보

② 지역사회 자원의 활용

② 시역사회복지 욕구에 대응

(3) 시설운영자의 자질

① 시설 내적인 자질

② 대 지역사회에 대한 지도력

(4) 유능한 시설운영자

2) 사회복지사의 역할과 직무

(1) 사회복지사의 의의

1970년대 사회복지사업종사자로 시작하여 1983년 5월 사회복지사업법이 개정되면서 사회사업가 또는 사회사업종사자의 명칭이 "사회복지사"로 규정되고 사회복지사 자격증이 발급되기 시작하였다. 이후 사회사업은 사회사업학의 학문적 체계에서 사용되어지고, 사회복지사의 영문표기는 “Social Worker”로 사용하고 있다.

사회복지사란 사회복지사업법 제 11조제1항의 규정에 의하여 "사회복지에 관한 전문지식과 기술을 가진 자"로 규정하고 있다.

(2) 사회복지사의 역할

사회복지사의 역할이란 사회복지사가 중요하다고 여기는 전문적인 기능과 기대되는 행동을 말한다. 실무에서 활용하는 역할을 이해하는 것은 기술을 습득하는 단계에서 도움이 된다. 역할에 따라 거시체계 상황에서 더 유용한 것과 미시나 중범위 체계에 주로 관련이 있는 것들이 있다. 그러나 통합적인 접근을 한다면 대부분 모든 역할을 동시에 담당할 수 있다(김규수외 역, 2002).

사회복지사의 역할은 사회복지사업법 시행령 제6조 제1항에서는 다음의 업무를 수행하는 자를 사회복지사로 채용하도록 규정하고 있다.

- 사회복지프로그램의 개발 및 운영
- 시설 거주자의 생활지도 업무
- 사회복지를 필요로 하는 자에 대한 상담업무

① 조력자(enabler)

클라이언트가 다양한 스트레스에 대처하도록 돕는 역할을 한다. 조력자 역할에 필요한 기술은 희망을 전하고, 양가감정을 줄이고, 감정을 인식하고 관리하며, 개인의 감정이나 사회자원을 발굴하고 지지해주는 것과 , 문제를 쉽게 다룰 수 있도록 분류하고, 목적을 강조하고, 이를 잘 성취하도록 방법을 인식하는 것이다.

② 중재자(mediator)

중재자는 미시, 중범위, 거시체계사이의 논쟁이나 갈등을 해결하는 역할을 담당한다. 견해가 다른 개인이나 집단 사이의 의사소통을 향상하고 타협하도록 돕는 중재자는 중립을 유지하며 논쟁에서 어느 한 쪽 편도 들지 않으며, 양측이 서로의 입장을 이해하고 있는가를 확인해야 한다. 중재자는 위치를 분명히 하고, 의사를 잘못 전달하는지를 의식하며, 관련 당사자의 입장을 명확히 밝히도록 도와준다.

③ 통합자/조정자(integrator/coordinator)

사회복지사는 통합자/조정자로서 "옹호나 조정 가능성을 파악하는 일에서부터, 기술적으로 지원을 하거나, 서비스를 연계하고 수행하기 위해 직접 개입하는 일까지 다양한 방법" 으로 기능한다.

④ 관리자(manager)

사회복지실천에서의 관리는 사회복지기관이나 부서의 행정책임과 관련이 있는 것으로, 조직의 목표를 세우고, 서비스 프로그램을 운영하며, 기관의 효과성과 효율성을 높이고, 재정자원을 확보하며, 지역사회에게 지지를 얻으며, 기관실무자의 일을 조정하는 일이다. 관리자 역할

⑤ 교육자(educator)

교육자로서의 역할은 클라이언트와 다른 체계에 정보를 제공하며 기술을 가르치는 일을 포함한다. 효과적인 교육자가 되기 위해 사회복지사는 무엇보다 많이 알아야 하며, 정보를 명확히 전달하고 이해시키기 위해 의사소통을 잘 하는 것이 필요하다.

⑥ 분석가/평가자(analyst/evaluator)

어떻게 다양한 체계들이 기능하는가에 관한 폭넓은 이론적 기초를 가진 사회복지사는 프로그램과 체계가 제대로 기능하는가를 분석하거나 평가할 수 있으며, 자신이 개입하는 것의 효과성도 평가하게 된다.

⑦ 중재자(broker)

중재자는 클라이언트(개인이나 소집단, 조직, 지역사회)와 지역사회의 자원이나 서비스를 연결하는 것을 돕는다. 중재자는 클라이언트가 긴급하게 식량이나 주거, 법률적 도움이나 다른

필요한 자원을 얻도록 도와주며, 지역사회의 다양한 부분들이 상호이익을 증진하기 위해 교류하도록 돕는다.

⑧ 촉진자(facilitator)

촉진자는 집단의 지도자 역할을 담당한다. 사회복지사는 가족치료집단이나 과업집단, 감수성훈련집단, 교육집단, 자조집단, 그 밖의 다른 목적을 가진 집단에 개입한다. 촉진자 역할은 거시적 실천에도 적용할 수 있다. 이때 사회복지사는 사람들을 모으고, 의사전달통로를 만들고, 활동이나 자원을 전달하며, 전문지식이나 기술을 접할 수 있도록 하여 변화노력을 촉진하는 책임이 있다.

⑨ 협상가(negotiator)

협상가는 다른 집단이나 체계에게서 무엇인가를 얻기 위해 노력하는 개인, 집단 또는 조직을 나타낸다. 중개와 마찬가지로, 협상은 모든 쪽이 가능한 한 함께 합의에 도달할 수 있도록 중간지점을 찾는일을 한다. 중립적인 역할을 하는 중재자와 달리, 협상가는 관련된 어느 한 쪽과 연결되어 있다.

⑩ 옹호자(advocate)

옹호란 "사회정의를 지키고 유지하려는 목적으로 개인이나, 집단, 지역사회의 입장에서 직접적으로 대변과 보호, 개입, 지지를 하며 일련의 활동을 제안하는 행동"을 포함한다. 옹호자의 역할을 클라이언트를 위하여 일을 진행하고 말하는 것으로, 특히 클라이언트가 필요한 것을 얻을 힘이 거의 없을 때에는 적절한 역할이다. 옹호는 절대적으로 많은 노력을 요구하며, 크고 강력한 체계에 맞서있는 클라이언트를 옹호하기 위해서는 위험도 감수해야 한다.

(2) 개입수준과 기능에 따른 사회복지사의 역할분류(Miley et al, 2001)

- 미시차원(개인/가족)
  개별 클라이언트 차원에서 문제해결과정에 참여하여 Ct가 문제해결능력을 기르고 서비스나 자원을 확보할 수 있도록 돕는 역할을 한다. 조력자, 중개자/옹호자, 교사의 역할이다.
- 중범위차원(조직/공식적 집단)
  기관 내부 상호작용이나 기관사이의 연결망을 강화하며, 조직차원에서 전문성을 개발하기 위해 교육을 담당한다. 촉진자, 중재자, 훈련가 역할을 한다.
- 거시차원(지역사회/사회)
  지역사회문제를 해결하고 사회 불평등을 줄여나가기 위해 역할 한다. 정책수립과 프로그램 개발, 사회변화를 위한 연대활동, 홍보, 교육활동 등을 한다.

계획가, 행동가, 현장개입가 역할이 있다.

- 전문가집단 차원(사회복지전문가집단)
  이론적, 실천적으로 전문직을 발전시키고 서비스를 개선하기 위해 활동한다.
  동료, 촉매자, 연구자/학자역할이 있다.

〈 사회복지사의 그 밖의 역할 〉

① 교사(teacher) : 클라이언트에게 사회기능이나 문제해결능력을 향상하는데 도움이 되는 정보를 제공하고 적응기술을 익히도록 가르치는 역할을 한다.

② 훈련가(trainer) : 전문가를 양성하기 위해 교육, 워크샵, 사례발표, 수퍼비전 등의 활동에 참여하여 전문가 교육이나 훈련을 담당한다.

③ 계획가(planner) : 정책 또는 거시차원에서 지역사회나 사회구조에 관심을 갖는다. 주민 욕구를 파악하고, 기존 서비스를 개선하는데 필요한 정책, 서비스를 개발하고 프로그램을 계획한다.

④ 행동가(activist) : 클라이언트의 권리를 침해하는 사회의 불평등을 인식하고, 인간의 기본권을 행사할 수 있도록 사회변화를 위해 노력한다.

⑤ 현장개입가(outreach) : 직접 지역사회로 나가 서비스를 필요한 클라이언트를 파악한다. 그리고 적절한 서비스를 찾을 수 있도록 원조하기 위해 지역사회에 들어가 활동한다.

⑥ 동료(colleaque) : 전문가로서 전문가 윤리지침을 지키고 전문가 조직에 참여하면서 동료간에 지지하는 역할을 한다.

⑦ 촉매자(catalyst) : 더 효과적으로 서비스를 전달할 수 있는 체계를 만들기 위해 활동한다. 사회복지전문직 뿐 아니라 다른 전문직에게 협조를 구하며 전문가 조직을 통해 국가, 국제적으로 활동한다.

⑧ 연구자/학자(researcher/scholar) : 관심있는 주제에 관해 문헌연구나 조사연구 등 전문이론을 발전시키고 사회복지실무나 프로그램을 향상시킨다.

2) 사회복지사의 일반영역

○ 공적사회복지영역 : 사회복지사업법 제14조에 사회복지사업에 관한 업무를 담당하게 하기 위하여 시・도, 시군・구 및 읍・면・동 또는 복지사무전담기구에 사회복지사 자격증을 가진 사회복지전담공무원을 두도록 규정하고 있다.

○ 사회복지기관과 시설영역 : 사례관리 전반을 수행하며 사회복지프로그램을 기획・실행하

고 지역사회와의 관계 조정 등을 위해 다음과 같은 직무를 수행한다.

ㅇ지역복지사업, 아동복지, 노인복지, 장애인복지, 모자복지 등의 민간 사회복지지관 영역

ㅇ보건의료영역(의료법, 정신보건법에서 규정)

• 의료사회복지사(Medical Social Worker) : 병원이나 진료소에서 임상치료팀의 일원으로 질병의 직·간접적인 원인이 되고 치료에 장애가 되는 환자의 심리·사회적인 문제들을 해결하도록 도와주며, 환자가 퇴원한 후에도 정상적인 사회기능을 발휘할 수 있도록 환자와 그의 가족에게 전문적인 사회복지서비스를 제공하는 사회복지사이다.

• 정신보건사회복지사 (Psychiatric Social Worker) : 사회복지사 1급 자격증 소지자 중에서 정신보건분야의 전문적인 지식과 기술을 가지고 정신질환자의 개인력 및 사회조사, 정신질환자에 대한 사회사업지도 및 방문지도, 사회복귀 촉진을 위한 생활훈련 및 직업훈련, 정신질환자와 그 가족에 대한 교육 지도 및 상담업무, 정신질환 예방 활동 및 정신보건에 관한 조사연구를 하는 사회복지사를 말한다.

ㅇ 사회복지사의 확장영역

• 학교사회복지사(School Social Worker) : 학생 개개인의 지적, 사회적, 정서적 욕구와 문제해결에 관심을 갖도록 도와주며, 이를 통하여 모든 학생들이 학교에서 공평한 교육기회와 성취감을 제공받을 수 있도록 사회복지의 다양한 실천방법을 활용하는 사회복지사를 말한다.

• 자원봉사활동관리전문가(Voluntary Activities Coordinator) : 자원봉사자들을 모집, 배치, 상담, 훈련하고 자원봉사자 활용 프로그램의 개발과 시행, 평가하는 사회복지사를 말한다.

• 교정사회복지사(Correctional Social Worker) : 현행 법무부산하의 교정시설에서 범죄인의 재활과 범죄 예방에 개입하고 있는 사회복지전문직은 교정사회복지사로 통칭되고 있다.

• 군사회복지사(Military Social Worker) : 군대내의 의무직에 속하여 환자의 상담과 복귀를 위한 복지업무를 담당하는 사회복지사로써 병과분류번호 764/의무병과·의무행정·사회사업으로 분류.

• 산업사회복지사 (Industrial Social Worker) : 기업체에서 노동자들의 비복지적 문제의 개선을 위해 사회복지학의 전문지식을 활용하여 문제해결을 수행하는 사회복지사

3) 지역사회복지실천 모델에 따른 사회복지사 역할

지역사회사회복지사나 기타 지역사회문제를 해결하기 위해 노력하는 여러 분야의 전문가들이 수행하게 되는 역할은 여러 가지 사회적 조건에 의해서 영향을 받을 수 있으나, 특히 추진하고자 하는 사업의 목적과 형태에 따라 역할과 내용이 달라진다.

사회복지사가 수행하는 역할은 사업유형에 따라 가지각색이며, 한 유형 중에서도 구체적인 사업의 성격이나 진행 과정에 따라서 역할이 여러 가지로 규정될 수 있다. 그러나 각 모델간의 역할은 서로 배타적이라고 할 수 없고, 다만 강조하는 바가 다르다는 점에 유의하여야 한다.

지역사회복지실천에서의 사회복지사의 역할은 지역사회의 현안 문제나 사회복지사가 속해 있는 조직의 성격에 따라 다르게 나타난다. 로스만에 의하면 지역사회복지실천 모델은 크게 3개로 나누어지는데, 각 모델의 목표에 따라 사회복지사의 역할도 다르다는 점을 알 수 있다.

〈지역사회복지실천 모델에 따른 사회복지사 역할〉

지역사회개발모형		사회계획모형		사회행동모형	
M.G.Ross	Lippitt	Morris& Binstock	I.T.Sanders	*C.F.Grosser*	Grossman
안내자 조력자 전문가 치료자	촉매자 전문가 실천가 조사자	계획가	분석가 계획가 조직가 행정가	조력자 중개자 옹호자 행동가	행동조직가

자료 : 최일섭. 류진석(1999).p.152재인용.

① 사회복지사의 핵심직무

- 사회복지기관(시설)에서의 사례관리 전반을 수행하며 사회복지프로그램을 기획・실행하고 지역사회와의 관계 조정 등을 위해 다음과 같은 직무를 수행한다.

- 사회와 조직의 욕구분석하기
- 사회복지조직 및 기관의 비전 수립하기
- 사회복지사업 전략 수립하기
- 사회복지프로그램 중・장기 계획 수립하기
- 사회복지 프로그램 연간 계획 수립하기
- 사회복지 프로그램 마케팅하기
- 사회복지 프로그램 목표 성과분석하기

- 프로그램개발
- – 프로그램 타당성 검토하기
- – 프로그램개발 공동 작업하기
- – 대상자(개인, 집단, 지역사회)욕구 파악 및 분석하기
- – 프로그램 목표 설정하기
- – 프로그램내용 선정하기
- – 프로그램설계하기
- – 프로그램실행 메뉴얼 만들기
- 프로그램운영
- – 시설 및 매체 확보하기
- – 강사 및 교수자 섭외하기
- – 프로그램 홍보 및 마케팅하기
- – 프로그램실행하기
- – 프로그램 교육매체 조작하기
- – 성과분석하기
- 기관운영관리
- – 행정업무 보기
- – 재정관리하기
- – 조직관리 및 개발하기
- – 법규정책 해석 및 활용하기
- – 교육시설 및 환경관리하기
- – 대상자 관리하기
- – 강사관리하기
- – 기관홍보하기
- 네트워킹지원
- – 지역사회 자원 조사하기
- – 인적 물적 자원 교류하기
- – 정보공유하기
- – 사업제휴하기

- 공동연수하기
- 네트워킹 조직 구축하기

• 교수학습

- 교수대상자 분석하기
- 교수계획 세우기
- 교수자료 수집하기
- 교수자료 개발하기
- 강의실행하기
- 강의평가하기

• 상담

- 대상자 진단하기
- 교육정보 제공하기
- 교수 및 학습정보 조언하기

• 평가 및 컨설팅

- 교육문제 진단하기
- 해결안 제안하기
- 실시와 피드백하기

3. 사회복지사의 직무 내용 분석

• 직무내용

사회복지기관(시설)에서의 직무내용을 살펴보면 다음과 같다.

1) 사회복지사직무분석표

구분	직무내용	세부활동
입소 전 업무	입소예정노인관리	사무국장과 협의하여 시설입소 안내 홍보방안 마련 및 홍보처 검토·개발
		사무국장과 협력하여 홍보실시
		사무국장과 협력하여 입소예정노인을 지속적으로 관리
	입소상담	상담유형별 입소상담
	입소결정	필요시 입소대상자의 가정 및 병원을 방문하여 일상생활을 파악하고 노인 및 가족의 희망사항 파악
		입소대기노인의 입소생활 적정성에 대한 회의
	입소노인 환경준비	입소판정회의 결과를 토대로 입소노인 생활환경 협의

구분	직무내용	세부활동
입소초기 업무	시설생활안내	입소시 노인의 개인물품 확인 및 정리
		입소노인에게 시설물, 직원, 생활규칙·프로그램 및 안내
		같은 방의 입소노인 소개
	입소사정 및 서비스 목표설정	사정양식 준비
		담당자와 협의하여 담당자가 사정영역별로 입소노인 사정
		사정회의를 통한 입소노인의 서비스 목표설정
	서비스 제공계획	사정회의를 통해 설정된 입소노인의 서비스 목표 확인
		직접 및 간접서비스 제공계획 수립
		입소노인에게 필요한 서비스의 정리 및 기록
	초기적응지원	입소노인에 대한 서비스계획 설명 및 동의 구하기
		관련자와 협의하여 초기적응 문제해결을 위한 계획 수립
		적응지원서비스 제공 및 평가
	보호자 및 가족 오리엔테이션	입소노인에게 입소생활 정보 제공 후 상담일지 작성
		입소노인 보호자와 상담
		보호자 간담회 및 가족과의 유대관계를 형성할 수 있는 행사를 통해 노인에 대한 정보를 고유하고 연락관계 유지
의사소통 및 여가지원	일상편의 대행	일상평의대행이 필요한 대상자 확인 및 욕구파악
		일상편의 대행 서비스 제공
		대행한 서비스 확인 및 기록
	의사소통지원	의사소통지원이 필요한 대상자 확인
		의사소통 지원 및 기록
	간담회	사무국장과 협의하여 간담회 실시계획 수립
		간담회 관련 내용을 안내
		간담회를 실시하고 평가 및 기록
	여가지원	여가지원 대상자 확인
		여가지원 대상자에 맞는 맞춤형 여가서비스 개획 수립
		여가서비스 제공
		여가서비스 제공의 평가 및 기록
건강지원 및 응급구호	치매관리 지원	치매관리 지원서비스가 필요한 대상자 확인
		입소노인의 행동변화 확인 후, 가족과 협의하여 대처
		치매관리에 따른 보고 및 기록
	호스피스	호스피스판정위원회에서 호스피스 대상자 여부 판정
		호스피스 계획 수립 및 실시
		호스피스 관련 기록 및 보고
	응급구호	응급상황을 확인 후 매뉴얼에 따라 대처
	예방관리	관련자와 협의하여 사고예방 관리 및 예방관련 교육 실시
환경조성 및 장비관리	대상자 물품관리	입소노인의 사용물품 목록작성
서비스 이용 지원	프로그램 계획 및 관리	문제 파악 및 입소노인의 욕구 조사
		프로그램 계획서 작성
		프로그램 시행

구분	직무내용	세부활동
		프로그램의 평가
		관련 자료 정리 및 보관
	사례관리	사정회의를 통해 설정된 입소노인의 서비스목표 확인
		계획에 따라 종합적인 서비스 제공
		서비스 계획 및 내용에 대해 점검하고 재계획 수립
		사례관리 활동 평가
	가족과의 유대	가족과 신뢰적인 관계 형성
		가족과의 주기적인 상담실시
		가족의 요구사항과 상담을 통해 얻은 결과를 보호에 반영
		요구사항에 대한 처리결과를 가족에게 통보
		입소인의 상태를 가족에게 전달하면서 지속적인 관계유지
	자원봉사자 관리	자원봉사자 활용계획 수립
		자원봉사자 모집
		자원봉사자 교육
		자원봉사자 배치
		자원봉사업무 지도
		봉사활동 기록 및 확인서 발급
		자원봉사활동 평가
		자원봉사자에 대한 보상 제공
	후원자 관리	후원자 개발계획 수립
		후원자 모집 및 홍보
		후원금품 접수
		후원자 유지관리
		후원관리 평가
	실습지도	실습생 수급계획 수립
		실습생 접수
		실습생 배치
		실습지도
		실습평가
		실습종결 후 학교 또는 교육원에 통보
		실습관련 일지 및 자료를 기록·정리하여 보관
서비스 이용 지원	지역주민과 교류	지역주민의 욕구파악
		지역주민과 교류계획 수립
		지역주민과 교류활동 실행
		지역주민과의 교류활동 평가
	시설홍보	사무국장과 협의하여 시설홍보 관련 계획수립
		시설홍보물 제작
		시설홍보물을 관련자에게 발송
		홈페이지 유지관리
		홍보의 효과 및 영향력 파악
		홍보의 평가
퇴소관리	지역 내 시설 및 기관협력	지역내 유관기관 파악
		지역유관기관과 연계 및 협혁유지
	퇴소상담	퇴소를 희망하는 대상자 확인
		대상노인 및 가족과 퇴소관련 상담실시
		관련직원들과 종결회의 개최
	장례지원	장례준비
		입관 및 발인시 가족을지지

구분	직무내용	세부활동
		고인소지품을 정리
		사망관련 서류작성 및 보관
직원복무관리	근무관리	업무내용 확인·실행·기록 및 보고
	교육관리	직원의 지식 및 능력 향상에 필요한 교육 계획 및 실행·평가
일반관리업무	사업실행 및 예·결산업무	사업계획서에 의거하여 사업 실시
		사업시행결과 평가함
	외부지원사업 관리업무	외부지원 및 공모사업 파악
		사무국장과 협의하여 사업계획서 작성 및 제출
		사업내용에 따라 사업 시행
		시행한 사업데 대해 결과 보고
	입소노인 고충처리	노인 및 보호자로부터 고충 접수
		고충해결을 위한 회의에 참석하여 해결책 모색
		고충처리 해결
		입소노인 또는 보호자에게 고충처리결과를 알려주고 확인

2. 프로그램개발 전문가의 역할

① 프로그램개발전문가의 역할 모형

- 프로그램개발전문가(PDS : Program Development Specialists)

⇨ 프로그램을 개발하는 과정에서 담당해야 할 영역과 과제

실제로 프로그램 개발의 매 단계마다 의사결정이 어떻게 이루어질 것인가

프로그램 개발자 사이에 다른 요구와 관심사를 어떻게 합리적으로 조정할 것인가

프로그램 내용은 어느 정도 깊이 있게 다룰 것인가

- 절차적 측면 : 과정전문가 PME
- 내용적 측면 : 내용전문가 SME
- 정치적 측면 : 협상전문가 NTE
- 학습설계 측면 : 학습설계전문가 IDE
- 의사결정 측면 : 의사결정전문가 DME

② 과정전문가(PME)로서 역할

프로그램개발 논의는 어떻게 설정할 것인가

프로그램개발을 위한 효과적인 절차와 단계는 무엇인가

프로그램개발 절차와 단계에서 필요로 하는 다양한 기법들을 어떻게 효과적으로 적용할 것인가

프로그램개발 팀은 어떻게 운영해야 하는가

- 과정전문가(PME : Planning Management Experts)

- 프로그램개발의 절차, 단계, 기법, 운영과 관련된 자질을 갖추어야 한다.
- 사회복지사는 프로그램개발과 과정에서 적용할 적절한 프로그램개발 모형을 설정하고, 구체적인 절차와 단계에 따라 다양한 기법들을 적용시켜 나갈 수 있는 능력을 갖추고 있어야 한다.

③ 교수학습설계전문가(IDE)로서 역할

학습자의 요구 및 특성, 그리고 학습자의 수준과 능력에 맞게 교육내용을 계열성, 난이도, 통합성, 현실성을 고려하여 조작할 수 있는가

학습자의 학습활동을 조력하기 위해 교육매체를 개발할 수 있는가

학습자의 참여를 촉진시키기 위한 다양한 교육방법을 창출할 수 있는가

- 교수학습설계전문가(IDE : Instructional Design Experts)
- 프로그램의 목적에 맞게 교육내용, 교육방법, 교육매체를 학습자의 특성 및 수준과 능력에 맞게 적절하게 하나의 통합된 프로그램으로 설계할 수 있는 능력을 갖추고 있어야 한다.

④ 내용전문가(SME)로서 역할

- 내용전문가(SME : Subject Matter Experts), 현장전문가
- 프로그램개발의 내용적인 측면을 강조한다.
- 평생교육사는 프로그램개발을 위한 내용전문가로서 프로그램의 내용에 대해 어느 정도의 전문성과 식견이 요구된다.

⑤ 협상전문가(NTE : Negotiator Experts)로서 역할

프로그램개발의 방향이 사회복지기관 책임자의 관심사와 약간 차이가 있을 때

함께 참여하고 있는 다른 프로그램개발자의 의견과 일치하지 않을 때

프로그램개발 진행상에 불협화음이 생겼을 때

- 협상전문가는 프로그램개발의 정치적인 측면을 강조한다. 때문에 협상전문가로서 프로그램개발의 정치적인 상황에서 직면하는 다양한 문제에 대해 적절한 협상과 조정 능력을 발휘할 수 있어야 한다.

⑥ 의사결정전문가(DME)로서 역할

프로그램개발의 범위는 어느 정도로 할 것인가

프로그램개발에 참여할 전문가 집단은 몇 명으로 구성할 것인가

우선순위를 설정하기 위해 어떤 합당한 준거를 가지고 추진할 것인가

확인된 많은 요구 중에서 가용자원과 여건을 고려하여 어떤 것을 우선적으로 프로그램

내용에 포함시킬 것인가

- 의사결정전문가(DME : Decision Making Experts)

- 프로그램개발의 우선순위설정과 의사결정 측면을 강조한다.
- 프로그램개발 과정 중에서 직면하는 우선순위 설정과 의사결정 상황에 합리적이고 체계적으로 역할을 발휘할 수 있도록 능력을 겸비해야 한다.

3. 프로그램개발전문가의 전문성

① 프로그램 본질과 특성 : 기능성, 독자성, 특수성
② 프로그램개발의 난해성 : 광범위성, 시간의 제한성, 절차의 복잡성, 행위의 집단성
③ 사회적 책임 : 혁신기제와 적응기제, 윤리성과 민주성
④ 특화된 전문지식과 기능 : 실천적 지식, 기법의 다양성, 기능의 전문성 및 숙련성

3) 생활재활교사의 역할

(1) 생활지도의 목적

사회통합화를 위한 클라이언트 개개인의 잠재된 능력을 개발하여 생활에 필요한 지식과 기능을 습득시키고, 당면하는 부적응 문제를 해결할 수 있도록 조력(Guidance)함으로써 스스로 일상생활 능력을 향상 시켜 행복한 삶을 영위할 수 있도록 하는데 목적이 있다.

(2) 생활지도의 목표

개인의 신변 자립생활을 스스로 할 수 있도록 생활지도를 한다.

① 개인 일상생활 능력향상
② 체육활동 능력향상
③ 기초학습 능력
④ 가정생활능력
⑤ 예능활동
⑥ 안전 생활 유지

(3) 생활지도의 기본원칙

① 클라이언트 전체를 대상으로(편견, 편애에 대해 주의)
② 개인 스스로 부적응 문제에 대해 해결할 수 있도록 하여 생활화가 되도록

③ 개인별 장애정도 · 학습능력 · 일상생활 · 사회생활 적응능력을 고려한 지도내용과 방법
④ 주요목표는 1개영역에서 혼합영역으로 확장한다. (변별, 질서, 기초학습, 미술 등)
⑤ 일회성이 아인 장. 단기 계획수립과 지속적인 반복학습이 필요
⑥ 언어적 지도가 아니라 지도교사와 클라이언트의 상호간 모방행동을 통해 스스로 가치를 형성하도록
⑦ 클라이언트의 상태를 고려하여 처우와 강화가 병행되도록 한다.

(4) 계 획

① 집단지도 :

- 개인별 성취목표 설정하고 연간, 월별, 주간별 지도안을 작성
- 영역별 지도내용 클라이언트의 수준에 알맞게 구성한다.
- 학습양 조절, 반복학습
- 효율적인 운영을 위한 적합한 교재, 교구 준비하고 학습 환경 조성이 필요

② 개별지도 :

- 원내 생활문제 · 장애의 정노 · 가정문제 · 경제문제 · 이성문제 · 대인관계 등의 여러 가지 부적응 문제를 해결하지 못하는 경우 지도교사의 상담, 관찰 진단에 의해 개별적인 문제해결을 위한 지원계획 수립

③ 실시
④ 평가 : case conference

(5) 생활지도의 실제

① 신변처리지도
② 지도상의 유의점
③ 위생 및 청결
④ 식사지도
⑤ 용변지도

(6) 안전생활의 유지

① 안전사고의 기본적 상식
② 대형사고의 가능성
③ 사고방지의 기본원칙
④ 사고 발생 후 대응

4) 요양보호사의 정의와 직무

(1) 요양보호사의 정의

요양보호사란 노인의료복지시설(노인요양시설, 노인요양공동생활가정)이나 재가노인복지시설(방문요양서비스, 주야간보호서비스, 단기보호서비스, 방문목욕서비스 제공시설)등에서 의사 또는 간호사의 지시에 따라 장기요양급여 수급자에게 신체적, 정신적, 심리적 및 정서 사회적 보살핌을 제공하는 사람으로서 요양보호사의 배치기준은 다음과 같다.

[표6-6] 요양보호사 배치 인력기준

<table>
<tr><th colspan="4" rowspan="2">시설(서비스) 종류</th><th colspan="2">요양보호사배치기준</th></tr>
<tr><th>구법(2008.4.2)</th><th>개정법
(2008.4.3)</th></tr>
<tr><td rowspan="13">장기
요양
기관□</td><td rowspan="7">노인의료
복지시설</td><td rowspan="4">요양시설</td><td>노인요양</td><td>입소자 7인당 1인</td><td rowspan="4">입소자2.5인당
1인</td></tr>
<tr><td>유료요양</td><td>입소자 5인당 1인</td></tr>
<tr><td>전문요양</td><td rowspan="2">입소자 3인당 1인</td></tr>
<tr><td>유료전문</td></tr>
<tr><td rowspan="3">노인요양
공동생활가정</td><td>노인요양</td><td>1인</td><td rowspan="3">입소자3인당
1인</td></tr>
<tr><td>전문요양</td><td>입소자 3인당 1인</td></tr>
<tr><td>유료전문</td><td>입소자 3인당 1인</td></tr>
<tr><td rowspan="6">재가노인
복지시설</td><td>방문요양</td><td></td><td>사업대상자 8인당 1인</td><td>3인 이상</td></tr>
<tr><td>방문목욕</td><td></td><td>–</td><td>2인 이상</td></tr>
<tr><td rowspan="2">주야간보호</td><td>10인이상</td><td>이용자 10인당 1인이상,
(치매중풍의 경우 이용자5인당1인)</td><td rowspan="2">이용자 7인당
1인 이상</td></tr>
<tr><td>10인미만</td><td>1인</td></tr>
<tr><td rowspan="2">단기보호</td><td>10인이상</td><td>이용자 5인당 1인이상
(치매중풍의 경우 이용자3인당1인)</td><td rowspan="2">이용자 4인당
1인 이상</td></tr>
<tr><td>10인미만</td><td>1인,
(치매중풍의 경우 이용자3인당1인)</td></tr>
</table>

※ 재가장기요양기관 중 방문간호서비스는 요양보호사 배치기준과 해당 없음.
자료 : 보건복지부, 2011년도, 노인복지사업 안내 재구성.

(2) 요양보호사의 직무

요양보호사의 직무는 요양보호대상자에 대한 정보를 의사, 간호사, 가족들로부터 수집하여 요양보호서비스 계획을 세우고 환자의 청결유지, 식사와 투약, 배설, 운동 및 정서적 지원, 환경 관리 및 일상생활 지원업무를 한다.

5) 시설장(법인대표)과 종사자의 의무

• (시설)종사자라 함은 근로기준법 제14조의 근로자로서 시설의 종류를 불문하고 “임금을

목적으로 근로를 제공하는 자" 를 말한다.

- 시설장(법인대표)이라 함은 근로기준법 제15조의 사용자로서 사회복지시설(법인)의 장 또는 기타 종사자에 관한 사항에 대해 시설장(법인대표)을 위하여 행위하는 자를 말한다.
- 종사자와 시설장은 단체협약, 취업규칙, 근로계약을 준수하며 각자가 성실하게 이행해야할 의무가 있다.
- 근로기준법에서 정하는 근로조건은 최저기준이므로 근로관계당사자는 이 기준을 이유로 근로조건을 저하시킬 수 없다.
- 사용자는 취업규칙과 기숙사에 관한 사항 등 필요한 사항을 상시 시설에 게시 또는 비치하여 종사자에게 주지시켜야 한다.

☞ 단체협약, 취업규칙, 근로계약

△ 단체협약 : 노동조합과 시설장 또는 그 법인 사이의 협정으로 체결되는 자치적 노동법규

△ 취업규칙 : 시설장이 사업장에 있어서 근로자가 준수하여야 할 규율과 임금, 근로시간, 기타 근로조건에 관한 구체적 사항을 정한 규칙

△ 근로계약 : 종사자와 시설장 사이에 대가를 받을 것을 조건으로 근로를 제공함을 약속하는 유상쌍무계약

△ 상호효력 : 단체협약에 위배되는 취업규칙과 근로계약은 무효이며, 취업규칙에 미달하는 근로조건을 정한 근로계약은 그 부분에 관하여 무효이며, 근로기준법에 미달하는 근로조건을 정한 취업규칙과 근로계약 또한 무효임

[표6-7] 단체협약, 취업규칙, 근로계약

	작성당사자	필요요건	범위	기한	성격
단체협약	노동조합-시설장	• 노동조합 • 서면합의	전반적사항	2년이내	자치적 노동법규
취업규칙	시설장	노조 또는 종사자 과반수 의견 또는 동의	근로기준법제96조의 열거 사항	변경시	보통계약약관
근로계약	종사자-시설장	당사자간 합의	근로기준법24조의 근로조건	1년이내	유상쌍무계약

제 3 절 사회복지시설 예산지원

1. 사회복지시설 예산의 목적과 적용범위

1) 목 적

사회복지생활시설에 지원되는 보조금의 집행에 있어 필요한 최소한의 기준을 정함으로써 보조금 집행의 형평성 및 효율성을 기하기 위함이다.

2) 적용범위

예산이 지원되는 사회복지사업법에 의한 사회복지시설 중 생활시설(이하 시설)에 근무하는 종사자 및 시설장(이하 시설종사자)

* 사회복지생활시설 종사자 인건비 및 수당 지원 기준표 참고

☞ 이 기준과 개별시설 담당과 또는 각 지방자치단체의 기준이 충돌할 경우 후자의 기준이 우선하며. 본 기준은 시설에 지원되는 보조금의 집행을 규정한 것으로 본 기준이 규정한 사항을 근거로 근로기준법상 근로조건의 저하 등 타 법령을 위반할 수 없다.

※ 종합사회복지관 등 이용시설에 대해서는 개별시설과 및 지방자치단체의 별도 예산편성지침에 의함

2. 용어의 정의

- 보수 : 봉급과 기타 각종 수당을 합산한 금액
- 봉급 : 직무의 난이도 및 책임의 정도와 재직기간 등에 따라 직위별 · 호봉별로 지급되는 기본급여
- 수당 : 직무특성 및 생활여건 등에 따라 지급되는 부가급여
- 승급 : 일정한 재직기간 경과에 의해 현재의 호봉보다 높은 호봉을 부여하는 것
- 보수의 일할계산 : 그 달의 보수를 그 달의 일수로 나누어 계산하는 것

제 4 절 사회복지시설 후원금관리

1. 사회복지시설 후원금의 접수

후원금이란 아무런 대가없이 무상으로 받은 금품 기타의 자산을 말한다. 법인의 대표이사와 시설장은 후원금을 받은 때에는 후원금 영수증을 후원자에게 즉시 교부해야 한다.
※ 금융기관 또는 체신관서의 계좌입금을 통하여 후원금을 받는 경우에는 영수증을 교부할 필요는 없으나 후원자가 원할 경우에는 교부해야 한다.

2. 사회복지시설 후원금의 관리

법인의 대표이사와 시설장은 연 1회 이상 해당 후원금의 수입 및 사용내용을 후원금을 낸 법인 단체 또는 개인에게 통보하도록 하며, 법인의 대표이사와 시설장 매반기 종료 후 10일 이내에 후원금수입 및 사용결과보고서를 관할 시군구청장에게 제출토록 한다.

• 후원금의 용도외 사용금지
- 후원금은 후원자가 지정한 사용용도외의 용도로 사용하지 못한다.
- 후원금은 예산의 편성 및 확정절차에 따라 세입 · 세출예산 편성을 하여 사용한다.

3. 사회복지법인과 시설 후원금의 사용

• 지정후원금
- 후원자가 사용용도를 지정한 후원금은 지정한 용도로 사용하되, 지정 후원금의 10%를 모금 홍보 및 사후관리비용으로 사용 가능하다.

※ 단, 사회복지법인 한국복지재단을 통한 지정후원금은 제외한다.

• 비지정후원금
- 후원자가 사용용도를 지정하지 않은 후원금은 시설의 운영비로 사용하되, 간접비에 사용하는 비율은 50%를 초과하지 못한다.

• 후원금지출 금지항목
- 시설장 등 임직원 판공비 · 정보비 등
- 별도 기금 설치 운영, 다른 시설이나 법인에 대한 지원 등

• 후원금의 수입 및 사용내역의 통보 및 보고

– 법인의 대표이사와 시설장은 연 1회 이상 해당 후원금의 수입 및 사용내용을 후원금을 낸 법인 단체 또는 개인에게 통보해야 한다.

※ 법인이 발행하는 정기간행물 또는 홍보지 등을 이용하여 일괄통보가 가능하다.

– 법인의 대표이사와 시설장 매 반기 종료 후 10일 이내에 후원금수입 및 사용결과보고서를 관할 시군구청장에게 제출한다.

◦ 후원금의 용도 외 사용금지

– 후원금은 후원자가 지정한 사용용도외의 용도로 사용하지 못함

– 후원금은 예산의 편성 및 확정절차에 따라 세입·세출예산 편성 사용

• 후원금 : 아무런 대가없이 무상으로 받은 금품 기타의 자산

• 후원금 영수증 교부

– 법인의 대표이사와 시설장은 후원금을 받은 때에는 후원금 영수증을 후원자에게 즉시 교부한다.

제7장 근로기준법 적용업무

제1절 총 칙

1. 목 적

이 규정은 헌법 및 근로기준법에 의한 근로조건의 기준을 사회복지시설에 적용함으로써 시설종사자의 기본적 생활을 보장, 향상시키며 사회복지시설 관리의 효율성·민주성을 기하도록 한다.

2. 적용범위

상시 5인 이상의 종사자를 고용하는 사회복지시설에 적용하며, 상시 4인이하의 종사자를 고용하는 사회복지시설은 다음의 사항이 "적용되지 않는다."

- 사용자의 취업규칙과 기숙사 관련 사항 등의 게시·비치의무(법 제13조)
- 계약기간의 1년 초과 금지사항(법 제23조)
- 노동위원회 신청 관련(법 제26조2항 및 법 제33조)
- 부당한 해고, 휴직, 정직, 진직, 감봉 기타 징벌 금지의무(법 제30조1항)
- 경영상 이유에 의한 해고 제한 및 해고자 우선 재고용 관련(법 제31조 및 제31조의2)
- 퇴직금제도 관련(법 제33조)
- 시설장(법인대표) 귀책사유로 인한 휴업시 휴업수당 지급관련(법 제45조)
- 주 44(40)시간(1일 8시간) 노동시간 및 탄력적 근로시간제, 선택적 근로시간제, 연장근로의 제한 관련사항(법 제49조 내지 제52조)
- 연장야간휴일근로에 따른 수당 및 보상휴가제 관련(법 제55조 및 제55조의 2)
- 근로시간 산정 특례 및 근로시간 및 휴식시간의 특례관련 사항(법 제56조 및 제58조)
- 시설종사자의 연차유급휴가 관련 사항(법 제59조 내지 제60조)
- 취업규칙의 작성 및 단체협약의 준수 등(법 제96조 내지 법 제100조)

3. 용어의 정의

- 임금이라 함은 종사자가 근로의 대가로 지급받는 일체의 금품으로 국고보조금, 지방비, 법인전입금, 후원금 등을 모두 포함한다.
- "소정근로시간"이라 함은 주44(40)시간(일 8시간) 범위안에서 종사자와 시설장이 정한 근로시간을 말한다.
- 근로계약이란 종사자가 시설장에게 근로를 제공하고 시설장은 이에 대하여 임금을 지급함을 목적으로 체결된 계약을 말한다.

평균임금과 통상임금

△ 평균임금

- 평균임금이라 함은 이를 산정하여야 할 "사유가 발생한 날 이전 3월간"에 그 종사자에 대하여 지급된 임금의 총액을 그 기간의 총일 수로 나눈 금액을 말하며 취업 후 3월 미만도 이에 준한다. (임금의 총액에는 임시로 지불된 임금 및 수당과 통화외의 것으로 지불된 임금은 산입하지 않는다)

※ 단, 상기 규정에 의하여 산출된 금액이 당해 종사자의 통상임금보다 저액일 경우에는 그 통상임금액을 평균임금으로 한다

- 평균임금의 계산에서 제외되는 기간 및 임금

1. 수습사용중의 기간
2. 사용자의 귀책사유로 인하여 휴업한 기간
3. 산전 후 휴가기간(출산휴가)
4. 업무수행으로 인한 부상 또는 발병의 요양을 위하여 휴업한 기간
5. 남녀고용평등법 제19조의 규정에 의한 육아휴직기간
6. 노동조합 및 노동관계조정법 제2조제6호의 규정에 의한 쟁의행위기간
7. 병역법, 향토예비군설치법 또는 민방위기본법에 의한 의무이행을 위하여 휴직하거나 근로하지 못한 기간 (다만, 그 기간중 임금을 지급받은 경우는 제외)
8. 업무외 부상질병 기타의 사유로 인하여 시설장의 승인을 얻어 휴직한 기간

- 재해보상금(휴업, 장해, 유족, 장의비, 일시보상 등) 및 업무상 부상을 당하거나 질병에 걸린 종사자에 대하여 퇴직금을 산정함에 있어서 적용할 평균임금

⇒ 종사자가 소속한 시설에서 동일한 직종의 종사자에게 지급된 통상임금의 1인당 1개월

평균액이 그 부상 또는 질병이 발생한 달 또는 이로 인해 퇴직한 달에 지급된 평균액보다 100분의 5이상 변동이 있는 경우에는 그 변동비율에 의하여 인상 또는 인하된 금액으로 하되, 그 변동사유가 발생한 달의 다음 달부터 이를 적용한다.

※ 단, 제2회 이후의 평균임금의 증감을 위한 조정은 직전회의 변동사유가 발생한 달의 평균액을 산정기준으로 함

• 통상임금이라 함은 근로자에게 정기적, 일률적으로 소정근로 또는 총 근로에 대하여 지급하기로 정하여진 시간급금액, 일급금액, 주급금액, 월급금액, 또는 도급금액을 말한다.

• 통상임금을 시간급금액으로 산정할 경우에는 다음의 방법에 의하여 산정한다.

1. 시간급금액으로 정하여긴 임금에 대하여는 그 금액
2. 일급금액으로 정하여진 임금에 대하여는 그 금액을 1일의 소정근로시간수로 나눈 금액
3. 주급금액으로 정하여진 임금에 대하여는 그 금액을 주의 통상임금 산정기준시간 수(주의 소정근로시간과 소정근로시간외의 유급처리되는 시간을 합산한 시간)로 나눈 금액
4. 월급금액으로 정하여진 임금에 대하여는 그 금액을 월의 통상임금 산정시간 수(주의 통상임금산정기준 시간에 1년간의 평균주수를 곱한 시간을 12로 나 눈 시간)로 나눈 금액
5. 일 · 주 · 월외의 일정한 기간으로 정하여진 임금에 대하여는 제2호 내지 제4호에 준하여 산정한 금액
6. 근로자가 받는 임금이 상기(1호내지 5호) 2가지 요건이 혼재되어 있는 경우각각 산정된 금액을 합산한 금액

⇒ 통상임금을 일급금액으로 산정할 때에는 시간급 금액에 1일의 소정근로시간수를 곱하여 계산한다.

제 2 절 근로계약

1. 적용한계

• 근로기준법에 정한 기준에 미치지 못하는 근로조건을 정한 근로계약은 그 부분에 한해 무효이며 무효인 부분에 대해서는 근로기준법이 적용된다.

• 근로계약은 기간의 정함이 없는 것과 일정한 사업완료에 필요한 기간을 정한 것을 제외하고는 그 기간을 1년을 초과하지 못한다.

2. 근로계약 체결시 명시사항

• 임금 및 근로시간
임금의 구성항목, 계산방법 및 지불방법에 관한 사항에 대하여는 서면으로 명시
• 취업의 장소와 종사하여야 할 업무에 관한 사항
• 해당 시설의 취업규칙 내용(근로기준법 제96조 참조)
• 기숙사에 종사자를 기숙하게 하는 경우에는 기숙사 규칙에 정한 사항
※ 명시된 근로조건이 사실과 다를 경우에는 종사자는 근로조건 위반을 이유로 손해의 배상을 노동위원회에 신청할 수 있으며 또는 즉시 근로계약 해제가능

3. 근로계약 체결관련 고려사항

• 위약예정의 금지 : 시설장은 종사자의 근로계약 불이행에 대한 위약금 또는 손해배상액을 예정하는 계약을 체결하지 못함
• 전차금상쇄의 금지 : 시설장은 전차금 기타 근로할 것을 조건으로 하는 전대채권과 임금을 상쇄하지 못함
※ 전차금이란 종사자가 근로계약을 체결할 때 받을 예정인 임금에서 변제할 것을 조건으로 시설장에게서 차입하는 금전을 말하며 전대채권은 전차금에 대한 채권을 말함
• 강제저축의 금지 : 사용자는 근로계약에 부수하여 강제저축 또는 저축금 관리를 규정하는 계약을 체결하지 못함
※ 시설장이 종사자의 위탁으로 저축을 관리 시 다음 사항을 준수할 것
- 저축 종류 기간 및 금융기관을 종사자가 결정하고 본인의 이름으로 저축할 것
- 종사자가 저축증서 등 관련 자료 열람 또는 반환을 요구시 즉시 이에 따를 것

4. 종사자 해고의 제한

• 해고의 제한
- 종사자에 대해 정당한 이유 없는 해고, 휴직, 정직, 전직, 감봉 기타 징벌 금지

– 종사자가 업무상 부상 또는 질병의 요양을 위해 휴직한 기간과 그 후 30일간 또는 산전산후의 여성이 근로기준법에 의해 휴직한 기간과 그 후 30일간은 해고 금지

⇒ 단, 일시보상(법 제87조)을 행하였을 경우 또는 사업을 계속할 수 없게 된 경우 제외

※ 일시보상 : 종사자가 업무상 부상 또는 질병에 걸려 시설장이 필요한 보상을 하였음에도 치료개시 후 2년이 경과하도록 부상 또는 질병이 완치되지 않을 경우, 평균임금의 1,340일분의 일시보상을 행하여 그 후 근로기준법상 모든 보상책임을 면제받는 것

• 경영상이유에 의한 해고의 제한

– 해고의 사유 : 사업의 양도, 인도, 합병 등 긴박한 경영상의 필요에 한함

– 시설장의 의무

◦ 해고를 피하기 위한 노력을 다해야 함

◦ 합리적이고 공정한 고용의 기준을 정하고 그에 따라 대상자를 선정하되 남녀의 성을 이유로 차별 금지

◦ 시설장은 해고를 피하기 위한 방법 및 해고의 기준 등에 관하여 종사자대표에 대해 해고를 하고자 하는 날의 60일전까지 통보하고 성실하게 협의

※ 종사자 대표 : 종사자 과반수로 조직된 노동조합 또는 과반수로 조직된 노동조합이 없는 경우에는 종사자 과반수를 대표하는 자

• 일정규모 이상 해고시 신고

– 1월농안 다음의 인원을 해고하고자 하는 경우에는 최초로 해고하고자 하는 날의 30일전까지 관할 지방노동관서의 장에게 해고의 사유, 해고예정인원, 종사자 대표와의 협의내용, 해고의 일정 등을 신고

◦ 상시 종사자수가 99인 이하인 시설 : 10인이상

◦ 상시 종사자수가 100인 이상 999인 이하인 시설 : 종사자수의 10%이상

5. 해고의 예고 및 구제절차 등

• 해고의 예고

– 종사자 해고시 적어도 30일전에 그 예고를 하여야 하며 30일전에 예고를 하지 아니한 때에는 30일분이상의 통상임금을 지급

– 다만, 천재, 사변 기타 부득이한 사유로 사업계속이 불가능한 경우 또는 종사자에게 귀책사유가 있는 경우에는 예고하지 않을 수 있음

※ 종사자의 귀책사유

- 납품업체로부터 금품 또는 향응을 제공받고 불량품을 납품받아 생산에 차질을 가져온 경우
- 영업용 차량을 임의로 타인에게 대리운전하게 하여 교통사고를 일으킨 경우
- 사업의 기밀 기타 정보를 경쟁관계에 있는 다른 사업자등에 제공하여 사업에 지장을 가져온 경우
- 허위사실을 날조·유포하거나 불법 집단행동을 주도하여 사업에 막대한 지장을 가져온 경우
- 영업용차량 운송수입금을 부당하게 착복하는 등 직책을 이용하여 공금을 착복·장기유용·횡령
- 배임한 경우
- 제품 또는 원료 등을 절취 또는 불법 반출한 경우
- 인사·경리·회계담당 직원이 근로자의 근무상황 실적을 조작하거나 허위서류 등을 작성하여 사업에 손해를 끼친 경우
- 사업장의 기물을 고의로 파손하여 생산에 막대한 지장을 가져온 행위
- 기타 사회통념상 고의로 사업에 막대한 지장을 가져오거나 재산상 손해를 끼쳤다고 인정되는 경우

• 해고의 예고의 적용예외

- 일용근로자로서 3월을 계속근무하지 아니한 자,
- 2월이내의 기간을 정하여 사용된 자
- 월급근로자로서 6월이 되지 못한 자
- 계절적 업무에 6월이내의 기간을 정하여 사용된 자
- 수습사용중의 근로자

• 해고에 대한 구제절차

- 정당한 이유 없는 해고·휴직·정직·전직·감봉 기타 징벌시 종사자는 지방(특별)노동위원회에 그 구제를 신청할 수 있다.
- 구제신청과 심사절차

구제신청	종사자→지방(특별)노동위원회	부당노동해위가 있는날(계속되는 행위는 그 종료일)부터 3월이내

▼

조사 및 심문	지방(특별)노동위원회	구제신청 접수시 지체없이
증인조사	지방(특별)노동위원회	관계당사자 신청 또는 직권 (반론기회를 충분하게 부여할 것)
구제명령 또는 기각결정	지방(특별)노동위원회	심문 종료후 부당노동행위가 성립여부에 따라 구제명령 또는 구제신청 기각결정
명령 또는 결정의 확정		10일이내 재심을 신청하지 않을 경우

▼

재심신청	종사자 → 중앙노동위원회	명령서 또는 결정서 송달을 받은 날로부터 10일이내
재심판정의 확정		15일이내에 행정소송을 제기하지 않을 경우

▼

행정소송	종사자 → 법원	재심판정서 송달시 15일 이내

- 구제명령, 기각결정 또는 재심판정의 효력
  - 기각결정 또는 재심판정이 확정된 때에는 관계 당사자는 이에 따라야 함
  - 노동위원회의 구제명령, 기각결정 또는 재심판정은 중앙노동위원회에의 재심신청이나 행정소송의 제기에 의해 그 효력이 정지되지 않음
- 경영상의 이유로 종사자를 해고한 후 2년이내에 종사자를 채용하고자 할 때에는 종사자가 원하는 경우 고용전의 직책 등을 감안하여 그 근로자를 우선적으로 고용하도록 노력해야 함

6. 퇴직금제도

• 퇴직금제도의 설정

- 계속근로연수 1년에 대하여 30일분이상의 평균임금을 퇴직금으로서 퇴직하는 근로자에게 지급할 수 있는 제도를 설정

※ 단, 퇴직금제도는 근로연수가 1년 미만인 종사자는 제외

- 퇴직금 제도를 설정함에 있어서 하나의 시설 내에 차등제도 금지
- 종사자를 피보험자 또는 수익자로 하여 아래의 요건을 갖춘 퇴직보험 또는 퇴직일시금신탁

(이하 퇴직보험)에 가입하여 퇴직시 일시금 또는 연금으로 수령하게 하는 경우에도 퇴직금 제도를 설정한 것으로 봄

※ 단, 퇴직보험 등에 의한 일시금의 액은 퇴직금(1년당 30일분이상 평균임금)보다 적어서는 안되며 적을 경우에는 차액을 시설장이 지급해야 함

• 퇴직보험 또는 퇴직일시금신탁의 요건

1) 퇴직하는 근로자가 퇴직보험 등을 취급하는 금융기관에 대하여 직접 일시금 또는 연금(퇴직일시금신탁에 가입한 경우는 제외)을 선택하여 청구할 수 있을 것.

2) 퇴직보험 등의 계약이 해지시 환급금은 피보험자 또는 수익자인 종사자에게 지급될 것

→ 해지환급금을 지급받은 경우에는 퇴직금 중 그 해당금액을 미리 지급받은 것으로 봄

3) 퇴직보험등에 의한 일시금, 연금 또는 해지환급금을 받을 피보험자등인 종사자의 권리는 양도하거나 담보로 제공할 수 없는 것일 것

4) 보험사업자등이 퇴직보험등이 계약체결전에 계약의 내용을 피보험자등에게 주지시키고 계약 체결후에는 그 사실을 통지하는 것일 것

5) 보험사업자등이 매년 보험료 또는 신탁부금 납부상황과 일시금 또는 연금의 수급예상액을 피보험자등에게 통지하는 것일 것

6) 근로년수가 1년미만인 종사자는 일시금, 연금 또는 해지환급금을 청구할 수 없으며 그 일시금, 연금, 해지환급금은 시설장에게 귀속되는 것이야 함

• 퇴직금의 중간지급

– 종사자의 요구시 근로자가 퇴직하기 전에 계속 근로한 기간에 대한 퇴직금을 미리 정산하여 지급 가능하며 정산 후 퇴직금 산정은 정산시점부터 새로이 기산

7. 기타 참조사항

• 특별한 사정이 있어 당사자간 합의에 의해 기한을 연장한 경우를 제외하고는 종사자 사망 또는 퇴직시 14일 이내에 임금, 보상금 기타 일체의 금품을 지급함

• 각 시설별 아래 사항을 기입한 근로자명부를 작성하고 변경시 지체 없이 정정

– 근로자명부 기입사항

· 성별, 성명, 생년월일, 주소, 이력

· 종사하는 업무의 종류

- 고용 또는 고용갱신 연월일
- 계약기간을 정한 경우에는 그 기간 기타 고용에 관한 사항
- 해고, 퇴직 또는 사망의 경우에는 그 연월일과 사유
- 기타 필요한 사항

• 각 시설은 다음의 서류를 3년간 보존할 것
- 근로자 명부
- 근로계약서
- 임금대장
- 임금의 결정 지급방법 및 임금계산의 기초에 관한 서류,
- 고용, 해고, 퇴직에 관한 서류,
- 승급, 강급에 관한 서류,
- 휴가에 관한 서류,
- 연장근로시간 연장에 관한인가에 관한 서류,
- 임산부 및 18세미만의 근로자의 야업 및 휴일근무 관련 인가에 관한 서류,

• 사용증명서 발급
- 시설장은 종사자가 퇴직 후라도 사용기간, 업무종류, 지위와 임금 기타 필요한 사항에 관한 증명서를 청구한 때에는 사실대로 기입하여 즉시 교부할 것

※ 종사자가 요구한 사항만 기입하되 근무경력과 관련이 있으므로 정확하게 기입

제3절 임 금

1. 임금의 지급

• 원칙적으로 현금으로 전액 지급하되, 법령 또는 단체협약에 특별한 규정이 있는 경우에는 임금의 일부를 공제하거나 현금이외의 것으로 지급 가능

• 임금은 매월 1회 이상 일정한 기일에 지급하되, 임시로 지급하는 임금 · 수당이나 정근수당, 근속수당, 상여금 등 비정기적 수당은 비정기적으로 지급 가능

※ 종사자가 출산, 질병, 재해, 혼인 사망, 부득이한 사유로 1주일이상 귀향하게 되는 경우 등 비상한 경우에 임금 청구 시 기왕의 근로에 대한 임금을 지급해야 함

2. 휴업수당의 지급

- 시설장 귀책사유로 인한 휴업시 휴업기간중 당해 종사자에 대하여 평균임금의 100분의 70이상의 수당을 지급한다.

※ 단, 평균임금 100분의 70이 통상임금 초과시에는 통상임금을 휴업수당으로 지급

- 부득이한 사유로 사업계속이 불가능하여 노동위원회의 승인을 얻은 경우에는 평균임금(또는 통상임금)의 100분의 70에 미달하는 휴업수당 지급 가능하다.
- 상기 휴업기간 중에 종사자가 임금의 일부를 지급받은 경우에는 평균임금(또는 통상임금)과 그 지급받은 임금의 차액을 산출하여 그 차액의 100분의 70이상에 해당하는 수당을 지급한다.

3. 임금대장의 작성 등

- 시설장은 각 시설별로 임금대장을 작성하고 다음 사항을 임금지급시마다 기입

– 성명, 주민등록번호, 고용연월일, 종사하는 업무,

– 임금 및 가족수당의 계산기초가 되는 사항, 근로일수, 근로시간수

– 연장근로 야간근로 또는 휴일근로를 시킨 경우에는 그 시간수

– 기본급, 수당 기타 임금의 내역별 금액(통화이외의 것으로 지급된 임금이 있는 경우에는 그 품명 및 수량과 평가총액),

– 법령 또는 단체협약에 특별한 규정이 있어 임금의 일부를 공제한 금액

→ 종사자 4인이하 시설은 근로시간수와 시간외근로시간수를 기재하지 않을 수 있다.

- 임금채권은 3년간 행사하지 아니한 때에는 시효로 인해 소멸 등

제 4 절 근로시간과 휴식

1. 근로시간

- 1주일간의 근로시간은 휴식시간을 제하고 44(40)시간을 초과할 수 없다
- 1일의 근로시간을 휴식시간을 제하고 8시간을 초과할 수 없다

⇒ 시행일 전이라도 종사자 과반수로 조직된 노동조합이 있는 경우에는 그 노동조합, 근로자의 과반수로 조직된 노동조합이 없는 경우에는 근로자의 과반수의 동의를 얻어 관할지방노동

관서의 장에게 신고서를 제출한 경우에는 시행일전이라도 이를 적용할 수 있다.

• 탄력적 근로시간제

- 취업규칙(취업규칙에 준하는 것 포함)에서 탄력적 근로시간제를 규정한 후 2주간이내의 일정한 단위기간을 평균하여 주 44(40)시간을 초과하지 않는 범위 안에서 특정주에 주 44(40)시간, 특정일에 일 8시간을 초과하여 근로가 가능하다.

※ 단, 특정주의 근로시간은 48시간을 초과할 수 없다.

- 종사자대표와의 서면합의에 의하여 아래의 사항을 정한 때에는 3월 이내의 단위기간을 평균하여 1주간의 근로시간이 주40시간을 초과하지 않는 범위 내에서 특정 주에 주 40시간, 특정일에 일 8시간을 초과하여 근로 가능하다

⇒ 3월이내 탄력적 근무시간제는 주 40시간 근무제와 동일한 일자에 시행

※ 단, 특정주의 근로시간은 52시간을, 특정일은 12시간을 초과할 수 없다.

⇒ 3월이내 탄력적 근로시간제 적용에 따른 서면합의 사항

· 대상노동자의 범위

· 단위기간(3월이내의 일정한 기간으로 정함)

· 단위기간에 있어서의 근로일 및 당해 근로일별 근로시간

· 서면합의의 유효기간

- 탄력적 근로시간제는 15세 이상 18세미만의 근로자와 임신 중인 여성근로자에 대하여는 적용되지 않으며, 시설장은 기존 임금수준이 저하되지 않도록 임금보전 방안을 강구해야한다.

• 선택적 근로시간제

- 취업규칙(취업규칙에 준하는 것 포함)에 의해 시업 및 종업시각을 종사자의 결정에 맡기기로 한 종사자에 대해 종사자대표와의 서면합의에 의하여 아래의 사항을 정한 때에는 1월 이내의 정산기간을 평균하여 1주간의 근로시간이 주 44(40)시간을 초과하지 않는 범위 안에서 주 44(40)시간, 일 8시간을 초과하여 근로하게 할 수 있다

⇒ 선택적 근로시간제 적용에 따른 서면합의 사항

· 대상근로자의 범위(15세이상 18세미만의 근로자를 제외)

· 정산기간(1월이 내의 일정한 기간으로 정함)

· 정산기간에 있어서의 총근로시간

· 반드시 근로하여야 할 시간대를 정하는 경우에는 그 개시 및 종료시각

· 근로자가 결정에 의하여 근로할 수 있는 시간대를 정하는 경우에는 그 개시 및 종료시각

· 표준근로시간(유급휴가 등의 계산 기준으로 노사간 합의하여 정한 1일의 근로시간)

2. 연장근로시간

- 당사자간 합의가 있는 경우 1주에 12시간 한도로 근로시간 연장이 가능하다.
- 당사자간 합의가 있는 경우 1주일에 12시간을 한도로 탄력적 근로시간제를 연장할 수 있으며 선택적 근로시간제상 정산기간을 평균하여 1주간에 12시간을 초과하지 않는 범위 안에서 선택적 근로시간제 연장이 가능하다.
- 시설장은 특별한 사정이 있는 경우 노동부장관의 인가와 근로자의 동의를 얻어 상기 연장근로시간을 연장가능하며 사태가 급박하여 노동부장관의 인가를 받을 시간이 없는 경우에는 사후에 지체 없이 승인을 얻어야 한다.

⇒ 연장근로와 야간근로(하오10시부터 상오6시까지 사이의 근로) 또는 휴일근로에 대하여는 통상임금의 100분의 50이상을 가산하여 지급

※ 노사간 서면합의에 따라 연장근로 · 야간근로 및 휴일근로에 대하여 임금을 지급하는 것에 갈음하여 휴가를 부여하는 보상휴가제는 주 40시간 근무시간제 시행일에 맞춰 각 시설별로 시행할 수 있다.

3. 근로시간 및 근로시간 산정의 특례

- 출장 기타의 사유로 근로시간의 전부 또는 일부를 시설 밖에서 근로하여 근로시간을 산정하기 어려운 때에는 소정근로시간을 근로한 것으로 간주
- 당해 업무를 수행하기 위하여 통상적으로 소정근로시간을 초과하여 근로할 필요가 있는 경우에는 그 업무의 수행에 통상 필요한 시간을 근로한 것으로 본다.
- 노사간 서면합의를 한 때에는 주 12시간을 초과하여 연장근로하게 하거나 휴식시간을 변경할 수 있다.

※ 휴식의 경우 근로시간이 4시간인 경우 30분 이상, 8시간인 경우에는 1시간이상 근로자가 자유로이 이용할 수 있도록 하고 휴일은 1주일에 평균 1회 이상 유급휴일을 주어야 한다.

4. 연차유급휴가

- 기본휴가기간 : 1년간 개근한 자는 10일, 9할이상 출근한 자는 8일의 유급휴가
- 2년 이상 계속 근로한 종사자에 대해서는 1년을 초과하는 계속근로연수 1년에 대하여 기본휴가기간에 1일을 가산한 유급휴가를 주되, 휴가 총일 수가 20일을 초과시 그 초과하는 일수에 대해서는 통상임금으로 유급휴가로 대체 가능하다.

※ 휴가기간산정에 있어 종사자가 업무상의 부상 또는 질병으로 휴직한 기간과 산전산후 여성의 90일의 보호휴가에 의한 휴직기간은 출근한 것으로 간주한다.

- 휴가의 청구 및 시효 등

– 휴가는 종사자의 청구가 있는 시기에 주어야 하며 그 기간에 대하여는 취업규칙이나 그 밖의 정하는 바에 의한 통상임금 또는 평균임금을 지급한다.

※ 단, 종사자가 청구한 시기에 휴가를 주는 것이 사업운영에 막대한 지장이 있는 경우에는 시기변경이 가능하다.

– 시설장 귀책사유가 없는 한 연차유급휴가의 경우 1년간 미행사시 소멸된다.

- 유급휴가의 대체

– 노사 서면합의에 의해 연차유급휴가 일에 갈음하여 특정근로 일에 휴무 가능

– 최초 1년을 초과하는 계속근로 연수 매 2년에 대하여 기본휴가기간에 1일을 가산한 유급휴가를 주되 가산휴가를 포함한 총 휴가일수는 25일을 한도로 한다.

- 휴가의 청구 및 시효 등

– 휴가는 종사자의 청구가 있는 시기에 주어야 하며 그 기간에 대하여는 취업규칙이나 그 밖의 정하는 바에 의한 통상임금 또는 평균임금을 지급한다.

※ 단, 종사자가 청구한 시기에 휴가를 주는 것이 사업운영에 막대한 지장이 있는 경우에는 시기변경이 가능하다.

– 시설장 귀책사유가 없는 한 연차유급휴가의 경우 1년간 미행사시 소멸

- 연차유급휴가의 사용촉진

– 시설장은 연차유급휴가 사용 촉진을 위해 아래의 조치를 취해야 한다.

1) 소멸되기 3월전을 기준으로 10일 이내에 시설장이 종사자별로 미사용 휴가 일수를 알려주고 종사자가 그 사용 시기를 정하여 시설장에게 통보하도록 서면으로 촉구해야 한다.

2) 제1호의 규정에 의한 촉구에 불구하고 근로자가 촉구를 받은 때부터 10일 이내에 미사용

휴가의 전부 또는 일부의 사용 시기를 정하여 사용자에게 통보하지 아니한 경우에는 소멸 2월전까지 사용자가 미사용 휴가의 사용 시기를 정하여 근로자에게 서면으로 통보해야 한다.

※ 상기 조치에도 불구하고 종사자가 휴가를 1년간 사용하지 아니하여 소멸된 경우에는 그 미사용휴가에 대하여 보상할 의무가 없으며 시설장 귀책사유에 해당하지 않는다.

• 유급휴가의 대체

− 노사 서면합의에 의해 연차유급휴가 일에 갈음하여 특정근로 일에 휴무 가능

⇒ 시행일 전이라도 종사자 과반수로 조직된 노동조합이 있는 경우에는 그 노동조합, 종사자의 과반수로 조직된 노동조합이 없는 경우에는 종사자의 과반수의 동의를 얻어 관할 지방노동관서의 장에게 신고서를 제출한 경우에는 시행일전이라도 이를 적용할 수 있다.

제 5 절 여성종사자 보호규정

1. 시간외근로에 대한 규정

• 야간근로 및 휴일근로의 제한

− 18세 이상의 여성을 오후 10시부터 오전 6시까지의 사이 및 휴일에 근로시키고자 하는 경우에는 당해 종사자의 동의를 얻을 것

− 임신한 여성종사자의 경우 오후 10시부터 오전 6시까지의 사이 및 휴일에 근로시키지 못하되 다음의 경우로 노동부장관의 인가를 얻은 경우는 가능함

※ 단, 인가를 얻기시장 · 군수 · 구청장은 시설의 폐쇄시 시설거전 종사자 건강 및 모성보호를 위해 그 시행여부와 방법 등에 대해 종사자대표와 성실하게 협의할 것

· 산후 1년이 경과되지 아니한 여성의 동의가 있는 경우

· 임신 중의 여성이 명시적으로 청구하는 경우

• 시간외근로의 제한

− 산후 1년이 경과되지 아니한 여성 종사자는 단체협약이 있는 경우라도 1일에 2시간, 1주일에 6시간 1년에 150시간을 초과하는 시간외의 근로를 시키지 못함

2. 휴가 및 휴식에 관한 규정

• 생리휴가

- 시설장은 여성근로자에게 월 1회의 생리휴가를 주어야 함

※ 주 40시간 근로제 시행과 더불어 의무조항이었던 생리휴가제도가 "여성근로자가 청구하는 때에 한해 월 1회의 생리휴가를 주는 방향으로 개정" 되었으므로 각 시설에서는 주 40시간 근로제 시행일정에 맞춰 시설규모에 따라 시행할 것

• 출산휴가

- 임신 중인 여성종사자에게 산전 후를 통하여 90일의 보호휴가를 주되, 휴가기간의 배치는 산후에 45일이상이 되도록 하고 휴가 중 최초 60일은 유급으로 함

• 수유시간

- 생후 1년 미만의 유아를 가진 여성종사자의 청구가 있는 경우에는 1일 2회 각각 30분이상의 유급수유시간을 주어야 한다.

제 6 절 재해보상

1. 업무상질병과 요양의 범위

• 업무상질병(근로기준법 시행령 제40조1항 별표3)

- 업무상의 부상에 기인하는 질병
- 무겁고 힘든 업무로 인한 근육 · 건 · 관절의 질병과 내장탈장
- 고열 · 자극성의 가스나 증기 · 유해광선 또는 이물로 인한 결막염 기타의 안질환
- 덥고 뜨거운 장소에 있어서의 업무로 인한 열사별 등 열 중증
- 덥고 뜨거운 장소에 있어서의 업무 또는 고열물체를 취급하는 업무로 인한 제2도 이상의 화상 및 춥고 차가운 장소에 있어서의 업무 또는 저온물체를 취급하는 업무로 인한 제2도 이상의 동상
- 지하작업으로 인한 안구진탕증
- 제사 또는 방적 등의 업무로 인한 수지봉와 직염 및 피부염
- 강렬한 소음을 발하는 장소에 있어서의 업무로 인한 귀질환

- 영상표시단말기(VDT)등 취급자에게 나타나는 경견완증후군
- 환자의 검진·치료·간호 기타 병원체로 인하여 오염될 우려가 있는 업무로 인한 각종 전염성 질환
- 옥외노동에 기인하는 쯔쯔가무시병
- 중앙노동위원회의 동의를 얻어 노동부장관이 지정하는 질병
- 기타 업무로 기인한 것이 명확한 질병 등

• 요양의 범위

- 진 찰
- 약제 또는 진료재료와 의지 기타 보철구의 지급
- 처치 수술 기타의 치료
- 의료시설에의 수용
- 개 호
- 이 송

2. 재해보상

• 재해보상시 평균임금 산정

- 재해보상시 사상의 원인이 되는 사고가 발생한 날 또는 진단에 의하여 질병이 발생되었다고 확정된 날을 평균임금의 산정사유가 발생한 날로 한다.

• 요양보상

- 종사자가 업무상 부상 또는 질병에 걸린 경우에는 시설장은 그 비용으로 필요한 요양을 행하거나 또는 필요한 요양비를 부담하되 매회 1회 이상 행한다.

• 휴업보상

- 요양중에 있는 종사자에 대하여는 시설장은 요양중 평균임금의 100분의 60의 휴업보상을 행하되 매회 1회 이상 행함
- 휴업보상을 받을 기간 내에 그 보상을 받을 자가 임금의 일부를 지급받은 경우에, 시설장은 종사자에게 평균임금과 지급받은 임금과의 차액을 산출하여 그 차액의 100분의 60에 해당하는 휴업보상금을 지급해야 한다.

• 장해보상

- 종사자가 업무상 부상 또는 질병에 걸려 완치 후 신체에 장해가 있는 경우에는 시설장은

그 장애정도에 따라 평균임금에 근로기준법 시행령 별표4에 정한 일수를 곱하여 얻은 금액의 장해보상을 행한다.

- 장해보상은 종사자의 부상 또는 질병 완치우 지체 없이 지급

• 휴업장해보상의 예외

- 근로자가 중대한 과실로 인하여 업무상 부상 또는 질병에 걸리고 또한 사용자가 그 과실에 대하여 노동위원회의 인정을 받은 경우에는 휴업보상 또는 장해보상을 행하지 아니하여도 된다.

• 유족비 및 장의비

- 종사자가 업무상 사망한 경우에는 시설장은 평균임금의 그 유족에 대하여 평균임금의 1000일분의 유족보상을 행한다.
- 종사자가 사망한 경우에는 시설장은 평균임금의 90일분의 장의비를 지급해야 한다.
- 유족보상 및 장의비의 지급은 근로자의 사망 후 행한다.

→ 부모는 양부모를 선순위로 실부모를 후순위로, 조부모는 양부모의 부모를 선순위로 실부모의 부모를 후순위, 부모의 부모는 부모의 양부모를 선순위로 부모의 실부모를 후순위로 함

△ 보상의 순위에도 불구하고 종사자가 유언 또는 시설장에 대한 예고에 의해 유족 중 특별한 자를 지정한 경우 그에 따른다.

△ 동순위의 유족보상 수급권자가 2인 이상 시 유족보상을 그 인원수로 등분하고 유족보상을 받기로 확정된 유족이 사망할 경우 동순위자 차순위자 순으로 지급한다.

• 일시보상

- 요양보상을 받은 근로자가 요양개시 후 2년을 경과하여도 부상 또는 질병이 완치되지 않는 경우 평균임금의 1,340일분의 일시보상을 행하여 그 후 이 법에 의한 모든 보상책임을 면할 수 있다.

• 분할보상

- 시설장은 지급능력이 있는 것을 증명하고 보상을 받은 자의 동의를 얻은 경우에는 장해, 유족, 일시보상금을 1년간에 걸쳐 분할 보상할 수 있다.

3. 재해보상 관련 기타사항

• 보상을 받을 권리는 퇴직으로 인하여 변경되지 아니하며 양도 또는 압류하지 못한다.
• 보상을 받게 될 자가 동일한 사유에 대해 민법 기타 법령에 의하여 이 법의 재해보상에

상당한 금품을 받을 경우 그 가액 한도 내에서 시설장은 보상책임을 면한다.

• 업무상의 부상, 질병 또는 사망의 인정 요양의 방법 보상금액의 결정, 기타 보상의 실시에 관하여 이의가 있는 자는 노동부장관에게 심사 또는 사건의 중재를 청구할 수 있으며 노동부장관은 1월 이내에 심사 또는 중재해야 한다.

– 1월내 심사 또는 중재하지 않거나 결과에 불복이 있는 종사자는 노동위원회의 심사 또는 중재를 청구할 수 있으며 동 위원회는 1월 이내 심사 또는 중재한다.

• 재해보상청구권은 3년간 행사하지 아니하는 경우에는 시효로 인해 소멸한다.

제 7 절 취업규칙

1. 취업규칙의 작성 신고

– 상시 10인 이상의 종사자를 사용하는 시설은 다음의 사항에 관한 취업규칙을 작성 또는 내용의 변경시 관할 지방노동관서의 장에게 신고서 및 관련서류를 제출한다.

– 취업규칙에 포함되어야 할 사항

· 시업, 종업의 시각, 휴식시간, 휴일, 휴가 및 교대근무에 관한 사항

· 임금의 결정, 계산, 지급방법, 임금의 산정기간, 지급시기, 및 승급에 관한 사항

· 가족수당의 계산, 지급방법에 관한 사항

· 퇴직에 관한 사항

· 퇴직금, 상여 및 최저임금에 관한 사항

· 근로자의 식비, 작업용품 등 부당에 관한 사항

· 근로자를 위한 교육시설에 관한 사항

· 안전과 보건에 관한 사항

· 업무상과 업무외의 재해부조에 관한 사항

· 표창과 제재에 관한 사항

· 기타 당해 사업 또는 사업장의 근로자 전체에 적용될 사항

2. 종사자 의견청취

- 취업규칙 작성 또는 변경시 종사자 과반수로 조직된 노조가 있는 경우에는 그 노조, 종사자 과반수로 조직된 노조가 없는 경우에는 종사자 과반수의 의견을 들어야 한다.

※단, 취업규칙을 종사자에게 불이익하게 변경시 동의가 필요하다.

3. 취업규칙의 제한

- 취업규칙에서 감봉의 제재를 정할 경우 그 감액은 1회의 액이 평균임금의 1일분의 2분의 1을, 총액이 1임금지급기에 있어서의 임금총액의 10분의 1을 초과하지 못한다.
- 취업규칙은 법령 또는 당해 시설에 적용되는 단체협약에 반할 수 없다.
- 취업규칙에 정한 기준에 미달하는 근로조건을 정한 근로계약은 그 부분에 관하여는 무효로 하고 무효로 된 부분은 취업규칙에 정한 기준에 의한다.

제8장 사회복지법인시설 재무회계

제1절 사회복지법인의 재무

1. 목 적

본 규칙은 사회복지법인 재무·회계의 명확성·공정성을 기하기 위해 사회복지사업법 제23조 제4항의 규정에 의하여 사회복지법인의 재무회계에 관한 사항을 규정한 것이다.

2. 적용범위

• 사회복지사업법의 적용을 받는 사회복지법인 및 법인운영시설

3. 사회복지법인 및 시설의 회계

• 회계는 다음과 같이 구분하여 관리할 것

– 법인회계 : 법인의 업무전반에 관한 회계

– 시설회계 : 법인이 설치·운영하는 사회복지시설에 관한 회계

– 수익사업회계 : 법인이 수행하는 수익사업에 관한 회계

• 회계연도 및 회계연도 소속구분

· 법인의 회계연도는 정부의 회계연도(1. 1~12. 31)에 의함

· 법인의 수입 및 지출의 발생, 자산 및 부채의 증감에 관하여는 그 원인이 되는 사실이 발생한 날을 기준으로 하여 연도소속을 구분한다.

• 1 회계연도에 속하는 법인의 세입세출의 출납에 관한 사무는 다음연도 2월말일 까지 완결해야 한다.

제2절 예 산

1. 예산의 편성

• 예산총계주의 원칙
- 1 회계연도의 모든 수입은 세입으로 하고 모든 지출은 세출로 하되, 세입과 세출은 모두 예산에 계정되어야 함

• 예산편성절차

※ 시군구는 시군구 홈페이지 또는 자료실에 예산개요를 20일이상 공고요망

• 예산에 첨부할 서류

내용	주체	시기
○ 특히, 필요하다고 인정하는 사항에 관해 예산편성요령을 법인에 통보 가능	시군구청장	회계연도 2개월전까지
▼		
○ 법인 및 시설의 예산편성요령 작성	법인 대표이사	회계연도 1개월전까지
▼		
○ 회계별 예산 편성 (법인회계, 시설회계, 수익사업회계)	법인 대표이사	즉시
▼		
○ 예산안에 대한 이사회의 의결	법인 이사회	예산안 편성 완료시
▼		
○ 의결된 예산안을 시군구청장에게 제출	법인 대표이사	회계연도 개시 5일전
▼		
○ 법인과 시설의 회계별 세입·세출 예산개요를 시군구 ,법인, 시설의 게시판에 20일이상 공고 ※ 게시판 공고는 일간신문 또는 정기간행물의등록등에관한법률 제2조제1호의 규정에 의한 정기간행물에 게재로 갈음가능	시군구청장 법인 대표이사	예산안 제출 20일이내

① 예산총칙 ② 세입 세출 명세서
③ 추정대차대조표 ④ 추정수지계산서
⑤ 임직원 보수일람표 ⑥ 당해 예산을 의결한 이사회 회의록 사본
※ 단식회계시 1), 2), 5), 6) 첨부

2. 준예산의 편성

• 사유 – 회계연도 개시 전까지 법인의 예산이 성립되지 아니한 때
• 방법 : 예산 성립 시까지 일부 경비에 대해 전년도 예산에 준하여 집행 가능
※법인의 대표이사는 준예산 편성 전에 시·군·구청장에게 사유를 보고할 것
• 준예산 편성 경비
① 임직원 보수
② 법인 및 시설운영에 직접 사용되는 필수적인 경비
③ 법령상 지급의무가 있는 경비

3. 추가경정예산의 편성

• 사유 – 예산성립 후에 생긴 사유로 인해 기 성립된 예산에 변경을 가할 필요가 있을 경우
• 방법 : 예산편성절차에 준하여 추가경정예산을 편성·확정한다.
※ 대표이사는 추경이 확정된 날로부터 7일 이내에 이를 시군구청장에게 제출한다.

4. 예비비의 계산

• 법인의 대표이사는 예측할 수 없는 예산외의 지출 또는 예산의 초과지출에 충당하기 위하여 예비비를 세출예산에 계상할 수 있다.

5. 세출예산의 이월

• 사유 – 법인회계 및 시설회계의 세출예산 중
① 성질상 당해 회계연도 안에 지출을 마치지 못할 것으로 예측되는 경비
② 연도 내에 지출원인행위를 하고 불가피한 사유로 인하여 연도 내에 지출하지 못한 경비

• 방법 : 법인 이사회의 의결을 거쳐 다음 연도에 이월 사용 가능

6. 특정목적사업 예산

• 사유 – 완성에 수년을 요하는 공사나 제조
  – 특수한 사업을 위하여 2회계연도 이상에 걸쳐 그 재원을 조달할 필요가 있는 때

• 방법 : 회계연도마다 일정액을 예산에 계상하여 특정목적사업을 위한 적립금으로 적립가능

7. 예산의 원칙

• 법인회계 및 시설회계의 예산은 세출예산이 정한 목적외에 사용금지
• 관간전용 : 법인 이사회의 의결을 거쳐 관할 시군구청장의 승인 필요
• 동일관내 항간전용 : 법인 이사회의 의결 필요
• 동일항내 목간전용 : 법인 대표이사가 전용가능
• 전용의 제한 : 예산총칙에서 전용을 제한하고 있거나, 예산 성립 과정에서 이사회에서 삭감한 관·항·목으로는 전용하지 못한다.

※법인의 대표이사는 예산 전용시 시군구청장에게 즉시 보고

• 예산의 원칙

① 회계연도 독립의 원칙 (예산회계법 제3조) : 예외 : 계속비, 이월 등
– 위배 사례 : 연도 말에 예산잔액으로 다음 연도 물건 구입
② 예산 총계주의 원칙(예산회계법 제18조) : 예외 : 현물출자, 轉貸借款(전대차관)
③ 건전재정의 원칙 (예산회계법 제5조) : 예외 : 재정증권·국채발행, 장기차입금
④ 수입의 직접사용금지의 원칙(예산회계법제14조)
– 예외 : 수입대체경비, 수입금마련지출
⑤ 예산의 목적외 사용금지의 원칙(예산회계법 제18조) 예외 : 이용, 전용, 이체 등
⑥ 사전의결의 원칙 (헌법 제54조 제2항)예외 : 준예산 (아주 필수경비만 집행)
⑦ 예산의 공개원칙 (예산회계법 제18조)예외 : 국가안전보장을 위한 활동경비 (예산회계에 관한 특례법 제2조)

- 예산의 종류

① 본예산 : 당초에 국회의 의결을 거쳐 확정된 예산

② 수정예산 : 국회에 제출한 후 의결 전에 내용일부를 수정한 예산

③ 추가경정예산 : 예산 성립 후에 생긴 사유로 인해 본예산에 추가, 변경을 가한 예산

④ 준예산(헌법 제55조3항) : 새 회계연도가 개시될 때까지 예산이 성립되지 못할 경우 헌법이나 법률에 의해 설치된 기관 또는 시설의 유지 등의 경비는 전년도 예산에 준하여 집행토록 한 예산 (실제 집행 사례 없음)

- 예산의 내용

① 예산총칙 : 예산전반의 총괄적 규정과 국채, 장기차입금의 한도액, 재정 증권 발행과 일시차입금 최고액 규정

② 세입세출예산 (예산의 가장중심) : 세출예산은 소관별로 장,관,항(이상입법과목), 세항, 세세항, 목(이상행정과목)으로 구분

③ 계속비 : 공사나 연구 등 그 완성에 수년을 요하는 경우, 소요경비의 총액과 연부액을 정하여 미리 국회의 의결을 받아 집행하는 경비

④ 명시이월비 : 연도내에 그 지출을 필하지 못할 것이 예상될 때 국회의 승인을 얻어 다음 년도에 사용할 수 있도록 허용한 경비

⑤ 국고 채무부담 행위 : 미리 국회의 의결을 요한다.[8)]

- 예산분류의 유형

– 예산분류는 조직 활동의 형태와 구조를 분석하고 관할하는 데 유용한 정보와 수단을 제공할 수 있다.

– 예산분류의 목적은?

- 사업계획의 수립과 예산심의의 용이
- 예산집행의 효율화
- 회계책임의 명확화
- 경제 분석의 촉진 등

① 조직체별 분류와 품목별 분류

② 계정성질별 분류와 활동별 분류

③ 사업계획별 분류와 기능별 분류

---

8) 박종우(2004),의회 아카데미, 농림수산위원회, 국회사무처

제3절 회 계

1. 회계총칙

• 수입 및 지출사무 관리주체 : 법인의 대표이사 및 시설의 장

※ 법인 대표이사 및 시설장은 해당 사무를 소속직원에게 "각각" 위임가능

• 수입과 지출의 집행기관

– 법인과 시설에는 수입과 지출의 현금출납업무를 담당하기 위하여 "각각" 수입원과 지출원을 두되, 법인 또는 시설의 규모가 소규모인 경우에는 수입원과 지출원을 동일인으로 할 수 있음

※시도별로 지역여건에 따라 자체적으로 수입원과 지출원을 동일인으로 할 수 있는 소규모 법인 및 시설에 대해 규정한다.

– 수입원과 지출원은 법인의 대표이사와 시설장이 임면한다.

• 회계의 방법 : 단식부기

※법인회계와 수익사업회계에 있어 복식부기가 필요한 경우에는 복식부기에 의한다.

• 법인 및 시설 비치 회계장부

1) 현금출납부	2) 총계정원장
3) 총계정원장보조부	4) 재산대장
5) 비품관리대장	6) 소모품대장

2. 수 입

• 수입금의 수납관리

– 모든 수입금의 수납은 이를 금융기관에 취급시키는 경우를 제외하고는 수입원이 아니면 수납하지 못한다.

– 수입원이 수납한 수입금은 그 다음날까지 금융기관에 예입해야 한다.

– 수입금에 대한 금융기관의 거래통장은 회계별(법인회계, 시설회계, 수익사업회계)로 구분될 수 있도록 보관 · 관리

• 과년도 수입, 반납금, 과오납금 처리

– 출납 완결 연도에 속하는 수입 기타 예산외 수입은 모두 현년도 예산에 편입

- 지출된 세출의 반납금은 각각 지출한 세출의 당해 과목에 여입 가능
- 과오납된 수입금은 수입한 세입에서 직접 반환한다.

3. 지 출

• 지출의 원칙

- 지출은 지출사무를 관리하는 자(대표이사, 시설장) 및 그 위임을 받아 지출명령이 있는 것에 한하여 지출원이 행한다. ※ 지출명령은 예산의 범위내에서 함
- 지출은 금융기관의 수표 또는 예금통장에 의해 행함

※상용 경비 또는 소액의 경비 지출은 현금으로 가능하며 이를 위해 지출원은 100만원 이하의 현금을 보관할 수 있다.

→ 상용경비 또는 소액의 경비 지출이라도 5만 원 이상 지출시 신용카드를 사용하거나 현금영수증을 발급받아 지출하도록 지도요망

• 지출의 특례(선금급, 개산급)

• 선금급을 할 수 있는 경비의 범위

1) 외국에서 직접 구입하는 기계, 도서, 표본 또는 실험용재료의 대가
2) 정기간행물의 대가
3) 토지 또는 가옥의 임대료와 용선료
4) 운 임
5) 소속직원중 특별한 사정이 있는 자에 대하여 지급하는 급여의 일부
6) 관공서(정부투자기관관리기본법에 의한 정부투자기관 및 특별법에 의하여 설립된 특수법인 포함)에 대하여 지급하는 경비
7) 외국에서 연구 또는 조사에 종사하는 자에 대하여 지급하는 경비
8) 보조금
9) 사례금
10) 계약금액이 1천만원 이상인 공사나 제조 또는 물건의 매입을 하는 경우에 계약금액의 100분의 50을 초과하지 아니하는 금액

※ 선금급이란 확정된 계약에 대하여 사업성격상 미리 지급하는 것을 의미한다.

• 개산급을 할 수 있는 경비의 범위

1) 여비와 판공비

2) 관공서에 대하여 지급하는 경비

3) 보조금

4) 소송비용

※ 개산급이란 지출금액이 미확정인 채무에 대하여 지급의무가 확정되기 전에 개산(概算 : 어림셈)으로 지급하는 것을 의미함

4. 계 약

• 계약의 원칙

- 계약은 상호 대등한 입장에서 당사자 합의에 따라 체결하고 신의성실 원칙에 따라 이를 이행해야 한다.
- 계약에 관한 사무는 법인의 대표이사와 시설장이 처리하되, 소속직원에게 해당 사무를 위임가능
- 계약은 지명경쟁계약 또는 수의계약에 의하는 경우를 제외하고는 공고를 하여 일반 경쟁에 붙여야 한다.

⇒ 본 규칙에서 지정하지 않은 사항은 국가를 당사자로 하는 계약에 관한법령을 준용한다.

• 지명경쟁이 가능한 경우

1) 추정가격 1억원이하 공사 또는 제조

2) 추정가격 3천만원이하인 재산을 매각 또는 매입할 경우

3) 예정임대, 임차료의 총액이 3천만원이하인 물건을 임대 임차할 경우

• 수의계약이 가능한 경우

1) 추정가격 5천만원이하인 공사

2) 추정가격 2천만원이하인 물품의 제조 구매 용역 기타 계약
(임차 또는 임대의 경우 연액 또는 총액기준)

• 계약의 목적 · 성질 등에 비추어 일반경쟁계약에 의할 수 없거나 일반경쟁계약에 의하는 것이 현저하게 불리하다고 인정되는 사유가 있는 경우에는 지명경쟁계약 또는 수의계약 가능

※ 일반 공개경쟁 : 일정한 자격을 갖춘 자면 누구나 입찰에 참여하여 경쟁
지명공개경쟁 : 일정한 자격을 갖춘 소수의 업체를 지명하여 지명한 업체간 경쟁
수의계약 : 가장 적합한 자격을 갖춘 업체를 지명하여 계약체결

• 계약의 성립

– 계약서 필수 기재사항 : 계약의 목적, 계약금액, 이행기간, 계약보증금, 위험부담, 지체상금 기타 필요한 사항

– 계약서 작성 생략이 가능한 경우

1) 계약금액이 2천만원이하인 계약 체결시

2) 경매에 부칠 경우

3) 물품매각의 경우에 있어서 매수인이 즉시 대금을 납부하고 그 물품을 인수할 경우

4) 전기 가스 수도의 공급계약 등 성질상 계약서의 작성이 필요하지 아니한 계약을 할 경우

→ 계약서 작성 생략시 청구서, 각서, 협정서 등 계약성립의 증거가 될 수 있는 서류를 받아 비치

• 보증금의 수령

– 사유 : 경쟁입찰 또는 계약체결시

– 금액 : 입찰금액 또는 계약금액의 100분의 10이상

– 방법 : 현금(체신관서 또는 은행법에 의한 금융기관이 발행한 자기앞수표 포함) 국가를당사자로하는계약에관한법률시행령에 의한 보증서 또는 증권

– 예외 : 계약보증금을 받음으로써 계약체결에 현저하게 불리하다고 인정되는 확실한 사유가 있을 때 ※ 국가를당사자로하는계약에관한법률시행령 제37조 제2항의 보증서 등

1) 예산회계법시행령 제135조의 규정에 의한 금융기관 및 은행법에 의한 외국금융기관이 발행한 지급보증서

2) 증권거래법시행령 제84조의16에 규정된 유가증권

3) 보험업법에 의한 보험사업자가 발행한 보증보험증권

4) 각 해당법에 의해 설립된 건설공제조합, 전기공사공제조합, 신용보증기금, 기술신용보증기금, 정보통신공제조합, 엔지니어링공제조합, 소프트웨어공제조합, 전력기술인단체(산자부장관이 재경부장관과 협의하여 고시하는 단체에 한함), 한국기계공업진흥회, 신용보증재단, 한국관광협회중앙회가 발행한 채무액 등의 지급을 보증하는 보증서

5) 금융기관 및 외국금융기관과 체신관서가 발행한 정기예금증서

6) 신탁업법에 의하여 신탁회사가 발행하는 수익증권

7) 간접투자자산운용업법에 의하여 위탁회사가 발행하는 수익증권

• 검사조서 작성

- 계약의 이행을 완료한 때에는 그 이행을 확인하기 위해 계약서, 설계서 기타 관계서류에 의하여 스스로 필요한 검사를 하여야 한다.

※ 전문적인 지식 또는 기술을 필요로 하거나 기타 부득이한 사유로 검사를 할 수 없을 때에는 전문기관 또는 기술자로 하여금 필요한 검사를 하게 할 수 있다.

- 검사조사 작성의 생략이 가능한 경우

1) 계약금액이 2천만원이하의 계약의 경우
2) 매각계약의 경우
3) 전기, 가스, 수도의 공급계약 등 그 성질상 검사조서의 작성을 요하지 아니하는 계약의 경우

제4절 결 산

1. 결산의 보고

ㅇ법인회계와 시설회계의 세입·세출 결산보고서 작성	법인 대표이사	출납완료시
▼		
ㅇ결산보고서의 법인이사회 의결	법인 이사회	결산보고서 작성시
▼		
ㅇ의결된 결산보고서의 시군구청장 제출	법인 대표이사	다음연도 3월 31일까지
▼		
ㅇ법인과 시설의 결산보고서 중 ①법인과 시설의 세입세출 결산개요와 ②후원금품의 수입 및 사용내역 개요를 시군구 ,법인, 시설의 게시판에 20일이상 공고 ※게시판 공고는 일간신문 또는 정기간행물의등록등에관한법률 제2조제1호의 규정에 의한 정기간행물에 게재로 갈음가능	시군구청장 법인 대표이사	결산보고서 제출된 후 20일이내

※ 시군구는 시군구 홈페이지 게시판 또는 자료실에 결산보고서를 20일이상 공고요망

2. 결산보고서에 첨부하여야 할 서류

1) 세입 세출 결산서
2) 과목전용조서
3) 예비비사용조서
4) 대차대조표
5) 수지계산서
6) 현금 및 예금명세서
7) 유가증권명세서
8) 미수금 명세서
9) 재고자산명세서
10) 기타 유동자산명세서(6~9 유동자산외의 유동자산)
11) 고정자산(토지 건물 차량운반구 비품 전화가입권)명세서
12) 부채명세서(차입금, 미지급금 포함)
13) 제충당금명세서
14) 기본재산수입명세서
15) 사업수입명세서
16) 정부보조금명세서
17) 후원금 수입명세 및 사용결과보고서
18) 인건비명세서
19) 사업비명세서
20) 기타 비용명세서(인건비 및 사업비를 제외한 비용)
21) 감사보고서
22) 법인세 신고서(수익사업이 있는 경우에 한함)

3. 감사실시 및 보고

- 법인의 감사는 당해 법인과 시설에 대하여 매년 1회이상 감사를 실시
- 시설장과 수입원 및 지출원이 사망하거나 경질된 때에는 그 관장에 속하는 수입, 지출, 재산, 물품, 및 현금 등의 관리상황을 감사한다.

※ 감사시 전임자가 입회하여야 하며, 전임자가 입회할 수 없는 경우에는 그 전임자가 지정하거나 법인의 대표이사가 관계 직원중에서 지정한 입회인을 입회하게 한다.

• 감사후 감사보고서를 작성하여 법인 이사회에 보고하며, 재산상황 또는 업무집행에 관하여 부정 또는 불비한 점이 발견된 때에는 시군구청장에게 보고한다.

제5절 물품관리

1. 물품의 관리

1) 물품의 관리

• 물품 : 현금 및 유가증권을 제외한 동산

• 물품의 관리주체 : 법인의 대표이사, 시설의 장

※대표이사와 시설장은 물품관리에 관한 사항을 소속식원에게 위임가능

- 물품의 출납보관을 위해 소속직원중 물품출납원 지정
- 물품관리자와 물품출납원은 선량한 관리자의 주의의무로 물품관리

• 물품의 관리

- 물품의 출납은 물품관리자의 출납명령에 의해 물품출납원의 출납행위를 통해서만 가능함

2. 물품의 조사 및 처리

• 재물조사 실시

- 연 1회 법인 및 시설에 대한 정기 재물조사 실시(의무사항)
- 필요시 수시재무조사 실시(대표이사 및 시설장 재량사항)

• 불용품의 처리

- 사용 불가능 또는 수리하여 재사용이 불가능한 물품은 불용 결정함
- 불용품 매각시 그 대금은 당해 법인 또는 시설의 세입예산에 편입함

[표8-1] 법인회계 세입 세출예산과 목 구분

과목						내역
관		항		목		
01	재산수입	11	기본재산수입	111	임대료수입	부동산 임대수입
				112	배당 및 이자수입	소유주식배당수입, 예금이자수입
				113	재산매각수입	부동산매각수입
				114	기타수입	불용재산매각등 기타의 재산수입
02	사업수입	21	수익사업수입	211	○○수익사업수입	법인의 수익사업으로 얻어지는 수입 예) 영농·축산·임대사업(기본재산임대수입은 111목에 계상)등 사업별로 목을 설정함
03	과년도수입	31	과년도수입	311	과년도수입	전년도에 세입조정된 수입으로서 금년도에 수입으로 확정된 것
04	보조금수입	41	보조금수입	411	경상보조금 수입	국고 및 지방자치단체의 경상보조금
				412	자본보조금 수입	국고 및 지방자치단체의 자본보조금
				413	기타보조금 수입	기타 사회복지사업 기금 등에서 받은 보조금
		42	후원금수입	421	후원금수입	국내·외 민간단체로부터 받은 기부금·보조금 등 후원금 기타 개인·단체 등으로부터 받은 각종 기부금·결연후원금·위문금·찬조금 등의 후원금과 자선바자회 등으로부터 얻어지는 수입
05	차입금	51	차입금	511	금융기관 차입금	금융기관으로부터의 차입금
				512	기타차입금	개인·단체 등으로부터 차입금
06	전입금	61	전입금	611	다른 회계로부터의 전입금	수익사업회계 및 시설회계로부터의 전입금
07	이월금	71	이월금	711	전년도이월금	전년도불용액으로서 이월된 금액
				712	이월사업비	전년도에 종료되지 못한 이월사업비
08	잡수입	81	잡수입	811	불용품매각대	비품·집기·기계·기구 등과 기타 불용품의 매각대
				812	기타예금이자수입	기본재산예금외의 예금이자 수입
				813	기타잡수입	기타 재산매각수입, 변상금 및 위약금수입 등과 다른 과목에 속하지 아니하는 수입

법인회계 세출예산과목구분

과목						내역
관		항		목		
01	사무비	11	인건비	111	급여	법인 임직원에 대한 기본봉급
				112	상여금	법인 임직원에 대한 기말 정근수당
				113	일용잡급	일급 또는 단기간 채용하는 임시직에 대한 급여
				114	제수당	법인 임직원에 대한 제수당(직종·직종별로 일정액을 지급하는 수당과 시간외근무수당·야간근무수당·휴일근무수당 등) 및 기타수당
				115	퇴직금 및 퇴직적립금	법인 임직원 퇴직급여제도에 따른 퇴직급여 및 퇴직적립금(충당금)
				116	의료보험료	법인 임직원의 의료보험료
				117	국민연금 등 사회보험부담금	법인 임직원의 국민연금 등 사회보험부담금
				118	기타후생경비	법인 임직원의 상용피복비, 건강진단비, 급량비 기타 복리후생에 소요되는 비용
		12	업무추진비	121	기관운영비	기관운영 및 유관기관과의 업무협의등에 소요되는 제경비
				122	직책보조비	법인 임직원의 직책수행을 위하여 정기적으로 지급하는 경비
				123	회의비	법인의 이사회 후원회 등 각종회의의 다과비 등에 소요되는 제경비
		13	운영비	131	여비	법인 임직원의 국내외출장여비
				132	수용비 및 수수료	사무용품비 인쇄비 집기구입비(물건의 성질상 장기간 사용 또는 고정자산으로 취급되는 집기류는 212목에 계상)도서구입비 공고료 수수료 등기료 운송비 통행료 및 주차료 소규모 수선비 포장비 등
				133	공공요금	우편료 전신전화료 전기료 상하수도료 가스료 및 오물수거료
				134	제세공과금	법령에 의하여 지급하는 제세(법인세 자동차세 등) 협회가입비 화재 자동차보험료 기타 보험료
				135	차량비	차량유류대 차량정비유지비 차량소모품비
				136	연료비	보일라 및 난방시설연료비
02	재산조성비	21	시설비	211	시설비	시설 신증축비 및 부대경비 기타 시설비
				212	자산취득비	법인운영에 필요한 비품구입비, 토지건물기타 자산의 취득비
				213	시설장비유지비	건물 및 건축설비(구축물 기계장치)공구·기구·비품수선비(소규모수선비는 132목에 계상) 기타 시설물의 유지관리비

03	사업비	31	일반사업비	311	○○사업비	법인에서 시설운영외의 지원사업을 하는 경우의 사업비 예) 학자금 지원 저소득층지원 등 사업별로 목을 설정함
		32	수익사업비	321	○○수익사업비	법인수익을 위한 사업비 예) 영농 축산 임대사업 등 사업별로 목을 설정함
04	전출금	41	전출금	411	○○시설전출금	법인이 유지 경영하는 시설에 대한 부담금을 시설별로 목을 설정함
05	과년도지출	51	과년도지출	511	과년도지출	과년도미불금 및 과년도사업비의 지출
06	상환금	61	부채상환금	611	원금상환금	차입금원금상환금
				612	이자지불금	차입금이자지급금
07	잡지출	71	잡지출	711	잡지출	법인이 지출하는 보상금 사례금 소송경비 등
08	예비비	81	예비비	811	예비비	예비비

시설회계 세입예산과목구분

과목						내역
관		항		목		
01	입소자부담금수입	11	입소비용수입	111	○○비용수입	입소자로부터 받는 보호에 소요되는 비용수입을 종류별로 목을 설정함
02	사업수입	21	사업수입	211	○○사업수입	시설운영으로 인하여 발생되는 사업수입을 종류별로 목을 설정함 예) 입소자가 제작한 물품판매 수입
03	과년도수입	31	과년도수입	311	과년도수입	전년도에 세입조정된 수입으로서 금년도에 수입으로 확정된 것
04	보조금수입	41	보조금수입	411	경상보조금 수입	국고 및 지방자치단체의 경상보조금
				412	자본보조금 수입	국고 및 지방자치단체의 자본보조금
				413	기타보조금 수입	기타 사회복지사업 기금 등에서 받은 보조금
		42	후원금수입	421	후원금수입	국내외 민간단체로부터 받은 기부금·보조금 등 후원금 기타 개인·단체 등으로부터 받은 각종 기부금·결연후원금·위문금·찬조금 등의 후원금과 자선바자회 등으로부터 얻어지는 수입
05	차입금	51	차입금	511	금융기관 차입금	금융기관으로부터의 차입금
				512	기타차입금	개인·단체 등으로부터 차입금
06	전입금	61	전입금	611	법인전입금	법인으로부터의 전입금(국가 지방자치단체의 보조금은 제외함)
07	이월금	71	이월금	711	전년도이월금	전년도불용액으로서 이월된 금액
				712	이월사업비	전년도에 종료되지 못한 이월사업비
08	잡수입	81	잡수입	811	불용품매각대	비품·집기·기계·기구 등과 기타 불용품의 매각대
				812	기타예금이자수입	기본재산예금외의 예금이자 수입
				813	기타잡수입	기타 재산매각수입, 변상금 및 위약금수입등과 다른 과목에 속하지 아니하는수입

시설회계 세출예산과목구분

과목						내역
관		항		목		
01	사무비	11	인건비	111	급여	시설직원에 대한 기본봉급
				112	상여금	시설직원에 대한 기말 정근수당
				113	일용잡급	일급 또는 단기간 채용하는 임시직에 대한 급여
				114	제수당	시설직원에 대한 제수당(직종·직종별로 일정액을 지급하는 수당과 시간외근무수당·야간근무수당·휴일근무수당 등) 및 기타수당
				115	퇴직금 및 퇴직적립금	시설직원 퇴직급여제도에 따른 퇴직급여 및 퇴직적립금(충당금)
				116	의료보험료	시설직원의 의료보험료
				117	국민연금 등 사회보험부담금	시설직원의 국민연금 등 사회보험부담금
				118	기타후생경비	시설직원의 상용피복비, 건강진단비, 급량비 기타 복리후생에 소요되는 비용
		12	업무추진비	121	기관운영비	기관운영 및 유관기관과의 업무협의등에 소요되는 제경비
				122	직책보조비	시설직원의 직책수행을 위하여 정기적으로 지급하는 경비
				123	회의비	후원회 등 각종회의의 다과비등에 소요되는 제경비
		13	운영비	131	여비	시설직원의 국내외출장여비
				132	수용비 및 수수료	사무용품비·인쇄비·집기구입비(물건의 성질상 장기간 사용 또는 고정자산으로 취급되는 집기류는 212목에 계상)·도서구입비·공고료·수수료·등기료·운송비·통행료 및 주차료·소규모 수선비·포장비 등
				133	공공요금	우편료·전신전화료·전기료·상하수도료·가스료 및 오물수거료
				134	제세공과금	법령에 의하여 지급하는 제세(법인세·자동차세 등)·협회가입비·화재,자동차보험료 기타 보험료
				135	차량비	차량유류대·차량정비유지비·차량소모품비
				136	연료비	보일라 및 난방시설연료비

과목						내역
관		항		목		
02	재산조성비	21	시설비	211	시설비	시설 신증축비 및 부대경비 기타 시설비
				212	자산취득비	시설운영에 필요한 비품구입비, 토지건물기타 자산의 취득비, 토지 건물 기타 자산의 취득비
				213	시설장비유지비	건물 및 건축설비(구축물 기계장치)공구·기구·비품수선비(소규모수선비는 132목에 계상) 기타 시설물의 유지관리비
03	사업비	31	운영비	311	생계비	주부식비·특별부식비·장유비·월동용 김장비
				312	수용기관경비	입소자를 위한 수용비(치약칫솔 ·수건구입비 등
				313	피복비	입소자의 피복비
				314	의료비	입소자의 보건위생 및 시약대
				315	장의비	입소자중 사망자의 장의비
				316	의료재활비	입소자(재활·물리·작업·언어·청능)치료비, 수술비용, 의수족등 보장구제작 수리비
				317	직업재활비	입소자의 직업훈련재료비
				318	자활사업비	입소자의 자활을 위한 기자재 구입비
		32	교육비	321	수업료	입소자중 학생에 대한 수업료
				322	학용품비	입소자중 학생에 대한 학용품비
		33	○○사업비	331	○○사업비	사업수입에 대응하는 각 프로그램별 사업비용
04	전출금	41	전출금	411	법인회계전출금	법인회계로의 전출금
05	과년도지출	51	과년도지출	511	과년도지출	과년도미불금 및 과년도사업비의 지출
06	상환금	61	부채상환금	611	원금상환금	차입금원금상환금
				612	이자지불금	차입금이자지급금
07	잡지출	71	잡지출	711	잡지출	시설에 지출하는 보상금 사례금 소송경비 등
08	예비비	81	예비비	811	예비비	예비비

<시설운영비의 구분 : 시설회계 세출예산과목 구분>

과목		직접비	간접비
관	항	목	
사무비	인건비	○ 제수당 중 법정수당 – 시간외근로수당 – 야간근로수당 – 휴일근무수당	○ 급여 ○ 상여금 ○ 일용잡금 ○ 제수당 중 비법정수당 – 직급수당 등 ○ 퇴직금 및 퇴직적립금 ○ 의료보험료 ○ 사회보험부담금 ○ 기타 후생경비
	업무추진비		○ 기관운영비 ○ 직책보조비 ○ 회의비
	운영비	○ 공공요금 ○ 차량(운영)비 ○ 연료비	○ 여비 ○ 수용비 및 수수료 ○ 제세공과금
재산조성비	시설비		○ 시설비 ○ 자산취득비 ○ 시설장비 유지비
사업비	운영비	○ 생계비 ○ 수용기관경비 ○ 피복비 ○ 의료비 ○ 장의비 ○ 의료재활비 ○ 직업재활비 ○ 자활사업비	
	교육비	○ 수업료 ○ 학용품비	
	○○사업비	○ ○○사업비	
전출금	전출금		○ 법인회계전출금
과년도지출	과년도지출		○ 과년도지출
상환금	부채상환금		○ 원금상환금, 이자지불금
잡지출	잡지출		○ 잡지출
예비비	예비비		○ 예비비

제3부

사회복지시설 분야별 업무

제 9 장 노인복지시설별 업무 171

제 10 장 장애인복지시설 업무 235

제 11 장 아동복지시설 업무 241

제 12 장 모부자복지시설 업무 250

제 13 장 부랑인 및 노숙인 보호시설 업무 255

제 14 장 정신보건시설 업무 260

제 15 장 개인운영시설 운영관리 273

제 16 장 노인장기요양 서비스 283

제9장 노인복지시설별 업무

제1절 노인복지시설 운영관리

1. 노인복지시설 설치 운영주체

1) 노인복지시설의 설치 · 운영

노인복지시설을 설치 · 운영할 수 있는 자는 국가, 지자체, 사회복지법인, 개인 등 누구나 시 · 군 · 구청장에게 신고 후 설치 운영할 수 있다.

2) 노인복지생활시설의 종류

노인복지시설의 명칭이 노인복지법의 개정·시행('08.4.4)으로 다음과 같이 변경되었으며, 재가노인복지시설은 서비스명칭으로 변경되었다.

시설종류	변경전	변경후
노인주거 복지시설	양로시설	양로시설
	실비양로시설	
	유료양로시설	
	–	노인공동생활가정(신설)
	실비노인복지주택	노인복지주택
	유료노인복지주택	
노인의료 복지시설	노인요양시설	노인요양시설
	실비노인요양시설	
	유료노인요양시설	
	무료노인전문요양시설	
	실비노인전문요양시설	
	유료노인전문요양시설	
	–	노인요양공동생활가정(신설)
	노인전문병원	노인전문병원
노인여가 복지시설	노인복지회관	노인복지관
	경로당	경로당
	노인교실	노인교실
	노인휴양소	노인휴양소
재가노인 복지시설	가정봉사원파견시설	방문요양서비스
	주간보호시설	주야간보호서비스
	단기보호시설	단기보호서비스
	–	방문목욕서비스(신설)

노인 주거 복지 시설	양로시설	노인을 입소시켜 급식 기타 일상생활에 필요한 편의를 제공하고 이에 소요되는 일체의 비용을 입소한 자로부터 수납하여 운영하는 시설
	노인 복지주택	보건복지부장관이 정하는 일정소득 이하의 노인에게 저렴한 비용으로 분양 또는 임대 등을 통하여 주거의 편의・생활지도・상담 및 안전관리 등 일상생활에 필요한 편의를 제공함을 목적으로 하는 시설
노인 의료 복지 시설	노인요양시설	치매・중풍 등 중증의 질환노인을 입소시켜 무료 또는 저렴한 요금으로 급식・요양 기타 일상생활에 필요한 편의를 제공함을 목적으로 하는 시설
	노인요양공동생활가정	치매・중풍 등 중증의 질환노인을 입소시켜 급식・요양 기타 일상생활에 필요한 편의를 제공하고 이에 소요되는 일체의 비용을 입소한 자로부터 수납하여 운영하는 시설
	노인전문병원	주로 노인을 대상으로 의료를 행하는 시설

3) 노인복지이용시설의 종류

노인 여가 복지 시설	노인복지회관	무료 또는 저렴한 요금으로 노인에 대하여 각종 상담에 응하고, 건강의 증진·교양·오락 기타 노인의 복지증진에 필요한 편의를 제공함을 목적으로 하는 시설
	경로당	지역노인들이 자율적으로 친목도모·취미활동·공동작업장 운영 및 각종 정보교환과 기타 여가활동을 할 수 있도록 장소를 제공함을 목적으로 하는 시설
	노인교실	노인들에 대하여 사회활동 참여욕구를 증진시키기 위하여 건전한 취미생활·노인건강유지·소득보장 기타 일상생활과 관련한 학습프로그램을 제공함을 목적으로 하는 시설
	노인휴양소	노인들에 대하여 심신의 휴양과 관련한 위생시설·여가시설 기타 편의시설을 단기간 제공함을 목적으로 하는 시설
재가 노인 복지 시설	방문요양서비스	신체적·정서적 장애로 일상생활을 영위하기 곤란한 노인이 있는 가정에 방문요양보사 가 방문하여 노인의 일상생활에 필요한 각종 편의를 제공하여 지역사회안에서 건전하고 안정된 노후생활을 영위하도록 하는 서비스
	주간보호서비스	부득이한 사유로 가족의 보호를 받을 수 없는 심신이 허약한 노인과 장애노인을 낮동안 시설에 입소시켜 필요한 각종 편의를 제공하여 이들의 생활안정과 심신기능의 유지·향상을 도모하고 그 가정의 신체적·정서적 부담을 덜어주기 위한 서비스
	단기보호서비스	부득이한 사유로 가족의 보호를 받을 수 없어 일시적으로 보호가 필요한 심신이 허약한 노인과 장애노인을 시설에 단기간 입소시켜 보호함으로써 노인 및 노인가정의 복지증진을 도모하기 위한 서비스
노인보호전문기관		노인보호전문기관이란 아래의 업무를 담당하기 위해 국가 및 지자체가 설립한 시설, 또는 노인보호전문기관으로 지정된 노인복지시설을 의미 ○ 노인학대의 예방 및 방지를 위한 홍보 ○ 학대받은 노인의 발견·상담·보호와 의료기관에의 치료의뢰 및 노인복지시설에의 입소의뢰 ○ 노인학대행위자, 노인학대행위자로 신고된 자 및 그 가정 또는 업무·고용 등의 관계로 사실상 노인을 보호·감독하는 기관이난 시설 등에 대한 조사 ○ 노인학대행위자에 대한 상담 및 ○ 그 밖에 학대받은 노인의 보호를 위하여 필요한 사항

2011년 노인보건복지사업 수혜기준

	사업명	수혜자		비고
		연령기준	자격기준	
건강보장	○ 노인장기요양보험	65세 이상 또는 65세 미만 노인성 질병자	- 65세 이상 노인 또는 65세 미만 노인성 질병을 가진 자로서 요양보호를 필요로 하는 중등증 이상(1~3등급)의 자	※ 제도시행 : '08. 7. 1
건강보장	○ 노인복지시설 (의료)	65세 이상	- 노인성 질환 등으로 요양을 필요로 하는 자로서 · 노인장기요양보험법 제15조에 따른 수급자 · 기초수급권자로서 65세 이상의 자 ※ 입소자로부터 입소비용의 전부를 수납하여 운영하는 시설의 경우 60세 이상의 자	※ 지방이양사업 ※ 노인복지법시행규칙 개정에 따라 무료·실비 및 유료시설이 노인요양시설로 통합('08.4.4)
건강보장	○ 재가노인복지사업 (방문요양서비스, 주간·단기보호서비스, 방문목욕서비스)	65세 이상	· 장기요양급여수급자 · 심신이 허약하거나 장애가 있는 65세 이상의 자 ※ 이용자로부터 이용비용의 전부를 수납받아 운영하는 시설의 경우 60세 이상의 자	※ 지방이양사업
건강보장	○ 치매상담센터 운영	60세 이상	- 치매노인과 그 가족	※ 지방이양사업
건강보장	○ 치매조기검진사업	60세 이상	- 60세 이상의 모든 노인(저소득층에 우선권 부여)	
건강보장	○ 치매치료관리지원사업	60세 이상	- 60세 이상, 치매환자(F00~F03, G30)	전국가구평균소득 50% 이하인 자
	○ 노인 안검진 중 개안수술대상	60세 이상	- 기초생활수급자 및 차상위 노인 중 희망자 - 기타 보건소장이 필요하다고 인정하는 자	

사 업 명		수 혜 자		비 고
		연령기준	자 격 기 준	
소득보장	○ 노인일자리사업	65세 이상	- 노인일자리사업 참여가 가능한 노인 ※사업내용 및 노동강도에 따라 일부 사업은 60세 이상도 참여가능	
주거보장	○ 노인복지시설 (주거)	65세 이상	- 일상생활에 지장이 없는 자로서 · 기초수급권자 및 적절한 부양을 받지 못 하는 자 · 도시근로자 월평균소득 이하 가구 노인 ※입소자로부터 입소비용의 전부를 수납하여 운영하는 시설의 경우 60세 이상의 자	※지방이양사업 ※노인복지법시행규칙 개정에 따라 무료·실비 및 유료시설이 노인요양 시설로 통합 ('08.4.4)
사회서비스 제공	○ 노인돌봄서비스 - 기본서비스 - 종합서비스	65세 이상	- 실제 혼자 살고 있는 노인 - 장기요양보험등급외 A,B의 노인 전국가구 월평균소득 150% 이하	※'10년부터 노인돌봄종합서비스와 가사간병(노인) 서비스통합 운영
	○ 노인여가복지시설 - 경로당 - 노인복지관 등	65세 이상 60세 이상	없음	※지방이양사업
	○ 결식우려노인 무료급식 지원	60세 이상	- 결식이 우려되는 노인	※지방이양사업
	○ 경로우대제 (철도, 전철, 국 - 공립공원 등)	65세 이상	없음	

자료 : 보건복지부 2011년 노인보건복지사업 안내인용

2. 노인복지시설 시설기준 및 직원배치기준

1) 노인복지시설 설비기준

(1) 노인주거복지시설 시설기준

가) 공통사항

① 시설의 규모 : 최소 5인 이상 입소할 수 있는 시설규모

※ 정원이 5인이상이라는 의미로 현원은 5인보다 적을 수 있다

② 시설의 구조 및 설비

a. 시설의 구조 및 설비는 일조·채광·환기, 재해방지 등 고려

b. 휠체어 등의 자유로운 이동 공간 확보 및 문턱제거, 손잡이시설 부착, 바닥 미끄럼 방지

등 노인의 활동에 편리한 구조 완비

c. 10인미만 시설의 경우 소화용기구를, 10인이상시설의 경우 소방기술기준에 관한 규칙이 정하는 바에 의한 소화용 기구를 비치하고 비상구 설치

d. 도서관, 스포츠 · 레크리에이션 시설 등 적정한 문화 · 체육 부대시설을 설치하도록 하되, 입소자 이용에 지장을 주지 아니하는 범위 안에서 외부 개방이 가능하다.

③ 부설 재가노인복지시설의 설치 · 운영에 노력

나) 유료양로시설 설치에 관한 특례

① 시설을 설치할 토지 및 건물의 소유권 또는 사용권 확보 의무가 있으며, 시설설치 목적외의 목적에 의한 저당권 기타 시설로서 이용을 제한할 우려가 있는 권리를 당해 토지 및 건물에 설정을 금지한다.

※ 타인 소유의 토지 또는 건물을 사용시 노인복지법시행규칙 참조 후 조치

② 입소자에 대한 보증금 반환채무 이행을 보장하기 위해 입소계약 체결 후 보증금 수납일부터 10일 이내에 다음 요건에 적합한 인 · 허가보증보험 가입 의무가 있으나 다만, 시설 개원이후 입소자별로 전세권 또는 근저당권 설정 등의 조치를 한 때에는 가입하지 않을 수 있다.

a. 보증내용 : 입소자의 입소보증금 반환채무 이행보증

b. 보증가입금액 : 입소보증금 합계의 100분의 50 이상

c. 보증가입기간 : 보증금 납부일 부터 퇴소시 까지

d. 보증가입관계 : 시장 · 군수 · 구청장을 피보험자로 함

e. 보험금 수령방법 : 시장 · 군수 · 구청장의 확인하에 입소자가 보험금을 직접 수령함

다) 시설기준

<table>
<tr><th colspan="2"></th><th>거실</th><th>사무실</th><th>의무실</th><th>자원봉사자실</th><th>체력단련실 및 오락실</th><th>식당 및 조리실</th><th>비상재해대비시설</th><th>화장실</th><th>세면장 및 목욕실</th><th>세탁장 및 건조장</th><th>취사실</th></tr>
<tr><td rowspan="3">양로</td><td>30인이상</td><td>1</td><td>1</td><td>1</td><td>1</td><td>1</td><td>1</td><td>1</td><td>1</td><td>1</td><td>1</td><td></td></tr>
<tr><td>30인미만 10인이상</td><td>1</td><td colspan="3">1</td><td>1</td><td>1</td><td>1</td><td>1</td><td colspan="2">1</td><td></td></tr>
<tr><td>10인미만</td><td>1</td><td></td><td></td><td></td><td></td><td>1</td><td>1</td><td colspan="3">1</td><td></td></tr>
<tr><td rowspan="3">유료양로시설</td><td>30인이상</td><td>1</td><td>1</td><td>1</td><td></td><td>1</td><td>1</td><td>1</td><td>1</td><td>1</td><td>1</td><td>1</td></tr>
<tr><td>30인미만 10인이상</td><td>1</td><td colspan="2">1</td><td></td><td>1</td><td>1</td><td>1</td><td>1</td><td colspan="2">1</td><td>1</td></tr>
<tr><td>10인미만</td><td>1</td><td></td><td></td><td></td><td></td><td>1</td><td>1</td><td colspan="3">1</td><td>1</td></tr>
</table>

※ 세탁장 및 건조장의 경우 세탁물을 전량 위탁하는 경우에는 두지 않을 수 있으며, 취사실의 경우 자취형 거실이 있는 경우에 한함

라) 설비기준

	양로	실비양로	유료양로
거실	ㅇ합숙용 동거용 거실 가능 ㅇ남실 여실구분(남녀공용시설) ㅇ1인당 거실면적은 5.0㎡이상 ㅇ1실의 정원은 6인이하(합숙용) ㅇ입소자 각자의 보관시설 설치 ㅇ채광조명 및 방습설비	ㅇ독신용 합숙용 동거용 거실 가능 외 좌동	ㅇ독신용 합숙용 동거용 거실 가능 ㅇ자취형 거실시 취사시설 별도설치 ㅇ1인당 거실면적 5.0㎡이상은 삭제 외 좌동
식당 및 조리실	ㅇ조리실 바닥은 내수재료 사용	좌동	좌동
세면장 및 목욕탕	ㅇ바닥은 미끄럽지 않도록 처리 ㅇ욕조설치시 노인의 전신이 잠기지 않도록 하고 보조봉과 수직의 손잡이 기둥 설치 ㅇ급탕시 최고온도가 섭씨 40도 이상이 되지 않도록 조치	좌동	좌동
오락실	ㅇ적당한 문화시설과 오락기구 비치	좌동	좌동
체력단련실	ㅇ적절한 운동기구 비치	좌동	좌동
의무실	ㅇ상용의약품, 의료기구 등 비치	좌동	좌동
경사로	ㅇ2층이상인 경우 경사로 또는 승강기 설치	좌동	좌동
기타	ㅇ필요한 곳에 야간상용등 설치 ㅇ계단은 완만하게 하며 난간을 설치 ㅇ미끄럽지 않은 바닥재사용	좌동	좌동

마) 시설직원의 자격기준

직종별	자격기준
시설장	사회복지사업법에 의한 사회복지사 3급 이상의 자격증 소지자 또는 의료법 제2조의 규정에 의한 의료인의 자격을 취득한 자
생활복지사 및 상담지도원	사회복지사업법에 의한 사회복지사 3급 이상의 자격증 소지자

바) 직원의 배치기준

		시설장	총무	생활복지사	의사 또는 촉탁의사	간호사또는 간호조무사	생활지도원	사무원	영양사	조리원	위생원	관리인	상담지도원
양로	30인이상	1인	1인	1인	1인	입소자 50인당 1인	입소자 20인당 1인	1인(입소자 100인 이상인 경우에 한함)	1인(입소자 50인 이상인 경우에 한함)	입소자 50인당 1인	입소자 50인당 1인		
	10~30	1인	1인			1인	입소자 20인당 1인			1인	1인		
	10인미만	1인					1인						
유료양로	30인이상	1인	1인	1인	1인	입소자 40인당 1인	입소자 20인당 1인	1인	1인(입소자 50인 이상인 경우에 한함)	입소자 50인당 1인	입소자 50인당 1인	1인	
	10~30	1인	1인			1인	입소자 20인당 1인	1인		1인	1인*	1인	
	10인미만	1인					1인						

※ 위생원의 경우 세탁물을 전량 위탁하는 경우에는 두지 않을 수 있으며, 취사실의 경우 자취형 거실이 있는 경우에 한한다.

(2) 노인의료복지시설 시설기준 및 직원배치기준

가) 공통사항

① 시설의 규모 : 최소 5인이상 입소할 수 있는 시설규모

② 시설의 구조 및 설비

a. 시설의 구조 및 설비는 일조·채광·환기, 재해방지 등을 고려한다.

b. 휠체어 등의 자유로운 이동 공간 확보 및 문턱제거, 손잡이시설 부착, 바닥 미끄럼 방지 등 노인의 활동에 편리한 구조를 완비해야 한다.

c. 10인미만 시설의 경우 소화용기구를, 10인이상시설의 경우 소방기술기준에관한규칙이 정하는 바에 의하여 소화용 기구를 비치하고 비상구 설치

d. 도서관, 스포츠·레크리에이션 시설 등 적정한 문화·체육 부대시설을 설치하도록 하되, 입소자 이용에 지장을 주지 아니하는 범위 안에서 외부 개방이 가능하다.

③ 부설로 재가노인복지시설을 설치·운영할 수 있도록 권고할 수 있다.

나) 유료노인요양시설 설치에 관한 특례

① 시설을 설치할 토지 및 건물의 소유권 또는 사용권 확보 의무가 있으며, 시설설치 목적외의 목적에 의한 저당권 기타 시설로서 이용을 제한할 우려가 있는 권리를 당해 토지 및 건물에 설정을 금지한다.

② 입소자에 대한 보증금 반환채무 이행을 보장하기 위해 입소계약 체결후 보증금 수납일부터 10일 이내에 다음 요건에 적합한 인 · 허가보증보험 가입 의무가 있으나 다만, 시설 개원이후 입소자별로 전세권 또는 근저당권 설정 등의 조치를 한 때에는 가입하지 않을 수 있다.

다) 시설기준

		거실	사무실	의무실	생활지도원실	간호사실	자원봉사자실	물리치료실	오락실	식당및조리실	비상재해대비시설	화장실	세면장및목욕실	세탁장및건조장	경비실
요양	30인이상	1	1	1	1		1	1	1	1	1	1	1	1	
	10~30	1	1					1	1	1	1	1	1		
	10인미만	1								1	1	1			
전문요양	30인이상	1	1	1	1		1	1	1	1	1	1	1	1	1
	10~30	1	1					1	1	1	1	1	1		1
	10인미만	1								1	1	1			

라) 설비기준

	요양	실비요양	유료요양	전문양로	유료전문요양
거실	ㅇ합숙용 동거용 거실 가능 ㅇ남실 여실구분(남녀공용시설) ㅇ1인당 거실면적은 5.0㎡이상 ㅇ1실의 정원은 6인이하(합숙용) ㅇ입소자 각자의 보관시설 설치 ㅇ난방, 통풍, 채광조명 및 방습설비 ㅇ입소정원 5%내 특별거실 설치 ㅇ거실바닥면적의 1/7이상의 창문 ㅇ침대설치시 이동편이시설 설치	좌동	ㅇ1인당 거실면적은 5.0㎡ 이상 삭제 외 좌동	ㅇ1인당 거실면적 6.6㎡ 이상 ㅇ치매노인의 안전을 고려한 거실 추가 외 좌동	ㅇ1인당 거실면적은 5.0㎡ 이상 삭제 ㅇ치매노인의 안전을 고려한 거실 추가외 좌동
식당 및 조리실	ㅇ조리실 바닥은 내수재료 사용	좌동		좌동	
세면장 및 목욕탕	ㅇ바닥은 미끄럽지 않도록 처리 ㅇ욕조설치시 노인의 전신이 잠기지 않도록 하고 보조봉과 수직의 손잡이 기둥 설치 ㅇ급탕시 최고온도가 섭씨 40도 이상이 되지 않도록 조치	좌동		좌동	
오락실	ㅇ적당한 문화시설과 오락기구 비치	좌동		좌동	
체력단련실	ㅇ적절한 운동기구 비치	좌동		좌동	
의무실	ㅇ상용의약품, 의료기구 등 비치	좌동		좌동	
경사로	ㅇ2층이상인 경우 경사로 또는 승강기 설치	좌동		좌동	
기타	ㅇ필요한 곳에 야간상용등 설치 ㅇ계단은 완만하게 하며 난간을 설치 ㅇ미끄럽지 않은 바닥재사용	좌동		ㅇ치매노인의 안전을 위한 잠금장치설치 외 좌동	ㅇ치매노인의 안전을 위한 잠금장치설치 외 좌동
물리치료실	ㅇ충분한 면적과 시설장비 구비				
일광욕실				ㅇ50인당 1개소	ㅇ50인당 1개소

마) 직원의 배치기준

		시설장	총무	생활복지사	전담 또는 촉탁의사	간호사또는 간호조무사	물리치료사	생활지도원	사무원	영양사	조리원	위생원	관리인
요양	30인이상	1인	1인	1인	1인	25인당 1인	1인	7인당 1인	1인	1인	50인당 1인	50인당 1인	
	10~30	1인	1인		1인	1인	1인	7인당 1인			1인	1인	
	10인미만	1인				1인		1인					
전문요양	30인이상	1인	1인	1인	1인	20인당 1인	1인	3인당 1인	1인	1인	50인당 1인	50인당 1인	1인
	10~30	1인	1인			1인		3인당 1인			1인	1인	
	10인미만	1인				1인		3인당 1인					

노인복지시설 설치 절차

설치하고자 하는 시설의 종류 결정(노인복지법 제34조)

노인(전문)요양시설

유료노인(전문)요양시설

※ 관련법령 사전숙지
(노인복지법, 사회복지사업법)

노인전문병원

시군구 노인복지시설담당공무원과 상담
- 시설부지는 확보 되어 있는 지
- 확보된 부지에 시설설치가 가능한 지
- 국고지원은 가능한 지
- 사회복지법인 설립 절차 등

※ 관리·운영 등에 있어서 의료법 3조제2항의 "요양병원" 규정 적용

사회복지법인 설립 절차
(사회복지사업법 제16조)

※ 국고지원은 일반적으로 사회복지법인에게 허용되며, 개인은 허용되지 않음

사회복지법인 설립 신청
(신청자→시군구 : 검토의견 첨부→시도)

노인복지시설 설치신고서 제출 (신청자 → 시군구, 규칙 제20조)

노인복지시설설치 신고필증 교부 (시군구 → 신청자, 규칙 제20조)

무료·실비시설 국고보조금 예산 신청절차

3. 노인복지시설 입 퇴소 관리

1) 입소대상자

(1) 노인주거복지시설

가) 양로시설

- 기초생활보장대상 노인
- 기초생활보장대상 노인이 아닌 65세이상의 자 중 그 부양의무자로부터 적절한 부양을 받지 못하는 자

나) 유료양로시설 : 일상생활에 지장이 없는 60세이상의 자

(2) 노인의료복지시설

가) 노인요양시설

- 기초생활보장대상 노인으로서 노인성질환등으로 요양을 필요로 하는 자
- 생활보장대상노인이 아닌 65세이상의 자 중 그 부양의무자로부터 적절한 부양을 받지 못하는 자로서 노인성질환등으로 요양을 필요로 하는 자

나) 노인전문요양시설

- 생활보장대상노인 중 치매·중풍등 중증노인성질환으로 요양이 필요한 자
- 생활보장대상노인이 아닌 65세 이상의 자중 그 부양의무자로부터 적절한 부양을 받지 못하는 자로서 치매·중풍 등 중증노인성질환으로 요양을 필요로 하는 자

2) 입소 및 퇴소 절차

- 양로시설, 노인요양시설, 노인전문요양시설의 입소는 당사자가 신청하며, 입소여부와 입소시설의 결정은 입소대상자의 건강상태와 부양의무자의 부양능력 등을 심사하여 시·군·구청장이 한다.

→ 시·군·구청장은 양로시설, 노인요양시설, 노인전문요양 입소자 중 생활보장대상노인이 아닌 생활자(당사자간 계약에 의한 입소 제외)에 대해서는 6월마다 부양의무자의 부양능력 등을 심사하여 입소여부를 재결정한다.

- 유료양로시설, 유료노인요양시설, 유료노인전문요양시설의 경우 시설을 설치한 토지의 소유권 또는 사용권을 확보하여 시설의 건축공정이 법인의 경우 10%이상, 기다의 경우

20%이상 도달한 후에 입소자 모집이 가능하다. (세부내용에 대해서는 노인복지법시행규칙 별표 1 참조)

※ 노인요양시설 및 유료노인전문요양시설 입소자는 국 · 공립병원, 보건소 또는 노인복지법 시행규칙 제8조에 의한 건강진단기관이 발행한 건강진단서를 시설장에게 제출해야 한다.

• 보건복지부, 시 · 도지사, 시 · 군 · 구청장는 다음의 요건에 해당하는 자를 노인복지시설에 입소 또는 입소 위탁할 수 있으며, 시설장은 정당한 이유 없이 이를 거부하지 못한다.

- 신체적 정서적 경제적 이유로 거택에서 보호받기가 곤란한 65세 이상의 자(노인주거복지시설)
- 신체 또는 정신상의 현저한 결함으로 인하여 항상 보호를 필요로 하고 경제적 이유로 거택에서 보호받기가 곤란한 65세 이상의 자(노인의료복지시설)
- 노쇠현상이 현저하여 특별한 보호가 필요하다고 인정하는 65세미만의 자

⇒ 시설장도 긴급히 보호해야 할 필요가 있는 노인을 발견한 때에는 당해 노인을 입소조치 한 후, 이를 시 · 군 · 구청장에게 보고하여야 한다.

4. 노인복지시설의 이용 및 운영

1) 생활자 및 종사자 등에 대한 생활관리 등

(1) 생활자 및 종사자 등에 대한 생활관리 등

• 노인주거복지시설에 전담의사를 두지 아니한 시설은 촉탁의사(시간제 계약에 의한 의사 포함)를 두고 매주 2회 이상(1회당 2시간이상)시설을 방문하여 입소자의 건강상태를 확인하고 건강상태가 악화된 입소자에 대해 적절한 조치를 취하여야 한다.

※ 입소자 및 시설 종사자에 대하여는 연 1회 이상의 건강진단을 결과에 따라 필요한 조치를 취해야 한다.

• 식단은 영양사가 작성하여야 하며(영양사가 없는 시설은 보건소의 지도를 받아 이를 작성) 전염성질환 · 화농성창상 등 조리에 부적합한 질환을 가진 자의 조리를 금지한다.

• 시설장은 입소자의 거실 또는 거실이 있는 건물마다 생활지도원, 생활보조원 기타 직원 중 1인을 입소자와 함께 기거하도록 조치해야 한다.

※ 시설 안에는 입소자 외 시설장 및 직원과 그 가족이 아닌 자는 거주하지 못한다.

(2) 노인복지시설 비치장부

• 시설의 연혁에 관한 기록부

• 재산목록과 재산의 소유권 또는 사용권을 증명할 수 있는 서류
• 시설운영일지
• 예산서 및 결산서, 총계정원장 및 수입지출보조부
• 보고서철 및 행정기관과의 협의 등 관련 문서철
• 정관(법인의 경우) 및 관계질의서류
• 입소자관리카드
• 연계의료시설과의 제휴계약서(유료양로시설에 한함)
• 촉탁의사 근무 상황부(촉탁의사가 있는 경우)

5. 운영에 대한 벌칙 및 행정처분

1) 벌 칙

위반사유	벌칙
○노인의 신체에 상해를 가하는 행위	7년이하 징역 또는 2천만원이하 벌금
○노인의 신체에 폭행을 가하는 행위	5년이하 징역 또는 1천만원이하 벌금
○노인에게 성적 수치심을 주는 성폭행·성희롱 등의 행위	
○자신의 보호·감독을 받는 노인을 유기하거나 의식주를 포함한 기본적 보호 및 치료를 소홀히 하는 방임행위	
○노인에게 구걸을 하게 하거나 노인을 이용하여 구걸하는 행위	
○노인을 위하여 증여 또는 급여된 금품을 그 목적외의 용도에 사용하는 행위	3년이하 징역 또는 1천만원이하 벌금
○신고하지 않고 유료양로시설, 유료노인요양시설 또는 유료노인전문요양시설을 설치·운영한 자	2년이하 징역 또는 1천만원이하 벌금
○신고하지 않고 양로시설, 실비양로시설, 노인요양시설, 실비노인요양시설, 노인전문요양시설을 설치운영한 자	1년이하 징역 또는 300만원이하 벌금
○신고하지 않고 노인복지시설을 폐지 또는 휴지한 자	50만원이하 벌금
○보건복지부, 시도지사, 시군구청장의 시설입소 수탁을 정당한 이유없이 거부한 자	
☞ 법인의 대리자 또는 법인이나 개인의 대리자,사용인 기타 종업원이 그 법인 또는 개인의 업무에 관하여 상기 위반행위를 한 때에는 **행위자를 벌하는 외에 그 법인 또는 개인에 대하여도 해당 위반행위에 해당하는 벌금을 과함**	

2) 행정처분

• 시·군·구청장은 노인주거복지시설 및 노인의료복지시설이 다음의 요건에 해당하는 때에는 사업의 정지 또는 폐지를 명할 수 있다.

– 시설・설비기준 미달 시
– 시설장이 정당한 사유 없이 복지실시기관의 생활자 수탁 거부시
– 정당한 이유 없이 복지실시기관의 보고명령과 자료제출 명령에 응하지 않거나 허위로 한 때 또는 조사검사를 거부 방해 기피한 때
– 노인복지시설에 생활 중인 기초생활보장대상자 외 생활자에 대해 보건복지부령이 정한 비용수납 한도액의 범위를 초과하여 수납하고자 하는 경우, 이를 시・군・구청장에 신고하지 않은 때
– 이 법 또는 이법에 의한 명령을 위반한 때

• 행정처분의 일반기준

– 동시에 2개 이상의 위반행위가 있는 경우 다음의 구분에 의해 처분
 · 2개의 위반행위 중 가장 중한 처분기준에 의한다.
  (처분기준이 동일시 하나의 처분기준에 의함).
 · 각 위반행위에 정한 처분기준이 사업정지에 해당하는 때에는 그 중 가장 중한 처분기준에 나머지 처분기준의 2분의 1을 더하여 처분
– 위반행위가 4가지 이상이거나 입소노인에 대한 학대 등 중대한 위반행위로 인하여 시설의 정상적인 운영이 불가능하다고 인정되는 때에는 제1차위반시 시설폐쇄를 명할 수 있음
– 위반행위의 차수에 따른 행정처분의 기준은 최근 2년간 같은 위반행위로 행정처분을 받을 경우에 적용한다.
– 시설을 양도・상속 또는 합병한 경우 양도・상속 또는 합병 전에 당해시설에 행하여진 처분(이미 처분기간이 경과한 처분 및 처분기간이 진행 중인 처분 포함)의 효과는 양수・상속 또는 합병 후의 시설이 이를 승계한다.
– 행정처분권자는 위반사항의 내용으로 보아 그 위반정도가 경미하거나 기타 특별한 사유가 있다고 인정되는 경우에는 처분기준에 불구하고 그 처분기준을 다음의 구분에 따라 경감할 수 있다.
 · 사업정지의 경우에는 그 처분기준의 2분의 1의 범위 안에서 경감이 가능하다.
 · 시설폐쇄의 경우에는 30일이상의 사업정지로 갈음이 가능하다.

• 행정처분의 개별기준

위반행위	근거법령	행정처분 기준			
		1차위반	2차위반	3차위반	4차위반
1. 양로시설, 노인요양시설, 노인전문요양시설에 대하여	법 제33조 (시행규칙17조) 법 제35조 (시행규칙22조)				
가. 시설·설비 및 종사자 기준위반시 (상기 모든 시설에 해당)		경고	사업정지 7일	사업정지 15일	사업폐지
나. <비고 1> 에 상세설명 (유료양로 및 유료노인요양시설 제외)		경고	사업정지 7일	사업정지 15일	사업폐지
다. <비고 2> 에 상세설명 (유료양로 및 유료노인요양시설 제외)		경고	경고	사업정지 7일	사업폐지
라. 시·군·구청장에게 신고하지 않고 비용을 수납한 때 (유료양로 및 유료노인요양시설 제외)	법 제46조(시행규칙 33조 및 34조)	경고	사업정지 5일	사업정지 10일	사업폐지
2. 수탁의무 위반	법 제41조	경고	사업정지 5일	사업정지 10일	사업폐지
3. 정당한 사유없이 행정관청의 보고명령에 응하지 않거나 허위로 할때 또는 조사검사를 거부방해 기피시	법 제42조	경고	사업정지 10일	사업정지 20일	사업폐지
4. 기타 법 또는 법에 의한 명령 위반시	법 제43조	경고	사업정지 5일	사업정지 10일	사업폐지

<비고 1> : 시행규칙 별표 3 및 별표 5에 의한 운영기준 중 1.가, 2.다, 3.다, 4., 5., 7.가, 8. 및 9.를 위반할 경우

3) 재가노인복지시설 사업 운영

(1) 재지가 노인복시설 사업 목적

정신적 신체적인 이유로 독립적인 일상생활을 수행하기 곤란한 노인과 노인부양가정에 필요한 각종 서비스를 제공함으로써, 노인이 가족 및 친지와 더불어 건강하고 안정된 모후 생활을 영위할 수 있도록 함과 동시에 노인부양으로 인한 가족의 부담을 덜어주기 위함이 목적이다.

(2) 재가노인복지시설의 종류

- 방문요양서비스 : 장기요양요원이 수급자의 집을 방문해서 목욕, 배설, 화장실 이용, 옷갈아입기, 머리감기 취사, 생필품 구매, 청소, 주변정돈 등을 도와주는 급여
- 주야간보호서비스 : 수급자를 하루 중 일정한 시간동안 장기요양기관에 보호하여 신체활동 지원 및 심신기능의 유지향상을 위한 교육, 훈련 등을 제공하는 급여
- 단기보호서비스 : 부득이한 사유로 일시적으로 가족의 보호를 받을 수 없는 수급자에게 일정기간 동안 단기보호시설에 보호하여 신체활동 지원과 심신기능의 유지, 향상을 위한

교육, 훈련등을 제공하는 급여

- 방문목욕서비스 : 장기요양요원이 목욕설비를 갖춘 차량을 이용하여, 수급자의 가정을 방문하여 목욕을 제공하는 급여
- 재가노인지원서비스(2010년 신설)

◎ 재가복지서비스 목적

경제적 · 정신적 · 신체적인 이유로 독립적인 일상생활을 영위하기 어려운 노인과 복지사각지대 노인들에게 일상생활지원을 비롯한 각종 필요서비스를 제공함으로써 지역사회 내에서 건강한 생활을 영위하는 데에 어려움이 없도록, 예방적 복지 실현 및 사회 안전망 구축.

◎ 재가복지서비스 대상

① 장기요양급여 수급자(방문요양 · 방문목욕 · 주야간보호 · 단기보호서비스 외의 서비스를 필요로 하는 자)

② 장기요양급여 수급자외의 자(등급외자) 중 기초수급권자 및 부양의무자로부터 적절한 부양을 받지 못하는 자로서 혼자서 일상생활을 수행하기 어려워 서비스의 제공이 필요하여 시군구청장이 의뢰한 자

③ 기타 자연재해 등으로 긴급지원이 필요한 노인(장기요양 서비스 이용자 포함) □□

대분류 (사업)	중분류 (프로그램)	소분류(서비스) 하단의 서비스 내용은 각 영역별로 제공할 수 있는 서비스내용을 예시한 것임 다양한 서비스 제공을 위하 각 시설에서 추가로 서비스를 개발하여 제공할 수 있음	
예방적 사업 (직접서비스)	일상생활지원 (※ 방문요양 서비스 내용 제외)	- 무료급식 및 밑반찬 서비스 - 행정지원서비스 - 김장서비스 - 장보기서비스	- 이·미용서비스 - 명절·생신서비스 - 차량이송서비스
	정서지원	- 심리지지서비스	
	주거환경 개선지원	- 도배서비스 - 장판교체서비스 - 전기수리서비스 - 방역서비스 - 보일러수리서비스	- 변기수리서비스 - 편의시설 개보수(문턱 제거 등) - 집수리서비스
	여가활동지원	- 나들이서비스	- 문화체험서비스
	상담지원	- 상담서비스	
	지역사회 자원개발	- 후원·결연서비스	- 자원연계서비스
사회안전망 구축사업 (간접서비스)	연계지원	- 안전확인서비스 - 생활교육서비스 - 노-노케어서비스 - 보청기, 틀니제작 의뢰서비스 - 장수사진서비스 - 노인장기요양보험	- 개안수술서비스 - 건강검진서비스 - 의료연계서비스 - 전·월세자금지원서비스 - 노인돌봄기본 - 노인돌봄종합
	교육지원	- 임종교육 - 보호자교육 - 응급처치교육 - 낙상예방 - 치매예방	- 사기예방 - 대인관계기술 - 자살예방 - 이성교육
	지역사회 네트웍지원	- 지역재가협의체구성	- 사례관리
긴급지원 사업 (긴급서비스)	긴급지원	- 위기지원서비스 - 무선페이징서비스	- 응급호출서비스 - 화재, 가스유출감시서비스

6. 결식 및 경로당 노인 무료급식 운영

1) 공통사항

가) 목 적

가정형편이 어렵거나 부득이한 사정으로 식사를 거를 우려가 있는 노인들에게 무료식사를 제공함으로써 노인의 건강증진에 기여하고 노인을 공경하는 사회적 분위기 조성

나) 연 혁

- 민간단체와 지방자치단체에서 자율적으로 운영
- 1991년도부터 사회복지사업기금으로 지원 시작
- 1991년도 하반기부터 전국 경로식당에 국고지원 시작
- 2000년도부터 거동이 불편하여 식사를 거를 우려가 있는 저소득 재가노인에게 식사배달 사업 시작
- 2005년부터 "지방이양사업"으로 추진

다) 운영지원

- 지원규모
  - 시장·군수·구청장은 무료급식사업의 규모(급식인원수, 급식횟수, 사업자의 재정형편 등)를 고려하여 예산의 범위 내에서 무료급식사업자에게 예산지원을 할 수 있음
  - 보조금은 주식·부식 등 직접적인 급식지원비로 사용하고, 식사의 질 향상을 위하여 급식단가를 탄력적으로 인상
- 지원사업자 선정
  - 무료급식사업자의 신청을 받아 관할 시장·군수·구청장이 결정

라) 급식기관

- 사업주체 : 시장·군수·구청장
- 위탁사업자 : 경로식당, 종합사회복지관, 노인복지회관, 재가노인복지시설, 종교단체 등 비영리단체로 시장·군수·구청장이 정하는 기관

마) 자원봉사자 활용

- 시·군·구별로 조직된 노인 지역봉사지도원 활용

• 기타 부녀회, 종교단체 등의 자원봉사요원 활용

바) 무료급식사업자의 책임

• 급식은 무료로 제공하여야 한다. 다만, 경로식당의 경우 필요하다고 인정될 때 약간의 실비를 받을 수 있음

• 경로식당은 위생 상태를 청결히 하고, 노인의 영양을 고려하여 식사를 제공하여야 한다.

사) 급식단체관리

• 영양사의 자문을 받아 급식메뉴를 작성하여 급식지원

• 식품은 위생적으로 안전하게 조리하고 당일에 급식지원

• 지자체 관련부서(위생과)와 협의하여 위생관리 실태점검실시

– 상 · 하반기 정기적인 위생 · 안전교육 실시

– 급식단체 조리원 등 위생관리 상태 및 건강상태 확인 등

• 민 · 관이 참여하는 시군구별 「노인급식위원회」 설치운영

– 기능 : 노인급식사업전반에 대하여 심의 · 결정하여 추진

• 급식지원 대상노인 조사 및 선정에 관한 사항

• 급식지원방법 및 급식단체(업체) 선정에 관한 사항

• 급식메뉴 점검 및 보완에 관한 사항

• 급식위생, 식중독예방 및 영양관리에 관한 사항

• 자원봉사 활동, 급식모니터 활동에 관한 사항

• 명절 등 연휴기간 특별급식대책에 관한 사항

• 급식보조인력 확보에 관한 사항

• 급식단가 등 소요재원에 관한 사항

• 노인급식사업 추진상황 점검 및 개선에 관한 사항

• 기타 노인급식지원사업에 관한 사항 등

– 구성 : 위원장은 「노인급식위원회」에서 자율 선정하고, 위원은 아래의 자로 구성

• 시군구, 교육청, 시민단체, 종교단체, 자원봉사단체, 급식단체(업체), 음식업협회, 영양사협회에서 추천하는 각 1인 등으로 구성한다.

• 위원회의 사무처리를 위해 간사 1인을 두되, 노인급식 담당이 간사가 된다.

– 운영 : 위원장이 필요하다고 인정하는 경우에는 수시로 회의 개최

※ 기타 위원회의 운영에 관하여 필요한 사항은 위원회의 의결을 거쳐 위원장이 정한다.

자) 위생관리

- 급식품 구입단계부터 양질의 식품을 구입
- 식품 구입시 가격, 수량, 신선도, 포장용기 훼손여부 확인 등 철저히 관리
- 급식품 검수 및 보관관리 철저 등

차) 기타 행정사항

- 급식단가 현실화 : 시장·군수·구청장은 급식단가의 탄력적인 인상으로 식사의 질을 향상시키고 예산이 축소되지 않도록 하여야 하고 결식노인이 많이 이용할 수 있도록 한다.
- 시장·군수·구청장은 경로식당 운영 또는 식사배달서비스를 제공함에 있어 위생상태 및 영양, 안전사항 등에 관한 지도·점검계획을 수립·시행하여야 한다. 이와 동시에 급식으로 인한 피해 발생에 대비할 수 있는 대책을 마련해야 한다.
- 관련 서비스의 통합적인 관리를 통한 서비스의 효율성 확보

– 시장·군수·구청장은 가정봉사원 파견사업, Food Bank사업 등 결식우려 노인 무료급식사업과 유사한 사업을 통합적으로 관리할 수 있는 대책을 마련하고, 이를 통해 서비스의 중복으로 인한 낭비를 제거하여 더욱 폭 넓은 서비스가 제공될 수 있도록 노력한다.

– 저소득 거동불편 노인에게 식사배달을 하는 경우에는 안부확인 및 말벗서비스 등을 동시에 시행한다.

– 명절 등 연휴기간 중에도 가정봉사원 또는 자원봉사자를 지정하여 운영하는 등 계속 취사 및 식사를 지원하도록 계획을 수립·시행하여야 한다.

– 서비스 제공에 있어서 지역봉사단체 등 민간자원의 참여 활성화를 강구해야한다.

2) 경로식당 무료급식

가) 급식대상

- 가정형편이 어렵거나 부득이한 사정으로 식사를 거를 우려가 있는 60세이상 노인을 원칙으로 한다.

나) 지원대상 급식기관

- 경로식당 일일평균이용자 수가 20인 이상이고 주 3회 이상 급식을 하는 곳으로 함. 다만, 지역의 여건을 감안하여 필요하다고 인정하는 때에는 이용자가 20인 이상이고 주1회 이상 급식을 하는 곳에 지원할 수 있다.

3) 거동불편 저소득 재가노인 식사배달

가) 급식대상

- 거동이 불편한 경로연금 수급대상자
- 도시근로자 월평균소득 미만인 가구의 65세이상 노인으로 거동이 불편하여 경로식당을 이용하지 못하여 식사를 거를 우려가 있는 노인
- 기타 시·군·구청장이 필요하다고 인정되는 자

나) 지원대상 급식기관

- 지역여건상 식사배달을 할 수 없거나, 근교에 마땅한 급식기관이 없는 경우, 급식대상노인이 원하는 식당 또는 그 노인을 돌볼 수 있는 이웃(마을단위 이장이나 부녀회) 등을 활용하여 식사배달을 할 수 있다.

7. 홀로사는 노인결연사업

(1) 사업목적

형편이 어려운 홀로사시는 노인과 지역사회 이웃과의 1:1 결연으로 물질적, 정신적, 정서적 지원을 통해 이웃사랑의 공감대를 형성하고 독거노인의 사회적 안전망 구축을 한다.

(2) 결연사업 추진본부(564-7775)

한국재가노인복지협회(2632-8738), 로또공익재단(3443-5583) 공동운영

(3) 사업대상

가) 65세 이상 기초수급 대상자를 우선으로 하되 저소득 계층노인까지 점차 확대

나) 결연을 필요로 하는 자는 통, 반장, 이장의 확인서를 받아 결연 대상자로 선정

(4) 결연신청

지역 재가노인복지시설, 결연사업 추진본부, 읍·면·동 등 지자체 결연 담당에게 전화, 인터넷, 우편 (결연안내서에 부착된 후원신청서)으로 신청 (별지 제18호 서식)

(5) 사업 내용

가) 자원봉사

- 신체수발 (목욕수발, 식사수발, 대소변 수발, 옷 갈아입기, 이동보조 등)
- 건강관리 (간병, 재활 등 운동보조, 의료기구 활용 보조 등)
- 가사활동지원 (식사준비, 세탁, 주거환경관리, 시장보기, 외출보조 등)
- 정서적 지원 (말벗, 여가활동지원, 상담, 임종준비, 정보전달 등)

나) 후원금 결연

다) 후원품 결연

(6) 후원금 납부요령

가) 금융기관 지로 또는 계좌송금을 원칙으로 함

나) 후원자의 편의에 따라 월납, 분기납, 반기납, 연납으로 납부

다) 1구좌당 월 10,000원을 기본으로 하되, 후원자의 의사에 따라 결정

(7) 자원봉사결연 및 후원금 관리

결연사업 추진본부는 매월 1일부터 말일까지 접수된 후원금액을 익월 15일을 기준으로 명세서와 함께 대상자에게 송금

(8) '노인일자리사업'의 일환으로 추진하는 독거노인, 중증노인 등 소외계층 보호, 노 - 노 (老 - 老)케어사업 적극 활용

가) 재가노인복지시설은 '노인일자리사업 복지형 일자리에 참여 할 수 있으며, 참여하고자 하는 시설은 해당 시장·군수·구청장에게 사업추진 계획 협의하여 사업추진 할 수 있음

나) 사업내용은 응급페이징관리, 신체수발, 건강관리, 가사활동지원, 정서적 지원 등임

다) 사업 수행에 따른 전담인력, 업무범위, 배치기준 등은 '노인일자리 사업 안내' 를 참조

(9) 행정사항

가) 결연사업추진본부는 결연 대상 노인 및 후원자 발굴을 위하여 지방자치단체 및 지역사회

유관단체 등과 유기적 협조체계를 구축·운영

나) 시·도지사 및 시·군·구청장은 결연사업의 필요성 등을 지역사회에 홍보하여 종교계, 기업체, 기업체, 민간단체 및 주민이 적극적으로 동참하도록 유도

다) 시·군·구청장은 관할 재가노인복지시설의 결연사업추진 실태를 수시로 점검하여 후원금 등 결연사업이 수혜자에게 공평하게 배분되는지에 대하여 지도·감독

라) 결연사업추진본부는 매분기 결연사업 추진실적을 매분기 익월 10까지 보건복지부 장관에게 보고 (별지 제19호 서식)

(10) 결연사업 추진 체계도

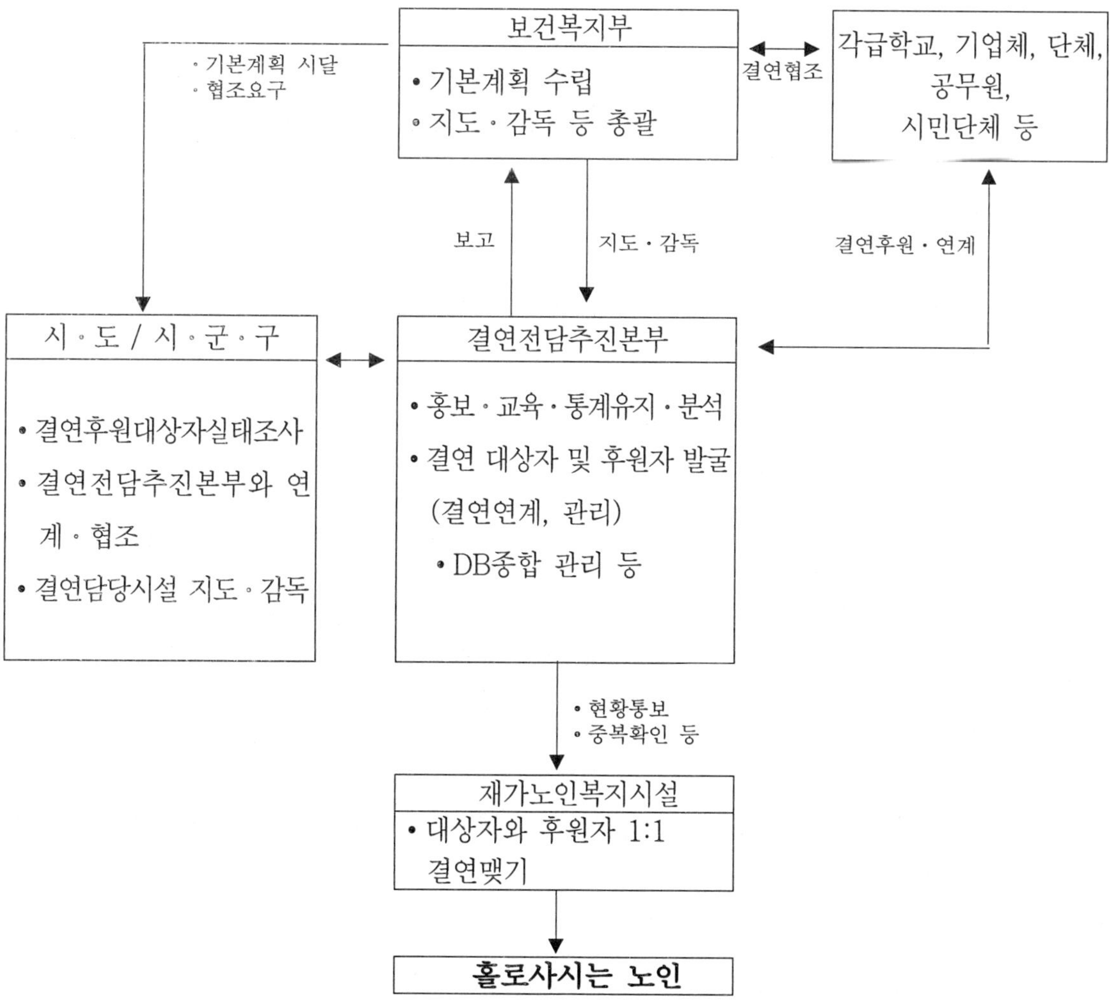

8. 노인여가시설 운영 및 지원

가. 노인여가시설의 관리

• 노인복지회관, 경로당, 노인교실 및 노인휴양소는 노인복지법에 규정된 시설기준에 따라 설치토록 하고 신고 된 시설에 대하여는 노인복지법상의 직원배치기준과 운영기준에 맞추어 운영함으로써 노인여가시설로써의 역할을 원활히 수행할 수 있도록 각종 지원 및 관리감독 실시

※ 법적근거 : 노인복지법 제36조 및 동법시행규칙 제24조 내지 제25조

나. 경로당

(1) 경로당 운영지원

• 난방연료비 지원 ' 89.1, 운영비 지원 ' 90.1부터 사업추진

• 경로당에 난방연료비 및 운영비를 지원함으로써 경로당의 운영활성화 도모

– 지원기준

• 시 · 군 · 구청에 기신고 된 시설

• 난방연료비 지원이 불필요한 시설(공동주택 등에서 관리주체가 난방비를 부담하는 경우)은 자치단체장이 판단하여 대상에서 제외

• 2005년부터 "지방이양 사업"으로 추진

(2) 모범경로당 선정운영

가) 목 적

주거생활권내 재가노인의 여가시설로 높이 평가되고 있는 기존 경로당의 운영방법을 개선하고 우수 운영사례를 타 경로당에 점진적으로 확산 · 파급시킴으로써 노인복지증진에 기여

나) 방 침

• 시 · 군 · 구별로 지역특성에 따라 1개소씩 모범경로당을 선정 · 운영하고

• 운영결과 우수시설에 대한 시상과 모범적인 운영사례를 타 경로당에 파급시킴으로써 경로당의 건전운영 유도

다) 선정기준

• 시설수 : 시 · 군 · 구별 1개소

• 선정기준

구 분	기 준
형별규모	○ 도시형, 농·어촌형으로 분류 ○ 50인이상의 회원이 있는 시설을 원칙으로 하되 도서·벽지등 특수성이 있는 경우는 예외
기신고된 경로당	○ '94년도 이전 지정된 시설은 선정이 가능하나 시·도별 모범 경로당수의 3분의 1초과 불가

• 선정시 고려할 사항

- 외형적 위주보다는 내실있는 사업을 지속적으로 전개하는 시설을 우선적으로 선정
- 자체적으로 건강증진 프로그램 운영, 사회봉사활동, 노인공동작업장을 설치등 특화 사업을 운영하고 있는 경로당을 선정

[분야별 활동사항(예시)]

분 야	주 요 내 용
교양강좌	건강관리, 노인역할, 정부시책 등
취미활동	원예, 서예, 시조, 바둑, 장기 등
봉사활동	자연보호, 청소년선도, 교통정리, 농번기 일손돕기, 어린이놀이터 및 공원관리 등
건강활동	조기체조, 등산, 체육대회 등
자체수입조성	전통공예품제작, 재활용품수집, 공동 일거리 개발(농어촌의 경우 유휴지활용) 등
교육활동	한문강좌, 전통예절교육, 외국어 강의 등
기 타	지역특성에 알맞는 각종 활동

라) 선정서 교부

매년 시·도에서 지정된 모범경로당에 대해 〔서식 17호〕 '모범경로당 선정서' 교부

마) 세부추진계획

구 분	세 부 추 진 내 용	관계기관
○ 기본계획수립	- 모범경로당 선정 운영 안내 (노인보건복지사업 안내서 포함)	보건복지부
	- 시·도별로 모범경로당 운영지침	시·도
○ 선정	- 시·군·구별로 1개소씩 선정	시·도 (시·군·구)
○ 우수경로당시상	- 종합평가 시상(시·도)	시·도

바) 우수모범경로당 시상

• 목 적

모범경로당으로 선정된 시설의 그동안 운영실적을 평가하여 우수시설은 시·도지사가 시상함으로서 모범운영 사례를 관내 타경로당으로 확산하고자 한다.

• 평가사항(시·도)

– 경로당관리 상태
– 건강증진 활동 및 지역사회 봉사활동
– 교육 및 자치활동
– 경로당 자립상태(노인공동작업장 운영상태)등
– 경로당 이용프로그램개발 및 후원회 운영실적

• 우수모범경로당 평가 및 시상 : 각 시·도 자체 계획에 의해 실시

• 우수모범경로당으로 선정된 경로당에 대한 인센티브

– 정부행사, 지자체 주관 노인관련 행사 등에 우선 참여(주요행사, 해외시찰, 표창 등)
– 금년부터 지방 사업으로 추진됨에 따라 해당 지자체 재량으로 운영비 차등지원 등 각종 인센티브 부여

사) 행정사항

각 시·도는 본 모범경로당 선정 운영 방안에 의거 자체 모범경로당운영지침을 수립, 시행

(3) 경로당활성화사업

가) 사업목표

• 경로당을 활기찬 노후생활을 선도할 수 있는 지역사회 중심형 노인종합복지시설로 기능 쇄신

• 건전한 노인 여가문화 조성과 확산의 토대 형성

• 지역사회의 세대간 유대 강화 및 노인 세대내 교류 증진

• 일하면서 봉사하는 노인상 정립

나) 방 침

• 노인복지회관과 인근 경로당(5개 이상)을 유기적으로 연계

– 노인복지회관에 경로당 전담 프로그램 관리자를 선정하여 경로당 성격에 적합한 프로그램을 제공

• 경로당을 세대 간 만남 및 융화의 장으로 인식전환
• 경로당과 인근 지역사회 자원과의 연계방안을 지속적으로 발굴·제공
• 경로당의 자율적 운영을 통하여 생산적 운영체제 마련
– 여가와 소득활동을 통하여 건강문제 해결

다) 사업내용

• 사회참여서비스 제공
– 노인자원봉사, 노인부업, 지역후원회, 지역사회자원간 연계서비스
• 건강서비스 제공
– 건강예방 및 증진, 치매노인보호 등
– 보건(지)소, 지역건강증진센터 등과 연계하여 방문간호사 등 의료인을 경로당에 파견하여 각종 서비스 제공
• 교양 · 문화정보 확산
– 다양한 교양 및 여가 프로그램 제공, 소식지 발행, 경로당 환경개선
• 각종 상담 및 욕구파악(통계자료로도 활용)

라) 사업대상자 선정시 고려사항

• 시 · 군 · 구에서는 다음 사항을 참고로 하여 자체 선정기준을 수립하여 사업자를 결정
• 노인복지회관
– 서비스 프로그램 내용, 운영성과, 입지조건, 사업수행능력, 유사업무 수행 경험 등
• 경로당
– 자립가능성, 회원수, 노인복지회관과의 연계정도, 지역사회자원의 활용정도

마) 행정사항

• 각 시 · 도지사는 연도 개시전에 관내 시 · 군 · 구의 노인복지회관과 회관별 경로당을 확정할 것
• 각 시 · 도지사는 경로당 활성화사업의 성과를 자체적으로 평가 · 분석하여 그 결과를 매년 1월말까지 제출
• 사업실적이 우수한 지역에 대해서는 예산상의 특혜와 보상 실시

9. 노인복지회관 설치 및 운영

1) 노인복지회관 설치

(1) 기본방향

가) 목 적

노인복지법 제36조 제1항에서 정하는 노인여가복지시설로서 무료 또는 저렴한 요금으로 노인에 대하여 각종 상담에 응하고, 건강의 증진·교양·오락 기타 노인의 복지증진에 필요한 편의 등 사업을 효율적으로 운영하여 지역사회의 종합적 노인복지 증진에 기여하고자 한다.

나) 노인복지회관 연혁

- 노인복지법 제정시 법적 근거 마련(1981년)
  - 노인복지시설(양로, 노인양로, 무료양로, 노인복지회관)로 분류(생활시설과 구분된 이용시설)
- 노인복지시설(주거, 의료, 여가, 재가)중 노인여가복지시설로 분류(1997.8, 제5차 노인복지법 개정)
- 2005년부터 "지방이양사업"으로 추진

다) 적용 및 경과조치

- 노인복지법 제36조 규정에 의한 노인복지회관(이하 "회관"이라 함)의 운영기준과 사회복지 법인 재무·회계 규칙 등 관계 법규에서 정하지 않는 사항은 이 안내서에서 정하는 바에 따르며, 그 외 사항은 회관장이 세부사항을 정하여 운영한다.
- 운영비 지원 후 노인복지회관은 동 사업안내에서 정한 기준에 맞도록 운영하여야 한다.

라) 사업운영방향

- 지역사회 노인복지사업의 구심적 조직으로 위상을 강화하고, 다양한 노인복지욕구에 대응하는 종합서비스를 제공한다.
  - 경로당 지도자를 선발하여 건강체조 등 건전 프로그램 진행 요령을 교유시켜 경로당 이용 노인에게 전파한다.
  - 사회복지사를 파견하여 건강증진 프로그램을 제공한다.
- 전문성, 지역성, 중립성, 책임성을 견지하고 자율적인 운영기반을 확립한다.
- 교육복지형 노인일자리 사업을 적극 추진으로써 자원봉사사업과 차별화 유도

2) 노인복지회관운영

가) 기본원칙

① 지역성의 원칙

지역사회의 특성과 재가노인의 복지적 욕구 등을 신속하게 파악, 사업계획에 반영하여 적절한 서비스가 제공되어야 하며, 이를 위해 지역사회 자원을 적극 개발・활용하고 주민의 적극적 참여를 유도함으로써 주민의 역할과 책임을 조장하여야 한다.

② 전문성의 원칙

회관관련 분야의 전문적인 지식과 임상기술을 가지고 있는 전문 인력에 의하여 각종 서비스가 계획・제공되어져야 하며, 사업에 대한 정기적인 평가를 통해 지속적으로 발전을 도모한다.

③ 중립성의 원칙

회관 사업은 어떠한 경우에도 정치활동, 영리활동 및 특정 종교 활동 등으로 이용할 수 없으며, 인도주의적 원칙하에 회관을 이용하는 노인의 인간적 존엄성과 기본적 권리가 유지될 수 있도록 한다.

④ 책임성의 원칙

회관은 지역사회 노인에게 사업수행에 따른 효과성과 효율성을 입증하고, 책임을 다하는 다각적인 노력을 기울이고, 공적책임성을 스스로 갖도록 한다.

나) 예산 및 결산 등

① 예산편성 및 집행

- 회관 운영경비는 지방자치단체의 보조금, 법인 전입금, 후원금, 기타 수입 등으로 충당
- 회관과 별도로 사업비 지원이 있는 때에는 동 사업비를 별도 회계로 계리하여야 하며, 구체적인 내용은 당해 사업위탁시 정하는 바에 따름
- 회관에 지원되는 보조금은 기관 운영비, 인건비, 사업비 등에 사용

② 예산 및 결산 보고

- 회관장은 다음의 예산 및 결산 관련서류를 시장・군수・구청장 및 시・도 지사에게 제출
  - 사업계획 및 예산서 : 매 회계연도 개시 전까지
  - 사업실적 및 결산서 : 매 회계연도 종료 2월 이내

③ 보조금 교부신청

• 매분기 개시 10일전까지 보조금교부신청서를 시장 · 군수 · 구청장을 거쳐 시 · 도지사에게 제출(보조금의 예산 및 관리에 관한법률 제16조 및 동법 시행령 제7조)

※ 매년도 1/4분기 보조금 교부신청서는 위 「예산 및 결산보고」의 사업계획서와 예산서 제출시(매회계년도 개시전) 함께 제출

다) 지원 및 지도 · 감독

① 지원

• 시 · 도지사 및 시장 · 군수 · 구청장은 회관에 대하여 다음의 지원을 함으로써 회관 운영의 활성화 도모

– 설립비 및 운영비 등 그 사업수행비용의 전부 또는 일부 지원

– 사업수행을 위한 필요 공간 제공, 정부 및 공공기관의 노인복지사업 위탁 운영

– 회관이 경로당 활성화 사업을 추진하고자 할 때 프로그램 개발비, 대상 경로당 선정 등 적극 지원

• 운영 및 사업실적 등을 평가하여, 보조금 및 사업비의 중단 및 차등(Incentive) 지원

② 지도 · 감독

• 시 · 도지사 및 시장 · 군수 · 구청장은 회관의 사업운영에 관하여 지도 · 감독을 실시하고 필요한 경우 시정요구 조치

– 시장 · 군수 · 구청장은 매년 2월말까지 회관의 재무 · 회계 관리 및 사업운영 전반에 관한 지도 · 감독을 실시하고, 그 결과를 시 · 도지사에게 보고

③ 협회 운영

• 회관의 원활한 운영 및 사업 지원을 위해 회관 협회(이하 "협회" 라 한다)를 운영할 수 있음

• 회관으로 등록된 기관은 협회에 가입하여 사업수행과 관련하여 협회활동에 적극 협조하도록 한다.

라) 시설 및 직제기준 등

① 회관장은 동 사업안내에 따라 시설 및 직제 등 자체운영규정을 정하여 관할 시장 · 군수 · 구청장에게 보고

② 시설기준

• 회관면적 규모는 연 면적 1천㎡ 이상이어야 한다.(법 제26조 제1항)

– 단, 시설기준 1천㎡가 법령에 규정(98.9.4일)되기 이전에 설립된 기관에 대해서는 그 규모가 1천㎡이하여도 지원가능하나, 증축계획서 등을 통한 대책이 제시되어야 함

• 사무실, 식당 및 조리실, 상담실 또는 강당, 프로그램실, 화장실, 물리치료실, 또는 건강증진실, 비상재해대비시설, 각각 1실 이상

• 시설공간의 활용

– 시・도 및 시・군・구는 회관 내 시설 공간 중 고유의 목적사업에 부합하지 않는 시설공간(아래의 예시 참조)은 기준 면적 산정시 제외하고 되도록이면 회관의 서비스 공간으로 변경하여 활용할 수 있도록 대책을 마련・시행한다.

– 고유목적사업에 부합하지 않는 시설 공간(예시)

• 회관운영법인 사무공간, 종교활동을 위한 숙소 및 사무공간, 노인단체 및 정부기관 사무공간, 외부에 임대 시설공간 등

③ 직원 기준

• 종사하는 인력은 시설장(관장)을 포함하여 7인이상을 기본으로 한다.

– 관장은 직원에 대하여 사업 수행상 필요에 따라 직급별 자격기준 등 채용방식을 정하여 채용한다.

시설장	상담지도원	물리치료사	사무원	조리원	관리인
1인	2인이상	1인	1인	1인	1인

• 자격기준

– 시설장(관장) : 사회복지사업법에 의한 사회복지사 2급이상의 자격증 소지자로서 상근

– 상담지도원 : 사회복지사업법에 의한 사회복지사 3급이상의 자격증 소지자 원칙

• 이용노인의 건강유지・여가선용・학대예방・일자리 제공 등 노인의 복지증진에 관하여 상담・지도하는 자

– 물리치료사 : 물리치료사 면허증 소지자

– 사무원, 조리원, 관리인 : 해당분야 자격자 및 관련자

마) 인사 및 보수기준

① 회관은 동 사업 안내를 기본으로 이용시설 규정을 준용하되 자체 인사관리규정과 보수지급

규정을 정하여 시행한다.

② 직원의 인사권자는 회관장이며, 직원에 대한 인사는 특별한 사유가 없는 한 모법인(또는 단체 등)과는 타당성과 합리성을 근거로 독립적으로 운영한다.

- 특별한 사유 없이 모법인 또는 단체 등에서 회관의 이익에 반하여 인사 조치를 한 경우 관할 시·도 및 시·군·구에서 시정 명령 할 수 있다.
- 회관에 소속되어 보수를 지급 받고 있는 자에 대하여는 타기관 및 단체 등의 상근직 겸직을 금한다.

③ 직원 인사관리의 공정을 기하기 위하여 회관은 5~7명 규모의 자체 인사위원회(위원장 : 관장)를 구성·운영하며, 소속직원 임면, 소속직원 근무평정, 소속직원 승진 및 상벌, 기타 관장이 필요하다고 인정하는 사항 등의 심의를 한다.

④ 직원의 보수는 기본적 보수와 각종 수당으로 구분하여 지급하며 사회 복지 관련 유사기관과의 형평성 및 지원예산 등을 고려하여 합리적으로 편성·운영해야 한다.

- 각종 수당은 효도휴가비, 체력단련비, 직무수당, 가족수당, 시간외 및 휴일근무수당, 가계보조수당, 교통보조비, 식대보조비 등이 있으며 예산의 범위내에서 적절히 조정 지급
- 보수지급시에는 경력 및 호봉에 관한 자체규정을 정하여 반영할 수 있다.

⑤ 지방자치단체의 장 또는 법인 등은 재정형편에 따라 자체 정한 보수 기준을 초과하여 보수를 보조 또는 지급할 수 있다.

바) 회관업무의 위탁

① 지방자치단체는 회관 설치후 운영능력이 있는 사회 복지법인 또는 비영리법인과 위탁계약을 체결하여 운영하게 할 수 있다.(수탁기관이 재위탁하는 것은 금함)

② 지방자치단체가 회관을 위탁하여 운영하고자 할 때에는 수탁기관의 공개모집한다.

- 공개 모집시에는 노인복지사업에 대한 전문성과 책임성, 시설운영의 투명성과 공정성, 지역사회와의 연대계획 등을 반영하여 선정기준을 정하여야 한다.
- 지방자치단체는 수탁자를 선정함에 있어서 심사위원회를 구성·선정하여야 한다.

– 위원회는 위원장(해당 지방자치단체의 장)과 관계공무원, 지역회관 관장, 관련분야 교수, 지역주민대표 등을 포함하여 9인 이상의 위원으로 구성한다.

- 위탁계약 기간

– 계약기간은 5년 이내를 원칙으로 하며, 위탁자가 필요하다고 인정하는 때에는 계약기간을

갱신할 수 있다.(평가위원회의 평가결과에 따라 갱신여부 결정)

사) 기 타

① 유사명칭 사용 지도·감독, 각 시·도지사는 관내에서 노인복지법에 의한 회관 이외에는 "노인복지회관"이라② 신규 시설의 설치보고, 각 시·군·구청장 및 시·도지사는 관내에서 회관을 신규로 신고증을 교부하였을 때에는 즉시 보건복지부장관에게 보고한다.

③ 회관 자체 운영위원회 구성 운영 회관은 자체 운영위원회를 구성하여 운영하며, 동 사업안내에서 정한 사항외에 위원회의 운영에 관하여 필요한 사항은 회관장이 정한다.

3) 주요사업내용

가) 사업유형 구분

① 노인복지법 제 26조 제2항에 의거 사업을 실시하되 다음과 같은 사업을 중심적으로 실시한다.

• 기본사업

– 종합복지센터로서의 기능과 역할을 수행하기 위해 필수적으로 제공해야 할 사업프로그램 (사회교육사업, 노인일자리사업, 보건·재활 등 증진사업, 상담지도사업, 노인자원봉사사업)

– 경로당활성화사업

• 선택사업

– 지역 또는 회관의 특성을 반영하여 개발·추진가능한 사업 (재가복지사업, 경로식당 및 식사배달사업, 방문보건사업, 목욕서비스 사업 등)

• 재가복지, 경로식당, 식사배달 노인일자리 사업은 별도의 사업별 지침에 의하며, 가능하면 기본사업으로 수행한다.

나) 사업별 세부내용

① 사회교육사업

• 노인의 정보능력 및 교양을 함양하고 취미를 개발·활성화하기 위하여 다양한 교육 프로그램 제공

• 주요프로그램

– 정보화교육, 건강교육(요가, 생활체조, 고전무용, 수지(족)침 등), 외국어교육, 예능교육(가야금, 가곡, 생활도예, 서예, 미술 등), 취미교육(종이접기, 손뜨개질, 민속놀이 등) 등

② 노인일자리 사업

- 노인의 사회참여 활성화를 통하여 소득을 확보하고 건강보장, 자아성취 등의 종합적 복지증진에 기여
- 주요프로그램

– 노인 일자리교육·훈련 및 인력파견, 지방자치단체 또는 타기관에서 위탁하는 사업 운영

- 회관은 노인일자리 사업계획을 별도로 수립·시행하여야 하며 지방자치단체 등의 위탁사업 수행을 위한 별도의 전담인력(다른 사업 겸임금지)을 배치하여야 한다.

③ 종합상담 사업

- 일반상담 : 신규 이용 상담, 방문상담, 노인부양가족 지원 상담 등
- 전문상담 : 법률상담, 주택상담, 연금상담, 보건의료상담(보건소), 세금상담 등

④ 건강증진사업

- 노인성 질환을 예방하기 위한 신체활동 지도와 노화 및 노인성 질환·중풍 등으로 인하여 지적 능력과 신체의 기능이 저하되거나 마비되어 일상생활에 곤란을 겪고 있는 노인들의 정신적, 신체적기능 회복을 위하여 건강증진실을 설치·운영한다.

– 문화관광부(생활체육협의회), 민간단체, 대한노인회 등과 협의하여 경로당 건강증진프로그램을 제공한다.

- 주요내용

– 건강체조, 운동요법, 한방요법, 일상생활 동작훈련(ADL요법), 단체(GROUP)요법, 작업요법, 물리요법 등

⑤ 자원봉사 사업

- 노인의 지식과 경험을 사회에 환원함으로써 지역사회 공동체 발전에 기여하는 등 활기찬 노후생활을 영위하도록 한다.
- 자원봉사활동은 자발성과 무보수성을 기본원칙으로 하되, 예산의 범위 안에서 교통비, 식비 등의 기본적인 활동비 지급이 가능하다.
- 자원봉사자 모집 및 배치, 교육훈련 등의 체계적인 운영계획을 수립하여 시행
- '05년부터 추진하는 홀로사시는 결연사업에 적극 참여

⑥ 목욕 및 노인용품 전시 등 서비스 제공

- 피부 청결유지, 혈액순환을 촉진시키기 위해 목욕사업을 실시하고 와상노인의 경우 욕창을

예방

• 노인용품을 전시하여 노인의 자립도와 생활의 계속성을 유지시키고, 주민들에게 노인용품에 대한 상담, 사용방법의 계몽, 급부, 대여 등 사업 실시

4) 회관지원

가) 기본원칙

① 동 사업안내에 따라 시장・군수・구청장이 지원 대상 기관을 결정

② 회관에 대한 운영비 지원이 지방이양되어 시행되는 점을 고려하여 회관에 대한 지원 수준은 '전년 대비 상향 지원하도록 편성 요망

③ 시・군・구청장은 동 사업안내에 따라 회관 운영의 지도・감독을 수행하되, 사업의 특성을 충분히 이해하여 회관 운영의 자율성을 해치지 않도록 함

• 사업자의 능력 및 성실성을 고려하고, 현지 확인 등을 통하여 사업계획의 효율성과 타당성을 면밀히 검토함

④ 2006년에 서울 및 경기지역의 소재 회관에 별도 지원되는 일자리형 지원비는 점차적으로 일자리 마련 사업비용으로 전환

⑤ 회관운영에 대한 지역별 균형지원을 위하여 1개 시・군・구에 2개소까지만 지원을 기본으로 함 (노인일자리형 사업이 포함된 경우에도 3개소까지 지원)

나) 운영비 보조 지원 기준 가이드라인

① 보조지원 유형구분

유 형	시 설 기 준 (연면적)	직원기준	사업기준	이용인원/일
가형(으뜸)	2,000㎡이상	17명 이상	기본사업 경로당 활성화사업	500명 이상
나형(버금)	1,500㎡~2,000㎡ 미만	11~16명	기본사업 경로당 활성화사업	300~500명 미만
다형(기본)	1,000㎡~1,500㎡ 미만	7~10명	기본사업	100~300명 미만
일자리형	• 서울・경기지역 기관 • 일자리사업 전담인력은 기존에 기관에서 시행하는 일자리 사업과는 별도인력으로서 1명 이상 확보하여야 함			

② 유형구분시 유의사항

• 회관 운영비 보조는 유형구분기준 중 시설, 직원, 사업기준을 충족하여야 하며 이용인원은 회관사업평가 때 그 실적에 따라 차등지원 자료로 활용한다.

– 다만, 직원기준은 10% 이내를 허용하나 다형의 최소기준은 충족시켜야 하며, 운영비 지원후 6개월 후에는 유형별 분류기준을 충족시켜야 한다.

• 시설면적은 회관이 수행하는 기본사업 이외의 사업에 사용되는 공간은 제외

– 다만, 재가노인복지사업, 경로식당 사업에 소요되는 공간은 포함한다.

• 직원은 기본사업, 경로당 활성화 사업기준의 운영 담당자를 기준으로 한다.

– 다만, 재가노인복지사업 담당자(국고보조를 받지 않은 재가복지사업은 제외)는 직원에 포함시키되 6개월 후에는 동 직원을 제외하더라도 유형에 적합하도록 한다.

다) 실비이용료 수납 및 집행

① 이용자의 서비스의 질을 향상시키기 위하여 사업프로그램에 소요되는 최소한의 비용을 이용자로부터 받을 수 있다.

※ 회관 관장은 실비이용료 수납 프로그램을 운영할 경우 수납신고서에 수납하고자 하는 비용의 산출내역서를 첨부하여 미리서 시장・군수・구청장에게 신고하여야 한다.

② 수납된 실비이용료는 회관 세입예산에 편입하여 실비이용료를 받는 사업의 자체비용에 충당하고, 나머지는 국민기초생활보장 수급권자 등 저소득층 지원사업에 우선적으로 사용하여야 한다.

③ 실비이용 수납프로그램 안내홍보물에 기초생활보장 수급권자, 생활이 어려운 자(저소득 경로연금수급자 또는 생계를 같이하는 가구원의 소득이 경로연금수급자 소득이하, 본인소득이 전혀 없는자 등)로서 읍・면・동장이 추천(시・군・구별 추천서 양식 통일)한 자는 무료이용 할 수 있는 내용을 명기하여야 한다.

라) 노인복지회관 건립지원

• 노인복지회관이 없는 시・군・구는 노인복지회관을 건립할 수 있도록 한다.(시・군・구당 1개소 이상 건립될 수 있도록 점진적 확충계획을 수립・시행)

10. 노인복지시설 관리 및 지원

가. 시설 운영지원

1) 무료노인복지시설 지원

가) 대상시설 : 양로, 노인요양 및 전문요양시설(무료시설)

나) 이용대상

(1) 65세 이상의 자로서 다음 각호의 1에 해당하는 자

(가) 양로시설 (노인복지법시행규칙 제14조제1항제1호)

- 일상생활에 지장이 없는 노인 중
- 기초생활보장 수급대상노인
  - 기초생활보장 수급대상노인이 아닌 65세이상의 자중 생계를 같이 하는 부양의무자로부터 적절한 부양을 받지 못하는 자

※ 노인복지법제39조의5제1항 제2호 및 제39조의7의 규정에 의거 노인 학대 예방센터에서의 사례판정결과 긴급한 사유로 시설입소를 의뢰하는 경우 우선 입소 조치

(나) 노인요양시설 및 전문요양시설(노인복지법시행규칙 제18조제1항 제1호 및 제4호)

- 노인성질환, 치매·중풍 등 중증 노인성질환으로 요양을 필요로 하는 노인 중

- 기초생활보장 수급대상노인
- 기초생활보장 수급대상노인이 아닌 65세이상의 자중 생계를 같이 하는 부양의무자로부터 적절한 부양을 받지 못하는 자

※ 노인복지법제39조의5제1항 제2호 및 제39조의7의 규정에 의거 노인 학대 예방센터에서의 사례판정결과 긴급한 사유로 시설입소를 의뢰하는 경우 우선 입소 조치

(2) 기 타

- 65세 이상의 자로서 부양의무자가 부양능력이 있다고 하더라도 적절한 부양을 하지 않는 등 시설입소의 필요성이 있는 경우에는 통·반장, 이장의 확인서 또는 인우보증서를 받아 입소대상자가 될 수 있다..
- 시·도지사 또는 시장·군수·구청장은 65세 미만의 자에 대하여도 그 노쇠현상이 현저하여 특별히 보호할 필요가 있다고 인정할 때에는 시설입소 가능하다. (노인복지법 제28조 제2항)
- 노인복지법령상 노인은 지역 제한 없이 입소 보호받을 수 있으므로, 타 시도 거주노인의

자기 관할 시설 입소에 제한을 두지 말도록 시·군·구 지도에 철저를 기해야한다.

다) 시설의 설치·신고(노인복지법 제33조 및 제35조)

국가 또는 지방자치단체외의 자가 무료·실비 양로시설, 무료·실비노인요양시설, 노인전문요양시설을 설치·운영하고자 하는 경우에는 노인복지법 시행규칙 제17조 및 제22조에서 규정하는 시설설치기준 등과 건축 관계법령에 의한 적법한 시설을 갖추어 관할 시·도지사에게 신고하여야 한다..

라) 지원내역

(1) 종사자 인건비

• 시설종사자 지원기준

– 원장·사무국장·위생원·생활복지사 : 시설당 1인

– 간호사 : 50인당 1인(양로), 25인당 1인(요양,전문요양)

※ 요양, 전문요양시설의 간호사는 시설형편에 따라 시설장이 근무조를 편성하여 근무 실시

– 영양사 : 시설당 1인(입소인원 50인 이상 시설)

– 생활지도원 : 양로 25인당 2인, 요양 10인당 2인, 전문요양 5인당 2인

※ 3교대 근무를 원칙으로 하되, 시설형편에 따라 시설장이 근무조를 편성하여 근무실시

– 조리원 : 시설당 1인, 입소인원 50인 이상시설은 2인

– 의사 : 시설당 1인(요양, 전문요양)

– 물리치료사 : 시설당 1인(요양, 전문요양)

– 사무원 : 시설당 1인(입소인원 100인이상의 양로, 요양, 전문요양)

– 관리인 : 시설당 1인(입소인원 50인이상 전문요양)

※ 사무원, 관리원, 생활지도원은 시설 형편에 따라 통합 운영가능

• 시설종사자에 대한 연장근로수당 지원

• 2교대근무자(생활지도원 등) 및 취사원 : 월 30시간, 연 365시간기준

• 기타 일반종사자 : 월 15시간, 연 180시간 기준

※ 교대근무등에 따른 연장근로수당 감소분 발생시 동 금액의 범위 내에서 휴일 또는 야간 근무수당으로 대체 지급할 수 있다.

• 원장·사무국장에 대한 직책보조비 지원

– 비지정 후원금에서 원장·사무국장에 대한 직책보조비를 지원

※ 단 시장 군수 구청장의 승인을 득하고, 지원액은 비지정후원금 규모의 50%를 초과하지 못함.

• 건강보험 등 4대보험금 지원
- 건강보험료는 국민건강보험법의 직장가입자의 보험료율을 적용하여 가입
- 고용보험료, 산재보험료, 국민연금 부담금(18세 미만의 미가입자 및 60세 이상 가입자의 경우 제외)
- 퇴직적립금 : 월보수액의 1/12(다만, 촉탁의사의 경우 제외)

• 집행기준
- 시설장 인건비
• 법인이 동일지역에 2개이상의 시설을 설치・운영하는 경우에는 시・군・구청장의 판단아래 1명의 시설장에게 2개이상의 시설장을 겸임하게 할 수 있다.
• 법인에서는 재정형편에 따라 별도의 수당 등을 지원할 수 있다.
- 시설종사자 인건비 계속지원
• 기존에 계속지원 해 오던 시설종사자는 시설수용인원의 감소로 종사자를 감축해야할 사유가 발생하더라도 시・도지사가 적의 판단하여 예산의 범위 내에서 계속 지원 가능
- 시실종사자 산정
• 예산지원기준에 의거 산정하되 0.5인 이상은 반올림하여 1인으로 한다..

(2) 관리운영비
• 양로시설 : 653,000원(국고+지방비)/년당, 입소인원 1인당
• 요양시설 : 833,000원(국고+지방비)/년당, 입소인원 1인당
• 전문요양시설 : 1,098,000원(국고+지방비)/년당, 입소인원 1인당
• 관리운영비 내역
- 시설운영비는 건물유지비, 수용기관경비, 공공요금, 난방연료비, 의약품비, 차량유지비, 위생재료비, 특별급식비, 화재보험가입, 환경부담금, 교육여비 등으로 집행한다.
- 각 내역간 집행이 합리적으로 집행되도록 시설장이 자체 세부계획을 수립・시행
- 시장・군수・구청장은 예산의 낭비가 없도록 철저한 지도・감독을 실시한다.

(3) 요양(양로)시설의 실비입소자에 대한 지원
• 양로시설 : 실비보호대상자 1인당 연간 1,400,000원
• 요양시설 : 실비보호대상자 1인당 연간 1,856,000원

(4) 2007년 신규 개원 및 신고 시설 등에 대한 지원
• 2007년 신규 개원 및 허가시설에 대한 운영비 지원

– 2007년 개원시설에 대한 운영비는 예산범위 내에서 지원한다.

• 신규 개원시설에 대하여는 우선 지원하고, 지방비 및 자부담으로 건축한 시설은 예산의 범위 내에서 지원한다.

– 사회복지법인으로 허가를 받고, 시설설치를 신고한 경우라도 정원이 30인 미만의 시설에 대하여는 예산지원 순위에서 배제한다.

– 양로시설은 현재 신규 신축사업을 지양하고 있으므로 지방비 및 자부담으로 신축한 시설 지원이 불가하다.

• 노인복지시설의 기능이 변경된 경우(예시 : 양로시설 → 요양시설)

– 변경된 시설기준에 따라 인건비 등 운영비 집행

• 화재보험은 대물보험 뿐만 아니라 대인보험도 가입하여야 하며, 가입방법은 소멸성보험으로 가입하여 보험가입기간이 종료되면 시설운영비로 편입한다.

보장시설수급자 1인당 급여기준

구 분		지급기준 (편성기준)	집행기준 (양곡할인구입시설)	비 고 (양곡할인시 조정내역)
○ 위로금	– (송년위로금)	–	(30,000원/1인)	• 연말 지급
	– (생일축하금)	–	(30,000원/1인)	• 생일에 지급
	– 특별위로금	19,630원/연2회	20,000원/연2회	• 설, 추석 5일전 지급
○ 주부식비	– 주식비			
	• 백 미	1,110원/일	450원/일	• 정부양곡 할인구입시 660원 절감
	• 정 맥	95원/일	95원/일	
	– 부 식 비	1,920원/일	(2,120원/일)	• 부식비 200원 추가
	– 취사연료비	109원/1일	109원/1일	• 수급자수에 따라 차등[1)]
	– 월동대책비	19,600원/1인	19,600원/1인	• 10월(수급자수에 따라 차등)[2)]
	–(생일파티준비금)	–	(19,000원/1인)	연 1회 지급
○ 피복비	– 일반피복비	6,500원/월	6,500원/월	• 매월지급
	– 런닝 · 팬티비	10,000원/분기	10,000원/분기	• 매분기말(3,6,9,12월) 지급
	– 동 내 의	14,500원/년	14,500원/연1회	• 10월 지급
	– (신발비)	–	(32,000원/1인)	연 1회 지급

※ 보장기관은 "지급기준"에 의거 보장시설에 생계비를 지급하고, 양곡을 할인구입하는 보장시설은 지급받은 생계비를 "집행기준"에 의해 집행하여야 함.

1) 취사연료비 : 시설수급자수에 따라 차등 지급
- 112원(100인 미만), 109원(100인~300인), 107원(300인 이상)
2) 월동대책비 : 시설수급자수에 따라 차등 지급
- 20,000원(100인 미만), 19,600원(100인~300인), 19,000원(300인 초과)
3) 정부양곡 50% 할인구입을 시행하는 시설에서 추가지급 가능 급여
- 송년위로금(30천원), 생일축하금(30천원), 부식비(일 200원), 생일파티준비금(19천원), 신발비(32천원)
- 정부양곡을 할인구매하지 않는 시설은 시설생활자에 대한 추가지급이 곤란하므로 보장시설의 장은 정부양곡 할인구매를 적극 시행한다.

집행방법

• 양곡할인구입을 실시하는 보장시설은 집행기준에 의거하여 예산을 집행하고, 양곡 할인구입을 실시하지 않는 보장시설은 지급기준에 의거하여 예산 집행한다.
• 보장시설장은 시설수급자 생계급여기준에 따라 주·부식비와 피복비 구분 없이 집행이 가능하다. 다만, 생계급여를 인건비 등 시설의 관리운영비 등으로 전용하여 집행할 수 없으며, 쌀 등 기부금품 등으로 주·부식구입비가 절감되는 경우 주·부식비 및 피복비로 전환 사용 가능
• 양곡 할인구입에 의한 잉여금 집행방법
- 양곡 할인구입 또는 외부 후원물품으로 주식비가 남는 금액의 일정부분은 부식비에 추가(1인당 1일 200원)하여 식사의 질을 높이는 방향으로 집행한다.
- 생일파티준비금은 생일파티를 열 때 공동회식 등을 위한 소요경비나 정부양곡 할인구입에 따른 운반경비로 지출한다.

※ 보장시설에서 전체 수급자가 아닌 일부분에 대하여만 양곡을 할인구입하여 잉여금이 제한적인 경우에는 부식비 인상, 송년위로금, 생일축하금, 신발비, 특별위로금(인상)의 순서로 집행한다.

• 보장시설수급자 개인에게 직접 지급하는 항목
- 보장시설의 장은 송년위로금, 생일축하금, 특별위로금은 반드시 보장시설수급자 개인에게 현금으로 지급하는 것을 원칙으로 한다.
  다만, 생일축하금은 수급자가 원하는 경우 선물로 지급할 수 있다.
• 정신질환자·영유아·중증질환노인 등 현금관리능력이 어려운 자의 경우는 보장시설장이

입소자 공동의 행사경비(소풍, 생일파티 등) 또는 선물 구입비용으로 지출할 수 있다.

• 보장시설수급자가 보장시설에 입・퇴소한 날이 속하는 달의 생계급여는 입・퇴소 당일을 포함하여 일 단위로 계산하여 지급(보장시설수급자가 보장시설에서 사망한 경우도 동일)

– 일 단위 지급기준 : 1인당 3,557원(쌀 1,110원, 보리 95원, 부식비 1,920원, 취사연료비 109원, 일반피복비 및 런닝・팬티비 323원)

※ 피복비 중 동내의비는 10월에 집행

• 일반수급자가 보장시설에 입소하거나 보장시설수급자가 퇴소하여 일반수급자로 되는 경우의 일반 생계급여 지급방법

– 입소일이 15일 이전인 때 : 그 달분 생계급여의 50% 지급

– 입소일이 16일 이후인 때 : 그 달분 생계급여를 전액 지급

– 퇴소일이 15일 이전인 때 : 그 달분 생계급여를 전액 지급

– 퇴소일이 16일 이후인 때 : 그 달분 생계급여의 50% 지급

• 보장시설수급자가 의료기관에 입원한 경우에도 원칙적으로 생계비 지급

– 수급자가 3월 이상의 기간 동안 의료기관에 입원하고 있는 경우에도 식대의 본인부담 등을 감안하여 생계비를 지급하나, 식대본인부담 대상이 아닌 경우(의료급여담당자로부터 정신질환 입원수가산정 환자임을 확인한 경우 등)는 입원기간 동안 2,040원/일(2004년도 기준)을 차감하여 지급한다.

• 집행실적 및 정산보고

– 보장시설장은 매월 전월의 생계급여 집행실적에 대하여 보장기관의 시설담당자에게 보고(피복비는 분기별로 정산 보고 가능)

– 보장시설 담당자는 매분기마다 시설수급자의 수급여부를 확인하고, 보장시설장은 보장기관(시설담당자)에게 매년 1월 15일까지 전년도 생계급여 집행에 대한 정산보고 실시

• 지급절차 및 유의사항

– 다음의 절차에 따라 급여를 지급함을 원칙으로 함. 다만, 시・군・구 또는 시・도의 보장시설 담당 부서에서 급여를 지급하는 경우에는 매분기마다 보장시설수급자의 수급자격 확인내용 및 급여지급 현황을 생계급여 담당부서에 통보한다.

※ 보장기관은 시설생계비를 보장시설에 분기별 또는 개괄급으로 지급해서는 아니됨

① 급여의 신청	○ 보장시설장은 시・군・구청장(시설담당 부서)에게 매월 보장시설수급자 명단과 함께 생계급여 지급요청
↓	
② 급여지급의뢰	○ 보장기관의 시설담당 부서는 보장시설장의 생계비 지급요청을 근거로 매월 수급자 명단 등을 확인하여 기초생활급여담당 부서에 생계비 지급의뢰
↓	
③ 급여의 지급	○ 기초생활급여담당 부서는 시설담당 부서의 지급의뢰에 따라 보장시설장에게 생계비 계좌입금조치
↓	
④ 수급여부확인	○ 시설담당 부서는 매분기마다 보장시설수급자의 수급자격・수급여부를 확인해야 함

2) 노인복지시설 지원

가) 지원내역

• 무료양로(요양)시설 운영비의 50% 지원

나) 입소절차 (노인복지법시행규칙 제15조 및 제19조)

다) 이용대상(노인복지법 시행규칙 제14조제1항제2호 및 제18조제1항제2호)

• 본인 및 그 배우자와 생계를 같이하는 부양의무자의 월소득 합산액을 가구원수로 나눈 월평균 소득액이 통계청장이 통계법 시행령 제3조의 규정에 의하여 고시하는 2004년도의 도시근로자가구 월평균 소득을 평균가구원수로 나누어 얻은 1인당 월평균 소득액이하인 자로서 65세이상의 노인을 원칙으로 하되, 부부가 함께 입소하는 경우에는 그 이하의 자도 가능

– 1인당 월평균 소득액 866천원(도시근로자 가구당 월평균 소득 2,962천원/평균 가구원수 3.42명, 2004년 3/4분기 통계청 발표자료 근거)

라) 월별 비용 수납한도액(노인복지법 제46조제5항 및 동 법시행규칙 33조제2항)

• 보건복지부장관이 정하는 비용수납 한도액은 국가 및 지방자치단체가 각 시설의 입소자 1인에 대하여 지원하는 시설운영비에 생계비를 합산한 금액으로 하되, 월을 기준으로 하여 산출한 아래 금액으로 한다.

(단위 : 천원)

시설유형	양 로 시 설		요 양 시 설		전문요양시설
	무 료	실 비	무 료	실 비	
한도액	311	311	386	386	651

마) 보증금의 수납 및 반환

(노인복지법시행규칙 제17조 〔별표3〕 제4항 및 제22조 〔별표5〕 제4항)

• 입소보증금은 월 입소비용의 1년분 이내에서 수납하고, 입소자가 퇴소하는 때에는 수납한 보증금을 지체없이 입소자 등에게 반환하여야 한다.

실비이용자의 소득확인 및 소득조사

□ **확인대상자 : 주민등록상 본인과 생계를 같이하고 있는 부양의무자**
(노인복지법시행규칙 제14조제1항제2호)

1. 근로소득자 : 월급명세서 또는 임금대장의 건강보험료를 기초하여 소득확인
2. 사업소득자 : 사업등록증이 있는 경우 **사업소득금액 또는 소득금액증명원을 기초하여 소득확인**
3. 기타소득자 : 부양의무자 중 근로소득 또는 사업소득 등 **실질적인 소득파악이 불가능한 자**
   ○ 조사방법 : 국민기초생활보장법이 정하는 소득조사를 준용하여 소득추계
4. 조 사 방 법 : 읍면동에서 기초생활수급업무를 담당하고 있는 사회복지전담요원에게 소득재산확인 협조요청

3) 유료노인복지시설의 설치 운영

가) 연 혁

• 60세 이상 노인인구의 급증 및 핵가족화의 진전, 독거노인의 증가 등 사회문화적 여건이 변화하고 경제발전, 소득수준의 향상 등으로 저소득층 노인 중심사업에서 탈피하여 중산층 이상의 노인을 위한 시설을 확보할 수 있는 계기를 마련하기 위하여

• '89년 노인복지법에 유료노인복지시설을 도입하고 유료노인복지사업에 민간참여를 촉진하기 위해 '93년에 노인복지법을 개정, 사회복지법인 뿐만 아니라 민간기업, 개인도 동 사업에 참여할 수 있도록 조치한다.

나) 목 적

노인들의 건강욕구 충족을 위한 노인의료복지시설 및 노인들의 신체적 · 정신적 특성에 맞는 주거시설을 제공하여 노후생활의 안정을 도모하는데 있다.

다) 시설설치

- 유료노인복지시설 설치계획
  시·도지사는 지역내 노인인구수 등 유료노인복지시설 수요, 기존 노인복지시설의 분포, 입지여건 등을 감안하여 유료노인복지시설 설치계획을 수립한다.
- 설치기준(노인복지법시행규칙 제17조, 제22조 별표2, 별표4 참조)

– 노인복지법시행규칙이 정하는 기준에 적합한 기본시설 및 인력을 갖추고 수행사업의 성격 및 이용대상자 등을 감안하여 적정한 규모와 시설을 갖추어야 한다..

- 시설설치 부지

– 유료노인복지시설을 설치할 토지 및 건물은 시설 설치목적 외의 목적에 의한 저당권 등이 설정되어서는 안 된다.
(노인복지법시행규칙 제17조, 제22조 별표2 별표4 참조)

- 신고절차

– 노인복지법시행규칙 제17조 및 제22조의 시설설치기준과 관계법령에 의한 적법한 시설을 갖추어 노인복지법시행규칙 제16조 및 제20조의 서류를 시·군·구청장에게 제출

- 구조설비

– 건물은 입소자가 쾌적한 일상생활을 하는데 적합한 규모 및 구조설비를 갖추고 있어야 하며 보건위생과 재해방지를 충분히 참작하여야 한다..

라) 입소자 모집(노인복지법시행규칙 제15조 및 제19조에 의한 별표1)

- 다음의 기준공정에 도달한 후 입소자를 모집할 수 있음(유료양로시설, 유료노인요양시설, 유료노인전문요양시설)

구 분	공 사 진 척 내용	
	5층이상 시설	5층미만 시설
사회복지법인 비영리법인	전체층수의 1/4이상에 해당하는 층수의 골조공사가 완성된 때	조적공사가 1/2이상 완성된 때
개인·기업	전체층수의 1/2이상에 해당하는 층수의 골조공사가 완성된 때	조적공사가 완성된 때

마) 입소자 이용절차

- 입소대상 : 60세 이상의 자 (입소자의 배우자는 60세 미만인 때에도 함께 입소 가능)
- 당사자간의 계약에 의하여 입소하며 유료노인복지주택은 분양계약도 가능하다.

(노인복지법시행규칙 제14조, 제15조, 제18조 및 제19조)

바) 입소계약서

• 입소계약서에는 계약기간, 시설의 유형, 입소보증금 · 이용료 등의 비용부담액, 입소예정일, 신원인수인(부양의무자)등의 권리·의무, 계약당사자의 추가, 계약의 해지조건, 입소보증금의 반환 등에 관하여 명시되어 있어야 한다.

※ 입소자 퇴소시는 지체 없이 수납한 보증금을 입소자 또는 입소자를 대신하여 계약을 체결한 배우자 또는 부양 의무자에게 반환하여야 한다.

사) 인 허가보증보험가입

• 시설 설치자는 입소자에 대한 보증금 반환채무의 이행을 보장하기 위하여 입소계약 체결 후 보증금 수납일부터 10일 이내에 인 · 허가보증보험에 가입하여야 한다.

※ 인 · 허가보증보험가입 예외, 다만, 시설 개원이후 입소자별로 전세권 또는 근저당권 설정 등의 조치를 한 때에는 인 · 허가보증보험에 가입하지 아니할 수 있다.

아) 시설의 관리운영

(1) 운영규정 및 운영간담회(노인복지법시행규칙 제17조, 제22조 별표3 별표5 참조)

• 시설의 장은 운영규정을 두고 이에 정한 바에 따라 시설을 운영하여야 한다.

• 시설에는 시설의 장, 직원, 가족대표, 입소자대표 및 노인복지법 제51조의 규정에 의한 노인복지명예지도원으로 구성된 운영간담회를 설치 · 운영하여야 한다.

(2) 급식위생관리

• 노인복지법시행규칙 제17조, 제22조 별표3 별표5에 따라 영양 및 위생에 유의하여야 함

(3) 건강관리(노인복지법시행규칙 제17조, 제22조 별표3 별표5 참조)

• 입소자 건강관리를 위한 책임자를 두고 입소자 및 직원에 대한 건강관리를 한다.

자) 회 계

• 유료노인복지시설 이외의 사업경영을 하고 있는 경영주체는 당해 유료시설에 대한 경리 · 회계를 명확하게 구분하여 계리하여야 한다.

나. 시설기능보강 사업지원

ㅇ 정부에서는 '05년 상반기에는 경기의 양극화로 어려움을 겪고 있는 서민층의 생활 안정과 중소기업지원에 역점을 두어 이 분야 사업비 예산을 상반기에 집중 투자함으로서 서민층의 체감경기가 개선되도록 재정을 조기에 집행할 계획

ㅇ 복지부에서도 상반기에 일자리 창출 사업을 적극 추진하는 등 정부의 재정집행 계획을 적극 지원

ㅇ 따라서 시설 신축에 따른 종사자 고용효과가 발생하는 요양시설은 2/4분기까지는 착공하여 연내에 개원할 수 있도록 적극 협조

1) **지원내역** : 시도별 확정내시 내역 참조

2) 사업수행 기간

3) 사업추진 절차

가) 국고보조금 교부신청서 제출

(1) 시・도지사는 관내 노인복지시설 기능보강 사업계획서에 의한 개별시설의 특성에 따라 목적사업에 적합한 내용의 시설로서 노인 이용편의를 도모할 수 있도록 세부사업계획서를 작성하여야 한다.

(2) 교부신청시 제출 서류

• 시・도지사는 '노인복지시설 기능보강사업 국고보조금 교부신청서 점검표(서식1호)' 를 성실히 작성한 후 하자가 없다고 판단된 경우 국고교부 신청하여야 한다. (보건복지부 제출 생략, 가정봉사원 자격시설 기능보강사업만 제출)

〈제출서류〉

• 노인복지시설 기능보강사업 국고보조금 교부신청서(서식 2, 3, 4, 5, 6호)

(3) 사업계획서 필수 내용

시설 신・증축 및 개・보수 사업

• 사업계획서에는 시설 설치장소(신규 시설과 이전 시설 및 전환 시설의 경우 시설 부지 확보방안), 시설의 배치도 및 평면도, 건물용도, 건물구조 및 규모(사업량), 소요 비용 및 산출근거, 재원조달방법(자부담분), 편의시설 설치, 사업별 추진일정 등을 반드시 포함시켜야 한다.

– 노인복지시설의 신축과 이전 시설 등은 환경조건이 쾌적한 장소가 되도록 부지를 확보하여야 함
– 사업의 특성상 특정기간(예 : 학교 방학기간, 농번기 등)에 반드시 사업을 착수 또는 완료하여야 하는 경우에는 사전에 사업별 추진일정 및 그 사유를 명시하여 적기에 보조금이 교부될 수 있도록 하여야 한다.
• 건축에 관한 설계도서의 적정 등 구체적인 사항은 시·도지사가 검토(복지부 제출 불요)하되 반드시 기술공무원 또는 감리원의 설계 검토의견서(서식7호)를 첨부한다.
※ 국고보조금은 기본설계만으로 우선 신청하고, 복지부 제출은 생략한다.
• 시설 신축 및 시설확충사업을 위한 보조사업 장소가 법인 및 보조사업자의 소유임을 증명할 수 있는 부동산등기부등본 등 관계 증빙서류를 첨부한다.

장비보강사업

• 장비보강사업계획서는 의료장비(물리치료장비 및 간호장비), 가전제품 등으로 구분하여 장비명, 소요량, 사업비 및 사용용도 등을 포함시켜야 한다.

(4) 기능보강사업 수행은 법인도 최대한 재원을 확보하여 비용을 분담하려는 노력을 기울여야 하며, 시·도지사는 국고보조금 교부신청시 자부담이 있는 경우에는 자부담에 따른 재원확보내용을 면밀히 검토·확인하고 국고보조금 교부를 신청하여야 한다.

(5) 법인자부담은 예산신청시 부담하기로 한 경우를 제외하고는 의무사항이 아니므로 법인의 자발적인 노력을 유도하여야 한다.

나) 설계 및 공사 집행

시공업체선정 및 설계 등

• 시설보강사업을 위한 시공업체는 공사경험이 많고 성실성이 인정되는 업체로
– 주거용 건축물로서 연면적이 661㎡를 초과하거나 기타의 건축물로서 연면적이 495㎡를 초과하는 건축물의 건축 또는 대수선에 관한 공사는 건설산업기본법 령 등 관련 법령에 의한 적정 건설업자가 시공하도록 해야 한다.
• 시설 신축의 경우 주위환경과의 조화, 시설의 특성 및 용도 등을 고려하여 설계하여야 하며 특히 노인 편의시설은 "노인·장애인·임산부등의 편의 증진보장에 관한법률 및 동 법시행령"에 따른 설치기준이 반드시 반영되어야 한다.
• 공사 설계 및 시공에 대한 감리를 철저히 하여 부실공사가 되지 않도록 사전예방 조치를 강구하여야 한다.

장비보강사업

• 의료 · 가전제품 등 장비는 장비의 품질 및 내구성 등을 면밀히 검토하여 노인복지시설에 적합한 장비를 구입하되, 가급적 가격이 저렴하고 우수한 품질의 국산품을 구입해야 한다.

예산편성 및 집행 등

• 단가 책정

− 시설 신축 및 확충분야의 사업규모는 정부지원 예산단가에 의한 사업량으로 산출하되 건물의 특수성에 따라 책정된 공사비 단가를 적용하기 곤란한 경우 시 · 도지사의 책임하에 단가를 조정 · 시행할 수 있다.

• 예산 집행

− 시설기능보강사업에 소요되는 보조사업비는 해당 시 · 군 · 구청장이 관리하되 사업수행자가 소요비용을 요청할 시 공사의 진척상황에 따라 선급금, 중도금 등을 회계관계법의 관련규정에 의거 지급하여야 한다.

• 사고이월 승인 및 보고

− 시설기능보강사업은 조기에 착수하여 당해 연도에 완공토록 조치하되, 부득이 연내 완공이 어려운 경우에는 동 공사에 대하여 시 · 도지사는 사고이월을 승인할 수 있다.

4) 국고보조사업계획 변경 승인

• 국고보조사업계획의 변경은 "보조금예산 및 관리에 관한법률"에 의거, 사전에 보건복지부 장관의 승인을 받아야 한다.(서식8호)

다만, 시 · 도지사는 아래의 사항에 한하여 보조사업자로부터 사업변경승인신청서를 접수하면 설계도서, 공사비내역서 등의 타당성 여부를 면밀히 검토하여 보조사업내용을 변경승인하고 그 결과만을 보고(시 · 도지사가 취합하여 보고)하여야 한다.

− 보조사업의 목적에 위배되지 않는 범위 내에서의 설계변경
− 공기연장(시장 · 군수 · 구청장 승인사항)
− 자체부담 등으로 인한 단가변경, 사업량의 변경
− 동일 시군구내에서의 사업지 변경

5) 행정사항

• 시 · 도지사는 보조사업을 효율적으로 수행하기 위하여 관내 시설에 대한 사업계획의 조정 · 검토, 공사집행, 사후관리 등 사업전반에 대하여 관계국 · 과장의 실무지도감독

책임하에 업무를 수행하도록 하여 노인복지시설 기능보강에 만전을 기하도록 해야 한다.

- 시・도지사는 노인복지시설 등의 신축사업을 수행하는 경우 사업의 타당성을 충분히 검토하여 준공과 동시에 시설 설치허가를 받도록 하여야 한다.
- 시설기능보강사업을 완료한 후 시설물 설치사항 등의 사진을 첨부하고 이를 증명할 수 있는 준공 및 기성고 확인필증 등 증빙서와 시설물에 대한 법인 및 사업수행자의 소유 등기부등본을 첨부하여 제출하여야 한다.
  단, 목적사업 수행을 위하여 시・도 또는 시・군・구 소유 토지 사용을 허가받아 부지를 확보한 경우에는 동 사실 확인서로 이를 갈음할 수 있다. 이 경우 동 토지의 사용권이 영구 또는 반영구적이어야 한다.
- 보조사업이 완료된 경우(공사 준공, 장비 구입)에 건물이나 장비의 활용을 통한 노인복지시설의 원활한 기능수행이 이루어질 수 있도록 사전에 충분한 사업운영계획을 검토・수립해야 한다.
- 시・도지사는 보조사업을 완료한 때에는 보조사업이 당초 목적에 부합되고 효과적으로 수행되었는지를 검토한 후 보조사업 실적보고서를 제출하여야 한다.
- 시・도지사는 시설 신축의 부지 확보 등 제반사정으로 인하여 국고보조금 교부 신청이 지정된 기일 내에 제출되지 못하여 사업이 지연되거나 이월되는 사례가 없도록 지도・감독을 철저히 하여야 한다.

다. 기 타

① 노인복지시설의 종류별 규모

(단위 : ㎡)

양로시설	노인요양	노인요양공동생활가정	노인전문요양
15.89×입소정원	23.6×입소정원	20.5×입소정원	20.955 ×입소정원

② 민원사항 처리

- 일반인 또는 시설입소자의 진정 또는 고발이 있는 경우 시・도 또는 시・군・구에서는 진정・고발자와 함께 해당 시・도 또는 시・군・구에서 직접 현지 조사하여 불필요한 진정・고발이 없도록 하여야 한다..

– 아울러 진정고발자의 애로와 고충을 충분히 감안하여 이를 해결하는 등 관련조치를 강구하여야 한다.

③ 회계교육 강화

• 시 · 도 또는 시 · 군 · 구는 사회복지시설에서 국고보조금 또는 후원금을 처리함에 있어 사회복지법인재무회계규칙을 숙지하지 못해 범하는 사소한 기재상의 오류 또는 중대한 업무상의 과실을 범하지 않도록 관련회계교육에 만전을 기하여야 한다.

4) 이용대상노인의 인권보호

• 시설장은 이용대상노인의 인권보호를 위한 선량한 관리자로서 최선의 노력을 다하여야하며, 소속직원에게 정기적인 교육실시로 이용자의 인권침해 사례가 발생하지 않도록 적극 노력하여야 한다.

11. 경로효친 사상 및 노인봉양의식 제고

가. 어버이날 행사

1) 목 적

어버이날을 맞이하여 온 국민으로 하여금 어버이 은혜에 감사하고 웃어른을 공경하는 기풍을 조성하여 효사상 앙양과 전통적 가족제도의 계승 및 발전하는데 있다.

2) 방 침

• 각 시 · 도, 시 · 군 · 구 등 지역단위 및 각 민간단체별로 자체실정에 맞는 행사계획 수립 · 실시

• 각종 행사는 부모님께 효도하고 웃어른을 공경하는 범국민적 효분위기를 조성할 수 있는 내실 있는 행사가 되도록 한다.

3) 연 혁

• 어머니날 제정 · 시행 ➡ 1956. 5.

• 어버이날로 명칭 변경 시행 ➡ 1973. 3.

4) 효행자 등 발굴 · 포상

가) 목 적

범국민적 효사상 앙양과 사회와 이웃에 모범이 되는 효행자, 효실천단체, 장한어버이를 발굴하여 포상 · 격려한다.

나) 기본방침

포상대상자를 각계각층에서 고루 선발하여 포상하고 이를 널리 알려 효 실천의 사회분위기를 조성한다.

다) 효행자 등 포상·격려

〈첨부〉 포상대상자 선정기준

포상구분	대상연령	선 정 기 준
효행자	일반 (만20세이상) 및 효행청소년 (만20세미만)	○ 부모의 뜻을 존중하고 효를 생활근본으로 하여 화목한 가정을 이루고 있는 자 ○ 정성과 예의범절로 웃어른을 공경하는 자 ○ 부모와 동일 가구 내에서 생활하면서 부모를 불편없이 정신적·물질적으로 극진히 봉양한 자
	기관 또는 단체	○ 지속적으로 효사상 앙양 및 실천을 위해 노력하고 지역사회에 모범이 되고 있는 기관 또는 단체
장한어버이	만55세이상	○ 자녀를 건강하고 건전하게 양육함으로써 국가와 사회발전에 기여토록 하고 모범적이고 건강한 가정을 이루어 타의 귀감이 되는 어버이
공통사항	○ 대상연령은 **2005년 5월 8일을 기준**으로 함 ○ 생활형편, 사회적 신분 등에 관계없이 선발·추천함 ○ 행정자치부 또는 우리부에서 접수하여 시·도에 이첩한 공개 발굴 대상자, 언론보도 등을 통한 직접 발굴대상자 등 평소 추천된 자는 조사 후 대상자 선정에 적극 반영 ○ 유사한 공적으로 중앙행정기관장 표창 이상의 기 수상자는 반드시 제외하고 추천 ○ 기준연령 미달자는 추천대상에서 제외 ○ 훈장은 해당분야에서 15년이상, 포장은 10년이상, 표창은 5년 이상의 공적을 쌓은 자(다만, 효행청소년 및 효실천기관 또는 단체인 경우 특별한 공적이 있다고 판단되는 경우 3년 이상인 경우 포함)	

나. 노인의 날 및 경로의 달 행사

1) 목 적

노인의 날 및 경로의 달을 맞이하여 온 국민으로 하여금 노인에 대한 사회적 관심과 경로의식을 높혀 약화되고 있는 도덕성 회복 및 윤리가치관 확립과 아울러 우리 고유의 전통 미풍양속인 경로효친 의식을 고양하기 위함이다.

2) 방 침

- 각 시·도, 시·군·구 등 지방 및 기관특성에 맞게 행사의 다양화 및 내실화를 기할 수 있도록 행사계획 수립·실시한다.
- 각종 행사는 범국민적 경로효친 분위기를 조성할 수 있도록 한다.
- 경로 행사의 연중실시로 즐겁고 활기찬 노후생활 보장을 한다.

3) 사업시작 ➡ 1997. 10.

4) 모범노인 등 발굴 · 포상

가) 목 적

사회봉사활동에 헌신적인 노력을 기울여 사회에 모범이 되는 모범노인과 노인복지증진에 크게 기여한 노인복지기여자 및 모범노인단체를 발굴하여 포상 · 격려함으로써 우리 고유의 전통 미풍양속인 경로효친 사상을 고양코자 한다..

나) 기본방침

모범노인 등을 각계각층에서 고루 선발하여 포상 · 격려함으로써 범국민적인 경로효친 분위기를 조성한다.

【훈격별 부상금 등 내역】

훈 격	부상금	비 고
국민훈장 국민포장 대통령표창 국무총리표창 보건복지부장관표창	50만원 40만원 30만원 20만원 부상품	보건복지부 예산으로 지급하되, 훈격별 지급단가는 예산 사정에 따라 조정가능

포상대상자 선정기준

구 분	대상연령	선 정 기 준
모범노인	65세이상	○ 희생과 봉사정신으로 사회와 이웃에 헌신한 노인 ○ 솔선수범의 생활로 노인공경 분위기를 조성하는 등 타의 귀감이 되는 노인 ○ 노인복지사업 등으로 사회에 업적이 큰 노인
노인복지 기여자 (일반인 및 공무원)	30세이상	○ 경로효친사상 앙양과 노인복지증진을 위하여 공헌한 자 ○ 불우노인 등을 위하여 헌신적으로 봉사한 자 ○ 철도 · 지하철 · 항공, 고궁 · 박물관 등 경로우대 시설에서의 요금할인 등 경로우대제도의 정착에 기여한 자 ○ 경로연금 확대 · 실시에 공헌한 공무원
모범노인단체 또는 노인복지기여단체(기업)		○ 타 시설의 모범이 되는 노인복지시설 또는 단체 ○ 모범적으로 운영중인 경로당, 노인취업알선센터 및 노인공동작업장 등 ○ 경로효친사상 앙양과 노인복지증진 및 경로우대제도의 정착에 기여한 단체(기업) ○ 고령자 다수 채용자 등 노인복지증진에 기여한 기업
공통사항	○ 대상연령은 2005년 10월 2일 기준으로 산정 ○ 언론보도 등을 통해 발굴된 자는 조사후 대상자 선정에 적극 반영 ○ 훈장은 해당분야에서 15년 이상, 포장은 10년이상, 표창은 5년이상의 공적이 있어야 함(5년미만인 자는 심사에서 제외) ○ 공무원은 일선기관에서 근무하는 하위직 우선 추천 ○ 기준연령 미달자 및 주민등록 미등재자는 심사에서 제외 ○ 과거 포상기록을 누락 또는 허위 기재 및 공적서 기재사항 중 주소(소속)와 주민등록번호 등이 틀릴 경우 심사에서 제외 ○ 시 · 도(단체)별, 부문별 추천인원 초과시에는 심사에서 제외	

다. 경로우대제도

① 목 적

- 도시, 산업화에 따른 노인문제 대처를 위한 노인복지증진이 목적이다.
- 전통적 미덕을 기려 노인을 우대하고 경로효친사상 앙양

② 추진연혁

- 경기, 충남・북 등에서 이발, 목욕, 버스 등에 대하여 노인 할인제 실시
- 70세 이상 노인을 대상으로 8개 업종에 대하여 경로우대 제도화(1980. 5. 8)

– 업종 : 철도, 지하철, 고궁, 능원, 목욕, 이발, 시외버스(완행), 사찰
– 할인율 : 50%

- 65세이상으로 대상 확대 및 우대업종 13개로 확대(1982. 2. 10)

– 추가업종 : 박물관, 국・공립공원, 극장, 여객선박, 시내버스
– 할인율 : 국・공립공원, 시내버스 무료, 기타 50%

- 지하철 할인 확대 : 50% → 무료(1984. 6. 8)
- 노인승차권 지급제도 실시(1990. 1)
- 노인승차권지급제도를 현금지급제도(노인교통비)로 전환(1996. 1)
- 국내항공기 10% 할인(1996. 6. 1)
- 철도 무궁화호 30% 할인 실시(1997. 8. 1)
  수도권전철 국철구간 전액할인 실시(1997. 8. 1)
- 국・공립미술관 100%, 국・공립국악원 50% 할인 실시(1999. 8. 7)
- 새마을열차 및 ktx 30% 할인(2004.10.1～), 단 공휴일 제외

③ 시행근거

- 노인복지법 제정이전

– 경로우대증발급 및 관리규정(보사부훈령 제404호, 1983. 12. 28폐지)

- 노인복지법 제정(1981. 6. 5 법률 제3453호)

– 노인복지법 제26조(경로우대), 동법시행령 제19조(경로시설의 종류)

④ 공영 경로우대제도

- 철 도

– 통일호, 비둘기호 : 운임의 50% 할인

- 무궁화호 : 운임의 30% 할인
- 새마을열차 및 KTX 30% 할인(단 공휴일 제외)

• 수도권전철, 도시철도, 고궁, 능원, 국 · 공립박물관, 국 · 공립공원 및 국 · 공립미술관 : 운임 또는 입장료 100% 할인

• 국 · 공립 국악원 : 입장료 50%이상 할인

⑤ 민영 경로우대제도

• 국내 항공기 : 운임의 10% 할인

• 국내 여객선 : 운임의 20% 할인

• 타 경로우대업종(목욕, 이발 등)은 자율적으로 실시

※ 경로우대를 받고자 하는 자는 주민등록증 기타 연령을 확인할 수 있는 신분증(자동차운전면허증 등)을 당해 시설의 관리자에게 제시하여야 한다.

라. 각종 세제혜택

① 상속세 공제

• 상속세 인적공제(상속세 및 증여세법 제20조) : 60세이상의 자에 대하여 1인당 3천만원씩 공제

• 소득세 공제

• 부양가족공제(소득세법 제50조)

- 대 상 : 60세(여55세)이상 생계를 같이하는 직계존속 부양자
- 내 용 : 년간 1인 100만원

• 경로우대공제(소득세법 제51조)

- 대 상 : 부양가족 중 65세이상인 노인과 생계를 같이하는 자
- 내 용 : 년간 1인 100만원(70세 이상은 150만원)

• 경로우대자 의료비 전액 추가공제(소득세법 제 52조)

③ 양도소득세 면제(소득세법시행령 제155조제4항)

• 부모와 자녀가 각각 주택을 소유하고 따로 살다가 세대를 합친 경우 양도소득세 면제

• 대 상

- 아들 · 딸이 부모를, 며느리가 시부모를, 사위가 장인 · 장모를 모시고자 세대를 합친 경우로써 다음 조건이 충족될 때

• 면제조건
– 아버지가 60세이상이거나 어머니가 55세이상으로 부양가족공제 대상으로서
– 먼저 매매하는 집에 3년이상 보유하였고,
– 세대를 합친 후 2년이내에 집을 매매하는 경우

④ 생계형저축 비과세(조세특례제한법 제88조의2)

• 60세이상 노인 1인당 3천만원이하의 생계형저축에 대한 이자소득 또는 배당소득 비과세
• 65세 이상노인의 6천만원 이하 세금우대종합저축 10% 분리과세 및 주민세 면제(조세제한특례법 89조)

마. 부모봉양자에 대한 주택분양 우선권 및 임대주택 우선 공급

• 공공기관건설주택의 우선공급 제도(주택공급에 관한규칙 제19조의2)
– 국가, 지방자치단체, 대한주택공사 및 지방공사인 사업주체가 85㎡ 이하로 건설하여 공급하는 주택은 주택공급량의 10% 범위 내에서 우선 공급
– 주택신청 자격을 가진 무주택세대주로서 최초 입주자 모집공고일 현재 65세 이상 직계존속(배우자의 직계존속 포함)을 3년 이상 부양

• 임대주택 우선공급(주택공급에 관한규칙 제32조제4항)
– 국가재정과 국민주택기금을 지원받아 국가・지방자치 단체・대한주택공사 또는 지방공사가 건설하는 주택공급량의 10% 범위 내에서 우선 공급
– 최초 입주자 모집공고일 현재 65세이상 직계존속(배우자의 직계존속 포함)을 1년 이상 부양하고 있는 무주택 세대주로서
  • 전용면적 50㎡ 미만 주택은 당해 세대의 월평균 소득이 전년도 도시근로자 가구당 월평균 소득의 50%('04년 기준 1인당 417,497원) 이하인 자
  • 전용면적 50㎡ 이상은 당해 세대의 월평균 소득이 전년도 도시근로자 가구당 월평균 소득의 70%('04년 기준 1인당 584,496원) 이하인 자

12. 노인학대예방센터

가. 목 적

• 노인학대문제에 대해 전문적이고 체계적으로 대처하여 노인학대에 대한 국민인식 제고와 학대받는 노인의 삶의 질 향상 및 권리증진을 도모한다.

나. 연 혁

• 노인복지법 개정(2004. 1. 29 공포, 2004. 7. 30 시행)

– 노인학대의 개념 정의, 긴급전화 및 노인보호전문기관 설치근거 등 규정

• 노인복지법시행령(대통령령 제18502호, 2004.7.30 시행) 및 시행규칙 개정(보건복지부령 제294호, 2004.8.7 시행)

– 노인보호전문기관 지정 범위, 시설기준 및 종사원 자격기준 등 규정

• 학대노인보호체계구축 및 시・도 설치계획 시달(2004.7.31)

• 노인학대예방센터 및 노인학대신고전화 운영

– 시・도별 1개소씩 16개소의 노인학대예방센터를 설치・운영하고 긴급전화(국번 없이 1389)를 설치 24시간 운영

※ 노인학대신고의 접수 및 상담방법등운영기준 제정 고시(2004-59호, '04.9.13)

•「노인학대예방센터 업무수행지침(메뉴얼)」 시달(2004.9.17)

– 노인학대 예방사업 및 노인학대 예방센터의 운영에 관한 세부사항을 규정한「노인학대예방센터 업무수행지침」을 마련 시달

※ 노인보호전문기관의 명칭은 국민들이 노인학대에 대한 인식을 피부로 느낄 수 있고 명칭만으로 기관의 성격을 알 수 있도록『노인학대예방센터』로 사용

예) 서울특별시의 경우『서울특별시 노인학대예방센터』로 사용

다. 노인학대예방사업 개요

1) 노인학대 정의

• 노인학대는 노인에 대하여 신체적・정신적・성적 폭력 및 경제적 착취 또는 가혹행위를 하거나 유기 또는 방임을 하는 것을 말한다. (노인복지법 제1조의2 제3호)

• 즉, 노인학대는 노인의 가족 또는 타인이 노인에게 신체적, 언어・정서적, 성적, 경제적으로 고통이나 장해를 주는 행위 또는 노인에게 필요한 최소한의 적절한 보호조차 제공하지 않는 방임, 자기방임 및 유기를 말함

2) 노인학대 유형

• 신체적 학대

– 물리적인 힘 또는 도구를 이용하여 노인에게 신체적 손상, 고통, 장애 등을 유발시키는 행위

※ 폭행, 폭력, 흉기사용, 감금, 회상 등 신체적 손상을 주는 행위

• 언어·정서적 학대

– 비난, 모욕, 위협, 협박 등의 언어 및 비언어적 행위를 통하여 노인에게 정신적으로 고통을 주는 행위

• 성적학대

– 성적 수치심 유발 행위, 성희롱, 성추행 및 성폭력 등 노인의 의사에 반하여 강제적으로 행하는 모든 성적 행위

• 경제적 학대(착취)

– 노인의 자산을 노인의 동의 없이 사용하거나 부당하게 착취하여 이용하는 행위 및 노동에 대한 합당한 보상을 제공하지 않는 행위

• 방 임

– 부양의무자로서의 책임이나 의무를 의도적 혹은 비의도적으로 거부, 불이행 혹은 포기하여 노인의 의식주 및 의료를 적절하게 제공하지 않는 행위

※ 필요한 생활비, 병원비 및 치료, 의식주를 제공하지 않는 행위

• 자기방임

– 노인 스스로가 의식주 제공 및 의료처치 등의 최소한의 자기 보호관련 행위를 의도적으로 포기 또는 비의도적으로 관리하지 않아 심신이 위험한 상황 또는 사망에 이르게 되는 경우

• 유기학대

– 보호자 또는 부양의무자가 노인을 버리는 행위

3) 노인학대예방 협력체계

• 행정기관 : 노인학대예방사업 및 긴급전화 홍보

보건복지부

– 노인보호업무와 관련한 법·제도적 정책 수립
– 중앙노인학대예방센터의 지정 운영, 지침 개발
– 노인학대예방센터의 인력, 자격관리 및 교육훈련
– 노인복지사업 국고보조금 집행
– 관계 중앙행정기관과의 협력체계 구축 지원 등

시 도

– 노인학대예방센터 지정 운영

- 시 · 도 지정 노인학대예방센터에 대한 업무지도 및 감독
- 격리보호가 필요하여 노인복지법 제39조의5 제1항 제2호의 보호조치를 의뢰 받은 학대노인에 대한 행정적인 조치 등

시 군 구

- 위기가정SOS상담소 상담자 중 전문적 서비스 제공 필요자에 대한 시 · 도 노인학대예방센터와 연계
- 노인학대예방센터의 피학대노인 및 보호자 또는 학대행위자의 신분조회 요청 등에 대한 협조
- 격리보호가 필요하여 노인복지법 제39조의5 제1항 제2호의 보호조치를 의뢰 받은 학대노인에 대한 행정적인 조치 실시
- 빈곤으로 인한 노인학대 발생가정 및 부양가족으로부터 격리 · 보호가 필요한 피해노인에 대한 기초생활보장수급자 선정 등

• 사법경찰

- 노인학대예방센터와 노인학대사례개입을 위한 협력체계 구축
- 112에 신고된 노인학대사례를 노인학대예방센터에 의뢰
- 노인학대예방센터에 접수된 신고사례에 대해 현장조사시 동행 협조
- 노인학대행위자의 형사재판을 요하는 사례에 대한 수사 전담
- 응급조치를 요하는 노인학대 사례를 일시보호시설 또는 의료기관에 조치 의뢰
- 노인학대예방센터로부터 의뢰받은 사례에 대한 현장조사 및 조사 이후 현장조사서 사본을 관할 노인학대예방센터에 송부 등

• 의료기관

- 의료행위시 학대가 의심되는 노인에 대해 노인학대예방센터 또는 경찰관서 등 수사기관에 신고

• 의료체계 내에 정형외과, 내과, 산부인과, 신경정신과, 의료사회사업가로 구성된 학대노인 보호팀 구성 · 운영을 권장하고, 노인학대로 의심되는 노인에게 종합적인 의료서비스 제공

- 노인학대 판정을 위한 의학적 진단, 소견 및 증언 진술

• 노인복지시설

- 노인학대사례 조기 발견, 노인학대예방센터 또는 경찰관서 등 수사기관에 신고
- 피해노인에 대한 치료적 개입 및 협조

- 피해노인의 생활기록 등 관련자료 제공
- 피해노인에 대한 사회복지 서비스 제공
- 학대행위자의 예방, 치료계획을 위한 지원
- 노인학대 예방을 위한 교육지원
  - 종사자교육프로그램 실시 등
  - 법률기관
- "노인에 대한 최선의 이익 우선 원칙"에 따른 사법적 소송 진행
- 피해노인의 법률적 보호 및 학대행위자에 대한 보호처분 등에 대한 노인학대 예방센터와의 긴밀한 협조
- 학대행위자의 처벌 및 보호처분을 포함한 판정, 후견인의 지정, 가족으로부터의 노인의 격리 등

4) 노인학대사례 업무진행도

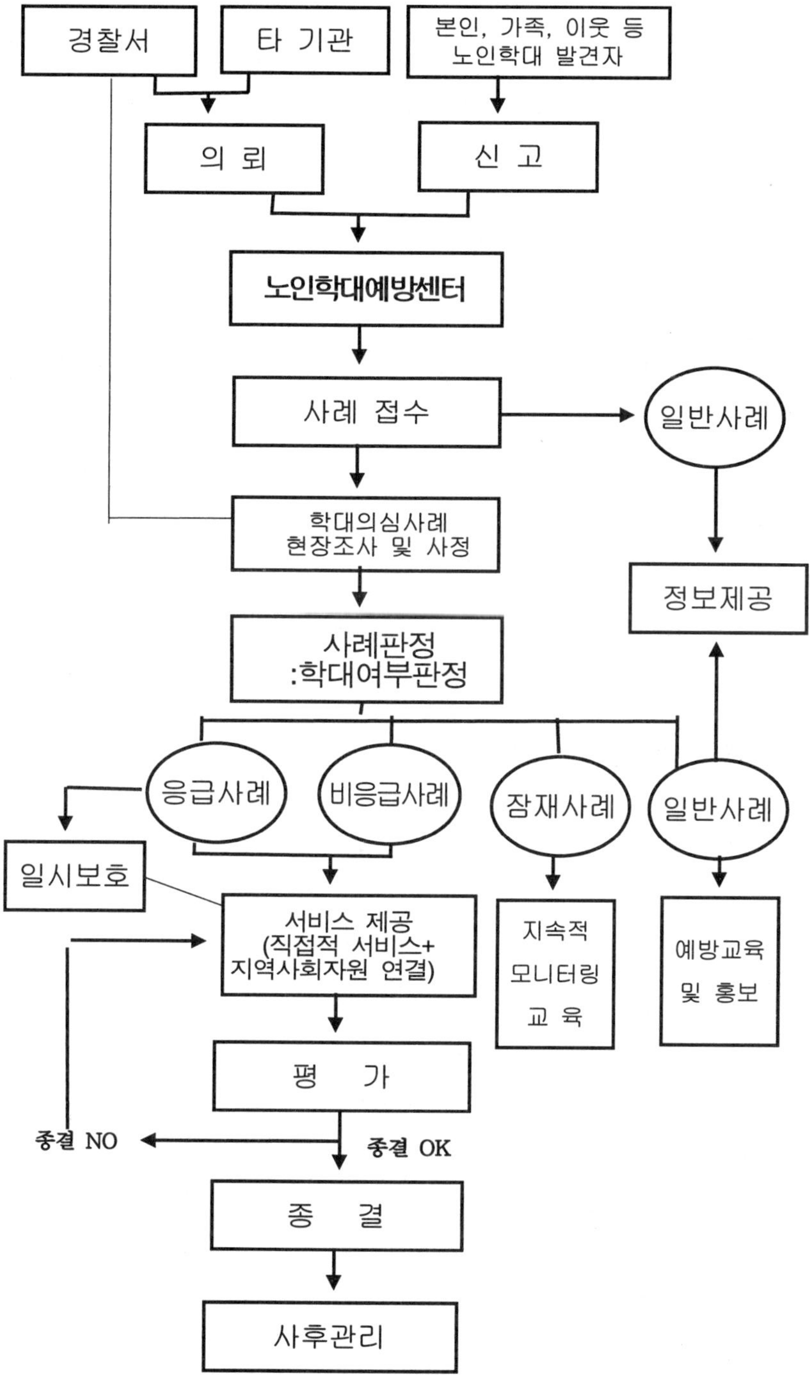

• 노인학대 신고의무자(노인복지법 제39조의6)

– 의료법 제3조제1항의 의료기관에서 의료업을 행하는 의료인

※ 의료기관 : 종합병원, 병원, 치과병원, 한방병원, 요양병원, 노인전문병원, 의원, 치과의원, 한의원, 조산원

※ 의료인 : 의사, 치과의사, 한의사, 조산사, 간호사

– 노인복지시설의 장 및 그 종사자

– 장애인복지법 제48조의 규정에 의한 장애인복지시설에서 장애노인에 대한 상담·치료·훈련 또는 요양을 행하는 자

– 가정폭력방지 및 피해자보호등에 관한법률 제5조 및 제7조의 규정에 의한 가정폭력관련상담소의 상담원 및 가정폭력피해자보호시설의 종사자

– 노인복지상담원 및 사회복지사업법 제14조에 의한 사회복지전담공무원

• 이외에 노인학대를 알게 된 때에는 누구든지 신고할 수 있으므로 신고의무자는 아니지만 노인학대예방사업과 밀접한 관련성이 있는 사람들의 신고 권장 및 교육 실시가 필요하다.

※ 신고자의 신분은 보호되어야 하며 그 의사에 반하여 신분이 노출되어서는 안 된다. (노인복지법 제39조의6 제3항)

라. 노인학대예방센터 설치·운영 근거

• 노인복지법 제39조의4 내지 제39조의11

마. 주요업무

중앙노인학대예방센터

○ 노인학대 업무수행지침 개발 및 개정

○ 노인학대 관련 각종 연구조사, 프로그램 개발

○ 지방센터 사례배치 및 조정

○ 노인학대예방센터 전산시스템 구축 및 운영

○ 관련기관 협력체계 구축 및 관리

○ 전국 노인학대 상담통계 및 사례관리

○ 상담원, 신고의무자 등 교육 및 연수프로그램 기획 운영

○ 노인학대 관련 홍보·캠페인 전개 등

○ 노인학대 관련 홍보·캠페인 전개 등

※ 별도 설치시까지 복지부에서 업무수행

지방노인학대예방센터

- 24시간 노인학대 신고전화 운영을 통한 신고접수 및 현장조사, 응급보호 조치
- 피학대노인 · 학대행위자 상담, 교육 및 서비스 제공 및 연계
- 사례판정위원회 설치 · 운영 및 자체사례회의 운영
- 노인학대 상담통계 및 사례관리
- 지역사회 자원개발 및 관련기관 협력체계 구축

바. 지원대상

- 시 · 도노인학대예방센터 16개소

사. 지원내용

① 사업비

시도노인학대예방센터

- 운영비 지원(자치단체경상보조 305-01, 국고 50%+지방비 50%)

– 인건비 : 64명-개소당 4명(소장 1, 상담원 3)

- 지원수준 : 19,254천원/인연간

– 운영비 : 16,734천원/개소연간

② 사업비 사용방법

- 인건비, 운영비는 사용용도 외에는 사용불가
- 회계처리는 보조금의 예산 및 관리에 관한법률, 예산회계법, 사회복지사업법, 사회복지법인 재무회계규칙 등을 적용

아. 행정사항

- 특별시장 · 광역시장 · 도지사 및 시 · 군 · 구청장은 지방 노인학대예방센터와 협조하여 분기 1회이상 소식지, 지역신문, 유선방송 등을 활용한 다양한 방법으로 노인학대 예방에 관한 홍보 실시
- 특별시장 · 광역시장 · 도지사 및 시 · 군 · 구청장은 가족으로부터 긴급격리보호가 필요한 학대노인의 일시보호를 위하여 관할 노인복지시설에 신속히 입소되도록 적극 협조

• 특별시장・광역시장・도지사는 국고지원 이외에 운영비 일부를 추가하여 지방비로 지원할 수 있음

• 관리규정 마련

– 노인학대예방센터의 소장은 조직, 인사, 급여, 회계, 물품 등 기타 운영에 필요한 규정을 제정・시행하여야 한다.

– 다만, 지정받는 법인 또는 시설이 별도의 관련규정이 있는 경우 그에 따라 하되, 노인복지법령 또는 관련지침에서 별도로 정한 부분은 법령 또는 지침을 우선 적용해야 한다.

※ 사무원에 대한 국고지원이 없으므로 지방비로 적극 지원하되, 지방비 확보가 어려운 경우 운영주체 자부담으로 운영을 적극 권장하고, 인건비 수준은 지방비 및 운영주체 자부담이 확보 되는 경우 추가 지원리 가능하다.

• 장부 등의 비치

– 노인학대예방센터에는 다음의 장부 및 서류를 비치하여야 한다.

◦ 신고・접수받은 노인학대 조사 및 상담기록(작성 일부터 5년간 보존)
◦ 기관의 연혁 및 운영에 관한 기록부
◦ 재산목록과 그 소유권 또는 사용권에 대한 증명서
◦ 기관운영일지
◦ 기관의 장 및 직원의 인사카드
◦ 예산서 및 결산서
◦ 총계정원장 및 수입・지출 보조부
◦ 금전 및 물품의 출납부와 그 증빙서류
◦ 보고서철 및 관계 기관과의 문서철

• 상담원 관련 사항

– 기관장 및 상담원은 노인복지법시행령 제20조의4 규정에 의한 자격이 있는 자로 임용해야 한다.

– 상담원은 노인복지법시행규칙 제29조의4 「별표 10의4」 규정에 의거 보건복지부장관이 정하는 바에 따라 노인학대예방프로그램 등 전문교육을 이수하여야 한다.

– 법인 또는 시설에서 운영하는 노인학대예방센터내에서 인사발령 등으로 새로운 상담원을 배치하고자 할 때에는 상담경력이 있는 직원을 우선으로 하고, 인사 변동시에는 관할 시・도에 이력서 등을 첨부하여 보고하여야 한다.

• 상담원 등 전문교육

- 교육기관 : 한국보건복지인력개발원(서울 은평구 녹번동 소재)
- 「노인학대전문상담원과정(민간상담원)」
  - 1기당 : 3주 100시간(1차 : '05.3.14~4.1, 2차 : '05.5.30~6.17)
  - 교육대상 : 시・도 노인학대예방센터 근무 소장 및 상담원
- 「노인학대상담실무과정(공무원)」
  - 교육기간 : 1주(교육기간 : '05.2.2~12.25)
  - 교육대상 : 시・도(시・군・구, 읍・면・동) 노인학대담당 6~9급 공무원
    경찰청 노인학대담당 6~9급 경찰공무원
  - 노인학대예방센터 직원 「노인학대행위조사원증」 관리
- 시・도지사는 노인복지법시행규칙 제29조의6 「별지 제20호의6 서식」을 사용하되, 색상 등 기타 필요한 사항은 공무원증 규칙(행정자치부령 제17호)을 준용하여 노인학대예방센터 직원에게 노인학대행위조사원증을 발급한다.
- 시・도지사는 노인학대행위조사원증을 발급받은 자가 퇴직 등으로 노인학대 조사원의 업무를 수행하지 못하는 경우에는 이를 반납 받아 폐기처분 하여야 한다.
- 시・도지사는 노인학대행위조사원증 발급대장을 비치 관리하여야 한다.

노인학대행위조사원증 발급대장

발급번호	발급권자	발급일자	발급자 인적사항					비 고 (반납일자)
			소 속	직 위	성 명	주민등록번호	주 소	

- 노인학대예방센터 직원은 노인학대현장조사시 반드시 노인학대행위조사원증을 소지하도록 하여야 한다.
  - 노인학대 통계보고
- 시・도 노인학대예방센터는 신고건수 등 관련통계를 월별 노인학대 사례현황보고서를 작성하여 관할 시・도지사와 보건복지부장관에게 익월 10일까지 보고하여 노인학대관련 정책수립에 활용토록 한다.

※ 노인학대 사례현황보고서 양식은 「노인학대예방센터 업무수행지침」으로 시달(2004.9.17)

제10장 장애인복지시설 업무

1. 장애인복지시설 설치운영 주체 및 종류

1) 장애인복지시설을 설치 운영할 수 있는 자

국가, 지자체, 사회복지법인, 개인 등 누구나 시・군・구청장에게 신고 후 설치 운영할 수 있다.

※ 시설의 명칭, 시설장, 시설 소재지, 입소정원 등 중요사항을 변경하고 하는 경우에는 시・군・구청장에 신고하여야 하며, 시설의 폐쇄・휴지하고자 할 경우에도 3개월전까지 신고하여야 한다.

2) 장애인복지시설의 종류

장애인 생활 시설	장애유형별 생활시설	장애유형이 같거나 또는 유사 한 장애를 가진 사람들을 입소 또는 통원하게 하여 그들의 장애유형에 적합한 의료・교육・직업・심리・사회 등 재활서비스와 주거서비스를 제공하는 시설
	중증장애인 요양시설	장애의 정도가 심하여 항상 도움이 필요한 사람을 입소하게 하여 상담・치료 또는 요양서비스를 제공하는 시설
	장애영유아 생활시설	6세 미만의 장애영유아를 입소 또는 통원하게 하여 보호함과 동시에 그 재활에 필요한 의료・교육・심리・사회 등 재활서비스를 제공하는 시설
장애인 지역사회재활시설	장애인복지관	장애인에 대한 각종 상담 및 사회심리 재활시설・교육・직업・의료재활 등 장애인의 지역사회생활에 필요한 종합적인 재활서비스를 제공하고 장애에 대한 사회적 인식개선사업을 수행하는 시설
	장애인 의료재활시설	장애인을 입원 또는 통원하게 하여 상담, 진단・판정, 치료 등 의료재활서비스를 제공하는 시설
	장애인 주간보호시설	장애인을 주간에 일시 보호하여 장애인에게 필요한 재활서비스를 제공하는 시설
	장애인 단기보호시설	장애인을 일정기간 보호하여 장애인에게 필요한 재활서비스를 제공하는 시설
	장애인 공동생활가정	스스로 사회적응이 곤란한 장애인들이 장애복지전문인력에 의한 지도와 보호를 받으며 공동으로 생활하는 지역사회내 소규모 주거시설
	장애인체육시설, 장애인수련시설, 장애인심부름센터, 수화통역센터, 점자도서관, 점서 및 녹음서 출판시설	
장애인 직업재활시설	장애인작업활동시설, 장애인보호작업시설, 장애인근로작업시설, 장애인직업훈련시설, 장애인생산품판매시설	
장애인유료 복지시설	장애인생활시설로서 장애인에게 필요한 치료, 상담, 훈련시설 등 편의를 제공하고 이에 소요되는 일체의 비용을 입소한 자로부터 수납하여 운영하는 시설	

⇒ 생활시설 : 장애인생활시설(유료시설포함)
이용시설 : 장애인지역사회재활시설, 장애인직업재활시설

2. 장애인복지시설 설비 및 종사자 기준

1) 공통기준("장애인공동생활가정"은 제외)

- 시설의 입지조건 : 접근이 용이하고 쾌적한 환경
- 시설의 규모 : 상시 10인 이상이 생활할 수 있는 시설
- 시설 구조 및 설비 : 이용하는 장애인의 장애유형별 · 성별 · 연령별 특성 고려

※ 장애인노인임산부등의편의증진보장에관한법령 등 타법에 장애인 편의 시설이 추가로 규정되어 있을 경우 그에 따른다.

- 생활시설 규모별 설비기준

– 장애인 30인이상 거주시설 면적(건물 총면적)

지제장애인 뇌병변장애인 청각·언어장애인생활시설	시각장애인생활시설	정신제체인 발달장애인생활시설	중증장애인요양시설 장애인유아생활시설
1인당 21.78㎡이상	1인당 19.8㎡이상	1인당 21.12㎡이상	1인당 18.48㎡

– 장애인 30인이상 상시생활시설 설비

거실*	사무실	의무실 또는의료 재활실	재활 상담실	집단 활동실	자원봉 사자실	조리실	목욕실	세탁장	건조장	화장실	급·배수 시설	비상재해 대비시설
1	1	1	1	1	1	1	1	1	1	1	1	1

※ 거실의 경우 복도 · 다락 등을 제외한 바닥의 면적(생활자 1인당)

– 6세 미만의 경우에는 2.0㎡이상 – 6세 이상의 경우에는 3.3㎡이상

※ 1실의 정원

– 6세 미만의 경우에는 10인 이하 – 6세 이상의 경우에는 8인 이하

– 장애인 30인미만 거주시설 면적 : 1인당 9.37㎡이상

거실*	사무실	의무실 또는의료 재활실	조리실	목욕실	세탁장	건조장	화장실	급·배수 시설	비상재해 대비시설
1	1		1	1		1	1	1	1

※ 거실의 경우 복도 · 다락 등을 제외한 바닥의 면적(생활자 1인당)

– 6세 미만의 경우에는 2.0㎡이상 – 6세 이상의 경우에는 3.3㎡ 이상

※ 1실의 정원

– 6세 미만의 경우에는 10인 이하 – 6세 이상의 경우에는 8인 이하

⇒ "상시 10인이상 생활할 수 있는 시설"이라는 의미는 시설・설비요건을 10인이상 생활할 수 있게 갖추라는 의미이며 반드시 생활자가 10인 이상이 되어야 한다는 의미는 아니다.

2) 시설유형별 설비기준(공통사항 외 추가설비)

• 생활자 30인이상 장애인생활시설 및 장애인유료복지시설

시설별		설비기준
장애유형별 생활시설	지제장애인 뇌병변장애인 시설	ㅇ 시행하고자 하는 재활사업별로 물리치료실・작업치료실・직업훈련실 및 보장구제작실 등 필요한 설비와 지체장애인의 치료 및 훈련에 필요한 기계・기구류 구비
	시각장애인 시설	ㅇ 재활사업별로 사업 목적달성에 필요한 시설·설비 구비 ㅇ 2층 이상의 건물에는 1개소 이상의 피난설비 구비
	청각·언어 장애인시설	ㅇ 직업 훈련사업시 직업훈련실 및 작업훈련용 기계·기구류 비치 ㅇ 가능한 한 청능훈련실·언어치료실과 필요한 기계·기구 구비
	정신지체인 발달장애인 시설	ㅇ 작업치료실을 설치하되 작업치료의 종류, 기계기구의종류 및 작업인원에 따라 필요한 면적 확보 ㅇ 중증 정신지체인 수용 거실은 1층에 설치 ㅇ 필요에 따라 1인용 거실 및 2인용 거실을 설치 가능
중증장애인 요양시설		ㅇ 시설의 구조와 설비는 중증장애인이 생활하기에 불편이 없도록 지도요망 ㅇ 유행성질환 감염에 대비하여 격리보호실을 1개 이상 설치 – 격리보호실에는 산소호흡기 및 흡입기(가래제거용)를 사용할 수 있는 시설물 설치 ㅇ 거실 중심으로 화장실・욕실 설치 ㅇ 잔존기능의 유지 및 향상을 위하여 훈련, 치료를 할 수 있는 물리치료실・작업치료실 및 언어치료실 등의 필요한 설비와 기자재 구비 ㅇ 중증장애인의 의료적 진단, 치료에 필요한 각종기구와 진료실, 간호실 구비
장애영유아 생활시설		ㅇ 시설의 구조와 설비는 장애영유아들이 생활하기에 불편이 없도록 지도요망 ㅇ 휠체어・유모차 등 사용에 불편함이 없도록 이동 및 주거공간 등 생활공간 확보 및 각종 편의시설 구비 ㅇ 허약아・미숙아・전염가능 아동을 격리・보호할 수 있는 격리보호실 1개이상 설치 ㅇ 신생아를 치료・보호할 수 있는 관계장비 설비 구비 ㅇ 거실 중심으로 화장실, 욕실이 설치 ㅇ 잔존기능의 향상을 위하여 훈련・치료를 할 수 있고, 물리치료실, 작업치료실, 언어치료실 등의 필요한 설비와 기자재 구비

• 장애인지역사회재활시설(생활시설)

시설별	설비기준
장애인공동생활가정	ㅇ 거실(1인당 최소 3.3㎡ 이상) ㅇ 조리실 ㅇ 화장실 ㅇ 기타 장애인의 공동생활에 필요한 설비

3) 장애인생활시설 관리 및 운영요원 배치기준

• 시설규모별

	시설장	총무	의사 또는 촉탁의사	간호사①	생활지도원②	영양사	사무원	사회재활교사	직업훈련교사	시설관리인	조리원③	위생원④
30인 이상시설	1	1	1	1	하단 설명	50인 이상에 1명	100인 이상에 1명	30인 이상에 1명	직업훈련 또는 작업과목에 따라	200인 이상에 1인	1	1
30인 미만시설	1	–	1	1		–	–	–		–	1	–

① 중증장애인요양시설과 장애영유아생활시설 : 50인당 1인 이상

② 18세이상 성인 : 10인당 1인 이상

아동 및정신지체 또는 발달장애인 : 5인당 1인 이상

시각장애인 : 4인당 1인

중증장애인요양시설 및 장애영유아생활시설 : 3인당 1인

장애인유료복지시설은 장애인생활시설 인원의 1.5배 이상

③ 시설거주자가 50인 이상인 시설의 경우 매 50인을 초과하는 때마다 1인 추가

④ 시설거주자가 30인 이상인 시설의 경우에 한하며 시설거주자가 100인 이상인 시설의 경우에는 매 100인을 초과하는 때마다 1인을 추가한다.

• 시설특성별 관리 및 운영요원 배치기준

시설별		물리치료사	작업치료사	상담평가요원	청능치료사	언어치료사	보행훈련사	근로시설기사
장애인유형별생활시설	지체장애인 뇌병변장애인	1인이상 (30인 초과시 마다 1인추가)	1인이상 (다른 전문요원이 겸직가능)	1인 (다른 전문요원이 겸직가능)	-	-	-	-
	시각장애인	-	-	상동	-	-	1인	-
	청각 · 언어장애인	-	-	상동	1인이상	1인이상	-	-
	정신지체인 발달장애인	1인이상 (30인 초과시 마다 1인추가)	1인이상 (다른 전문요원이 겸직가능)	상동	-	1인이상	-	-
중증장애인요양시설		상동	상동	상동		1인이상		
장애영유아생활시설		상동	상동	상동		1인이상		

※ 장애인공동생활가정의 경우 입주장애인 4인당 사회재활교사 1인

4) 관리 및 운영요원의 자격기준

직종별	자 격 기 준
시설장	(1) 의사(한의사 · 치과의사 포함)로서 장애관련 분야에 3년 이상 진료경력이 있는 자 (2) 특수학교 교장 또는 교감이었던 자 및 초 · 중등교육법에 의한 특수학교교사(교사자격증소지자)로서 당해 시설 입소대상장애인의 교육에 3년 이상 종사한 경력이 있는 자 (3) 사회복지사업법에 의한 사회복지사 3급 이상의 자격증을 가진 자로서 사회복지사업에 3년 이상 종사한 경력이 있는 자 (4) 위 각호에 준하는 학식과 경력이 있다고 인정되는 자
총 무	(1) 사회복지사업법에 의한 사회복지사 3급 이상의 자격증을 가진 자 (2) 제1호에 준하는 자격이 있다고 인정되는 자
사회재활교사	(1) 사회복지사업법에 의한 사회복지사 (2) 고등교육법에 의한 전문대학 이상의 학교에서 심리학 · 교육학 또는 장애인재활 관련 학을 전공하고 졸업한 자
직업훈련교사	(1) 고등교육법에 의한 대학에서 직업재활 또는 특수교육을 전공하고 졸업한 자 (2) 사회복지사업법에 의한 사회복지사 (3) 장애인직업재활시설 운영직종과 관련된 자격증을 취득한 후 장애인복지사업에 2년 이상 종사한 경력이 있는 자
시설관리기사	전기, 소방설비, 건축설비, 산업안전, 배관설비, 열관리 등 시설관리와 관련된 분야의 면허 또는 자격증 소지자

3. 장애인복지시설 입 퇴소 관리

- 기초생활보장수급자로 법정 등록장애인
- 기초생활보장수급자가 아닌 법정 등록장애인으로 부양의무자가 없거나 부양의무자가 있어도 부양능력이 없거나 부양을 받을 수 없는 자
- 입양기관 보호아동

※ 장애유형에 적합한 시설에 입소할 수 있도록 지도바람(장애인시설지침 참조)

대상시설(예시)	대상 장애인(예시)
○ 장애유형별 생활시설	- 지체, 시각, 청각 등 장애유형별 입소지도
○ 중증장애인요양시설	- 1급 중증장애인
○ 장애인영유아생활시설	- 6세미만의 장애인유아

4. 장애인복지시설 이용 및 운영

⇒ 장애인복지법시행규칙 제33조 관련 별표 4 참조

5. 벌칙 및 행정처분

1) 벌 칙

• 1년이하 징역 또는 300만원이하 벌금
- 업무상 알게된 개인의 신상에 관한 비밀을 누설할 경우
- 설치신고 또는 변경신고 하지 않고 시설을 설치운영한 자
- 시설운영의 중단, 시설폐쇄시 법 50조 제3항 각호의 시설거주자 권익 보호조치를 취하지 않은 경우
- 정당한 사유없이 장애인복지실시기관이 명한 보고를 하지 않거나 허위로 보고한 자, 자료를 제출하지 않거나 허위자료를 제출한 자, 조사 · 검사 · 질문을 거부방해 또는 기피한 자

⇒ 법인의 대표자 또는 법인이나 개인의 대리인 · 사용인 그 밖의 종사자가 그 법인 또는 개인의 업무에 관해 상기의 위반행위를 한 경우에는 행위자 처벌 외 법인 또는 개인에 대해 벌금을 과한다.

• 200만원이하 과태료
- 설치신고를 하고 시설운영을 개시하지 않은 자
- 시설운영 중단, 재 운영, 시설의 폐지 등의 신고의무를 위반한 자

2) 행정처분

• 시설의 개선, 사업의 정지, 폐쇄 등
- 시설기준 미달시
- 정당한 사유없이 장애인복지실시기관이 명한 보고를 하지 않거나 허위로 보고한 자, 자료를 제출하지 않거나 허위자료를 제출한 자, 조사 · 검사 · 질문을 거부방해 또는 기피한 자
- 사회복지법인 또는 비영리법인의 설치 운영 시설의 경우 사회복지법인 또는 비영리법인의 설립허가가 취소된 경우
- 시설의 회계부정이나 불법행위 기타 부당행위 등이 발견되었을 때
- 설치목적의 달성 기타사유로 계속 운영할 필요가 없다고 인정될 때
- 이 법 또는 이 법에 의한 명령이나 처분에 위반할 때

제11장 아동복지시설 업무

1. 아동복지시설 설치운영주체 및 종류

1) 아동복지시설의 설치 · 운영

아동복지시설의 설치 · 운영할 수 있는 자는 국가, 지자체, 사회복지법인, 개인 등 누구나 시 · 군 · 구청장에게 신고 후 설치 운영할 수 있다.

※ 시설의 폐쇄 · 휴지하고자 할 경우, 3개월 전 시 · 군 · 구청장에게 신고하여야 한다.

2) 아동복지시설의 종류

아동양육시설	보호를 필요로 하는 아동을 입소시켜 보호, 양육하는 것을 목적으로 하는 시설
아동일시 보호시설	보호를 필요로 하는 아동을 일시보호하고 아동에 대한 향후의 양육대책수립 및 보호조치를 행하는 것을 목적으로 하는 시설
아동보호 치료시설	불량행위를 하거나 불량행위를 할 우려가 있는 아동으로서 보호자가 없거나 친권자나 후견인이 입소를 신청한 아동 또는 가정법원, 지방법원소년부지원에서 보호위탁된 아동을 입소시켜 그들을 선도하여 건전한 사회인으로 육성하는 것을 목적으로 하는 시설
아동직업 훈련시설	아동복지시설에 입소되어 있는 만15세이상의 아동과 생활이 어려운 가정의 아동에 대하여 자활에 필요한 지식과 기능을 습득시키는 것을 목적으로 하는 시설
자립지원시설	아동복지시설에서 퇴소한 자에게 취업준비기간 또는 취업후 일정기간 보호함으로써 자립을 지원하는 것을 목적으로 하는 시설
아동단기 보호시설	일반가정에 아동을 보호하기 곤란한 일시적 사정이 있는 경우 아동을 단기간 보호하며 가정의 복지에 필요한 지원조치를 하는 것을 목적으로 하는 시설
아동상담소	아동과 그 가족의 문제에 관한 상담, 치료, 예방 및 연구 등을 목적으로 하는 시설
아동전용시설	어린이공원, 어린이놀이터, 아동회관, 체육, 연극, 영화, 과학실험전시시설, 아동휴게숙박시설, 야영장 등 아동에게 건전한 놀이·오락 기타 각종 편의를 제공하여 심신의 건강유지와 복지증진에 필요한 서비스를 제공하는 것을 목적으로 하는 시설
아동복지관	지역사회 아동의 건전육성을 위하여 심신의 건강유지와 복지증진에 필요한 서비스를 제공하는 것을 목적으로 하는 시설
공동생활가정	보호를 필요로 하는 아동에게 가정과 같은 주거여건과 보호를 제공하는 것을 목적으로 하는 시설
지역아동센터	지역사회 아동의 보호·교육, 건전한 놀이와 오락의 제공, 보호자와 지역사회의 연계 등 아동의 건전육성을 위하여 종합적인 아동복지서비스를 제공하는 시설

⇒ 생활시설 : 아동양육시설, 아동일시보호시설, 아동보호치료시설, 아동직업훈련시설, 자립지원시설, 아동단기보호시설, 공동생활가정
이용시설 : 아동상담소, 아동전용시설, 아동복지관, 지역아동센터

• 아동복지시설은 종합시설로 설치가능

예) 한 시설내에 아동보호치료시설과 아동상담소의 공동설치

• 시설은 각 고유 업무 외 아동가정지원사업, 아동주간보호시설, 아동전문상담사업, 학대아동보호사업, 공동생활가정사업, 방과후 아동지도사업 등의 실시가 가능하다.
(아동복지법 제16조 제3항 참조)

2. 아동복지시설 설비 및 종사자 기준

1) 아동복지시설 설비기준

(1) 아동양육 · 아동일시보호 · 아동단기보호시설

<table>
<tr><th>시설구분</th><th>거실①</th><th>사무실</th><th>양호실</th><th>상담실</th><th>조리실</th><th>목욕실</th><th>세탁장</th><th>건조장</th><th>화장실</th><th>급배수시설</th><th>비상재해대비시설</th><th>강당 또는 오락실</th><th>도서실</th><th>놀이터</th></tr>
<tr><td>30인이상</td><td>1</td><td>1</td><td>1</td><td>1</td><td>1</td><td>1</td><td>1</td><td>1</td><td>1②</td><td>1</td><td>1</td><td>66㎡이상</td><td>열람석 도서류 비치</td><td>165㎡ 이상</td></tr>
<tr><td>10~30</td><td>1</td><td colspan="3">1</td><td>1</td><td colspan="4">1</td><td>1</td><td>1</td><td colspan="3" rowspan="2">시설 실정에 맞도록 오락용구·도서류 및 놀이기구를 갖추어야 함</td></tr>
<tr><td>10인미만</td><td colspan="4">1</td><td>1</td><td colspan="4">1</td><td>1</td><td>1</td></tr>
</table>

① 거실의 면적

<table>
<tr><th>시설의 규모</th><th>1인당면적</th><th>1실의 정원</th><th>남녀 구분</th><th>격리실 설치</th></tr>
<tr><td>30인이상</td><td>3세미만 2.5㎡이상
3세이상 3.3㎡이상</td><td>6인 이하</td><td rowspan="2">7세 이상의 아동 생활시 거실은 남녀별 설치</td><td rowspan="2">허약아 미숙아 질병이환아 등 격리하여 수용할 수 있는 격리실 설치</td></tr>
<tr><td>30인미만</td><td>2.5㎡ 이상</td><td>6인 이하</td></tr>
</table>

② **화장실** : 수세식 화장실이 원칙, 변기수는 아동 5인당 1개 이상 설치

(2) 아동보호치료시설 및 아동직업훈련시설

• 아동양육시설과 동일하되 다음의 설비를 별도로 구비

<table>
<tr><th>시설의 규모</th><th>심리검사 치료실</th><th>직업훈련장</th></tr>
<tr><td>30인이상</td><td>16.5㎡이상
(심리검사, 치료를 위한 설비구비)</td><td>66㎡이상
(직업훈련과목 수에 따라 시군구청장이 가감 가능)</td></tr>
<tr><td>30인미만</td><td colspan="2">시설실정에 맞도록 심리검사 · 치료 및 직업훈련에 필요한 설비 구비</td></tr>
</table>

(3) 자립지원시설

<table>
<tr><th>시설구분</th><th>거실①</th><th>사무실</th><th>양호실</th><th>상담실</th><th>조리실</th><th>목욕실</th><th>세탁장</th><th>건조장</th><th>화장실</th><th>급배수 시설</th><th>비상재해대 비시설</th></tr>
<tr><td>30인이상</td><td>1</td><td>1</td><td>1</td><td>1</td><td>1</td><td>1</td><td>1</td><td>1</td><td>1</td><td>1</td><td>1</td></tr>
<tr><td>10~30</td><td>1</td><td colspan="3">1</td><td>1</td><td colspan="4">1</td><td>1</td><td>1</td></tr>
<tr><td>10인미만</td><td colspan="4">1</td><td>1</td><td colspan="4">1</td><td>1</td><td>1</td></tr>
</table>

① 복도, 목욕실 등을 제외한 거실의 실제면적은 아동 1인당 9.9㎡이상으로 하되, 1실의 정원은 2인 이하로 한다.

(4) 공동생활가정

- 82.5㎡이상(25평) 5인이상 9인이하를 수용할 수 있는 주택형 숙사를 갖추어야 한다.

(5) 종합시설

- 각각의 시설별 기준을 갖추되 강당, 오락실, 놀이터, 집단지도실, 도서실은 공동사용이 가능하다.

(6) 아동복지시설에서 고유 사업외 추가사업을 실시하고자 하는 때에는 사업에 필요한 시설을 아래와 같이 별도로 구비해야 한다.

사업명	사무실	상담실	거실	심리검사 치료실	조리실 및 식당	집단지도실
아동가정지원사업	16.5㎡이상	16.5㎡이상				
아동주간보호사업	16.5㎡이상		33㎡이상			
아동전문상담사업	16.5㎡이상	16.5㎡이상 (2개실 이상)		33㎡이상		
학대아동보호사업	16.5㎡이상	16.5㎡이상		16.5㎡이상		
방과후 아동지원사업	16.5㎡이상				33㎡이상	66㎡이상

2) 아동복지시설 종사자 배치기준

(1) 아동양육 아동일시보호시설

시설 규모별	시설장	총무	의사 (촉탁의사)	간호사 간호조무사	사무원	영양사	보육사	생활 복지사	임상심리 상담원	조리원	위생원
30인 이상	1인	1인	1인	1인	50인 이상인 경우 1인	50인 이상인 경우 1인	하단① 참조	50인이상1인 (50인초과시 1인추가)	50인 이상인 경우 1인	1인	1인
30인 미만 10인 이상	1인						2인 (20인초과시 3인)				
10인 미만	1인						1인				

① 보육사

- 0-2세까지 아동3인당 1인 (3인초과시 1인 추가)
- 3-6세까지 아동7인당 1인 (7인초과시 1인 추가)
- 7세 이상 아동10인당 1인 (10인초과시 1인 추가)

※ 상담지도원은 상담에 필요한 인원을 배치

(2) 아동보호치료시설

시설 규모별	시설장	총무	의사 (촉탁의사)	간호사 간호조무사	사무원	영양사	보육사	생활 복지사	임상심리 상담원	조리원	보안 요원
30인 이상	1인	1인	1인	1인	1인	50인 이상인 경우 1인	하단① 참조	1인	1인	1인	2인 (40인 이상 4인)
30인 미만 10인 이상	1인						1인(20인초과시 2인)				
10인 미만	1인						1인				

① 보육사 : 30인이상 시설 : 아동 20인당 1인(20인 초과시 1인 추가)

※ 직업훈련교사는 직업훈련에 필요한 인원을 배치

(3) 아동직업훈련시설

시설 규모별	시설장	총무	의사 (촉탁의사)	간호사 간호조무사	사무원	영양사	보육사	생활 복지사	임상심리 상담원	조리원	보안 요원
30인 이상	1인	1인	1인	1인	1인	50인 이상인 경우 1인	20인당 1인 (20인초과시1인추가)	1인		1인	
30인 미만 10인 이상	1인						20인당 1인 (20인초과시 2인)				
10인 미만	1인						1인				

※ 직업훈련교사는 직업훈련에 필요한 인원을 배치

(4) 자립지원시설

시설 규모별	시설장	총무	의사 (촉탁의사)	간호사 간호조무사	사무원	영양사	보육사	생활 복지사	상담원 지도원	조리원	보안 요원
30인 이상	1인	1인	-	-	1인	-	-	-	1인	-	-
30인 미만 10인 이상	1인	-	-	-	-	-	-	-	1인	-	-
10인 미만	1인						1인				

※ 직업훈련교사는 직업훈련에 필요한 인원을 배치

(5) 아동단기보호시설

시설 규모별	시설장	총무	의사 (촉탁의사)	간호사 간호조무사	사무원	영양사	보육사	생활 복지사	상담원 지도원	조리원	위생원
30인 이상	1인	1인	1인	1인	1인	1인	하단① 참조	50인 이상 1인 (50인초과시 1인추가)	필요인원	1인	1인
30인 미만 10인 이상	1인						2인(20인초과시 3인)				
10인 미만	1인						1인				

① 보육사

- 0-2세까지 아동3인당 1인 (3인초과시 1인 추가)
- 3-6세까지 아동7인당 1인 (7인초과시 1인 추가)
- 7세 이상 아동10인당 1인 (10인초과시 1인 추가)

※ 상담지도원은 상담에 필요한 인원을 배치

(6) **공동생활가정** : 시설장 1인, 보육사 1인

(7) **종합시설** : 시설별 종사자를 각각 배치하되, 시설장은 겸임 가능

(8) 아동복지시설에서 고유사업외 추가사업을 실시하고자 할 경우

사업명	추가고용	예외조항
아동가정지원사업 아동주간보호사업 아동전문상담사업 방과후 아동지원사업	상담지도원 또는 생활복지사 1인이상	△ 10인미만 또는 △ 고유업무외에 실시하는 사업이 1개인 경우 → 기존 상담지도원 또는 생활복지사가 사회복지사 자격이 있는 경우 추가고용 필요 없음
학대아동보호사업	상담지도원 1인이상	△고유업무외에 실시하는 사업이 1개인 경우 → 기존 상담지도원이 상담원 자격이 있는 경우 추가고용 필요 없음

(9) 아동복지시설종사자의 직종별 자격기준

직종별	자 격 기 준
시설장	1. 사회복지사업법에 의한 사회복지사 3급 이상의 자격을 가진자로서 사회복지사업에 3년 이상 종사한 경력이 있는 자 2. 학대아동보호사업과 관련된 기관에서 3년 이상 근무한 경력이 있는 자 3. 7급 이상 공무원으로서 국가 또는 지방자치단체에서 사회복지사업에 관한 행정업무에 5년 이상 종사한 경력이 있는 자 4. 의료법에 의한 의사면허를 가진 자로서 3년 이상 진료경력이 있는 자 5. 정신보건법에 의한 정신보건전문요원의 자격을 가진 자로서 사회복지업무와 관련하여 5년 이상 종사한 경력이 있는 자 6. 영유아보육법에 의한 보육교사 1급자격을 가진 자로서 아동에 관련된 사회복지업무에 5년 이상 종사한 경력이 있는 자 7. 유치원, 초등학교 또는 중등학교 교사자격증을 가진 자로서 사회복지사업에 5년 이상 종사한 경력이 있는 자 8. 직업훈련교사, 간호사, 영양사로서 사회복지사업에 5년 이상 종사한 경력이 있는 자

직종별	자 격 기 준
총무	1. 사회복지사업법에 의한 사회복지사 3급 이상 자격을 가진 자로서 사회복지사업에 1년 이상 종사한 경력이 있는 자 2. 학대아동보호사업과 관련된 기관에서 1년 이상 근무한 경력이 있는 자 3. 9급 이상 공무원으로서 국가 또는 지방자치단체에서 사회복지사업에 관한 행정업무에 3년 이상 종사한 경력이 있는 자 4. 정신보건법에 의한 정신보건전문요원의 자격을 가진 자로서 아동복지업무와 관련하여 3년 이상 종사한 경력이 있는 자 5. 영유아보육법에 의한 보육교사 1급자격을 가진 자로서 아동에 관련된 사회복지업무에 3년 이상 종사한 경력이 있는 자 6. 유치원, 초등학교 또는 중등학교 교사자격증을 가진 자로서 사회복지사업에 5년 이상 종사한 경력이 있는 자
보육사	1. 사회복지사업법에 의한 사회복지사 3급 이상 자격을 가진 자 2. 영유아보육법에 의한 보육교사 자격을 가진 자 3. 고등학교 또는 이와 동등이상의 학력이 있다고 인정되는 자 4. 유치원, 초등학교 또는 중등학교교사 자격을 가진 자
생활복지사 또는 상담지도원	1. 사회복지사업법에 의한 사회복지사 3급 이상 자격을 가진 자 2. 유치원, 초등학교 또는 중등학교교사 자격을 가진 자 3. 영유아보육법에 의한 보육교사 1급 자격을 가진 자 4. 제2조제2항의 규정에 의한 아동복지지도원이 될 수 있는 자격을 가진 자
직업훈련 교사	1. 근로자직업훈련촉진법에 의한 직업능력개발훈련교사자격을 가진 자 2. 학원의설립·운영및과외교습에관한법률에 의한 학원강사의 자격을 가진 자
임상심리 상담원	고등교육법에 의한 대학 또는 이와 동등 이상의 학력이 있다고 교육부 장관이 인정하는 학교에서 심리학을 전공하여 졸업한 자
상담원	아동복지법 시행령 제17조 제2항 및 별표 6 참조

3. 아동복지시설 입 퇴소관리

1) 입소대상자

- 보호자가 없거나 보호자로부터 이탈한 아동
- 보호자로부터 학대받은 아동
- 보호자의 학대로 아동학대예방센터에 신고되어 동 센터가 시·도지사에게 보호조치를 의뢰한 아동
- 기초생활보장수급자로서 보호자의 질병, 가출 등으로 가정내에서 보호하기 어려운 아동
- 시·도지사 또는 시·군·구청장이 특별히 보호가 필요하다고 인정하는 아동(가출아동에 대해서는 우선적으로 시설보호 등 보호조치)

※ 아동복지법상 아동은 18세미만의 자를 의미함

2) 입소 및 퇴소

(1) 입소조치

- 시・도지사, 시・군・구청장은 다음의 경우 보호조치의 일환으로 아동의 최상의 이익을 위해 아동복지시설에 입소시킬 수 있다.
- 보호를 필요로 하는 아동 발견 시
- 보호자의 의뢰를 받은 때

※ 단, 시설입소는 "아동 또는 보호자에 대한 상담지도" "보호자 또는 대리양육을 원하는 연고자 가정에서의 보호양육" "보호를 희망하는 자에 대한 보호위탁" 이 적합하지 아니한 경우에 보충적으로 행한다.

- 시설장은 버려진 아동 등 긴급히 보호할 필요가 있는 아동을 발견한 때에는 우선 당해 아동을 보호조치하고 지체 없이 시・도지사, 시・군・구청장에게 보호조치 의뢰해야 한다.

⇒ "시설입소 여부의 결정은 시・도지사 또는 시・군・구청장이 행할 수 있으며 아동본인, 보호자 또는 시설장은 행할 수 없음"

- 시・도지사, 시・군・구청장은 아동을 시설에 입소시키기 전에 적당한 자에게 일시적으로 위탁보호하게 할 수 있으며, 입소조치시 아동 및 보호자의 의사를 최대한 존중한다.

(2) 퇴소 및 귀가조치

- 시설장은 생활중인 아동이 다음의 조건에 달하면 퇴소조치해야 한다.
- 아동의 연령이 18세에 도달할 경우
- 보호의 목적을 달성하였다고 인정될 경우
- 보호자의 양육 요청시 입소의뢰한 시・도지사, 시・군・구청장은 시설장의 의견을 청취한 후 귀가가 부적당한 경우가 아니면 귀가 조치해야 한다.

→ 퇴소 조치시 입소를 의뢰한 시・도지사, 시・군・구청장에게 즉시 보고해야 한다.

※ 단, 아래의 경우 보호기간 연장 가능(시・군・구청장에 보고)

- 고등교육법에 의한 대학 이하의 학교에 재학 중인 자
- 아동직업훈련시설 또는 근로자직업훈련촉진법에 의한 직업능력개발훈련시설에서 교육훈련중인 자
- 학원의 설립 운영, 과외교습에 관한 법률에 의해 등록된 학원에서 교육중인 20세미만의 자
- 시・도지사 또는 시・군・구청장이 장애질병 등의 이유로 보호기간 연장을 요청한 자

※ 일시 또는 단기적으로 아동을 보호하는 시설의 보호기간

시설종	보호기간	연장기간 및 사유
아동일시보호시설	3월이내	보호해야할 특별한 사유가 인정되는 경우 시·군·구청장의 승인을 얻어 3월의 범위내에서 1회에 한해 연장가능
자립지원시설	1년이내	보호해야할 특별한 사유가 인정되는 경우 시·군·구청장의 승인을 얻어 그 사유가 종료한날까지 연장가능
아동단기보호시설	6월이내	-

4. 아동복지시설의 이용 및 운영

1) 아동복지시설에 대한 안전기준 설정

- 주요 시설물에 피난 및 연소방지장치 및 응급조치가 가능하도록 비상약품, 구호설비, 기구 등을 구비해야 한다.
- 위험한 장소에는 위험표지물 등 안내문 설치, 안전사고 응급환자발생 등 대비 긴급수송대책을 마련해야 한다.
- 비상시 대피경로를 잘 볼 수 있는 안내문 게시, 종사자에 대한 정기안전교육, 사고발생시 재발방지대책을 마련해야 한다.

2) 시설생활자 생활관리 관련

- 아동은 입소시와 연 1회이상 반드시 건강진단을 하고 건강이 좋지 아니한 자에 대하여는 필요한 조치를 취하여야 한다.
- 식단은 영양사가 작성하여야 하며(영양사가 없는 시설은 보건소의 지도를 받아 이를 작성) 전염성질환·화농성창상 등 조리에 부적합한 질환을 가진 자의 조리를 금지한다.
- 시설장은 시설내 보호아동외 시설장, 종사자 및 그 가족이 아닌 자는 거주하지 못하도록 하며 아동의 거실이 있는 건물마다 생활지도원 보육사 기타 필요한 직원중 1인을 함께 생활하도록 해야 한다.

3) 시설생활아동에 대한 교육실시

- 교통안전교육 2개월 1회이상 (연간 12시간 이상)
- 약물오남용 3개월 1회이상(연간 10시간 이상)

• 재난대비교육 6개월 1회이상(연강 6시간 이상)
→ 전문가, 시청각, 실습교육, 현장학습, 사고사례분석 등 다양한 교육을 통해 교육효과를 제고해야 한다.

5. 운영에 대한 벌칙 및 행정처분

1) 벌 칙

위반사유	벌칙
○ 아동을 타인에게 매매하는 행위 ○ 아동에게 음행을 시키거나 음행을 매개하는 행위	10년이하 징역 또는 3천만원이하 벌금
○ 아동의 신체에 손상을 주는 학대행위 ○ 아동에게 성적수치심을 주는 성희롱, 성폭행 등의 학대행위 ○ 아동의 정신건강 및 발달에 해를 끼치는 정서적 학대행위 ○ 자신의 보호·감독을 받는 아동을 유기하거나 의식주를 포함한 기본적 보호·양육 및 치료를 소홀히 하는 방임행위 ○ 장애를 가진 아동을 공중에게 관람시키는 행위 ○ 아동에게 구걸을 시키거나 아동을 이용하여 구걸하는 행위	5년이하 징역 또는 1천5백만원이하 벌금
○ 정당한 권한을 가진 알선기관외의 자가 아동의 양육을 알선하고 금품을 취득하는 행위 ○ 아동을 위하여 증여 또는 급여된 금품을 그 목적외의 용도에 사용하는 행위	3년이하 징역 또는 1천만원이하 벌금
○ 공중의 오락 또는 흥행을 목적으로 아동의 건강 또는 안전에 유해한 곡예를 시키는 행위 ○ 신고하지 않고 시설을 설치한 자 ○ 시설의 폐쇄, 사업의 정지 또는 폐지의 명령을 받고 사업을 계속한 자 ○ 행정관청의 조사를 거부·방해 또는 기피하거나 질문에 대해 답변을 거부·기피 또는 허위답변을 하거나, 아동에게 답변을 거부·기피 또는 허위답변을 하게 하거나 그 답변을 방해한자 ○ 직무상 지득한 비밀을 누설할 경우	1년이하징역 또는 5백만원이하 벌금
○ 법인의 대표자 또는 법인이나 개인의 대리인·사용인 그 밖의 종사자가 그 법인 또는 개인의 업무에 관해 상기의 위반행위를 한 경우에는 행위자 처벌 외 법인 또는 개인에 대해 벌금을 과함	

2) 행정처분

• 아동복지시설은 다음에 해당할 경우 사업의 정지, 폐지를 명하거나, 시설을 폐쇄할 수 있다.

– 시설기준에 미달하게 된 때
– 사회복지법인 또는 비영리법인이 설치·운영하는 시설의 경우 그 사회복지법인 또는 비영리법인의 설립허가가 취소된 때
– 설치목적의 달성 기타의 사유로 계속 운영될 필요가 없다고 인정시
– 기타 아동복지법 또는 아동복지법에 의한 명령을 위반한 때

제12장 모부자복지시설 업무

1. 모부자복지시설 설치운영주체 및 종류

1) 모부자복지시설의 설치 운영

모·부자복지시설을 설치 운영할 수 있는 자는 국가, 지자체, 사회복지법인, 개인 등 누구나 시·군·구청장에게 신고 후 설치 운영할 수 있다.

※ 시설의 폐쇄·휴지를 할 경우, 미리 시·군·구청장에게 신고하여야 한다.

2) 모·부자복지시설의 종류

구 분	법 적 정 의
모자보호시설	생활이 어려운 모자가정을 일시 또는 일정기간 보호하여 생계를 지원하고 퇴소후 자립기반을 조성하도록 지원하는 것을 목적으로 하는 시설
모자자립시설	자립이 어려운 모자가정에 대하여 일정기간 주택편의만을 제공함을 목적으로 하는 시설
부자보호시설	생활이 어려운 부자가정을 일시 또는 일정기간 보호하여 생계를 지원하고 퇴소후 자립기반을 조성하도록 지원하는 것을 목적으로 하는 시설
부자자립시설	자립이 어려운 부자가정에 대하여 일정기간 주택편의만을 제공함을 목적으로 하는 시설
미혼모시설	미혼여성이 임신을 하였거나 출산을 하였을 경우 안전하게 분만하게 하고 심신의 건강을 회복할 때까지 일정기간 보호함을 목적으로 하는 시설
일시보호시설	배우자(사실혼관계에 있는 자를 포함한다)가 있으나 배우자의 물리적·정신적 학대로 인하여 아동의 건전양육 또는 모의 건강에 지장을 초래할 우려가 있을 경우 일시적으로 또는 일정기간 그 모와 아동 또는 모를 보호함을 목적으로 하는 시설
여성복지관	모자가정 및 미혼여성에 대한 각종 상담을 실시하고 생활지도, 생업지도, 탁아 및 직업보도를 행하는 등 모자가정 및 미혼여성의 복지를 위한 편의를 종합적으로 제공하는 것을 목적으로 하는 시설
모부자 가정상담소	모·부자가정에 대한 조사, 지도, 시설입소등에 관한 상담업무를 수행할 것을 목적으로 하는 시설

2. 모·부자 복지시설 설비 및 종사자 기준

1) 모·부자 복지시설 설비 기준

○ 모자보호시설(부자보호시설도 동일)

구분		시설 최소면적	설비시설								
			거실 (부억포함)	사무실	상담실	도서실 또는 오락실	식당 및 조리실	화장실	경비실 창고등 부속시설	급배수 시설	비상재해대비 시설
모자보호시설	20세대 이상	44㎡ x 입소정원세대	입소정원 세대수만큼 (세대당 27.65㎡이상)	1	1	1	-	1	1	1	1
	20세대미만 10세대이상			1		도서실 1	-	1	-	1	1
	10세대 미만			1		-	-	1	-	1	1

○ 모자자립시설(부자자립시설도 동일)

구분		시설 최소면적	설비시설						
			거실 (부억포함)	사무실	도서실 또는 오락실	화장실	경비실 창고등 부속시설	급배수 시설	비상재해 대비시설
모자자립시설	상시 1세대이상을 보호할 수 있어야 함	44㎡ x 입소정원세대	세대별로	1 (입소정원세대가 5세대이하인 경우 제외)	1 (입소정원세대가 30세대 이하인 경우는 제외)	1	1 (입소정원세대가 30세대 이하인 경우는 제외)	1	1

○ 미혼모시설

구분		시설 최소면적	설비시설												
			거실	사무실	상담실	교양 교육실	의무실	산후 회복실	도서실 또는 오락실	식당및 조리실	목욕탕	화장실	경비실 창고등 부속시설	급수 및 배수 시설	비상 재해 대시 시설
미혼모 시설	30인 이상	20.79㎡ x 입소정원	1	1	1	1	1	1	1	1	1	1	1	1	1
	30인미만 10인이상		-1인당 3.3㎡이상 -1실정원 6인이하	1		-	1		1	1	1		-	1	1
	10인 미만	9.9㎡ x 입소정원		1		-	-	1	-	1	1		-	1	1

○ 일시보호시설

구분		시설최소 면적	설비시설				
			거실	사무실	식당 및 조리실	목욕탕 및 화장실	비상재해 대비시설
일시보호시설	10인 이상	9.9㎡ x 입소정원	1 -1인당 3.3㎡이상 -1실정원 6인이하	1	1	1	1
	10인 미만	9.9㎡ x 입소정원	1		조리실 1	1	1

2) 모·부자복지시설 종사자 기준

○ 모자보호시설(부자보호시설도 동일)

구분		시설장	총무	영양사	상담지도원	사무원 또는 생활지도원	경비원
모자보호시설	20세대 이상	1인	1인	1인 (50인이상)	1인	1인 (50인이상)	1인
	20세대미만 10세대이상	1인		1인 (50인이상)	1인		
	10세대 미만	1인		1인 (50인이상)	1인		
비고	영양사·사무원 또는 생활지도원은 입소정원이 50인 이상인 경우에 한함						

○ 모자자립시설(부자자립시설도 동일)

구분	시설장	상담지도원
1세대 이상	1인	1인 (입소세대가 상시 5세대 이하인 경우는 제외)

○ 미혼모시설

구분		시설장	총무	영양사	간호사 또는 간호조무사	조리원	상담지도원	사부원 또는 생활지도원	경비원
미혼모시설	30인 이상	1인	1인	1인 (50인이상)	1인	1인	3인	1인 (50인이상)	1인
	30인미만 10인이상	1인	1인		1인	1인	1인		
	10인 미만	1인					1인		
비고	영양사·사무원 또는 생활지도원은 입소정원이 50인 이상인 경우에 한함								

○ 일시보호시설

구분		시설장	총무	영양사	조리원	상담지도원	사무원 또는 생활지도원	경비원
미혼모시설	10인 이상	1인	1인	1인 (50인이상)	1인 (20인이상)	1인	1인 (50인이상)	1인 (20인이상)
	10인 미만	1인				1인		
비고	영양사·사무원 또는 생활지도원은 입소정원이 50인 이상인 경우에 한함							

○ 모·부자복지시설 자격기준

직종별	자 격 기 준
시설장	1. 사회복지사업법에 의한 사회복지사의 자격을 가진 자 2. 사회복지시설·사회복지단체의임직원 또는 사회복지행정분야 공무원으로 5년이상 종사한 경력이 있는 자 3. 종교단체가 인정하는 종무에 종사하는 자로서 보건복지부장관이 정하는 자
총 무	1. 사회복지사업법에 의한 사회복지사의 자격을 가진 자 2. 사회복지시설·사회복지단체의 임직원 또는 사회복지행정분야 공무원으로 3년이상 종사한 경력이 있는 자

직종별	자 격 기 준
상 담 지도원	1. 사회복지사업법에 의한 사회복지사의 자격을 가진 자 2. 초・중등교육법에 의한 초등학교・중학교 또는 고등학교에서 2년이상 교원으로 근무한 경력이 있는 자 3. 고등학교졸업자 또는 이와 동등이상의 학력을 가진 일반직 공무원으로서 국가 또는 지방자치단체에서 사회복지행정분야에 3년 이상 근무한 경력이 있는 자 4. 사회복지사업법 제2조제1항의 규정에 의한 상담소에서 상담업무에 근무한 경력이 있는 자 5. 고등교육법에 의한 대학 또는 이와 동등이상의 학력이 인정되는 학교에서 심리학・교육학・여성학・사회학・사회사업학・법학・신학・의학・간호학 또는 사회복지학 등 관련계통의 학문을 전공하고 졸업한 자 6. 시설장의 자격기준 제3호에 해당하는 자

3. 모・부자 복지시설 입 퇴소 관리

1) 입소대상자

• 모・부의 범위

- 배우자의 생사가 분명하지 아니한 자
- 배우자 또는 배우자 가족과의 불화 등으로 인해 가출한 자
- 배우자의 해외거주・장기복역 등으로 인해 부양을 받을 수 없는 자

시설종	입소기준	보호기간
모자보호시설	○ 모(부)로서 18세미만의 아동을 양육하는 무주택 저소득 모(부)자가정 ○ 모(부)로서 18세미만의 아동을 양육하는 무주택 저소득 모(부)자가정	3년이내 (최장 2년 연장가능)
모자자립시설	○ 모(부)자보호시설에서 퇴소한 모(부)자세대로서 자립준비가 미흡한 세대 ○ 모(부)로서 18세미만의 아동을 양육하는 무주택 저소득 모(부)자가정	
미혼모시설	○ 미혼의 임산부 및 출산 후(6월미만) 보호가 요구되는 여성으로서 분만 혜택과 숙식보호를 필요로 하는 희망 자 ※ "양육하는 미혼모를 위한 중간의 집"의 경우, 2세미만의 영유아를 양육하는 미혼모로서 숙식보호를 필요로 할때 입소가 가능하며 보호기간은 1년 이내로 함	출산후 6월이내 (최장 6월 연장가능)
일시보호시설	○ 배우자의 물리적・정신적 학대로 아동의 건전양육과 모의 건강에 지장을 초래할 우려가 있는 모와 아동 또는 희망하는 모	6월 (최장3월 연장가능)

⇒ 시설장은 시・도지사 또는 시・군・구청장으로부터 모부자복지시설의 이용을 수탁 받을 때에는 정당한 사유없이 이를 거부하지 못한다.

4. 운영에 대한 벌칙 및 행정처분

1) 벌 칙

• 다음에 해당하는 자는 1년 이하 징역 또는 300만원 이하 벌금에 처한다.

- 신고하지 않고 시설을 설치한 자
- 시설의 폐쇄, 사업의 정지 또는 폐지의 명령을 받고 사업을 계속한 자
- 정당한 사유 없이 시·도지사, 시·군·구청장의 수탁을 거부한 경우 100만원이하의 벌금에 처한다.

• 법인의 대표자 또는 법인이나 개인의 대리인·사용인 그 밖의 종사자가 그 법인 또는 개인의 업무에 관해 상기의 위반행위를 한 경우에는 행위자 처벌 외 법인 또는 개인에 대해 벌금을 부과한다.

2) 행정처분

• 모부자복지시설이 다음에 해당할 경우 사업의 정지, 폐지를 명하기나, 시설을 폐쇄할 수 있다.

- 시설기준에 미달하게 된 때
- 정당한 사유 없이 시·도지사 또는 시·군·구청장의 수탁을 거부할 경우
- 정당한 이유 없이 행정관청의 보고요구에 응하지 않거나 허위로 보고하거나, 시설 운영상황·장부·서류 등의 조사 검사를 거부 기피 시

제13장 부랑인 및 노숙인 보호시설 업무

1. 부랑인 및 노숙인복지시설의 설치운영 주체와 종류

1) 부랑인 및 노숙인 보호시설 설치·운영할 수 있는 자

- 국가, 지자체, 사회복지법인, 개인 등 누구나 시·군·구청장에게 신고 후 설치 운영할 수 있다.

2) 부랑인 및 노숙인 보호시설 종류는 부량인 복지 시설과 노숙인 쉼터, 상담보호센터가 있다.

부랑인복지시설	부랑인을 입소시켜 숙식제공, 재활 및 자활 프로그램 운영 등의 서비스를 제공하는 보호시설
노숙인쉼터	노숙인을 일정기간 입소시켜 숙소 제공, 재활 및 자활 프로그램 운영 등의 서비스를 제공하는 보호시설
상담보호센터	부랑인 및 노숙인을 상담하고 부랑인복지시설 및 노숙인쉼터 등의 사회복지시설에 인계하거나 이들에게 일시적으로 생활편의를 제공하고 보호하는 시설

⇒ 생활시설 : 부랑인복지시설
이용시설 : 상담보호센터, 노숙인쉼터

2. 부랑인 및 노숙인 복지시설 설비 및 종사자기준

1) 부랑인 및 노숙인 복지시설 설비 기준

시설구분	30인이상 시설	30인미만 10인이상 시설	10인미만 시설
입소정원 1인당 시설 면적	13.22㎡ 이상	13.22㎡ 이상	9.9㎡ 이상
입소정원 1인당 거실 면적	3.3㎡ 이상	3.3㎡ 이상	3.3㎡ 이상
시설 설비	거실, 사무실, 상담실, 의무실 프로그램실(100인이상시설) 자활사업장 도서실 또는 오락실, 조리실, 목욕실, 화장실, 급·배수시설 비상재해대비시설 옥외운동장, 창고	거실 사무실(상담실 겸용) 조리실 화장실(목욕실 겸용) 급·배수시설 비상재해대비시설	거실 조리실 화장실(목욕실 겸용) 급·배수시설 비상재해대비시설

1. 입소정원이 100인을 초과하는 경우의 시설면적 : 13.22㎡×100+13.22㎡×0.7(입소정원−100)
2. 시설의 설비와 구조는 입소자의 성별 및 장애유형별 특성에 맞도록 구비
3. 입소자중 정신질환자, 알콜중독자는 구분하여 수용하고, 전염병환자는 격리하여 수용
4. 비상재해대비시설 : 소방기술기준에 관한 규칙이 정하는 바에 따라 소화기구 비치, 비상구 를 설치해야 한다. 다만, 상시 10인 미만의 시설은 소화기구 비치 등 시설실정에 적합하게 조치해야 한다.

2) 노숙인쉼터

시설구분	30인이상 시설	30인미만 10인이상 시설	10인미만 시설
입소평균현원 1인당 면적	9.9㎡ 이상	9.9㎡ 이상	9.9㎡ 이상
시설 설비	수면실, 사무실(상담실 겸용) 프로그램실(100인이상시설) 의무실(100인이상시설) 조리실, 화장실(목욕실 겸용) 급배수시설 비상재해대피시설	수면실 사무실(상담실 겸용) 조리실 화장실(목욕실 겸용) 급배수시설 비상재해대피시설	수면실 사무실(상담실 겸용) 조리실 화장실(목욕실 겸용) 급배수시설 비상재해대피시설

1. 입소정원이 100인을 초과하는 경우의 시설면적 : 13.22㎡×100+13.22㎡×0.7(입소정원-100)
2. 시설이 특별시・광역시 등 도심의 주거생활지역에 설치될 경우 1인당 면적의 70% 적용가능

2) 부랑인 및 노숙인복지시설 종사자 및 자격기준

구분	부랑인보호시설			노숙인 쉼터			
	30인이상	10-30미만	10인미만	50인이상	30-50미만	10-30미만	10인미만
시설장	1인	1인	1인	1인	1인	1인	1인
종무	1인			1인	1인		
상담요원	1인이상			1인 (50인당1인추가)	1인	1인	
생활복지사	1인(50인당1인추가)	1인					
자활지도원	1인 (직업보도선정 기관에 한함)						
의사 (촉탁의사)	1인이상						
간호사 (간호조무사)	1인이상			1인 (100인이상 시설에 한함)			
생활지도원	1인(50인당1인추가)	1인	1인	1인 (50인당1인추가)	1인 (상담요원이 겸직가능)	1인 (상담요원이 겸직가능)	1인
영양사	1인(50인이상에 한함)						
조리원	1인(50인당 1인추가)	1인		1인이상 (50인당1인추가)	1인	1인	
사무원	1인이상			1인이상			
경비원	1인이상						
설비기사	1인이상 (100인이상에한함)						
비고	상기 직종 이외에 시설특성상 필요에 의해 배치종사자 정원의 20%범위내에서 물리치료사 등의 직종으로 변경배치 가능			1. 상기 직종 이외에 시설특성상 필요에 의해 배치종사자 정원의 20%범위내에서 물리치료사 등의 직종으로 변경배치 가능 2. 30인 미만 시설의 경우, 시설장을 비상근으로 하고 대신 상담요원을 채용할 수 있다.			

종사자 직종별 자격기준

구분	자격기준
시설장	1. 사회복지사 자격을 가진 자 2. 사회복지시설·사회복지단체의 부장급 이상 또는 사회복지행정분야 공무원으로 5년 이상 종사한 경력이 있는 자 ※ 다만, 총무가 상기 자격을 갖춘 경우에는 그러하지 아니하다.
상담요원	1. 사회복지사 자격을 가진 자 2. 사회복지사업법 제2조 제1항의 규정에 의한 시설 등에서 1년이상 상담업무에 근무한 경력이 있는 자
생활복지사	1. 사회복지사 자격을 가진 자 2. 고등교육법에 의한 대학 또는 이와 동등이상의 학력이 인정되는 학교에서 심리학, 교육학, 여성학, 사회학 등의 학문을 전공하고 졸업한 자

3. 부랑인 및 노숙인 보호시설 입 퇴소관리

1) 대상자

- 보호기관에서 시설에서의 보호가 필요하다고 인정하는 부랑인 및 노숙인
- 시설에서 보호를 받고자 하는 부랑인 및 노숙인
- 관계기관 및 상담보호센터로부터 시설보호의 요청을 받은 부랑인 및 노숙인

「보호기관」이란 사회복지사업법 제34조 제1항의 규정에 의하여 부랑인 및 노숙인 보호시설을 설치하거나 시설의 설치신고를 받은 행정기관을 말하고, 관계기관은 경찰관서 또는 보호기관이 아닌 시·군·구청장을 말한다.

「부랑인」이란 일정한 주거와 생업수단이 없는 18세 이상의 자를 말하며, 노숙인은 일정한 주거 없이 상당기간 거리 등에서 생활하는 18세 이상의 자를 말한다.

2) 입소조치

- 부랑인은 아래의 요건에 해당하여 보호기관의 장이 이를 부랑인 입·퇴소심사위원회에 회부하여 입소결정이 있을 경우 입소 조치를 한다.

– 당사자의 입소요청이 있어 시설장이 이를 보호기관에 요청한 경우
– 상담보호센터에서 부랑인시설의 장에게 시설 보호요청을 하고 당해 시설장이 이를 보호기관에 요청한 경우
– 보호기관이 부랑인시설의 장에게 부랑인의 입소요청을 한 경우
– 관계기관이 부랑인시설의 장에게 부랑인의 입소요청을 한 경우

(단, 시설장에게 입소요청을 하기 전에 보호기관의 "시설보호가 필요" 하다는 결정을 득해야 한다.)

※ 보호기관은 부랑인 입·퇴소심사위원회가 부랑인의 시설입소여부를 결정할 때까지 부랑인을 시설에 위탁보호 하되 그 기간은 특별한 사유가 없는 한 20일을 초과하여서는 안 된다

- 노숙인의 경우 당사자, 상담보호센터, 보호기관, 관계기관으로부터 입소요청을 받을 경우 노숙인 쉼터의 장은 노숙인을 입소시킨 후 연고자, 사회복귀가능성 등에 대해 상담 후 보호기관에 보고해야 한다.

3) 퇴소 조치

- 부랑인시설의 장은 생활자에 대해 월 1회 이상의 상담을 통해 사회복귀가 가능한 자를 파악한 후 사회복귀가 가능하다고 인정되는 자의 경우 보호기관에 보고한 후 심사위원회 결정에 따라 조치

※ 노숙인시설의 장도 생활자에 대해 월 1회이상 상담을 통해 사회복귀가능여부를 결정

- 보호기관 또는 부랑인 및 노숙인복지시설의 장은 생활자가 퇴소를 원하거나 연고지가 생활자의 인계를 요구하는 경우 (당연)퇴소 조치를 해야 한다.

4. 부랑인 및 노숙인 복지시설 이용 및 운영

1) 생활자 관리 관련

- 상담요원은 부랑인 및 노숙인에 대한 상담관찰 및 분류 사정업무, 연고자 확인에 관한 사항, 입소자의 분류업무, 편의제공 재활 및 자활상담을 실시하고 상담일지를 작성하여 비치한다.
- 부랑인복지시설의 장은 반기마다 연고지 읍면동장에게 연고자확인의뢰서를 등기우편으로 발송하고 연고자를 조회하고 읍면동장의 조회결과에 따라 연고자조회기록부에 작성하여 비치한다.
- 부랑인 및 노숙인시설의 장은 생활자의 건강관리를 위해 입소후 10일이내와 연 1회이상 건강진단을 실시하고 시설내 진료가 부적합한 환자에 대해서는 의료기관 등에서 필요한 조치를 취해야 한다.
- 식단은 영양사가 작성하여야 하며(영양사가 없는 시설은 보건소의 지도를 받아 이를 작성) 전염성질환·화농성창상등 조리에 부적합한 질환을 가진 자의 조리를 금지한다.

• 부랑인시설의 장은 생활자가 소지한 금품을 보관하고 퇴소시 반환하여야 하며 사회적응 능력 배양을 위해 정기적으로 외출을 실시

2) 부랑인시설 직업보도관리

• 시·도지사는 부랑인복지시설 중 다양한 요건을 고려하여 직업보도를 실시할 시설을 선정하며 시설장은 지역여건, 입소자의 적성 및 취업가능성 등을 감안하여 자립자활이 가능한 직종을 선택한다.
• 직업보도에 의한 작업시간은 1일 8시간, 1주당 44시간의 초과를 금지한다.
• 직업보도결과 발생된 수익에 대해서는 원자재 등 필요경비를 제외한 수익 전액을 생활자에게 노임으로 직접 지급하는 것을 원칙으로 하되 생활자의 요구시 계좌입금이 가능토록 한다.

※ 계좌 입금시 이를 생활자에게 공개하여야 하며, 생활자의 요청이 있을 때에는 퇴소의 자립자활에 지장이 없는 범위 안에서 요구금액을 지급하고 잔액이 남은 경우에는 생활자의 퇴소시에 그 전액을 지급해야 한다.

3) 기타사항

• 노숙인 쉼터의 경우 법 시행부터 5년 동안 유예기간을 부여하므로 각 시·군·구는 관내 시설에 대해 이를 홍보하여 전환에 차질이 없도록 해야 한다.
• 시설장은 월 1회 생활자 현황 및 변동사항 등을 보호기관에 보고하고, 보호기관은 부랑인시설의 경우 분기마다, 노숙인 쉼터의 경우 매달마다 시·도지사에게 보고하며, 시도지사는 반기마다 복지부장관에게 보고해야 한다.

제14장 정신보건시설 업무

1. 정신요양시설 설치 운영주체와 종류

1) 정신요양시설 설치 운영할 수 있는 자

• 정신요양시설을 설치 · 운영하고자 하는 사회복지법인, 비영리법인은 허가신청서와 첨부서류를 시 · 군 · 구청장을 거쳐 시 · 도지사에게 제출해야 한다.

※ 첨부서류

△ 법인등기부등본 · 정관 · 사업계획서 · 수지예산서 · 법인재산의 평가조서 및 재수익조서

△ 시설의 위치도 및 시설의 구조별 면적이 표시된 평면도

△ 기타 보건복지부령이 정하는 설치기준 등에 해당함을 입증하류 서류

☞ 사회복지법인 및 비영리법인이 아닌 단체 및 개인은 설치할 수 없다.

허가 및 허가권자

• 시 · 도지사 (보건복지부장관 위임)

※ 허가받은 사항 중 다음의 사항을 변경하고자 하는 때에도 시 · 도지사의 허가를 받아야 한다.

△ 법인대표 또는 시설장의 변경

△ 시설소재지의 변경

△ 입소정원의 변경

⇒ 시설장은 사유발생일로부터 14일 이내에 당해 변경통지서를 시 · 군 · 구청장을 거쳐 시 · 도지사에게 제출해야 한다.

2) 정신보건시설의 종류

	법적정의	법적성격	적용법규
정신의료시설	의료법에 의한 의료기관중 주로 정신질환자의 진료를 행할 목적으로 설치된 병원("정신병원")과 의원 및 병원급 이상의 의료기관에 설치된 정신과	의료법에 의한 의료기관	의료법(령, 규칙) 정신보건법(령, 규칙)
정신요양시설	정신의료기관에서 의뢰된 정신질환자와 만성정신질환자를 입소시켜 요양과 사회복귀촉진을 위한 훈련을 행하는 시설	사회복지사업법에 의한 사회복지시설	사회복지사업법(령, 규칙) 정신보건법(령, 규칙) 정신요양시설의설치기준 및운영등에관한규칙
정신질환자 사회복귀시설	정신질환자를 정신의료기관에 입원시키거나 정신요양시설에 입소시키지 아니하고 사회복귀촉진을 의한 훈련을 행하는 시설	사회복지사업법에 의한 사회복지시설	사회복지사업법(령, 규칙) 정신보건법(령, 규칙)

※ 정신질환자 사회복귀시설의 종류

구분	내용
정신질환자 생활훈련시설	정신질환 때문에 가정에서 일상생활을 영위하는데 지장이 있는 정신질환자를 위하여 일상생활에 적응할 수 있도록 저렴한 요금으로 거실 기타 시설을 이용하게 하고 필요한 훈련 및 지도를 함으로써 정신질환자의 사회복귀를 촉진할 것을 목적으로 하는 시설
정신질환자 작업훈련시설	고용되기 곤란한 정신질환자가 자활할 수 있도록 저렴한 요금으로 거실 기타 시설을 이용하게 하고 필요한 훈련을 하며 직업을 알선함으로써 사회복귀 촉진을 도모하는 것을 목적으로 하는 시설
정신질환자 주거시설	정신질환으로 가정에서 생활하기 어려운 자에 대하여 저렴한 비용으로 주거를 제공하는 것을 목적으로 하는 시설
정신질환자 종합훈련시설	정신질환자에 대하여 저렴한 비용으로 생활훈련과 작업훈련등을 실시하는 것을 목적으로 하는 시설

⇒ 사회복지시설 : 정신요양시설, 정신질환자 사회복귀시설
생활시설 : 정신요양시설, 사회복귀시설 중 정신질환자가 실제로 거주하는 시설
이용시설 : 사회복귀시설 중 정신질환자가 실제로 거주하지 않고 이용하는 시설

2. 정신요양시설 설비 및 종사자기준

1) 정신요양 시설 설치기준

거실	의무실	사무실	상담실 및 면회실	휴게실	조리실	목욕탕	세탁장 및 건조장	화장실	급배수시설	비상 재해시설
하단 설명	1	1		1	1	1	1	하단 설명	하단 설명	1

○ 거실
- 적절한 난방・통풍시설, 비상시 대피 용이한 출입구
- 복도, 다락등을 제외한 거실의 실제 면적은 1인당 3.3㎡ 이상
- 1실의 정원은 10인 이하로 하되, 남녀는 거실을 구분 설치
- 일반입소자와 격리할 필요가 있는 환자의 요양보호를 위한 별도의 격리 거실 설치

○ 의무실 : 의약품, 위생재료, 의료기구 등 구비
○ 사무실 : 책상, 전화기 등 필요한 설비 구비
○ 상담실 및 면회실 : 상담, 면회에 필요한 설비 구비
○ 휴게실 : 신문・잡지 등의 서적류 비치, 텔레비전 및 공중전화기 등 설비 구비
○ 조리실 : 방충망, 식기소독기 등 위생설비 구비
○ 목욕실 : 욕조, 샤워 및 세면설비 등 구비
○ 세탁실 및 건조실 : 세탁기, 건조설비 등 구비
○ 화장실
- 수세식 설비, 남녀용 구분 설치
- 변기수는 여자용은 10인당 1개, 남자용은 15인당 대・소변기 각각 1개

○ 급배수시설
- 수돗물이나먹는물관리법 제5조 규정에 적합한 시설
- 지하수 등 사용시 화장실, 폐기물시설, 동물사육장 등 오염원으로부터 20미터 이상 떨어진 곳에 설치

○ 비상재해대비시설 : 소화기구, 경보설비, 비상구 설치

2) 정신요양시설 수용인원

• 입소정원은 300인 이하를 원칙으로 한다.

※ 보건복지부장관의 고시에 적합한 경우로서 시・도지사를 허가를 받은 때에는 300명 초과하는 시설 운영가능

• 시설장은 부득이한 경우 시・도지사의 허가를 받아 입소정원 30%내 추가입소 가능

• 입소정원은 거실별 실제바닥면적을 합산한 면적을 3.3㎡로 나눈 값

※ 거실 1실의 실제바닥면적이 33㎡을 넘으면 당해 거실의 입소정원은 10인임

예) 거실 5개 ⇒ 실제바닥면적 : 17㎡, 20㎡, 25㎡, 29㎡, 45㎡

거실별 실제바닥면적을 합산한 면적 = 136㎡

입소정원 : 37명 (45㎡일 경우 10명이므로 17+20+25+29/3.3 + 10 = 37)

3) 정신요양시설 인력기준

시설장	총무	정신과 전문의	간호사	보조원 (생활지도원)	영양사	사무원	정신보건 전문요원	작업 지도원	취사원 (조리원)	세탁원 (위생원)	경비원
1	1	1인이상	하단 참조	하단 참조	하단 참조	1인이상	1인이상	1인이상	2인이상	1인이상	2인이상

○ 시설장
- 시설장이 정신과전문의・간호사・영양사 또는 정신보건전문요원의 면허(자격)중 1이상 면허(자격)를 가지고 있는 경우 해당면허(자격)증 소지자 업무 겸직 가능
- 시설장이 정신보건전문요원의 자격과 간호사의 면허를 함께 보유시 그 업무중 하나만 겸직 가능

☞ 시설장외 종사자가 정신보건전문요원의 자격 또는 간호사의 면허를 가지고 있는 경우 그 업무 겸직 가능

○ 간호사 : 입소자 40인당 1인
(정원의 2분의 1의 범위내에서 간호조무사를 간호사로 갈음가능)

○ 보조원 : 입소자 25인당 1인

○ 영양사 : 입소자 50인이상 시설에 한함

○ 작업지도원 : 작업치료사, 사회복지사, 간호사, 간호조무사 자격소지자

○ 정신보건전문요원 : 여자입소시설은 여자정신보건전문요원 1인 배치

※ 정신보건전문요원 : 정신보건임상심리사, 정신보건간호사, 정신보건사회복지사

⇒ 정신보건전문요원의 업무범위 및 한계, 자격기준 등에 대해서는 정신보건법 시행령 제2조 제1항 및 제2조 제2항과 이에 관련된 별표 1과 별표 2 참조

3. 정신요양시설 입 퇴소 관리

1) 입소대상자

- 정신과전문의에 의하여 정신질환자로 진단된 자로서 본인이 당해 시설에 입소하기를 원하는 자
- 정신과전문의에 의하여 정신요양시설에 입소가 필요하다고 진단된 정신질환자로서 보호의무자가 당해시설에 입소시키고자 하는 자
- 정신과전문의에 의하여 정신요양시설에 입소가 필요하다고 진단된 정신질환자로서 시·군·구청장이 보호의무자가 되는 자

※ 입소시 첨부서류

△ 정신요양시설에 입소가 필요하다는 진단결과가 기재된 정신과전문의의 진단서 (최근 30일 이내에 발행된 것에 한한다)

△ 정신질환자 및 보호의무자의 주민등록등본 (시·군·구청장이 보호의무자인 경우는 제외)

△ 수급자증명서 1부(기초생활수급자에 한함)

⇒ 정신요양시설에는 국민기초생활보장법에 의한 수급자를 우선 입소시켜야 한다.

< 참고 : 보호의무자의 범위 및 순위 >

○ **정신질환자 보호의무자의 범위**

▶ **민법상의 부양의무자**

- 민법 제7장 부양 (제974조이하) 참조

▶ **민법상의 후견인**

- 민법 제5장 후견 (제928조이하) 참조

▶ **주소지 또는 현재지(주소불명인 경우) 관할 시·군·구청장**

- 보호의무자가 없는 경우
- 보호의무자가 부득이한 사유로 그 의무를 이행할 수 없는 경우

※ **다만 다음에 해당하는 자는 보호의무자가 될 수 없음**

△ 금치산자 및 한정치산자
△ 파산선고를 받고 복권되지 아니한 자
△ 당해 정신질환자를 상대로 한 소송이 계류 중인 자 또는 소송한 사실이 있었던 자와 그 배우자
△ 미성년자
△ 행방불명자

○ **보호의무자 사이의 보호의무의 순위**

▶ 민법상의 부양의무자의 순위

- 민법 제7장 부양 (제974조이하) 참조

▶ 민법상의 후견인의 순위

- 민법 제5장 후견 (제928조이하) 참조

2) 입소 및 퇴소절차

(1) 정신질환자 입소절차

• 기본원칙 : 누구든지 정신과전문의의 진단에 의하지 아니하고 정신질환자를 정신요양시설에 입원시키거나 입원을 연장할 수 없다.

• 자원입소 : 정신질환자는 본인이 제출한 입원신청서에 의하여 정신요양시설에 자의로 입소가 가능하다.

• 보호의무자에 의한 입원

– 정신질환자의 보호의무자의 동의가 있는 때에는 정신과전문의가 입원이 필요하다고 진단한 경우에 한하여 정신질환자 입소가 가능하다.

– 정신과전문의의 입원권고서에는 다음의 내용이 포함되어야 한다.

· 시설 입소치료를 받을 만한 정도 또는 성질의 정신질환에 걸려 있는 경우

· 자신의 건강 · 안전이나 타인의 안전을 위하여 입소할 필요가 있는 경우

– 보호의무자에 의한 입원기간은 6월 이내로 한다.

< 6월 경과후에도 계속 입소치료를 하기 위해서는 >

▶ 전제조건

△ 계속입원치료가 필요하다는 **"정신과전문의의 진단"**

△ 계속입원치료에 대한 **"보호의무자의 동의서"**

▶ 심사과정 **(매 6월마다 해야 함)**

1) 시설장의 계속입소치료에 대한 시 · 도지사 심사청구(입소만료일 30일전까지)

2) 시 · 도지사의 지방정신보건심의위원회에 심사내용 회부

3) 동위원회는 상기내용을 정신보건심판위원회에서 심사하여 시 · 도지사에 결과보고

4) 심사결과에 따른 시설장에 대한 시 · 도지사 명령

(2) 정신질환자 퇴소절차

• 기본원칙 : 정신질환자 본인 또는 보호의무자는 퇴소를 원할 경우 정신과전문의의 퇴소금지 진단에 의하지 아니하고는 시설에서 퇴소할 수 있다.

• 자원 입소시 퇴 : 정신요양시설의 장은 자원 입소한 환자로부터 퇴소신청이 있는 경우에는 지체 없이 퇴소시켜야 한다

※ 정신과전문의의 별도 진단이 필요 없이 지체 없이 퇴소조치를 해야 한다.

• 보호의무자에 의한 입소시 퇴소
- 시설장은 입원동의서를 제출한 보호의무자로부터 퇴원신청이 있는 경우에는 지체 없이 당해 환자를 퇴원시켜한다.
⇒ 단, 정신과전문의가 정신질환자의 위험성을 고지한 경우에는 시설장은 퇴원을 중지할 수 있으며, 이 경우 보호의무자는 즉시 지방정신보건심의위원회에 이의를 신청할 수 있다.
- 보호의무자에 의한 입소시, 정신질환자가 직접 퇴소를 청구한 경우에도 정신과전문의가 퇴원이 가능하지 않다는 의견을 표시한 경우가 아니라면 즉시 퇴원시켜야 한다.
• 정신요양시설 퇴소시 다른 시설에 일시보호
- 퇴소하는 자가 희망하는 경우에 한하여 사회복지시설이나 사회복귀시설에 일시적으로 보호조치가 가능하다.
• 무단퇴소자에 대한 조치
- 시설장은 입소중인 정신질환자로서 자신 또는 타인을 해할 위험이 있는 자가 무단으로 퇴소하여 그 행방을 알 수 없는 때에는 관할 경찰서장에게 탐색을 요청할 수 있다.

3) 퇴소심사 및 불복절차

(1) 퇴소심사가 필요한 경우

• 보호의무자에 의한 입소시, 보호의무자가 입소환자의 퇴소를 요구한 경우에 정신과전문의의 진단결과 퇴소가 불가능하다고 판정되어 보호의무자가 이에 불복하여 심사를 청구한 때
• 보호의무자에 의한 입소시, 입소환자 자신이 퇴소를 요구한 경우에 정신과전문의의 진단결과 퇴소가 불가능하다고 판정되어 입소환자가 이에 불복하여 심사를 청구한 때
• 보호의무자에 의한 입소시, 6월이 경과한 후에도 계속입원조치가 필요하다는 "정신과전문의의 진단"이 있고 "보호의무자가 입원동의서"를 제출한 때
☞ 자원입소의 경우, 환자 자신의 퇴소신청시 "퇴소 심사없이" 즉시 퇴소조치

(2) 퇴소심사 절차

가) 심사청구(상기 "퇴소심사가 필요한 경우" 참조)
- 시설장의 계속입소치료에 대한 시·도지사 심사청구
- 보호의무자, 입소환자의 퇴소불가에 대한 시·도지사 불복심사 청구

나) 시·도지사의 지방정신보건심의위원회에 심사회부

다) 지방정신보건심의위원회의 심사

- 지방정신보건심의위원회는 지체 없이 정신보건심판위원회에서 심사하여 그 결과를 시・도지사에게 보고해야 한다.

※ 시설장 의견 청취

→ 심사시 해당 정신질환자가 입원하고 있는 시설장의 의견을 청취해야 하나, 환자 및 보호의무자에게 유리한 경우에는 그 의견을 듣지 아니할 수 있다.

라) 심사결과에 따른 시・도지사의 처분

- 시・도지사는 심사결과에 따라 필요한 경우 시설장에게 퇴소를 명하거나 처우개선을 위하여 필요한 조치를 취하도록 명해야 한다.
- 시・도지사는 퇴원을 청구한 자에 대하여 심사결과 및 이에 따른 조치내용을 청구서 접수일로부터 30일 이내에 서면으로 통지하여야 한다.

※ 단, 부득이한 사유로 기간내에 통지하지 못할 때에는 그 사유와 심사 통지할 기한을 서면으로 통지하여야 한다.

마) 심사결과에 따른 시설장의 처분

- 시설장은 심사결과에 따라 퇴원명령을 받은 때에는 당해 환자를 즉시 퇴원시켜야 한다.
- 시설장은 정신질환자를 입원 또는 입원기간을 연장시킨 때에는 지체없이 본인에게 입원 또는 입원기간을 연장시킨 사유와 퇴원심사 청구에 관한 사항을 서면으로 통지하여야 한다.

바) 지방정신보건심의위원회 심사결과에 대한 불복청구

- 심사결과 통지에 불복이 있거나 기간내에 심사를 받지 못한 경우에는 보건복지부장관에게 재심사를 청구할 수 있다.
- 보건복지부장관은 재심사청구를 받은 때에는 즉시 당해 청구내용을 중앙정신보건심판위원회에 회부해야 한다.

4. 정신요양시설의 이용 및 운영

1) 정신질환자 일상생활 관련 사항

- 생활자가 일정표에 따라 적절한 운동・오락・교양시간 등을 가질 수 있도록 하고, 주1회 이상(5월에서 8월까지의 기간중 3월간은 주2회 이상) 목욕이 가능하도록 한다.
- 생활자 또는 그 보호자가 생활자의 외출・외박을 신청시 정신과전문의의 동의를 얻도록

하며, 시설장은 이에 관한 사항을 외출·외박기록부에 기록해야 한다.

- 시설장은 입소비용 및 생활자준수사항 등을 명시한 관리규정을 정하고, 이를 생활자에게 알려주어야 한다.
- 식단은 영양사가 작성하여야 하며(영양사가 없는 시설은 보건소의 지도를 받아 이를 작성) 전염성질환·화농성창상등 조리에 부적합한 질환을 가진 자의 조리를 금지한다.

2) 생활자의 건강관련

- 생활자에 매년 1회 이상 건강진단을 실시하며, 진단결과 전염병환자에 대하여는 보건소에 신고하고, 보건소장의 지시에 따라 필요한 조치를 취한 후 지체 없이 보호의무자에게 통보해야 한다.
- 생활자에 대한 진료 및 처방은 정신과전문의에 의해, 투약은 정신과전문의 또는 간호사에 의해 실시하며 진료기록부 및 투약관리대장에 기록·관리한다.
- 생활자가 합병증 등 다른 질병에 걸리거나 건강상태가 악화된 경우에는 일시적으로 격리된 거실에서 정신과전문의 등에게 필요한 진료 등을 받도록 하거나 의료기관으로 이송하여 입원 또는 통원치료를 받도록 조치해야 한다.
- 생활자가 의료기관의 입원치료가 필요한 경우에는 이를 보호의무자에게 통보한 후 퇴소 조치해야 한다.

※ 단, 생활자가 정신질환외의 질환으로 14일이내에 퇴원이 가능하다는 의사의 진단이 있는 경우 보호의무자와 협의하여 퇴소조치를 하지 아니할 수 있다.

3) 생활자 사회복귀관련

- 생활자 본인의 신청 또는 동의가 있는 경우, 정신과전문의의 지시에 따라 사회복귀훈련의 목적으로 단순작업을 통한 작업치료 실시
- 작업치료사·사회복지사·간호사 또는 간호조무사의 자격소지자를 작업지도원으로 임명하여 작업지도 등을 수행하고 작업지도원이 작업치료일지를 기록하고 정신과전문의의 확인을 받도록 한다.
- 작업시간은 1일 6시간, 1주당 30시간을 초과할 수 없다.

※ 작업결과 필요경비를 제외한 수익금전액은 작업자에게 각 개인별 예금계좌를 통하여 지급해야 한다.

4) 정신요양시설 운영관련 사항

(1) 비용징수 관련

- 입소정원의 30퍼센트 범위안에서 수급자가 아닌 자에 대하여 보건복지부장관이 정한 한도액 내에서 입소요금을 받고 입소가 가능하다.

※ 단, 시설의 현원이 입소정원에 미달하는 경우에는 시・도지사의 승인을 얻어 정원의 50퍼센트까지 수급자가 아닌 자의 입소가 가능하다.

- 입소요금은 월 단위로 정하며, 월별 입소요금은 당월에 이를 수납하되, 납부자가 원하는 경우에는 2월, 3월분의 요금의 일시수납이 가능하다.
- 입소요금은 종사자의 인건비등 시설운영비외 사용금지

(2) 장부 등의 비치 보존 관련

- 영구보존장부
  - 시설설치허가증・법인정관 및 시설의 연혁에 관한 기록부
  - 재산목록과 그 권리에 관한 증명서
- 10년보존장부
  - 입・퇴소자의 명단 및 신상기록, 요양보호경과・진료・투약・작업・면회・외출 등 요양보호생활을 기록한 서류
- 5년보존장부
  - 시설장 및 종사자의 인사기록부(이력서 및 해당자격증의 사본 포함)
  - 예산서 및 결산서
  - 총계정원장 및 수입・지출보조부
  - 금전 및 물품의 출납부와 그 증빙서류
  - 임금대장・자재(원료)출납부・제품출납부・제품매출대장(작업치료를 실시하는 경우에 한함)
- 3년보존장부
  - 시설운영일지
  - 보고서철 및 관계행정기관과의 수발문서철
  - 종사자의 인사・복무 및 시설운영에 관한 규정

(3) 기타시설관리 관련

- 시설장은 전기시설・가스시설・보일러등 화재유발시설에 대하여 정기 안전 점검 실시하는 등 안전관리에 유의할 것
- 생활자 무단이탈을 예방하기 위해 필요한 곳에 탈주방지시설을 설치하고 경비원・보조원 및 간호사 등 근무자가 정 위치에서 근무하도록 지도・감독
- 시설동별 주간 및 야간의 상시근무자를 지정・근무케 하고 정기 및 수시 자체안전점검 및 교육을 실시하고, 자체비상연락망 및 대응체계를 수립・실시한다.
- 사망자 발생시 보호의무자에게 인도하거나, 보호의무자가 시・군・구청장인 경우에는 관련법에 의거 매장 또는 화장하여야 한다.
- 시설장은 생활자 사망에 관한 사항을 시・도지사에게 매월 보고하고 시・도지사는 적법한 사망자 처리가 이뤄지도록 지도・감독해야 한다.

(4) 생활자에 대한 통제관련

• 정신질환자 치료에 필요한 경우에 한해 통신의 자유, 면회의 자유, 기타 대통령령이 정하는 행동의 자유 제한이 가능하다.

※ 제한할 수 있는 "행동의 자유"의 범위

△ 종교행사의 자유, 종교적 집회결사의 자유 및 선교의 자유

△ 학문예술의 자유

△ 사생활의 자유

→ 진료행위에 지장이 없고 타인에게 해를 주지 아니하는 경우에는 제한 금지

☞ 시설장이 행동을 제한하는 경우에는 정신과전문의의 지시에 따라야 하며 진료기록부에 기재해야 한다.

• 생활자 격리는 본인 또는 주변사람이 위험에 이를 가능성이 현저히 높고 격리외의 방법으로 그 위험을 회피하는 것이 뚜렷하게 곤란하다고 판단되는 경우에 당해 시설내에서 행하여져야 한다.

☞ 생활자 격리의 경우에는 정신과전문의의 지시에 따라야하며 이를 진료기록부에 기재해야 한다.

• 보건복지부장관 또는 시・도지사는 시설장에게 정신질환자의 요양과 사회복귀촉진을 위한 훈련에 지장이 없는 범위 안에서 지역주민, 사회단체, 언론기관 등이 정신요양시설의 운영상황을 파악할 수 있도록 당해 시설의 개방을 요구할 수 있다.

5. 운영에 대한 벌칙 및 행정처분

1) 벌 칙

위반사유	벌칙
▶ 시설장이 자의입원자의 퇴원을 거부하는 경우	5년이하 징역 또는 2천만원이하 벌금
▶ 심사결과 퇴원판정이 나왔음에도 시설장이 퇴원시키지 않을 경우	
▶ 보호의무자의 퇴원신청이 있을 경우 시설장이 정신과전문의의 위험성 고지가 없었음에도 퇴원시키지 않을 경우	
▶ 시도지사가 심사결과에 따라 퇴원을 명하였으나 이에 불응한 경우	
▶ 시도지사 또는 보건복지부장관이 정신보건심의위원회 위원으로 하여금 시설에 출입하여 입소대상자를 직접 면담한 결과에 따라 시도지사 또는 보건복지부장관이 퇴소를 명하였음에도 이에 불응한 경우	
▶ 정신과전문의의 진단없이 정신질환자를 입소시키거나 입소를 연장한 경우	
▶ 직무상 알게된 생활자의 비밀을 누설하거나 발표한 자에 대해	3년이하 징역 또는 1천만원이하 벌금
▶ 입소자의 통신의 자유를 제한한 자에 대해	
▶ 입소후 6월이 경과한 후 계속입원치료가 필요하다는 정신과전문의의 진단이 있고 보호의무자가 입원동의서를 제출한 때, 매 6월마다 시도지사에게 계속입원치료에 대한 심사를 청구하지 않거나 지연한 자에 대해	1년이하 징역 또는 5백만원이하 벌금
▶ 시방(중앙)정신보건심의회의 심사결과 또는 시설에 대한 방문 심사결과에 따른 시도지사의 처우개선 명령에 응하지 않는자에 대해	
▶ 생활자 또는 보호의무자의 동의를 얻지 않고 녹음, 녹화, 촬영을 한 자에 대해서	
▶ 정신과전문의의 지시에 따르지 않고 생활자를 격리한 자 또는 진료기록부에 기재하지 않은 자에 대해	
☞ 법인의 대리자 또는 법인이나 개인의 대리자,사용인 기타 종업원이 그 법인 또는 개인의 업무에 관하여 상기 위반행위를 한 때에는 **행위자를 벌하는 외에 그 법인 또는 개인에 대하여도 해당 위반행위에 해당하는 벌금을 과함**	

2) 벌칙 및 행정처분 : 100만원이하 과태료

- 정신요양시설의 폐지 · 휴지 · 재개시 미리 신고하지 않을 경우
- 입소기간 연장사유를 본인에게 서면으로 통지하지 않은 자에 대해
- 행정기관의 보고명령에 응하지 않거나 허위보고를 한자, 관계서류를 제출하지 않거나 허위서류를 제출한 자, 관계공무원 · 정신보건심의위원회 위원의 검사 · 심사를 거부방해 또는 기피한자

3) 행정처분

- 일반기준

- 위반행위의 차수에 따른 행정처분의 기준은 최근 2년간 같은 위반행위로 행정처분을 받을 경우에 적용하되 처분기준의 적용일은 동일한 위반사항에 대한 행정처분일과 재적발일을 기준한다.
- 4차위반을 한 경우에 있어서 3차위반의 처분기준이 사업정지인 경우에는 허가를 취소하거나, 폐쇄를 명한다.
- 동시에 2개이상의 위반행위가 있는 경우 다음의 구분에 의해 처분한다.
  △ 가장 중한 위반행위에 대한 처분기준이 허가취소에 해당하는 때에는 허가를 취소함
  △ 각 위반행위에 정한 처분기준이 사업정지에 해당하는 때에는 그 중 가장 중한 처분기준에 나머지 처분기준의 2분의 1을 더하여 처분한다.
- 1차 처분기준인 개선명령 또는 시설의 장의 교체명령은 위반 행위의 동기・정도 등을 감안하여 행하되, 위반사항이 경미한 경우에는 개선 명령을 우선적으로 발한다.
- 행정처분권자는 위반사항의 내용으로 보아 그 위반정도가 경미하거나 기타 특별한 사유가 있다고 인정되는 경우에는 처분기준에 불구하고 그 처분기준을 다음의 구분에 따라 경감할 수 있다.
  △ 사업정지의 경우에는 그 처분기준의 2분의 1의 범위안에서 경감이 가능하다.
  △ 허가취소, 시설폐쇄의 경우에는 20일이상의 사업정지로 갈음이 가능하다.

4) 처벌기준

위반행위	근거법령	행정처분 기준		
		1차 위반	2차 위반	3차위반 이상
1. 시설이 허가기준 미달 또는 위반한 경우	법 제11조 1호			
가. 설치기준 위반시		개선명령 또는 시설장교체	사업정지 8일	사업정지 16일
나. 입소인원 초과시		개선명령 또는 시설장교체	사업정지 6일	사업정지 10일
다. 종사자기준 위반시		개선명령 또는 시설장교체	사업정지 8일	사업정지 16일
라. 시설의 이용 및 운영 규정 위반시		개선명령 또는 시설장교체	사업정지 6일	사업정지 10일
2. 법인 설립허가 취소시	법 제11조 2호	허가취소		
3. 이법 또는 이법에 의한 명령 위반시	법 제11조 4호			
가. 중앙(지방)정신보건심의위원회 심사결과에 따라 복지부장관(시도지사)이 명한 퇴소, 처우개선 명령에 불응시		개선명령 또는 시설장교체	사업정지 8일	사업정지 16일

5) 관리 감독

- 시 · 도지사는 매반기 1회이상 정신요양시설에 대하여 소관업무에 관한 지도감독을 실시한 후 지도감독 결과를 다음 반기가 시작되는 달의 말일까지 보건복지부장관에게 보고한다.
- 시설장은 정신질환자 및 시설종사자의 월별변동사항을 다음달 7일까지 시 · 도지사에게 보고하고 시 · 도지사는 매분기별로 이를 종합하여 매 분기가 끝나는 달의 다음달 20일까지 보건복지부장관에게 보고한다.

제15장 개인운영시설 운영관리

제 1 절 개인운영시설의 의의

사회복지시설은 설립 및 운영주체에 따라 분류하는데, 개인시설은 법인, 단체, 개인 등이 설립하고 운영하되, 국가에서 시설에 대해 기능보강비, 운영비 등을 직접적으로 지원하지 않는 시설로써 법인시설은 기초생활보장수급자를 시설수급자로 관리하고, 개인시설은 수급자를 지역수급자로 관리하고 있다.

- 노인복지시설 : 50인이상 시설중 생활자의 70%이상이 매달 평균 50만원이상 생활비를 지급하는 시설
- 장애인복지시설 : 100인이상 시설
- 아동복지시설 : 50인이상 시설
- 모부자복지시설 : 20세대이상 또는 50인이상 시설
- 부랑인복지시설 : 100인이상 시설
- 정신보건시설 : 완화조치 없이 현행규정 적용

제 2 절 개인운영시설 운영관리

1. 개인시설의 입소대상자 및 입 퇴소 절차

ㅇ 저출산·고령화, 핵가족화 등 사회변화에 따라 시설에 대한 복지수요는 증가하고 있으나 공공시설 및 법인시설 등 정부차원의 노력만으로는 이를 충족시키지 못하고 있는 현실이다.

○ 개인시설의 입소대상자 기준

시설종	세부시설종	완화된 입소기준
공통적용사항		○무료(수급자), 실비, 유료생활자 혼합 수용 가능 ○단, 노인, 아동 등 대상자별로는 구분해서 수용할 것
노인시설	양로시설	일상생활에 지장없는 65세 이상 노인
	요양시설	노인성 질환 등으로 요양이 필요한 65세이상 노인
	전문요양시설	치매·중풍 등 중증 노인성 질환의 65세이상 노인
장애인시설	생활시설	법정 등록장애인
아동시설	생활시설	"완화조치 없이 기존시설과 동일한 기준 적용"
모부자시설	생활시설	배우자가 없거나 배우자로부터 실질적 부양을 받을 수 없는 모(부)자
부랑인시설	생활시설	시설입소를 원하는 부랑인 및 노숙인
정신시설	정신요양시설	정신보건법 등 현 기준 적용
	사회복귀시설	정신보건법 등 현 기준 적용

○ 개인운영시설 입퇴소절차 : 공통적용사항

– 입소절차

◦ 개인운영시설 입소기준에 해당하는 복지대상자는 "시설장과 생활자" 또는 "시설장과 보호자" 간 입소관련 민사계약에 의거 입소가 가능하다.

※ 시설장이 긴급히 보호할 필요성 있다고 판단되는 복지대상자를 발견시, 긴급입소가 가능하며 사후에 생활자 또는 보호자와 입소계약을 체결할 것

· 계약서에는 입소기간, 입소비용 등을 반드시 기재할 것 (서식 4 참고)

– 퇴소절차

· 생활자 또는 보호자는 자유의사에 의거 퇴소가 가능함

– 시군구 현황보고

◦ 시설장은 매분기 1회(3월, 6월, 9월, 12월의 말일) 분기별 생활자 입·퇴소 현황을 시·군·구에 보고함(서식 5 참조)

○ "아동" 개인운영시설 입·퇴소 절차

– 입소절차

· 아동복지법상 시설보호가 필요한 아동을 개인운영시설에 입소시킬 경우 해당 시설장은 "시군구청장의 사후승인"을 얻어야 하며, 시군구청장의 사후승인을 시설장과 아동(보호자)의 입소계약으로 갈음

· 시군구청장은 입소아동이 아동복지법상 시설보호가 필요한 요보호아동이 아닌 경우에는 입소승인을 거부한 후 귀가조치 등을 통해 아동의 최상의 이익을 위한 적절한 보호조치를 취할 것

※ 시설입소는 "아동 또는 보호자에 대한 상담지도", "보호자 또는 대리양육을 원하는 연고자 가정에서의 보호양육", "보호를 희망하는 자에 대한 보호위탁"이 적합하지 아니한 경우에 보충적으로 행할 것

– 퇴소 및 귀가절차 : 기존시설과 동일하게 진행

2. 개인시설의 시설 설비기준

○ 개인운영시설의 경우, 시설・설비기준에 대해 각 개별법령에 규정되어 있는 법적요건만 심사하고 개별시설 지침의 사항은 적용하지 않도록 한다.

시설설비기준 : 보건복지부 지침 III. 사회복지시설별 적용사항 참조

<table>
<tr><th>시설종</th><th>세부시설종</th><th>관련법령</th><th>비고</th></tr>
<tr><td rowspan="2">노인복지시설</td><td>노인주거복지시설(양로)</td><td>노인복지법시행규칙
제17조제1항관련 별표2</td><td rowspan="9">○ 사무실, 의무실 등 법령에 규모가 규정되어 있지 않은 사항에 대해서는 최대한 유연하게 대처
○ 생활자가 혼재되어 있어 특정 시설 규정이 어려울 경우 보다 완화된 기준의 시설을 시설장에게 안내
○ 장애인시설과 아동시설은 공동생활가정에 대한 근거규정이 마련되었으므로 소규모시설에 대해 적극적으로 홍보
○ 노인시설 중 유료시설에 대한 특례조항(저당권 등)으로 인해 신고전환이 어려운 시설에 대해서는, 법령에 위반되지 않은 범위내에서 실비시설로 접수할 것</td></tr>
<tr><td>노인의료복지시설(요양, 전문요양)</td><td>노인복지법시행규칙
제22조제1항관련 별표4</td></tr>
<tr><td>장애인복지시설</td><td>장애인생활시설 등</td><td>장애인복지법시행규칙
제33조관련 별표4</td></tr>
<tr><td>아동복지시설</td><td>아동생활시설 등</td><td>아동복지법시행규칙
제11조관련 별표2</td></tr>
<tr><td>모부자복지시설</td><td>모자생활시설 등</td><td>모부자복지법시행규칙
제10조제1항관련 별표2</td></tr>
<tr><td>부랑인시설</td><td>부랑인시설 등</td><td>부랑인복지시설설치운영규칙
제11조 별표1</td></tr>
<tr><td rowspan="2">정신보건시설</td><td>정신요양시설</td><td>정신요양시설의설치기준및운영등에관한규칙
제2조관련 별표1</td></tr>
<tr><td>사회복귀시설</td><td>정신보건법시행규칙
제10조제1항관련 별표4</td></tr>
</table>

※ 본 규정이 적용되지 않은 개인운영시설은 해당 법령 및 지침을 적용

3. 개인운영시설의 시설장 및 종사자 자격기준

○ 조건부신고시설 및 미신고시설에서 개인운영신고시설로 전환한 시설은 "미신고복지시설 종합관리대책 보완지침('04.6.)"을 적용

– '04. 12월 현재 복지부 지침에 의하여 보고된 시설에 유예조치 가능하며 이후 신규발생

개인운영 신고시설은 시설장 유예조치 적용 불가.

○ 시설장 상근의무와 관련하여 정부에서 시설장 인건비를 지원하는 시설에 대해서는 통상적인 업무시간내(오전 9시~오후 6시) 당해시설에서 근무가 가능한지 여부를 철저하게 관리하되

- 정부에서 인건비를 지급하지 않은 개인운영시설은 시설장이 실질적으로 시설을 관리·감독할 수 있는 지 여부에 따라 시·군·구 자체적으로 판단하여 최대한 유연하게 규정을 적용할 것

○ 사회복지시설의 정년제는 정부에서 인건비를 지급하는 시설에 대한 보조금 집행지침이므로, 정부에서 인건비를 지급하지 않는 시설에 대해서는 근로기준법 등 관련법령을 통해 노사간 합의에 의해 자율적으로 규정할 것

○ 종사자기준에 대해서는 "미신고복지시설 종합관리대책 보완지침(' 04. 6)"에 규정되어 있는 완화된 기준을 적용할 것(시설장 포함 숫자)

- 6~10인미만 시설 : 2명 (5인이하는 1명)
- 10-20인미만 시설 : 3명
- 20-30인미만 시설 : 4명
- 30-50인미만 시설 : 6명
- 50인이상 시설 : 시군구 판단하에 법적기준의 최대 2명까지 완화가능

○ 30인이상 시설의 경우 종사자 수 완화와 별도로 아래의 자격에 해당하는 시설종사자는 고용하도록 할 것

- 노인주거복지시설 : 생활복지사 1인
- 노인의료복지시설 : 생활복지사 1인 또는 간호(조무)사 1인
- 장애인생활시설 : 간호(조무)사 1인 또는 (촉탁) 의사 1인
- 아동복지시설 : 보육사 1인
- 모부자복지시설 : 상담지도원 1인
- 부랑인복지시설 : 생활지도원 1인
- 정신시설 : 완화조치 없음

4. 개인운영 사회복지시설에 대한 지원

1) 추진방침

○ 사회복지시설로 신고한 시설(조건부 신고시설 제외)중 개인이 운영하는 시설에 대해 안전관리 등을 위한 최소한의 지원을 2003년부터 실시

(1) 개인운영신고시설 인건비를 지원하는 지자체에 대해 사회복지시설(이용시설 포함) 신규 설치, 기능보강 등에서 우선지원 예정

(2) 사회적 일자리, 자원봉사자, 사회복지학과 실습과정 등과 연계하여 개인운영신고시설 연간 인력지원 계획 수립

(3) 개인운영신고시설이 지역사회내 복지자원으로 기여할 수 있도록 지역사회복지협의체 등에서 일정한 역할 부여 등

2) 지원내용

(1) 화재보험료 지원

○ 개인이 운영하는 사회복지시설(공동생활시설 포함)에 대해 화재보험료 지원이 가능하도록 2003년 예산 반영(복지부, 자치단체)

– 시설 규모를 기준으로 적정 보험료 지원

○ 지원방법은 기존의 사회복지시설 지원절차를 준용하며, 동 사항을 2003년 관련 지침에 반영(복지부)

(2) 전기 수도료 등 공공요금 지원

○ 개인이 운영하는 10인 이상 생활시설에 대해 전기료, 수도료 등 공공요금의 일부 지원

○ 지원방법은 기존의 사회복지시설 지원절차를 준용하며, 동 사항을 2003년 관련 지침에 반영(복지부)

(3) 안전관리를 위한 개 보수비 지원

○ 지원방법은 기존 사회복지시설에 대한 기능보강비 지원 절차 준용

○ 10인 이상 시설에 대한 지원을 원칙으로 하되, 화재위험 등 시급한 경우에 대해서는 10인 미만 시설(공동생활시설)에 대해서도 지원(복지부 해당과 2003년 지침 반영)

(4) 인력지원

○ 종합복지관, 노인・장애인복지관 등의 복지전문인력 순회 지도(지침 추후 시달)

○ 자원봉사센타(행자부)와 연계하여 자원봉사자 지원 실시(시군구)

○ 공공근로요원, 자활근로요원 등을 지원

○ 사회적 일자리형 자활근로사업 등 자활인력 활용

– 기 시달된 사회적 일자리형 자활근로인력이 개인운영신고시설에 많이 배치될 수 있도록 각별한 관심을 기울이고 방문도우미 사업 등 다양한 자활인력을 지원에 활용

○ 자원봉사자, 사회복지학과 실습과정 등

– 해당 시・도, 시・군・구의 자원봉사센터, 지역대학 사회복지학과 등과 긴밀한 연계체계를 구축하여 개인운영신고시설에 대한 인력지원이 연중 지속될 수 있도록 연간 계획 수립

※ 사회복지학과 실습과정의 경우 1일 8시간 년 15일이상 인력활용이 가능하므로 한국사회복지교육협의회 등 관련단체와 유기적 협조체계 구축하여 지원계획 수립

(5) 기초생활수급자 생계급여

○ 개인운영시설에 대해서는 사회복지시설에 대한 기존의 기초생활생계급여 기준을 적용하지 않고, 현재 수급자에게 지원되는 생계급여를 개인에게 지급

– 기타 시설 운영에 필요한 비용은 현행대로 각 시설이 자체 충당

(6) 개인운영신고시설 인건비 지원

○ 개인운영신고시설 인건비를 지원하는 지자체에 사회복지시설(이용시설 포함)의 신규설치 등에서 우선지원 예정

– 지원대상시설은 무료 또는 실비형태로 운영되는 50인이하 시설중 종사자 기준을 충족하지 못하는 개인운영신고시설에 한하며 기존 종사자가 아닌 신규로 고용하는 시설종사자에 대한 인건비 지원임

※ 신규종사자 고용으로 인해 기존 종사자를 해고할 경우 인건비 지원을 중단하고 다른 개인운영시설 지원

– 사회복지시설 신규설치를 희망하는 지자체 중 개인운영신고시설 인건비 지원의사를 밝힌 지자체에 선정에 있어 가점부여

※ 해당 시・군・구에 지원대상 개인운영신고시설이 없을 경우 시・도 차원에서 인근 시・군・구의 개인운영신고시설을 지원(권고사항)

○ 민간재원, 후원금 등과 연계하여 지속적으로 개인운영시설에 대한 인건비 지원이 가능하도록 계획 수립

※ 복지부 차원에서도 예산, 복권기금, 각종 민간재원 등을 통해 지원방안 마련 예정

○ 국민기초생활보장사업 안내 개정

(7) 개인운영신고시설의 지역사회내 역할 강화

○ 법인시설과 자매결연

- 개인운영신고시설과 법인운영시설과 자매결연을 추진하여 프로그램 공동개발 및 공동활용, 시설종사자 및 생활자간 교류, 고급설비 공동사용 등 개인운영신고시설 복지서비스 질 향상 도모

※ 정부가 지원하는 법인시설과의 교류를 통해 정부지원 효과를 배가함

○ 지역사회복지협의체 등 참여

- 2005년 7월 31일 전국적으로 구성예정인 지역사회복지협의체에 해당지역 개인운영신고시설의 대표자를 1인이상 참여시켜 지역복지정책 등 현안을 논의케 함
- 지역사회복지협의체에서 개인운영신고시설과 지역복지자원과의 연계방안을 논의한 후 지역복지정책에 반영될 수 있도록 함

○ 푸드뱅크 등 지역내 신규사업시 우선지원 등

(8) 기타 참조 및 행정사항

가. 시설 입소기준 유예

○ 복지대상자별 입소기준 유예

- 신고접수시 현재 입소하고 있는 다양한 생활자 인정
- 다수의 생활자 또는 시설장이 원하는 시설형태로 신고접수
- 신고시설 전환후 입소가능한 생활자 외 다른 생활자 입소금지

※ 단 정신질환자 수용시설의 경우, 기존 신고시설과 동일하게 엄격한 입소기준을 적용할 것

○ 무료, 실비, 유료 입소기준 유예

- 현재 무료입소대상자, 실비입소대상자, 유료대상자가 혼재해 있더라도 인정
- 다수의 입소형태 또는 시설장이 원하는 시설형태로 신고접수
- 무료시설, 실비시설, 유료시설 중 시설장이 택하도록 하며 개별법령 및 지침 개정시까지 아래의 비율을 유지토록 함

※ 무료시설 : 무료입소자 및 실비입소자 비율이 70% 이상
실비시설 : 무료입소자 및 실비입소자 비율이 50 ~ 70%미만
유료시설 : 무료입소자 및 실비입소자 비율이 50% 미만

☞ 무료입소자는 기초생활수급자 및 기타 무료입소자를, 실비입소자는 생활자가 월 35만원이하의 생활비를 납부하는 자를, 유료입소자는 월 35만원을 초과하여 납부하는 자를 의미함

5. 시설신고기준 완화 및 공동생활시설에 대한 근거마련

가. 추진방침

○ 현재 일률적으로 규정되어 있는 시설신고기준을 시설종별 및 생활자 특성을 감안하여 완화함으로써 신고시설 진입장벽 제거

- 개별법 시행규칙 및 관련 지침개정을 통해 미신고 복지시설을 제도권내로 편입할 수 있도록 함
- 개정된 기준에 의해 미신고 복지시설이 신고시설로 전환될 수 있도록 적극 유도(시군구)

○ 공동생활시설에 대한 규정을 마련하여 10인 미만 생활시설을 제도권으로 흡수

- 관련 개별법 시행규칙에 공동생활시설에 대한 관련 규정을 마련하고 설비기준 및 인력기준 설정(복지부)

※ 장애인공동생활시설(5~10인), 정신질환자 주거시설(10인 이하) 등 10인 이하 생활시설 규정이 있는 경우 기존 제도 보완 활용

○ 시설장 자격요건 5년 유예

- 2005.7.31.일까지 정식 시설로 신고하는 미신고 복지시설에 대해서는 2007. 7. 31까지 시설장 자격을 획득하는 것을 조건으로 시설장 자격 (사회복지사) 유무와 상관없이 시설장 자격요건 이외의 신고조건을 충족했을 경우 신고 수리

※ 유예기간내에 시설장이 자격을 획득하지 못한 시설이 자격있는 시설장 고용 등 시설장 자격요건 충족을 위한 별도의 조치를 하지 않을 경우 시설신고 수리 철회

○ 시설장 자격기준중 사회복지사 자격은 2급에서 3급으로 완화

나. 10인 이상 생활시설 신고기준 완화

□ 30인 이상 사회복지시설

○ 현행 기준을 유지하되 시설의 수용대상 특성 등을 고려하여, 설비기준 및 인력기준 조정

예시) 30인 이상 노인요양시설 개정 : 사무실, 숙직실 겸용 가능, 면회실 폐지, 간호사실, 생활보조원실을 겸용 가능토록 함.

□ 30인 미만~10인 이상 사회복지시설

– 시설 규모 및 특성 등을 고려하여 겸용이 가능한 설비는 겸용하여 사용하게 하는 등 설비기준 및 인력기준을 탄력적으로 완화

예시) 노인복지법 시행규칙 : 사무실, 면회실, 의무실, 자원봉사자실, 간호사실, 생활보조원실 등을 겸용 가능토록 개정

다. 공동생활시설 신고기준

□ 설비기준

○ 거실, 조리실, 화장실 등 기본시설 만을 요건으로 함.

– 별도의 면적기준을 적용하지 않고 시설의 기능에 필요한 정도만 규정

□ 인력기준

○ 별도의 인력기준을 요구하지 아니함. 단, 시설장에 대해서는 사회복지사 3급자격증 요구

– 개별시설의 특성상 필요시 별도 자격기준 마련

1) 개인운영시설의 설치 및 종사자 기준 완화조치

○ 개인운영시설의 경우 국가에서 수급자 생계비 등을 통해 간접적으로 지원하고 있으나, 시설에 대해 기능보강비, 운영비, 인건비 등을 직접적으로 지원하지 않음으로서 법인시설과 동일한 법적요건을 요구할 경우 시설운영에 어려움이 있어 생활자에 대한 복지의 질이 저하되지 않는 범위내에서 법적절차 및 기준 등을(정신보건시설 제외) 완화하며, 현재 복지부 차원에서 법·제도에 대해 개정작업에 있으므로, 개인이 운영하는 사회복지시설이 설치·운영되는 경우 개정작업이 완료될 때까지 본 사항을 적용하여 관리하고 있다.

2) 개인운영시설의 설치 및 종사자 기준 완화조치 범위

○ 무료, 실비, 유료생활자의 혼재를 인정하되, 대상자별로는 기존과 동일하게 혼합시설을 인정하지 않는다. (단, ' 04. 12.현재 생활자는 인정)

○ 입·퇴소절차를 당사자간 계약에 의해 간편하게 할 수 있도록 하되, 아동시설은 시설특성상 약간의 규제를 두고 있다.

○ 신고기준은 미신고복지시설 종합관리대책의 연장선상에서 추진

▷ 완화조치의 범위

시설종	입소기준	입퇴소절차	시설설비	시설장자격	종사자기준
노인시설	완화	완화	현행유지	현행유지	완화
장애인시설	완화	완화	현행유지	현행유지	완화
아동시설	현행유지	완화	현행유지	현행유지	완화
모부자시설	완화	완화	현행유지	현행유지	완화
부랑인시설	완화	완화	현행유지	현행유지	완화
정신시설	현행유지	현행유지	현행유지	현행유지	현행유지

3) 관리시 참고사항

○ 사회복지시설의 1차적인 관리주체는 해당 시군구이므로 사회복지사업법 및 개별법령을 참고한 후, 시군구 실정에 맞게 개인운영시설을 자율적으로 관리·감독할 것

※ 개인운영시설은 생활자의 인권, 안전, 복지 등에 대해서는 기존 시설과 동일하게 관리하되, 그 외 시설운영에 관한 측면은 최대한 자율성을 부여

제16장 노인장기요양 서비스

제1절 노인장기요양보험제도의 개요

급속한 고령화로 인해 치매, 중풍 등 장기요양서비스가 필요한 노인 급증으로 장기요양이 필요한 노인의 수가 전체노인의 3.2%(17만명)에 해당하고 가족관계의 핵가족화로 여성의 사회활동 확대, 보호기간의 장기화(평균 5년) 등으로 개인 또는 가정에 의한 요양보호는 한계에 도달하였다.

그러나 중산·서민층 노인이 이용할 수 있는 요양시설이 절대적으로 부족하고, 유료시설 이용시 비용부담도 과중(월 100 ~ 250만원)하여 가정내 요양보호를 방치하거나, 시설입소 후 연락이 두절되는 경우, 치매 시모 살해사건 등의 발생과 만성질환 노인 증가로 노인의 보호, 주거, 의료등이 사회적 문제로 심각하게 대두되고 있다.

정부는 급속하게 진행되는 고령화에 대비, 공적노인요양보장체계를 확립하여 국민의 노후불안 해소 및 노인가정의 부담비용 경감을 도모하고자 제도를 도입하였다.

노부모 부양에 대한 인식변화

※ 통계청, 「사회통계조사」, 각 년도

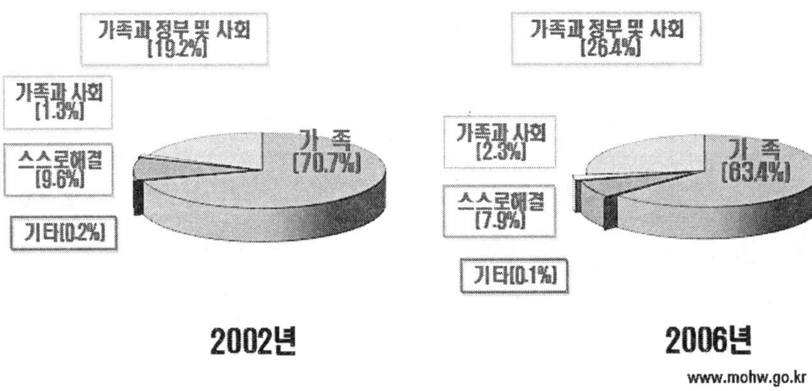

가족의 노부모 부양책임 의식은 2002년에는 여전히 높았지만, 시간이 흐름에 따라가족의 노부모 부양책임이 급속도로 낮아지는 추세로 정부 및 사회의 공동책임 의식이 빠르게 증가하고 있다.

1. 노인장기요양보험제도제도의 기대효과

○ 노인의 삶의 질이 크게 향상

- 비전문적 가족요양 ⇒ 계획적인 전문적인 요양, 간호서비스 제공
- 신체기능 호전, 사망률 감소

○ 가족의 부양부담 경감

- 시설 및 재가급여비용 절감

○ 여성 등 비공식적 수발자의 경제활동 증가 사회서비스 일자리 확대

- 2010년 장기요양관리요원 3,800명, 요양보호사 5만2천명 등 고용창출

○ 고령친화산업 및 지역경제 활성화

- 복지용구·재활용품 산업의 활성화 및 지역요양시설의 확대

○ 노인의료비 사용의 효율화

- 급성기 병상 → 요양병원 → 요양시설로 서비스 체계 전환

2. 서비스제공형태의 변화

● 노인장기요양보험제도 도입에 따른 영향서비스 대상의 확대

- 국고지원금에 의해 빈곤층에 국한된 잔여적 서비스제공에서 사회보험을 기반으로 하는 보편적 서비스를 제공한다.

● 서비스 구매방식으로 변화

- 장기요양서비스 시장에서 수급자가 서비스를 선택하여 다수의 서비스 제공자로부터 서비스를 구매하는 방식으로 변화

● 수급자 선정절차의 변화

- 통일적이고 표준화된 평가도구로 수급자격을 심사하여 대상자 선정하는 방식으로 변화

● 운영비 지원방식의 변화

- 일반조세에 의한 포괄적 국고보조금 지원방식에서 사회보험에 의한 서비스 실적에 따른 수가지불방식으로 변경

● 독점 서비스공급체계에서 다수의 경쟁적 서비스공급체계로 변화

- 과거 독점적 서비스 제공자의 역할 수행을 통한 안정적 운영이 보장되었으나 다수의 경쟁적인 서비스 제공기관으로 존재하게 됨

3. 수급자에 대한 변화

- 장기요양서비스 이용에 대한 보편성이 확보됨
– 피보험자 소득에 비례한 보험료 징수와 서비스 이용에 대한 본인부담금 지불
- 수급자가 일방적으로 서비스를 받는 형태에서 수급자가 선택권을 갖고 서비스 공급자를 선택할 수 있는 체계로 변화
– 서비스 수요자에 대한 권한부여(empowerment) 및 선택(choice) 범위 확대

4. 제도의 목적

고령이나 노인성 질병 등의 사유로 일상생활을 혼자서 수행하기 어려운 노인들에게 신체활동 또는 가사활동 지원 등의 장기요양급여 서비스를 수급자에게 제공하여 노후의 건강증진 및 생활안정을 도모하고 그 가족의 부담을 덜어줌으로써 국민의 삶의 질을 향상하도록 하는데 목적이 있다.

5. 대상자

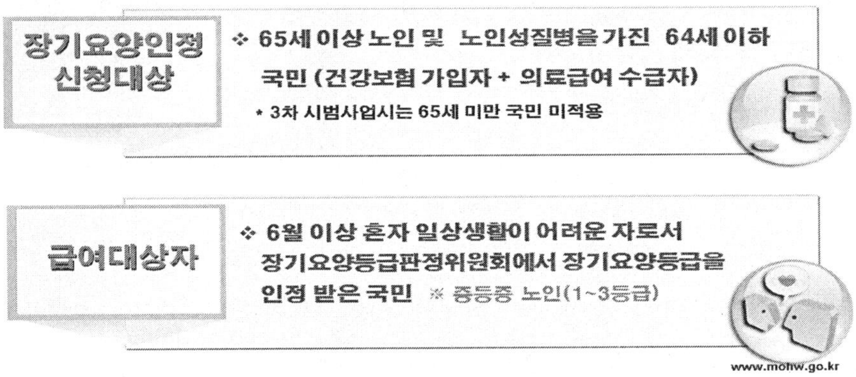

제2절 노인 장기요양시설의 개념

1. 장기요양시설의 종류

노인 장기요양시설은 「노인 장기요양보험법」(이하 "법"이라 한다)이 정하는 바에 따라 요양급여를 제공하고 요양급여 비용을 지급받는 시설로서 장기요양기관[9]과 재가 장기요양기관으로 구분 되며, 치매, 중풍 등 노인성 질환으로 심신에 상당한 장애가 발생하여 도움을 필요로 하는 수급자에게 급식, 요양과 그 밖에 일상에 필요한 편의를 제공하는 시설과 방문서비스를 실시하는 기관을 의미한다.

2. 장기요양급여제공 이용 절차

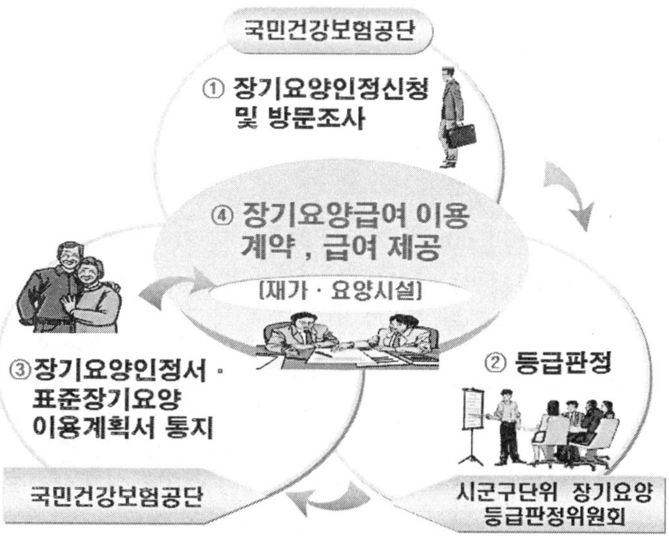

---

9) ※ 장기요양기관은 법 시행규칙 제23조의 시설 및 인력기준을 갖추어 특별자치도지사 · 시장 · 군수 · 구청장으로부터 장기요양기관으로 지정받도록 되어 있음
※ 장기요양기관 중 노인요양시설은 입소정원 10명 이상(입소정원 1명당 연면적 23.6㎡ 이상의 공간을 확보하여야 한다)이고, 노인요양공동생활가정은 입소정원 5명 이상 9명 이하(입소정원 1명당 연면적 20.5㎡ 이상의 공간을 확보하여야 한다)의 시설을 의미(노인복지법 시행규칙 제22조 별표4)

3. 장기요양등급판정체계

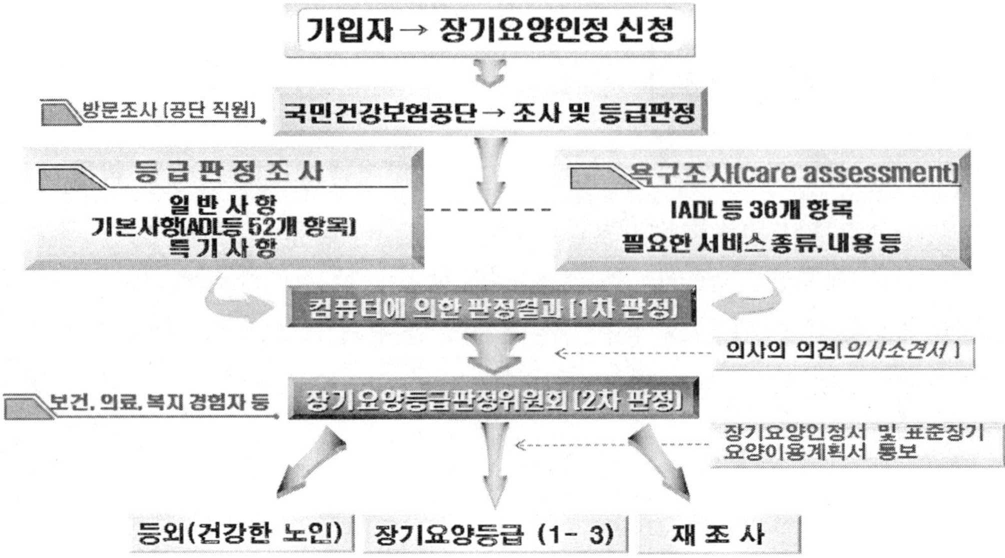

4. 장기요양급여의 종류

구분	내용
시설급여	노인요양시설 및 노인요양공동생활가정에 장기간 동안 입소시켜 신체활동 지원 및 기능회복훈련 등을 제공
재가급여 현물급여 [원칙]	방문요양…장기요양요원이 가정을 방문하여 목욕,배설,가사 등 일상생활지원 방문목욕… 목욕장비를 갖추어 가정을 방문하여 목욕서비스 제공 방문간호 … 의사의 지시를 받은 간호사가 노인을 방문하여 간호서비스 제공 주야간보호 … 하루 중 일정 시간 동안 주야간보호시설에서 노인을 일시 보호 단기보호 … 단기간동안 노인을 입소시켜 보호 복지용구 … 휠체어, 지팡이, 전동침대 등을 구입 또는 대여할수 있도록 지원
현금급여 보완적안정	가족요양비 …수급자가 가족 등으로부터 방문요양에 상당한 요양급여를 받은 때 지급 특례요양비 …미지정수발기관에서 장기요양급여를 받은 경우 비용의 일부지급 요양병원간병비 …노인전문병원, 요양병원에 입원한 때 간병소요비용의 일부지급

5. 노인복지법 시행령 시행규칙 개정안 주요내용

노인장기요양보험제도 시행에 대한 노인복지법 시행령 및 시행규칙 개정안의 주요내용을 살펴보면, 노인주거복지시설과 노인의료복지시설을 통합・개편한 개정된 노인복지법에 따라 시설 및 인력기준을 재설정하였다.

○ 노인요양시설을 탄력적으로 운영할 수 있도록 하기 위하여 사무원・조리원 및 위생원 등 간접인력은 필요수로 규정

○ 노인요양시설의 직원배치기준중 요양보호사를 "입소자 3인당 1인"에서 "2.5인당 1인"으로, 간호사를 "입소자 2.0인당 1인"에서 "2.5인당 1인"으로, 사무국장 "1인"에서 "입소자 50인이상 1인"으로 각각 변경

○ 신설되는 노인요양공동생활가정의 직원배치기준을 시설장 1인과 간호(조무)사 1인 또는 물리(작업)치료사 1인, 입소자 3인당 요양보호사 1인으로 한다.

○ 입소자 1인당 면적기준(침실 포함)을 시설별로 의무적으로 확보하도록 하여 시설 입소자에 대한 서비스 질에 대한 제고

– 양로시설과 노인공동생활가정의 입소자 1인당 면적기준 : 15.9㎡

– 노인요양시설의 입소자 1인당 면적기준 : 23.6㎡

– 노인요양공동생활가정의 입소자 1인당 면적기준 : 20.5㎡

○ 재가노인복지시설의 시설 및 직원배치기준을, 노인장기요양보험법령상의 재가장기요양기관의 시설 및 인력배치기준과 일치시키되, 기초수급권자와 요양서비스 등급외의 자에 대한 적정 서비스를 제공토록 하기 위하여 사회복지사는 필요수가 아닌 정수 1인으로 한다.

○ 재가노인복지시설장의 자격기준을 사회복지사, 의료인, 요양보호사 1급중 5년이상의 경력이 있는 자로서 보건복지부장관이 정하는 소정의 교육을 이수한 자로 한다.

○ 재가노인복지시설의 시설기준 등을 정함

– 방문요양 및 방문목욕 : 시설전용면적 16.5㎡ 이상(연면적 기준)

– 주・야간보호, 단기보호의 정원 및 시설면적

・ 이용정원 : 5인 이상

・ 시설면적 : 시설 연면적 각각 90㎡ 이상
(정원 6인 이상의 경우 : 1인당 6.6㎡ 이상 공간 추가 확보).

○ 노인요양시설 등의 입소대상자의 범위를 정함

– 노인요양시설 및 노인요양공동생활가정의 입소대상자를 요양을 필요로 하는 자로서 65세이상의 노인과 65세 미만의 노인성질환을 가진자와 기초수급권자와 부양의무자로부터 적절한 부양을 받지 못하는 자중 해당 시장·군수·구청장이 인정한 자도 입소가능하다.

○ 입소자 등의 입소비용(비용부담) 주체를 명확히 함

– 기초수급권자와 부양의무자로부터 적절한 부양을 받지 못하는 자의 노인요양시설 및 노인요양공동생활가정에의 입소비용과 기초수급권자의 재가노인복지시설에의 이용비용은 국가 및 지방자치단체가 이를 전액 부담하도록 한다.

○ 기초수급권자에 대한 입소조치제도 존치

– 현행 노인복지법령상의 입소조치제도는 시설현황 등 관련정보에 취약한 기초수급권자의 시설입소를 돕는 측면과, 비용부담자(국가 및 지자체)로서의 관리책임 문제가 동반된다는 측면에서 입소조치 계속 존치 필요

○ 시설통합에 따른 인력 및 시설기준을 시행일로부터 5년이내에 갖출 수 있도록 하는 유예조치규정을 두었다(2013.4.3.까지).

– 요양시설의 인력 및 시설기준이 종전 전문요양시설의 수준으로 강화됨에 따라 변경되는 시설기준 및 인력기준을 갖추는데 필요한 유예기간을 두어 시설기준 등 충족에 따른 부담 최소화

○ 현재 노인생활시설·재가노인시설에서 종사하는 생활지도원과 가정봉사원을 대체하여 보다 전문적 교육과 충분한 경험을 가진 요양전문인력인 요양보호사의 등급별 직무범위, 교육시간과 교육과정 등을 마련하였다.

– 교육과정 : 별도 붙임 참조

· 경력증명 발급기관(붙임 : 참조)의 범위에 '기타 장관이 정하는 기관(단체)'를 포함

요양보호사교육과정 (제29조의2제2항관련)

1. 등급별 교육과정

가. 양성과정

(1) 1급 표준교육과정 및 교육시간

구분	과목	교육내용	세부내용	이론	실기실습
이론강의 (80시간) / **실기연습** (80시간)	**요양보호 개론**	요양보호 관련 제도 및 서비스	● 사회복지제도의 이해 ● 노인보건복지서비스 제도의 개요 (노인복지법, 노인장기요양보험법) ● 장기요양보험 서비스 표준 ● 노인보건복지서비스 관련 자원의 이해	6	
		요양보호사의 직업윤리와 자세	● 요양보호업무의 목적, 기능, 기본원칙 ● 요양보호사의 윤리강령 및 직업적 태도 ● 장소에 따른 요양보호 서비스 이해 (시설, 재가) ● 요양보호사의 사기관리 및 안전관리 (건강관리, 스트레스 관리, 자기계발, 자격관리 등)	8	4
			● 노인의 인권 및 학대예방	2	
		요양보호 대상자 이해	● 노년기의 일반적 문제 (생리·심리적 특성) ● 노인과 가족 관계 이해	5	
	요양보호 관련 기초지식	의학, 간호학적 기초지식	● 노인의 주요 질환(치매, 뇌졸중, 우울증 등) 이해 ● 노인의 기본 건강상태 관찰과 사정 (이론실기) ● 방문간호의 이해 ● 노인의 건강증진 및 질환예방	16	5
	요양보호 각론	기본요양보호 기술	<섭취 요양보호> ● 식사 돕기(경구, 비 경구) ● 복약 돕기와 약 보관	5	7
			<배설 요양보호> ● 화장실 사용 돕기 ● 침상배설 돕기 ● 이동변기 사용 돕기 ● 기저귀 사용 돕기 ● 유치도뇨관 사용 돕기	5	7
			<개인위생 및 환경 요양보호> ● 구강·두발·손발·회음부 청결 돕기 ● 세면/ 목욕 돕기 ● 옷 갈아입히기 ● 침상청결 등 쾌적한 환경 유지하기	5	12

<table>
<tr><th>구분</th><th>영역</th><th>과목</th><th>교육내용</th><th>이론</th><th>실기
실습</th></tr>
<tr><td rowspan="9">이론강의
(80시간)
/
실기연습
(80시간)</td><td rowspan="8">요양 보호
각론</td><td rowspan="3">기본요양보호
기술</td><td><체위변경과 이동 요양보호>
● 침상이동 돕기
● 휠체어 이동 돕기
● 보행(자가, 기구) 돕기
● 이송 돕기</td><td>4</td><td>8</td></tr>
<tr><td><안전 및 감염관련 요양보호>
● 낙상/미끄러짐/넘어짐 예방하기
● 응급처치(질식, 경련, 화상, 화재 등)와 기본 소생술
● 감염예방 및 욕창예방
● 흡인</td><td>6</td><td>8</td></tr>
<tr><td>● 임종 요양보호</td><td>2</td><td>3</td></tr>
<tr><td>가사 및
일상생활 지원</td><td>● 일상생활지원의 목적, 기능 및 기본원칙
● 식사준비와 영양관리(조리방법의 기본적 이해,
노인식사 조리기술, 당뇨식이 등 특별식 준비
● 식품, 식기 등의 위생관리
● 피복 및 침상 청결관리 및 세탁
● 외출 돕기 및 일상업무 지원
● 쾌적한 거주 환경 유지하기</td><td>5</td><td>9</td></tr>
<tr><td>의사소통 및
여가지원</td><td>● 말 벗 하기
● 의사소통 돕기
● 여가활동 돕기(TV시청, 음악듣기 등)
● 의사소통 및 라포형성 방법</td><td>4</td><td>8</td></tr>
<tr><td>서비스
이용지원</td><td>● 요양보호 대상자장소 특성파악 및 서비스계획 변경지원
● 타 직종, 타 서비스와의 연계성 이해
● 업무보고회, 사례검토회 등의 의의와 기능</td><td>4</td><td>4</td></tr>
<tr><td>요양보호 업무
기록 및 보고</td><td>● 기록과 보고의 목적 및 중요성
● 업무일지 기록 방법
● 업무 보고 방법</td><td>3</td><td>5</td></tr>
<tr style="display:none"></tr>
<tr><td colspan="3">소 계</td><td>① 80</td><td>② 80</td></tr>
<tr><td rowspan="3">현장
실습
(80시간)</td><td colspan="2">노인요양시설 실습</td><td>통합실습 I</td><td>40</td><td></td></tr>
<tr><td colspan="2">재가요양서비스 실습</td><td>통합실습 II</td><td>40</td><td></td></tr>
<tr><td colspan="3">소 계</td><td>③ 80</td><td></td></tr>
<tr><td colspan="4">총 ① + ② + ③</td><td colspan="2">240</td></tr>
</table>

※ 경력자는 신규자 교육과정에서 실기·실습 50% 면제
(다만, 노인요양시설 또는 재가노인복지시설에서 1년 이상 경력이 인정되는 경우 해당 실습 전체 면제)

(2) 1급 국가자격(면허)소지자 교육과정 및 교육시간

(가) 간호사

<table>
<tr><th>구분</th><th>과목</th><th>교육내용</th><th>이론</th><th>실기</th></tr>
<tr><td rowspan="5">이론/실기</td><td rowspan="3">요양보호개론</td><td>요양보호 관련 제도 및 서비스</td><td>6</td><td></td></tr>
<tr><td>요양보호사의 직업윤리와 자세</td><td>10</td><td>4</td></tr>
<tr><td>요양보호대상자 이해</td><td>5</td><td></td></tr>
<tr><td rowspan="2">요양보호각론</td><td>서비스 이용지원</td><td>4</td><td></td></tr>
<tr><td>요양보호 업무기록 및 보고</td><td>3</td><td></td></tr>
<tr><td>실습</td><td colspan="2">노인요양시설 또는 재가시설실습</td><td colspan="2">8</td></tr>
<tr><td colspan="3">총시간</td><td colspan="2">40</td></tr>
</table>

(나) 사회복지사

<table>
<tr><th>구분</th><th>과목</th><th>교육내용</th><th>이론</th><th>실기</th></tr>
<tr><td rowspan="5">이론/실기</td><td rowspan="2">요양보호개론</td><td>요양보호 관련 제도 및 서비스</td><td>3</td><td></td></tr>
<tr><td>요양보호사의 직업윤리와 자세</td><td>8</td><td></td></tr>
<tr><td>요양보호관련 기초지식</td><td>의학, 간호학적 기초지식</td><td colspan="2">16</td></tr>
<tr><td rowspan="2">요양보호각론</td><td>기본요양보호기술</td><td colspan="2">12</td></tr>
<tr><td>요양보호 업무기록 및 보고</td><td>3</td><td></td></tr>
<tr><td>실습</td><td colspan="2">노인요양시설 또는 재가시설실습</td><td colspan="2">8</td></tr>
<tr><td colspan="3">총시간</td><td colspan="2">50</td></tr>
</table>

(다) 간호조무사 · 물리치료사

<table>
<tr><th>구분</th><th>과목</th><th>교육내용</th><th>이론</th><th>실기</th></tr>
<tr><td rowspan="6">이론/실기</td><td rowspan="3">요양보호개론</td><td>요양보호 관련 제도 및 서비스</td><td>6</td><td></td></tr>
<tr><td>요양보호사의 직업윤리와 자세</td><td>10</td><td>4</td></tr>
<tr><td>요양보호대상자 이해</td><td>5</td><td></td></tr>
<tr><td rowspan="3">요양보호각론</td><td>의사소통 및 여가지원</td><td>5</td><td></td></tr>
<tr><td>서비스 이용지원</td><td>4</td><td></td></tr>
<tr><td>요양보호 업무 기록 및 보고</td><td>3</td><td>5</td></tr>
<tr><td>실습</td><td colspan="2">노인요양시설 또는 재가시설 실습</td><td colspan="2">8</td></tr>
<tr><td colspan="3">총시간</td><td colspan="2">50</td></tr>
</table>

2. 경력증명발급기관

가. 의료법에 의한 의료기관

나. 노인복지법에 의한 노인주거복지시설, 노인의료복지시설, 재가노인복지시설

다. 국민기초생활보장법에 의한 자활후견기관 및 자활공동체

라. 장애인복지법에 의한 장애인 생활시설, 장애인유료복지시설, 장애인지역사회재활시설 (단, 장애인체육관, 장애인수련관, 심부름센터, 수화통역센터, 점자도서관, 점자 출판소 제외)

마. 정신보건법에 의한 정신질환자 생활훈련시설, 정신질환자 주거시설

바. 지역보건법에 의한 보건소, 보건지소

사. 농어촌 등 보건의료를 위한 특별조치법에 의한 보건진료소

아. 기타 보건복지부장관이 정하는 기관(단체)

* 경력증명발급기관에서 생활지도원, 유급가정봉사원, 각종 간병인 등 간병요양관련 종사자로서의 경력에 한해 인정

3. 교육과정 운영기준

가. 실기연습의 경우 각 회당 교육인원은 최대 40명을 초과할 수 없다.

나. 현장실습은 다음의 기준을 준수하여야 한다.

(1) 노인요양시설 실습 및 재가노인복지시설 실습으로 구분한다.

(2) 실습지도자는 동 분야에서 3년 이상의 경력을 가진 자가 하여야 하며, 실습계획, 실습지도 및 평가를 수행한다.

(3) 교육생은 실습확인서를 교육훈련기관에 제출하여야 한다.

4. 수료기준

가. 교육생이 전체 교육시간 중 8할 이상 출석하였을 경우 각 교육과정의 이수로 인정한다.

나. 교육대상자 중 출석기준은 충족하였으나 다음 현장실습 평가기준에 미달한 경우에는 교육을 수료하지 못한다.

○ 현장실습 : 실습계획서에 근거하여 행하되 실습지도자가 실습과정의 관찰 등을 통하여 실습확인서에 합격(P)과 불합격(F)으로 구분하여 평가한다.

다. 현장실습 평가결과는 요양보호사교육기관에서 발급하는 교육수료증명서에 표기되어야 한다.

제3절 장기요양시설 설치 절차

장기요양기관으로 지정받고자 하는 자 중 노인의료복지시설은 노인복지법 시행규칙 별표4의 시설・인력기준을 갖추어야하며, 장기요양기관으로 지정받고자 하는 자 중 재가노인복지시설은 노인장기요양보험법 시행규칙 별표1의 시설・인력기준을 갖추어야 한다.

1. 장기요양기관 설치절차 및 명칭

구 분	설치기준	제공급여	명칭	광의의 명칭
노인의료복지시설이 장기요양기관으로 지정받는 경우	노인복지법상 시설,인력기준	시설급여	장기 요양기관	장기요양기관
재가노인복지시설이 장기요양기관으로 지정받는 경우	노인복지법상 시설,인력기준 + 노인장기요양 보험법상 시설,인력기준	재가급여	장기 요양기관	
재가장기요양기관으로 설치신고 하는 경우	노인장기요양 보험법상 시설,인력기준	재가급여	재가장기 요양기관	

2. 장기요양기관 지정절차

- **기존 노인복지법에 의해 설치된 노인의료복지시설[노인전문병원 제외]은 시.군.구청장의 지정을 받아 시설급여를 제공하는 장기요양기관이 됨**

  ※ 이하 언급되는 노인의료복지시설 명칭에서 노인전문병원은 모두 제외됨

장기요양기관 지정신청서(별지제10호서식)와 관련구비서류(일반현황, 인력현황, 시설현황)를 갖추어 소재지를 관할하는 시・군・구청장에게 신청하면 시・군・구청장이 지정요건을 심사한 후 지정 또는 반려한다.

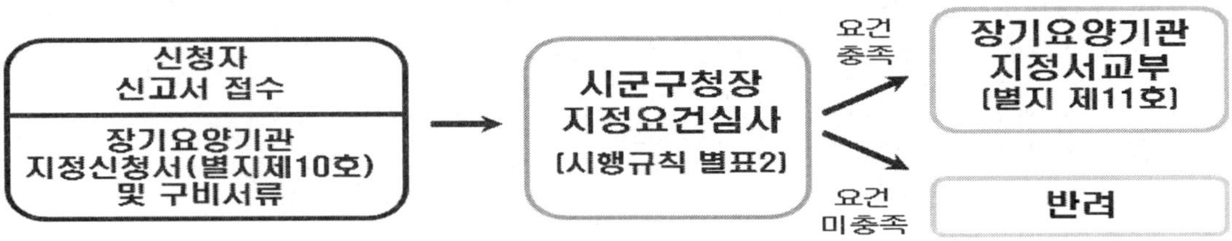

※ 한 기관에서 다수의 장기요양서비스를 제공하고자 하는 경우 구비서류 중 인력현황, 시설현황은 서비스 유형별로 별도 작성하여야 한다.

3. 지정신청서제출 서류

- 장기요양기관 지정신청서 (별지 제10호서식)
- 일반현황 1부 (별지 제10호서식의 구비서류)
- 인력현황, 시설현황(서비스별 각1부)
- 자격증 사본 (배치인력 중 간호사, 요양보호사, 물리치료사, 사회복지사 등)

장기요양기관 지정신청서

<table>
<tr><td rowspan="2">신□ 청□ 인
(대 표 자)</td><td>① 성 명</td><td>김 0 0</td><td>② 주민등록번호</td><td colspan="3"></td></tr>
<tr><td>③ 주 소</td><td colspan="2"></td><td>④전화
번호</td><td colspan="2"></td></tr>
<tr><td>⑤ 기 관 명</td><td colspan="6">노인요양공동생활가정 0000 의 집</td></tr>
<tr><td>⑥법인등록번호</td><td colspan="2">–</td><td>⑦ 사업자등록번호</td><td colspan="3"></td></tr>
<tr><td>⑧ 설립구분</td><td colspan="6">□ 국가 □ 지방자치단체 □ 법인( ) ■ 개인 □ 기타( )</td></tr>
<tr><td rowspan="2">⑨ 기관유형
(급여종류)</td><td>시설</td><td colspan="5">□노인요양시설(구법) □노인전문요양시설(구법)
□노인전문요양시설(현행법) ■노인요양공동생활가정</td></tr>
<tr><td>재가</td><td colspan="5">재가노인복지시설(□방문요양 □방문목욕 □주・야간보호 □단기보호)</td></tr>
<tr><td rowspan="2">⑩ 소 재 지</td><td colspan="6"></td></tr>
<tr><td>전화번호</td><td></td><td>FAX
번호</td><td>□</td><td>E-mail</td><td></td></tr>
<tr><td colspan="7">「노인장기요양보험법」 제31조 및 같은 법 시행규칙 제11조에 따라 장기요양기관 지정을 신청합니다.

20 . . .

신청인(대표자) 김 0 0 (서명 또는 인)

0000 시장 귀하</td></tr>
<tr><td>구비서류</td><td colspan="6">장기요양기관 일반현황・인력현황・시설현황 각 1부</td></tr>
</table>

[구비서류 1] 일반현황 (제2쪽)

<table>
<tr><td colspan="14">일반 현황</td></tr>
<tr><td>①기관명</td><td colspan="4">노인요양공동생활가정
0000 의집</td><td colspan="4">②장기요양기관기호</td><td colspan="5">공란</td></tr>
<tr><td>③설치
신고일자</td><td colspan="4">2012. . .</td><td colspan="4">④입소(이용)정원</td><td colspan="5">9 명</td></tr>
<tr><td rowspan="4">⑤직원
현황</td><td rowspan="3">총인원</td><td rowspan="3">시설장
(관리
책임자)</td><td colspan="10">자격(면허) 보유자</td><td rowspan="3">기타</td></tr>
<tr><td rowspan="2">소계</td><td rowspan="2">사회
복지사</td><td rowspan="2">의사</td><td rowspan="2">간호
사</td><td rowspan="2">간호
조무
사</td><td rowspan="2">치
과
위
생
사</td><td colspan="2">요양
보호사</td><td rowspan="2">물리
(작
업)
치료
사</td><td rowspan="2">영양
사</td></tr>
<tr><td>1급</td><td>2급</td></tr>
<tr><td>9 명</td><td>1</td><td>5</td><td>1</td><td>1</td><td></td><td>1</td><td></td><td>3</td><td></td><td></td><td></td><td></td></tr>
<tr><td>⑥
기관규모</td><td>대지</td><td>372㎡</td><td>건물면적</td><td>187.74㎡</td><td>소유
형태</td><td colspan="8">1.자가(√) 2.임대 3.법인소유
4.무상임대 5.기타</td></tr>
<tr><td>⑦홈페이지
주소</td><td colspan="13"></td></tr>
<tr><td colspan="14"><<작성요령 및 유의사항 >></td></tr>
<tr><td colspan="14">①: 기관의 명칭을 적습니다.
②: 시군구에서 적습니다. 다만, 변경 신고시에는 기관기호를 적습니다.
③: 설치신고증명서에 기재된 설치신고일자를 적습니다.
④: 입소(이용)정원을 적습니다.
⑤: 기관에 근무하는 직원의 총인원 및 시설장(관리책임자), 면허증 또는 자격증 보유인원을 적습니다.
※ 간호사: 영 제9조에 따라 최근 10년 이내에 2년 이상의 간호업무경력이 있는 간호사
※ 간호조무사: 영 제9조에 따라 최근 10년 이내에 3년 이상의 간호보조업무경력이 있는 간호조무사로서 보건복지부장관이 정하는 교육을 이수한 자
※ 기타: 자격증 또는 면허증이 없는 직원현황을 적습니다.
⑥: 기관의 대지면적·연건평을 기재하고 소유형태를 표기합니다.
⑦: 기관이 운영중인 홈페이지 주소를 적습니다.
※ 기관유형(급여종류)별 장기요양기관의 인력 또는 시설현황이 변경되었을 경우 일반현황과 각각의 인력 또는 시설현황을 함께 제출하여야 합니다.</td></tr>
</table>

[구비서류 2] 인력(변경)현황 (제3쪽)

인력(변경)현황

2008.9.1일자

☐ 노인요양시설 ■ 노인요양공동생활가정 ☐ 방문요양 ☐ 방문목욕
☐ 주·야간보호 ☐ 단기보호 ☐ 복지용구 ☐ 방문간호

연 번	구 분	이 름	주민등록번호	자격종류 또는 근무기관	자격번호 또는 근무기간	근무 형태	입사/퇴사/휴직/복직일
1	1						
2	5						
3	8						
4	8						
5	8						

※ 구분 : 1. 시설장(관리책임자) 2. 사회복지사 3. 의사 4. 간호사 5. 간호조무사
6. 치과위생사 7. 물리(작업)치료사 8. 요양보호사 1급 9. 요양보호사 2급 10. 영양사 11. 기타
※ 근무형태 : 전임, 겸임, 계약직으로 구분하여 기재
※ 입사/퇴사/휴직/복직일자 기재
※ 요양보호사 자격유예자의 경우 자격유예기간 중 근무한 기관과 근무기간을 기재

[구비서류 3] 시설(변경)현황 (제4쪽)

시설(변경)현황

■ 노인요양시설 □ 노인요양공동생활가정 □ 방문요양 □ 방문목욕
□ 주·야간보호 □ 단기보호 □ 복지용구 □ 방문간호

시설 현황

구분	침실(거실)	사무실	의료 및 간호사실	작업 및 일상동작 훈련실	프로그램실	식당 및 조리실	화장실	세면장 및목욕실	세탁장□ 건조장
개소	6	1	1	1	1	1	3	2	2

침실 현황

구분	1인실	2인실	3인실	4인실	특수침실	기타
개소	2	1		2		

차량현황(이송 및 방문목욕일 경우 기재)

차량 연번	차량 종류[1)]	적재량	구입 연도	구입 방법[2)]	차량 제조사	차량명	개조설계 및시행사	취득가(천원)		차량구입 지원기관
								차량가	개조비용	
차량1	1	9인승	2006	3	현대	스타렉스		8,500		
차량2										

1. 차량종류 : ① 승합형 ② 탑형 ③ 버스 ④ 기타
2. 구입방법 : ① 기증 ② 신규구매 ③ 중고구매 ④ 리스 ⑤ 기타

차량 장비현황 : 기타 장비 기재요망 (방문목욕일 경우 기재)

구분	욕조	이동 욕조	급수탱크	급탕장치	보일러 시설	샤워기 시설	리프트	입욕 장치	세탁기	기타
차량1										
차량2										

복지용구 소독·세정 및 기타 관리 장비 보유 현황(복지용구사업일 경우 기재)

신고내용*	장비명	제조사	모델명	용도	비고

제4절 시설 및 재가 서비스 제공절차

1. 시설입소 계약 절차

① 입소계약 등 관련 절차 준수사항

구 분	내 용	근거규정
장기요양 기관 정보의 안내	● 장기요양기관은 수급자가 장기요양급여를 쉽게 선택하고 급여의 질을 보장하기 위하여 장기요양기관별 급여의 내용, 시설 · 인력등 현황 자료등을 공단이 운영하는 인터넷홈페이지에 게시하여야 함 • 시설의 구조, 설비상태 및 건물전경 등의 사진 • 장기요양기관의 주소, 약도, 전화번호 및 홈페이지 주소 • 장기요양기관에 소속된 인력 종류별 종사자수 및 입소(이용)정원과 현 재 입소(이용)한 인원 • 장기요양기관에서 제공하는 급여종류 • 장기요양급여 이용계약에 관한 사항	노인장기 요양보험 법 시행규칙 제26조
장기요양 기관 수급자에 대한안내	● 운영규정의 개요, 종사자 근무체계, 장기요양급여의 종류, 비급여 대상의 항목 및 금액, 기타 중요사항을 장기요양기관의 잘 볼 수 있는 곳에 게시하여야 함	시행규칙 제14조

www.mohw.go.kr

① 입소계약 등 관련 절차 준수사항

구 분	내 용	근거규정
장기요양 인정서 확인	● 수급자가 장기요양급여를 받고자 하는 때에는 장기요양기관에 '장기요양인정서' 를 제시하여야 함 * 다만, 수급자가 장기요양인정서를 제시하지 못하는 때에는 수급자 또는 장기요양기관은 공단에 전화, 인터넷 등을 이용 자격 확인 가능 * 장기요양인정 유효기간은 1년을 원칙으로 함	시행규칙 제13조
장기요양 급여 계약서 작성	● 수급자와 장기요양기관은 장기요양급여 개시 전에 장기요양급여 제공계약을 문서로 체결·작성하여야 하며 1부는 수급자 1부는 장기요양기관이 보관함 * 계약서에 포함되어야 할 사항 : 계약당사자, 계약기간, 장기요양급여의 종류, 내용 및 비용 등, 비급여대상 및 대상별 비용	시행규칙 제15조
계약체결 에 따른 동의서 징수	● 장기요양기관은 수급자와 장기요양급여 계약을 체결할 때에는 수급자와 또는 그 가족에게 급여의 제공계획 및 비용(비급여 항목 및 금액 포함) 등을 설명하고 동의서를 받아야 함	시행규칙 제14조

① 입소계약 등 관련 절차 준수사항

구 분	내 용	근거규정
수급권자의 계약 승인	● 「국민기초생활보장법」, 「의료급여법」에 따른 수급권자는 계약 체결전에 주소지를 관할하는 시·군·구청장으로부터 계약내용에 대하여 승인을 받아야 함 * 승인을 득하지 않고 계약이 체결한 때에는 공단은 장기요양급여 비용을 지급하지 아니할 수 있음	시행규칙 제15조
계약서의 통보	●계약 체결 또는 계약 내용 변경시 '장기요양급여계약(승인)내역서'를 공단으로 통보(모사전송 등)하여야 함	시행규칙 제15조
금지사항	● 수급자 가족을 위한 행위, 수급자 가족의 생업을 지원하는 행위, 그 밖에 수급자의 일상 생활에 지장이 없는 행위 등을 요구하거나 제공하여서는 아니되며 본인일부부담금 면제, 할인행위, 영리를 목적으로 수급자를 소개·알선·유인하는 행위를 금지함	시행규칙 제17조, 제18조

① 시설서비스 제공절차 흐름도

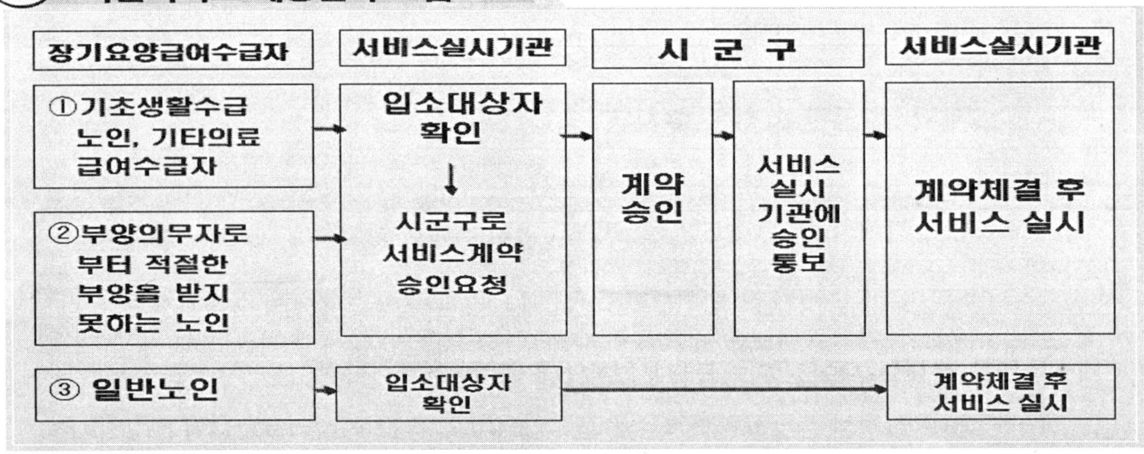

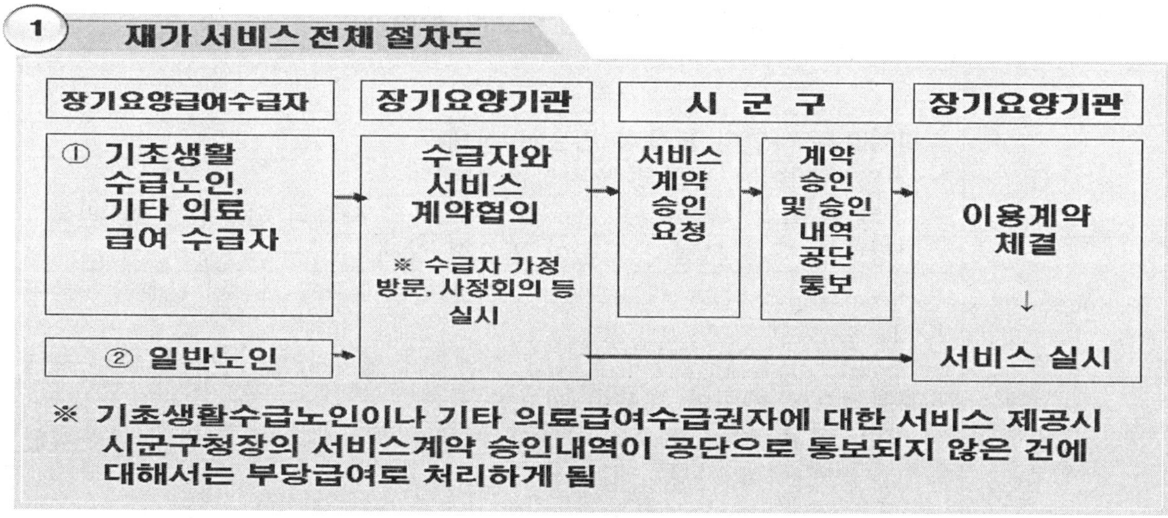

2. 재가서비스제공기관의 일반적 절차

① 신청접수 : 전화 또는 신청자 내방 접수

- 장기요양인정서 등을 통해 장기요양수급자 여부 확인

② 사전방문 : 가정을 방문하여 신청노인에 대한 종합적인 상황 기록 (건강, 개인 신상, 주거환경)

③ 사정회의 : 공단에서 제공하는 표준이용계획서를 참조하여 수급자의 기능상태 및 욕구에 적합한 서비스 제공 횟수, 1일 서비스 제공 시간, 일정 등을 결정

④ 서비스계약체결 : 신청자에게 서비스제공 계획 수립내역을 알리고, 서비스 제공 전 신청자나 그 가족과 서비스계약을 체결

* 신청자가 기초수급자이거나 의료급여수급자인 경우 계약체결 전 반드시 수급자 주소지 관할 시군구청장의 승인을 받아야 함

⑤ 서비스 제공 : 가정에 방문(방문요양, 목욕, 간호)하거나 대상자를 기관으로 이송 (주야간보호, 단기보호)하여 서비스 제공

⑥ 사후관리 : 서비스 제공에 대한 만족도 및 불만사항 청취, 서비스 제공 후 심신 상태 변화 체크

< 장기요양 등급별 대표적 상태 >

등급	수준
1등급	**전적으로 타인의 도움이 필요한 상태** - 거의 움직이지 못하고 누워있는 상태 - 식사, 옷입기, 씻기 등의 신체활동에 다른 사람의 완전한 도움 필요
2등급	**상당부분 다른 사람의 도움이 필요한 상태** - 먹고, 입고, 씻는 등의 일상생활의 기본 행동에 다른 사람의 완전한 도움이 필요한 상태 - 치매로 기억, 판단력이 흐려져 주위에 문제 행동을 가끔 보이는 상태
3등급	**부분적으로 타인의 도움이 필요한 상태** - 먹고, 입고, 씻는 등의 일상생활의 기본 행동이 다른 사람의 부분적인 도움을 받아야 가능 - 가사일이나 집밖의 활동에 다른 사람의 도움을 받아야 하는 상태

※ 노인 장기요양보험 제도 개요(보건복지부)

○ 2012년11월말 장기요양서비스 신청대상자는 494,260명이고, 등급 인정된 대상자의 수는 340,490명이다. 각 급별 판정결과는 다음과 같다

장기요양보험 등급판정 결과 현황

2012.11월 말 현재 (단위: 명)

구 분	합계	등급인정자				등급외자
		소계	1등급	2등급	3등급	소계(등급외A~C)
인원	494,260	340,490	38,419	70,703	231,368	153,770
비율	100%	68.9%	7.7%	14.3%	46.8%	31.1%

※ 노인장기요양보험 홈페이지(www.longtermcare.or.kr) 자료마당/통계자료실

3. 수가 및 급여기준

- 본인부담금 : 수가로 산정된 총 수입 중에서 본인부담금(법정 본인부담률을 곱하여 산정)은 서비스 이용자로부터 수령

구분	일반대상자	경감대상자	기초생활수급권자
본인부담률	15%	7.5%	0%

- 공단부담금
  - ○ 서비스 이용자의 본인부담금을 제외한 나머지 금액
  - ○ 재가장기요양기관이 공단에 비용을 청구하여 지급받게 됨

◎ 재가급여 수가

방문요양서비스

분류	금액(단위:원/방문당							
방문요양	30분	60분	90분	120분	150분	180분	210분	240분
	10,680	16,120	21,360	26,700	30,200	33,500	36,600	39,500

방문목욕서비스

분류	금액(단위:원/방문당)	
방문목욕	차량 이용	차량 미이용
	71,290	39,590

방문간호지시서 발급비용

분류	금액(단위:원/1회당)
① 의료기관(보건의료원 포함) 가. 대상자가 의료기관을 방문하는 경우 나. 의사가 가정을 방문하는 경우	15,760 50,780
② 보건기관(보건소 및 보건지소) 가. 대상자가 보건기관을 방문하는 경우 나. 의사가 가정을 방문하는 경우	4,170 9,370

방문간호서비스

분류	금액(단위:원/방문당)		
방문간호	30분 미만	30분 이상 ~ 60분 미만	60분 이상
	28,700	36,650	44,600

주야간보호서비스

분류		1등급	2등급	3등급
주·야간보호	3시간 이상 ~ 6시간 미만	24,960	22,740	19,140
	6시간 이상 ~ 8시간 미만	33,280	30,320	25,520
	8시간 이상 ~ 10시간 미만	41,600	37,900	31,900
	10시간 이상 ~ 12시간 미만	45,760	41,690	35,090
	12시간 이상	49,920	45,480	38,280

단기보호

분류	1등급	2등급	3등급
단기보호	43,300	39,600	35,900

◎ 시설급여수가

노인요양시설 노인전문요양시설 노인요양공동생활가정

구분	1등급	2등급	3등급
노인요양시설(구노인복지법)	38,610	34,980	31,340
노인요양시설(단기보호에서 전환)	43,300	39,600	35,900
노인전문요양시설(구노인복지법)·노인요양시설	48,900	45,290	41,670
노인요양공동생활가정	48,900	45,290	41,670

◎ 특별현금급여

가족요양비

등급	1등급	2등급	3등급
가족요양비	150,000 원/1개월		

◎ 재가급여 월 한도액

등급	1등급	2등급	3등급
월 한도액	1,140,600 원	971,200 원	814,700 원

◎ 의사소견서 발급 비용

	분류	금액(원)
의사소견서 (1회당)	「의료법」에 따른 의료기관(보건의료원 포함)	28,940
	「지역보건법」에 따른 보건소 및 보건지소	18,830

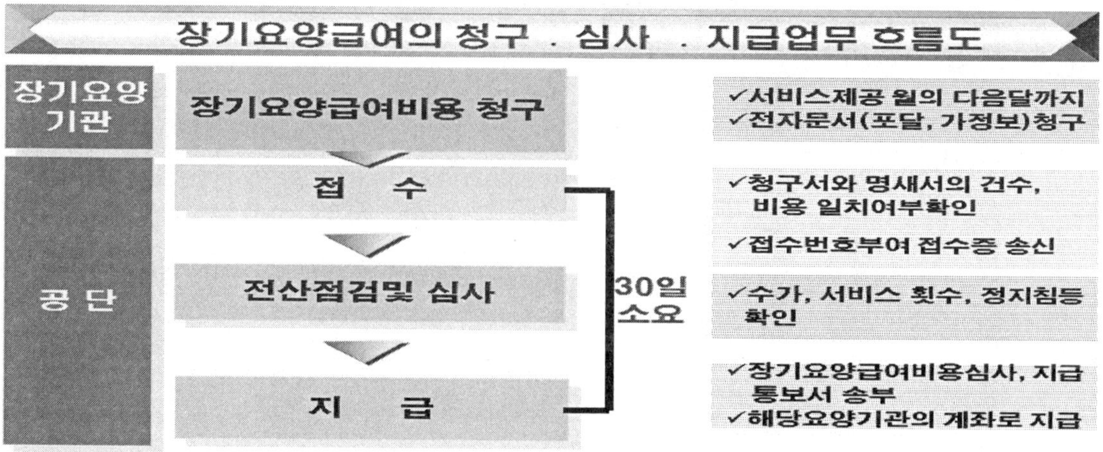
장기요양급여의 청구 . 심사 . 지급업무 흐름도
장기요양 기관
장기요양급여비용 청구
✓서비스제공 월의 다음달까지
✓전자문서(포달, 가정보)청구
공 단
접 수
전산점검및 심사
지 급
30일 소요
✓청구서와 명세서의 건수, 비용 일치여부확인
✓접수번호부여 접수증 송신
✓수가, 서비스 횟수, 정지침등 확인
✓장기요양급여비용심사, 지급 통보서 송부
✓해당요양기관의 계좌로 지급

각 종 서 식

서 식 목 차

[서식 1호-공통서식] 복지대상자 보장/급여(변경) 신청서 …… 310
[서식 2호-공통] 복지대상자 …… 312
[서식 6호-공통서식] 복지급여계좌변경신청서 …… 313
[서식 7호] 2012년도 노인건강진단 1차대상자 명단 …… 314
[서식 8호] 2012년도 노인건강진단 2차대상자 명단 …… 314
[서식 9호] (　　)차 노인건강진단결과 분석표 …… 315
[서식 10호] (　　)차 노인건강진단결과 조치내역 …… 316
[서식 11호] 노인건강진단기록부 …… 316
[서식 12호] 개안수술 지원신청서 …… 319
[서식 14호] 재가복지시설 이용 신청서 …… 320
[서식 15호] 재가복지시설 이용 의뢰서 …… 321
[서식 16호] 재가노인 지원대상 실태조사표 …… 322
[서식 17호] 모범경로당 선정서 …… 324
[서식 18호] 후원신청서 …… 325
[서식 19호] 2005년도 분기 결연후원사업 추진실적 총괄표 …… 326
<후원금 결연> …… 327
<후원품 > …… 328
<붙임 자료 1> ○○시설 운영위원회 운영규정(안) …… 329
<서식 1> 시설운영위원회 회의록 …… 332

<서식 2> 시설운영위원회 정책건의사항 ··· 333
<서식 3> 시설별 설치신고서 ··· 334
양식) 노인주거복지시설설치신고서 ··· 336
양식) 장애인복지시설설치·운영신고서 ··· 337
양식) 아동복지시설설치신고서 ··· 338
양식) 부랑인복지시설 및 모자복지시설 설치 신고서 ··· 339
양식) 정신요양시설설치허가신청 및 허가사항변경통지서 ··· 340
<서식 4> 개인운영시설 계약서 예시 ··· 341
<서식 5> 개인시설 생활자 입퇴소 보고서 ··· 343
<붙임 1> 사회복지법인정관 변경인가신청서 ··· 344
<붙임 2> 기본재산처분허가신청서 ··· 345
<붙임 3> 장기차입허가신청서 ··· 346
<붙임 4> 사회복지법인합병허가신청서 ··· 347
<붙임 5> 발기인 총회회의록 예시 ··· 351
<붙임 6> 설립 발기인명단 ··· 352
<붙임 7> 기본재산목록 ··· 353
<붙임 8> 임원명단 ··· 354
<붙임 9> 법인이 사용할 인장 ··· 355
<붙임 10> 재산출연증서 ··· 356
<붙임 11> 임원 취임승낙서 ··· 357
<붙임 12> 임원의 이력서 ··· 358
<붙임 13> 특수관계 부존재 각서 ··· 360
<붙임 14> 사회복지법인임원임면보고서 ··· 361

[서식 1호-공통서식]

복지대상자 보장/급여(변경) 신청서	처리기간
	14일 이내

신청인	성 명		주민등록번호		세대주와관계	
	주 소	(전화 :)				

신 청 보장구분	□기초생활보장 □영유아복지 □영유아복지(만5세아) □아동복지(소년소녀가장) □모자가정복지 □부자가정복지 □장애인복지 □노인복지 □기타( )

가족사항	세대주와 관 계	성 명	주민등록번호	동거여부및 미동거사유	학력	건강상태 (장애,질병)	직 업	월소득	비고
	본 인								

재산사항	구분	내용
	건축물	□주택(원) □건물(원) □기타(원)
	토 지	□논(원) □밭(원) □임야(원) □기타(원)
	선 박	□선박 대 (원)
	자동차	□평가액(원) □차종·연식( ) □차량번호( ) □소유자( ) □배기량(cc) □용도(생업용, 장애인용, 자가용, 보장기관인정차량)
	임차보증금	□전·월세보증금(원) □상가보증금(원) □기타(원)
	금융재산	□은행예금·적금(원) □저축성보험(원) □주식(원) □현금·수표·어음등(원)
	동 산	□소(원) □돼지(원) □기타가축(원) □종묘·임목(원) □기계·기구류(원) □기타(원)
	공 제	□임대보증금(원) □장기저축(원)
	부 채	□의료비부채(원) □교육비부채(원) □주거부채(원) □일반부채(원)

보장신청 구비서류	1. 호적등본(이미 책정된 사람으로서 변동사항이 없는 경우는 생략) 2. 소득·재산관계서류(전·월세 계약서,월급명세서 등) 3. 진단서 및 검진서(현재 질환이 있어 치료를 받고 있는 경우) 등

※ 신청서 뒷면(급여지원 신청란)도 작성하여 주시기 바랍니다.

(뒷 면)

<table>
<tr><td rowspan="9">보장대상별
급여내용
안 내</td><td colspan="2">보장구분</td><td colspan="5">지 원 급 여 내 용</td></tr>
<tr><td rowspan="2">기초
생활
보장</td><td>급여
종류</td><td colspan="5">① 생계급여 ② 교육급여(학비) ③ 의료급여 ④ 주거급여 ⑤ 자활급여
⑥ 기타( )</td></tr>
<tr><td>현물
급여</td><td colspan="5">□양곡( ) □식품권( ) □집수리( ) □기타( )</td></tr>
<tr><td colspan="2">영 유 아</td><td colspan="5">① 보육료감면 (□ 저소득보육료 □ 만5세아무상보육)</td></tr>
<tr><td colspan="2">아 동</td><td colspan="5">① 소년소녀가장보호비 ② 그룹홈, 가정위탁보호비 ③ 기타( )</td></tr>
<tr><td colspan="2">모자가정</td><td colspan="5">① 아동양육비 ② 학비 ③ 기타( )</td></tr>
<tr><td colspan="2">부자가정</td><td colspan="5">① 아동양육비 ② 학비 ③ 기타( )</td></tr>
<tr><td colspan="2">장 애 인</td><td colspan="5">① 장애수당 ② 학비 ③ 기타( )</td></tr>
<tr><td colspan="2">노 인</td><td colspan="5">① 경로연금 ② 교통수당 ③ 기타( )</td></tr>
<tr><td rowspan="7">가구원별
급여신청
내 용</td><td colspan="2" rowspan="2">세대주와의
관 계</td><td rowspan="2">성 명</td><td rowspan="2" colspan="2">신청 급여내용</td><td colspan="2">학비신청인 경우 기재</td></tr>
<tr><td>학 교 명</td><td>학년.반</td></tr>
<tr><td colspan="2">본 인</td><td></td><td colspan="2"></td><td></td><td></td></tr>
<tr><td colspan="2"></td><td></td><td colspan="2"></td><td></td><td></td></tr>
<tr><td colspan="2"></td><td></td><td colspan="2"></td><td></td><td></td></tr>
<tr><td colspan="2"></td><td></td><td colspan="2"></td><td></td><td></td></tr>
<tr><td colspan="2"></td><td></td><td colspan="2"></td><td></td><td></td></tr>
<tr><td>급여계좌</td><td colspan="2">금융기관명</td><td></td><td>예금주</td><td></td><td>계좌
번호</td><td></td></tr>
<tr><td>급여신청
구비서류</td><td colspan="7">1. 급여통장 계좌번호 사본 1부
2. 학비지원신청자인 경우
- 1/4분기 : 수업료납입고지서(신입생인 경우 입학금고지서)
- 2/4분기 이후 : 해당학교 재학조회 또는 당해분기 납입고지서(신규신청)</td></tr>
<tr><td colspan="8">위와 같이 복지대상자 보장(변경)/급여를 신청합니다.
년 월 일
신청인 : (서명 또는 인)
시장 · 군수 · 구청장 귀하</td></tr>
<tr><td>유의사항</td><td colspan="7">1. 신청서에 기재하신 내용이 허위 또는 기타 부정한 방법에 의하여 급여를 받거나 타인으로 하여금 급여를 받게 할 경우는 부정수급한 급여를 환수하고 법에 의해 처벌을 받을 수 있습니다.
2. 보장 및 급여여부의 결정에 필요한 조사를 거부, 방해, 기피할 경우는 신청서가 반려되거나 급여결정이 취소 될 수 있습니다.
위의 사항을 확인합니다. 신청인 : (서명 또는 인)</td></tr>
</table>

※ 해산급여, 장제급여, 자금대여, 보장구, 시설입소(이용) 신청서는 별도 작성함

[서식 2호-공통서식]

<table>
<tr><td colspan="6">복지대상자 [□ 급여신청결과 / □ 급여변경 · 중지] 통보서</td></tr>
<tr><td rowspan="3">신청인
/세대주</td><td>성 명</td><td colspan="2"></td><td>주민등록번호</td><td></td></tr>
<tr><td>주 소</td><td colspan="4">(전화번호 :)</td></tr>
<tr><td>신청내용/현보장내용</td><td>보장구분</td><td></td><td>급여내용</td><td></td></tr>
<tr><td rowspan="18">조사심의결과</td><td colspan="5">□ 급여신청자</td></tr>
<tr><td rowspan="4">□ 보장(급여) 적합</td><td>보장구분</td><td></td><td>급여내용</td><td></td></tr>
<tr><td>보장기간</td><td colspan="3">년 월 일 부터 년 월 일 까지</td></tr>
<tr><td>특이사항</td><td colspan="3">□ 가구원 일부보장( ) □ 조건부수급자( ) □ 기타( )</td></tr>
<tr><td>보장안내</td><td colspan="3">귀하가 신청하신 내용에 대해 조사·심의한 결과 위와같이 급여대상자로 결정되었으므로, 지정된 급여를 지원받으실 수 있습니다.
이후 거주지역, 세대구성, 부양의무자, 소득·재산 등에 변동이 있을 시에는 반드시 관할 읍면동사무소에 신고하셔야 하며, 보장기간 중이라 하더라도 급여대상자 선정기준을 초과할 시에는 급여가 중지될 수 있음을 알려드립니다.</td></tr>
<tr><td rowspan="2">□ 보장(급여) 부적합</td><td>부적합사유</td><td colspan="3"></td></tr>
<tr><td>보장부적합 안 내</td><td colspan="3">귀하가 신청하신 내용에 대해 조사·심의한 결과 위와 같은 사유로 보장(급여)이 부적합한 것으로 결정되었습니다.
이후 소득·재산, 부양의무자 등의 변동으로 생활이 어려워져 급여가 필요할 경우에는 다시 신청하실 수 있으며, 보장기준에 적합할 시는 급여를 받을 수 있음을 알려드립니다.</td></tr>
<tr><td colspan="5">□ 현 급여대상자</td></tr>
<tr><td rowspan="4">□ 급여변경</td><td>변경일자</td><td colspan="3">년 월 일 부터</td></tr>
<tr><td>변경내용</td><td colspan="3"></td></tr>
<tr><td>변경사유</td><td colspan="3"></td></tr>
<tr><td>변경안내</td><td colspan="3"></td></tr>
<tr><td rowspan="4">□ 급여중지</td><td>중지일자</td><td colspan="3">년 월 일 부터</td></tr>
<tr><td>중지내용</td><td colspan="3"></td></tr>
<tr><td>중지사유</td><td colspan="3"></td></tr>
<tr><td>중지안내</td><td colspan="3"></td></tr>
<tr><td colspan="3">비 고</td><td colspan="3">※ 처리기한 경과사유 등</td></tr>
</table>

□ 복지대상자 급여신청(변경)/급여중지에 대하여 심의한 결과 위와 같이 결정되었음을 통보하여 드리며, 상담하실 일이 있으실 경우 언제든지 담당자를 찾아주시면 자세한 안내를 해드리겠습니다.

□ 위 결정사항에 대하여 이의가 있는 경우에는 결정통지를 받은 날부터 60일 이내에 해당 시장·군수·구청장을 거쳐 시·도지사에게 이의신청을 할 수 있습니다.

년 월 일

담당자 : 직급 성명

문의 전화번호 :

시장·군수·구청장 (인)

[서식 6호-공통서식]

<table>
<tr><td colspan="5" rowspan="2">복지급여계좌변경신청서</td><td>처리기간</td></tr>
<tr><td>즉 시</td></tr>
<tr><td colspan="2" rowspan="2">신 청 인
(복지대상자)</td><td>성 명</td><td></td><td>주민등록번호</td><td></td></tr>
<tr><td>주 소</td><td colspan="3">(전화 :)</td></tr>
<tr><td rowspan="4">복
지
급
여
계
좌</td><td rowspan="2">현 행</td><td>금융기관</td><td></td><td>예 금 주</td><td></td></tr>
<tr><td>계좌번호</td><td colspan="3"></td></tr>
<tr><td rowspan="2">변 경</td><td>금융기관</td><td></td><td>예 금 주</td><td></td></tr>
<tr><td>계좌번호</td><td colspan="3"></td></tr>
<tr><td colspan="6">위와 같이 복지급여계좌 변경을 신청하오니, 현재 지급받고 있는 급여 전체를 위 변경계좌로 입금하여 주시기 바랍니다.

년 월 일

신청인 : (서명 또는 인)

시장 · 군수 · 구청장 귀하</td></tr>
<tr><td colspan="2">구비서류</td><td colspan="4">급여통장 사본 1부</td></tr>
</table>

[서식 7호]

2012년도 노인건강진단 1차대상자 명단

실시기관명		수검대상인원	
검진기관명		수 검 인 원 *	

수검번호	성 명	주 소	주민등록번호	종합의견*	실시기관

주 : 1. *란은 검진기관에서 기재한다.

[서식 8호]

2012년도 노인건강진단 2차대상자 명단

실시기관명		수검대상인원	
검진기관명		수 검 인 원 *	

수검번호	성 명	1차수검번호	1차 소견	2차 소견*	기관장확인

주 : 1. *란은 검진기관에서 기재한다.

[서식 9호]

(　　)차 노인건강진단결과 분석표

(단위 : 명, 개)

구분	진단인원			진단 결과				질병내역											
					질환자수								순환기계질환						
	계	남	여	정상자수	소계	단순	중복	구분	병명 / 계	결핵	당뇨병	빈혈	고혈압성질환	고지혈증	간질환	신질환	백내장	안질환	기타
계								단순											
								중복											

주 : 1. '질환자수'는 질병이 1개인 경우에는 '단순'으로, 질병이 1개 이상인 경우에는 '중복'으로 구분하여 해당 인원수를 각각 기재한다.

2. '질병내역'은 단순 또는 중복환자 1인이 갖고 있는 질병내역을 파악하여 해당질병 수를 각각 기재한다.

3. 노인건강진단결과 조치내역(별지 #3)을 첨부한다.

[서식 10호]

(　　)차 노인건강진단결과 조치내역

(단위 : 명)

구 분	질환자수	조 치 내 역		
		치료조치	보건소지도조치	미 조 치
계				

주 : 1차 진단결과 조치내역 작성시에는 "치료조치"에 "2차 진단의뢰수"를 기재한다.

[서식 11호]

노인건강진단기록부

실시기관명(시 · 군 · 구)
기 관 장 확 인

< 기재 및 관리요령 >

1. 진단기록부 ①-⑧항과 ⑫항은 실시기관이 기재하고 ⑩-⑪항은 검진기관에 기재
2. ⑤-⑨항은 해당란에 ㅇ표
3. 질병관리를 위해 필요시 관내 보건기관에서 활용할 수 있도록 협조한다.
4. 본 기록부는 읍 · 면 · 동에 보관 · 관리하며, 주소지 이동시 본인에게 교부하여 신거주지에 제출하여 계속 관리토록 지도한다.

① 성명		②주민등록번호	- (만 세)	성별		혈액형		수검번호	
④ 주소	시도 시군구 동읍면				시도 시군구 동읍면				
⑤ 대상구분	의료급여( ) 의료부조( ) 기타 ( )	⑥ 가족과의 동거여부	동 거( ) 비동거( )	⑦ 건강진단경험	유 ( ) 무 ( )	⑧ 본인의 건강의식	건강( ) 불건강( )		

⑩ 1차건강진단

구분	⑨건강진단의견소견						체위검사								치과검사				
	정상	불안정	거동장애	지적기능장애	소변조절장애	신경통	신장 cm	체중 kg	흉위 cm	혈압 ㎜/Hg	시력 좌	시력 우	청력 좌	청력 우	우식증 상	우식증 하	결손치 상	결손치 하	치주질환
200																			
200																			
200																			

구분	혈액검사					뇨검사			안검사	치매검사	흉부X-선간접촬영	진찰소견	
	혈색소 g/dℓ	총콜레스테롤 mg/dℓ	혈청지오티 Unit	혈청지피티 Unit	혈당 mg/dℓ	뇨당 음성±	뇨단백 음성±	요잠혈 ±	정밀안저검사			양호	불량
200													
200													
200													

접는 선

구분	종합소견												1차진단결과조치의견	검진일자	검진기관명	확인자 ㊞
	정상(전종목)	결핵의심	당뇨병의심	빈혈증의심	순환기계 질환: 고혈압성질환의심	순환기계 질환: 고지혈증의심	간질환의심	신질환의심	호흡기질환의심	백내장의심	기타안질환의심	건강상담필요				
200																
200																
200																

⑪ 2차건강진단

구분	흉부질환				순환기계질환						간장질환							
	흉부X-선직접촬영	결핵균집균도말검사		검사소견	고혈압성 질환: 혈압 ㎜/Hg	고혈압성 질환: 정밀안저검사	고혈압성 질환: 심전도검사	고지혈증 질환: 트리그리세라이드	고지혈증 질환: HDL콜레스테롤	검사소견	총단백 g/dℓ	알부민 g/dℓ	알카라인포스파타제 Unit	총빌리루빈(총·직접)		유산탈수효소(LDH)	알파휘토단백	검사소견
200																		
200																		
200																		

구분	당뇨질환				신장질환					빈혈					
	혈당 mg/dℓ 식전(FBS)	혈당 mg/dℓ 식후(PPS)	정밀안저검사(양쪽)	검사소견	뇨침사현미경검사	뇨산	크레아티닌 mg/dℓ	뇨소질소 mg/dℓ	검사소견	헤마토크리트 %	백혈구수 백개/㎣	적혈구수 백개/㎣			검사소견
200															
200															
200															

<table>
<tr><td rowspan="7">2차건강진단</td><td rowspan="2">구 분</td><td colspan="4">안 질 환</td><td>치매검사</td><td>골다공증검사</td><td rowspan="2">검진일자</td><td rowspan="2">검진기관명</td><td rowspan="2">확인자 ㊞</td></tr>
<tr><td>안압검사</td><td>각막곡률검사</td><td>굴절 및 조정검사</td><td>검사소견</td><td>치매척도검사 (GDS 또는 CDR)</td><td>양방사선(광자) 골밀도 검사</td></tr>
<tr><td>200</td><td></td><td></td><td></td><td></td><td></td><td></td><td></td><td></td><td></td></tr>
<tr><td>200</td><td></td><td></td><td></td><td></td><td></td><td></td><td></td><td></td><td></td></tr>
<tr><td>200</td><td></td><td></td><td></td><td></td><td></td><td></td><td></td><td></td><td></td></tr>
<tr><td colspan="3">진찰종합소견</td><td colspan="7"></td></tr>
<tr><td colspan="3">2차진단결과 조치의견</td><td colspan="7"></td></tr>
<tr><td rowspan="6">⑫ 진단결과조치사항(시·군·구)</td><td colspan="2">200 . .</td><td colspan="8"></td></tr>
<tr><td colspan="2">200 . .</td><td colspan="8"></td></tr>
<tr><td colspan="2">200 . .</td><td colspan="8"></td></tr>
<tr><td colspan="2"></td><td colspan="8"></td></tr>
<tr><td colspan="2"></td><td colspan="8"></td></tr>
<tr><td colspan="2"></td><td colspan="8"></td></tr>
<tr><td rowspan="3">⑬ 기타특기사항</td><td colspan="10"></td></tr>
<tr><td colspan="10"></td></tr>
<tr><td colspan="10"></td></tr>
</table>

[서식 12호]

개안수술 지원신청서

기관명 : 　　　　　　　　　　　　　　　　신청일 : 　　년　　월　　일

이 름		성별		연령		주민등록번호	
현주소	(☎)						
진단명				의료보장 구 분	□ 의료급여 1종, □ 건강보험 □ 의료급여 2종, □ 기 타		

위와 같이 무료 개안수술을 신청합니다.

기 관 명 :

부 서 명 :

담 당 자 : 　　　　　　(서명 또는 인)

(전화 : 　　　　　　팩스 : 　　　　　)

부 서 장 : 　　　　　　(서명 또는 인)

기 관 장 (인)

한 국 실 명 예 방 재 단 귀 하

※ 구비서류

1. 기초생활수급권자 증명서 1부(비수급권자는 읍·면·동장 추천서 1부)
2. 진료의뢰서 1부
3. 주민등록증 사본 1부

한국실명예방재단 www.blind.or.kr

121-743 서울 마포구 도화동 538번지 성지빌딩 701호

전화 02) 718-1102,1137 팩스 02) 719-6329

[서식 14호]

<table>
<tr><td colspan="7">재가복지시설 이용 신청서</td><td>처리기간
7일이내</td></tr>
<tr><td rowspan="2">신청인</td><td colspan="2">성명</td><td></td><td>주민등록
번 호</td><td></td><td>시설이용자
와의 관계</td><td></td></tr>
<tr><td colspan="2">주소</td><td colspan="5">(전화번호)</td></tr>
<tr><td>희망
이용
시설</td><td colspan="7">☐ 가정봉사원파견시설 ☐ 주간보호시설 ☐ 실비주간보호시설 ☐ 단기보호시설</td></tr>
<tr><td rowspan="4">시설
이용
인원</td><td rowspan="2">01</td><td>성 명</td><td></td><td>주민등록
번 호</td><td colspan="3"></td></tr>
<tr><td>주 소</td><td colspan="2"></td><td>희망입소
기 간</td><td colspan="2"></td></tr>
<tr><td rowspan="2">02</td><td>성 명</td><td></td><td>주민등록
번 호</td><td colspan="3"></td></tr>
<tr><td>주 소</td><td colspan="2"></td><td>희망입소
기 간</td><td colspan="2"></td></tr>
<tr><td>이용
사유</td><td colspan="7">※ 이용자의 본인의 신체상황, 가족상황 등을 상세히 기록</td></tr>
<tr><td colspan="8">재가복지시설을 이용하기 위해 위와 같이 신청합니다.

년 월 일

신청인 : ______________(서명 또는 인)

재가복지(가정봉사원파견 · 주간보호 · 실비주간보호 · 단기보호)센터장 귀하</td></tr>
<tr><td>구비
서류</td><td colspan="7">1. 주민등록증 1부.
2. 근로소득원천징수부 또는 소득금액증명원 1부(기초생활 수급대상자의 경우 의료보호증 또는 수급자 확인서).
3. 추정소득 확인서 1부.
4. 건강진단서 1부(단기보호시설에 입소하고자하는 경우에 한함).</td></tr>
</table>

[서식 15호]

재가복지시설 이용 의뢰서	처리기간
	7일이내

신청인	성 명		주민등록 번 호		시설이용자와의 관계	
	주 소	(전화번호)				
희망 이용 시설	☐ 가정봉사원파견시설 ☐ 주간보호시설 ☐ 실비주간보호시설 ☐ 단기보호시설					

시설 이용 인원	01	성 명		주민등록 번 호		
		주 소		희망입소 기 간		
	02	성 명		주민등록 번 호		
		주 소		희망입소 기 간		
이용 사유	※ 이용자의 본인의 신체상황, 가족상황 등을 상세히 기록					

재가복지시설을 이용하기 위해 위와 같이 신청합니다.

년 월 일

신청기관 : ____________________(관인)

재가복지(가정봉사원파견 · 주간보호 · 실비주간보호 · 단기보호)센터장 귀하

구비 서류	
	1. 주민등록증 1부. 2. 근로소득원천징수부 또는 소득금액증명원 1부(기초생활 수급대상자의 경우 의료보호증 또는 수급자 확인서). 3. 추정소득 확인서 1부. 4. 건강진단서 1부(단기보호시설에 입소하고자하는 경우에 한함).

[서식 16호]

재가노인 지원대상 실태조사표

<table>
<tr><td rowspan="2">1. 기본 사항</td><td>①성 명</td><td></td><td>②성별</td><td></td><td>③연령</td><td></td><td>④주민등록번호</td><td></td><td>⑤학력</td><td></td><td>⑥종교</td><td></td></tr>
<tr><td>⑦현주소</td><td colspan="11">(☎)</td></tr>
<tr><td rowspan="5">2. 가족 사항</td><td>①관계</td><td>② 성명</td><td colspan="3">③ 주 소</td><td colspan="2">④생년월일</td><td>⑤ 학력</td><td>⑥직업</td><td>⑦월소득액</td><td colspan="2">⑧비고</td></tr>
<tr><td></td><td></td><td colspan="3"></td><td colspan="2"></td><td></td><td></td><td></td><td colspan="2"></td></tr>
<tr><td></td><td></td><td colspan="3"></td><td colspan="2"></td><td></td><td></td><td></td><td colspan="2"></td></tr>
<tr><td></td><td></td><td colspan="3"></td><td colspan="2"></td><td></td><td></td><td></td><td colspan="2"></td></tr>
<tr><td></td><td></td><td colspan="3"></td><td colspan="2"></td><td></td><td></td><td></td><td colspan="2"></td></tr>
<tr><td rowspan="3">3. 보호 형태</td><td colspan="2">1) 사업대상</td><td colspan="10">☐ 국민기초생활수급권자 ☐ 실비보호대상자 ☐ 기타</td></tr>
<tr><td colspan="2">2) 동거실태</td><td colspan="10">☐ 독거노인 ☐ 노인 2인가구 ☐ 기타</td></tr>
<tr><td colspan="2">3) 주거형태</td><td colspan="10">☐ 자가 ☐ 전세 ☐ 월세 ☐ 기타</td></tr>
<tr><td rowspan="8">4. 건강 상태</td><td colspan="2">1) 질환명</td><td colspan="10">☐위십이지장궤양 ☐뇌졸중(중풍) ☐고혈압 ☐심부전증 ☐폐렴 ☐폐결핵 ☐관절염
☐신경통 ☐골다공증 ☐ 백내장 ☐녹내장 ☐당뇨병 ☐치매 ☐기타 ( )</td></tr>
<tr><td colspan="2" rowspan="7">2) 장애상태</td><td colspan="10">☐ IADL일부제한 ☐ IADL모두제한 ☐ ADL일부제한 ☐ ADL모두제한</td></tr>
<tr><td colspan="10">* (IADL 및 ADL 일부제한 능력항목 기재)</td></tr>
<tr><td>시각장애</td><td colspan="9"></td></tr>
<tr><td>청각장애</td><td colspan="9"></td></tr>
<tr><td>언어장애</td><td colspan="9"></td></tr>
<tr><td>신체장애</td><td colspan="9"></td></tr>
<tr><td>기 타</td><td colspan="9"></td></tr>
<tr><td colspan="3">5. 신청서비스내용</td><td colspan="10">☐ 가정봉사원 파견시설(가사지원, 개인활동, 우애서비스) ( )회 이용
☐ 주간·실비주간·단기보호 ( )일 보호</td></tr>
<tr><td rowspan="3">6. 평가 결과</td><td colspan="2">1) 서비스 제공여부</td><td colspan="3">☐ 적격 ☐ 부적격</td><td colspan="2">부적격사유</td><td colspan="5">☐ 자조능력있음 ☐ 경제력있음
☐ 노인의 요구와 기관의 서비스가 서로 맞지 않음
☐ 노인의 거부 ☐ 기타(사유기재 :)</td></tr>
<tr><td colspan="2">2) 서비스사유</td><td colspan="10">☐ 자조능력 없음 ☐ 수발자의 건강악화 ☐ 수발자 휴식 ☐ 수발자 없음 ☐ 기타</td></tr>
<tr><td colspan="2">3) 제공서비스 내용</td><td colspan="10">☐ 가사지원 ☐ 개인활동 ☐ 우애서비스 ☐ ( )회이용 ☐ ( )일 보호</td></tr>
<tr><td colspan="2">7. 의 뢰 인</td><td>성 명</td><td colspan="2"></td><td colspan="2">노인과의 관계</td><td colspan="2"></td><td colspan="2">전화번호</td><td colspan="2"></td></tr>
<tr><td colspan="13">8. 비고

</td></tr>
</table>

재가복지시설 사회복지사 성명 : (인)

〈뒷 면〉

조사표 기재요령 및 유의사항

☞ 조사전에 반드시 내용을 숙지할 것

1) 4-2) 장애상태란에는 노인의 건강상태을 아래와 같이 IADL과 ADL로 구분하여 서비스 범위를 정하는 것임.

1. IADL(Instrumental Activities of Daily Living) : 수단적 일상생활 수행능력
   ① 일상용품 사러가기
   ② 전화걸기
   ③ 버스·전철타기
   ④ 가벼운 집안일 하기
2. ADL(Activities of Daily Living) : 일상생활 수행능력
   ① 목욕하기
   ② 옷 갈아입기
   ③ 식사하기
   ④ 앉기
   ⑤ 걷기
   ⑥ 화장실 이용하기

2) 5. 신청서비스내용란에는 신청인이 서비스 받기를 원하는 내용 기재
예) 가정봉사원파견시설의 경우 : 가사지원, 개인활동, 우애 서비스 등
주간보호시설의 경우 : 주 몇회를 이용하기 바라는가 등
단기보호시설의 경우 : 이용하기를 원하는 기간 등 기재

3) 6. 3) 서비스 내용란에는 서비스대상 노인의 평가결과 필요하다고 인정되는 서비스 내용 기재

4) 8. 비고란에는 사회복지사가 서비스대상 노인 평가결과 기타 필요하다고 인정되는 내용 기재

[서식 17호]

모범경로당 선정서

경로당 명칭 :

소 재 지 :

위 경로당은 모든 회원이 한마음으로 경로당을 건전하게 운영하였을 뿐 아니라 지역사회 봉사활동에 적극 참여함으로써 200 년도 모범경로당으로 선정되었기 이 증서를 드립니다.

200 년 월 일

시 · 도지사 (인)

[서식 18호]

후 원 신 청 서

<table>
<tr><td>이름 (단체명)</td><td colspan="3"></td></tr>
<tr><td>주민등록번호</td><td colspan="3"></td></tr>
<tr><td>생 년 월 일</td><td></td><td>성별</td><td>남 · 여</td></tr>
<tr><td>주 소</td><td colspan="3">☐ – ☐</td></tr>
<tr><td rowspan="2">전 화</td><td colspan="3">☐ – ☐ – ☐ (집)</td></tr>
<tr><td colspan="3">☐ – ☐ – ☐ (핸드폰)</td></tr>
<tr><td>직 업</td><td></td><td>이메일</td><td></td></tr>
<tr><td colspan="4">귀하께서 후원하고자 하는 종류에 ∨표 해 주세요</td></tr>
<tr><td rowspan="4">후 원 종 류</td><td colspan="3">☐ 정기결연후원(1구좌 10,000원이상)
결연대상 지정 : 지역( ) 성별(남 · 여)</td></tr>
<tr><td colspan="3">☐ 물품후원</td></tr>
<tr><td colspan="3">☐ 자원봉사
– 신체수발(목욕 · 식사 · 대소변 수발, 옷 갈아입기, 이동보조 등)
– 건강관리(간병, 재활 등 운동보조, 의료기구 활동 보조 등)
– 가사활동지원(식사준비, 세탁, 주거환경관리, 시장보기, 외출보조 등)
– 정서적지원(말벗, 여가활동지원, 상담, 임종준비, 정보전달 등)</td></tr>
<tr><td colspan="3">☐ 일반후원</td></tr>
<tr><td rowspan="2">후 원 방 법</td><td colspan="3">☐ CMS ☐ 지로 ☐ 무통장입금 ☐ 방문접수</td></tr>
<tr><td colspan="3">* CMS 자동이체를 신청하신 후원자님께서는 아래 부분을 기재해주세요.
<table>
<tr><td>은행</td><td></td><td>계 좌 번 호</td><td></td></tr>
<tr><td>예금주명</td><td></td><td>예 금 주
주민등록번호</td><td></td></tr>
<tr><td>출금일</td><td colspan="3">◦ 매달 4일 ◦ 25일</td></tr>
</table></td></tr>
<tr><td>요 망 사 항</td><td colspan="3"></td></tr>
</table>

본인은 재가노인결연사업추진본부가 진행하는
홀로 사시는 노인결연사업에 동참하고자 위와 같이 신청합니다.

20 년 월 일

신청인 (인)

재 가 노 인 결 연 사 업 추 진 본 부

[서식 19호]

2012년도 분기 결연후원사업 추진실적 총괄표

<자원봉사 결연>

신체수발, 건강증진 서비스, 기사지원 서비스, 우애서비스 등

□ 기관명 :

(단위 : 명)

대상자수	결연자수	결연율(%)	후원자수	(　)년도 (　)분기 신규결연	
				결연자수	후원자수
㉠	㉡	㉢	㉣	㉤	㉤

□ 작성방법

㉠ 총 대상노인 수

㉡ 총 결연노인 수

㉢ 결연자노인수㉡ ÷ 대상노인수㉠ × 100

㉣ 총 후원자수

㉤ 년도 /분기 신규내역

<후원금 결연>

(단위 : 명, 원)

대상 자수	결연 자수	결연율 (%)	후원 자수	구좌수	후원금	( )년도 ( )분기 신규결연			
						결연 자수	구좌수	후원 자수	후원금
㉠	㉡	㉢	㉣			㉤	㉤	㉤	㉤

□ 작성방법

㉠ 총 대상노인 수

㉡ 총 결연노인 수

㉢ 결연자노인수㉡ ÷ 대상노인수㉠ × 100

㉣ 총 후원자수

㉤ 년도 /분기 신규내역

<후원품 >

□ 기관명 :

(단위 : 명)

대상자수	결연자수	결연율 (%)	후원자수	(　　)년도 (　　)분기 신규결연	
				결연자수	후원자수
㉠	㉡	㉢	㉣	㉤	㉤

□ 작성방법

㉠ 총 대상노인 수

㉡ 총 결연노인 수

㉢ 결연자노인수㉡ ÷ 대상노인수㉠ × 100

㉣ 총 후원자수

㉤ 년도 /분기 신규내역

<붙임 자료 1>

○○시설 운영위원회 운영규정(안)

제1조(목적) 이 규정은 사회복지시설 운영의 체계적·종합적 발전방향을 모색하기 위한 시설운영위원회(이하 "위원회"라 한다)의 구성과 운영에 필요한 사항을 정함을 목적으로 한다.

제2조(위원회의 기능) 위원회는 사회복지시설 운영과 관련한 다음 각호의 사항을 심의한다.

1. 시설운영계획의 수립·평가에 관한 사항
2. 사회복지프로그램의 개발·평가에 관한 사항
3. 시설종사자의 근무환경 개선에 관한 사항
4. 시설거주자의 생활환경 개선 및 고충처리 등에 관한 사항
5. 시설과 지역사회와의 협력에 관한 사항
6. 그 밖에 시설의 장이 부의하는 사항

제3조(위원회의 구성) ①위원회는 위원장 및 시설의 장 각1인을 포함하여 5인이상 10인이하의 위원으로 구성한다.

②위원회의 위원은 다음 각 호의 1에 해당하는 자중에서 시설의 장의 추천을 받아 관할 시장·군수·구청장이 임명 또는 위촉한다. 다만, 제4호에 해당하는 자의 경우에는 시설의 장의 추천을 받지 아니한다.

1. 시설거주자 또는 시설거주자의 보호자 대표
2. 지역주민
3. 후원자 대표
4. 관계공무원
5. 시설종사자
6. 기타 시설운영에 관하여 전문적인 지식과 경험이 풍부한 자

③위원회의 위원장은 위원중에서 호선한다.

④위원의 임기는 3년으로 하되 연임할 수 있고, 보궐위원의 임기는 전임자의 잔임기간에도 불구하고 3년으로 한다. 다만 공무원인 위원의 임기는 그 직에 재직하는 기간으로 한다.

⑤위원회에는 부위원장 1인과 간사 1인을 두되 위원장이 임명한다.

제4조(위원장 등의 임무) ①위원장은 위원회를 대표하고, 위원회의 임무를 총괄한다.

②부위원장은 위원장이 부득이한 사유로 직무를 수행할 수 없을 때에는 그 직무를 대행한다.

③간사위원은 위원장을 보좌하고 위원회 운영에 대한 행정적 지원 등을 담당한다.

제 5 조(회의) ①위원장은 회의를 소집하고 그 의장이 된다.

②위원회의 회의는 다음의 경우에 소집한다.

1. 정기회의
2. 위원장의 소집요구가 있는 경우
3. 재적위원 3분의 1이상의 소집요구가 있는 경우

③위원회는 재적위원 과반수의 출석과 출석위원 과반수의 찬성으로 의결한다.

④공무원인 위원은 공무국외여행 등 회의참석이 불가능한 경우 그 직근하급자로 하여금 회의에 참석하여 발언 또는 의결케 할 수 있다.

제 6 조(자문위원회)①위원장은 사회복지시설 운영과 관련된 전문적인 사항에 관하여 자문을 구하기 위하여 5인 이내의 전문가로 구성된 자문위원회를 둘 수 있다.

②자문위원회의 위원은 회의에 참석하여 의장의 요청에 따라 안건에 대해 발언할 수 있으며, 의결에는 참여할 수 없다.

제 7 조(의견의 청취 등) 위원회는 필요한 경우 관계공무원 · 관계전문가 또는 관계기관 · 단체 등에 조사 · 연구를 의뢰하거나 공청회·세미나 등의 개최를 통하여 관련기관 · 단체 · 관계전문가의 의견을 들을 수 있다.

제 9 조(회의공개의 제한) 위원장은 필요하다고 판단될 때에는 그 회의의 공개를 제한할 수 있다.

제10조(수당 등) 위원장, 부위원장, 위원, 기타 관계공무원 또는 관계전문가에 대해서는 시설예산의 범위안에서 수당 · 여비 기타 필요한 경비를 지급할 수 있다. 다만, 공무원이 그 소관업무와 관련하여 위원회에 출석하는 경우에는 그러하지 아니하다.

제11조(운영규정의 개정)①위원회는 재적위원 과반수 발의로 운영규정 개정안을 발의할 수 있다

②위원회는 재적위원 3분의 2이상이 찬성으로 운영규정을 개정할 수 있다.

③개정된 운영규칙은 특별한 규정이 없는 한 위원회의 의결 즉시 시행된다.

제12조(운영세칙) 이 규정에 규정된 것 외에 위원회의 운영에 관하여 필요한 사항은 위원회의 의결을 거쳐 위원장이 정한다.

부 칙

①(시행일) 이 규정은 의결한 날부터 시행한다.

<서식 1>

시설운영위원회 회의록

○○ 시설운영위원회 제 차 정기(수시) 회의			
일 시		장 소	
참석자			
회의내용			
정책건의			

<서식 2 시설운영위원회 정책건의사항>

○○시도 ○○ 시군구 시설정책 건의사항	
운영위원회 정책건의	
시군구 정책건의	
시도 정책건의	

<서식 3 시설별 설치신고서>

(앞쪽)

사회복지시설 설치·운영 신고서

신청인	①대표자성명		②법인명	
	③주소	(전화)		
시설개요	④명칭		⑤사업의 종류	
	⑥소재지	(전화)		
	⑦시설의 장의 성명		⑧주민등록번호	
	⑨설치연월일		⑩입소정원	명

시설설비내역					
⑪거 실	㎡	⑫사무실	㎡	⑬상담실	㎡
⑭도서실	㎡	⑮오락실	㎡	⑯조리실	㎡
⑰목욕실	㎡	⑱세탁실	㎡	⑲건조장	㎡
⑳변기수	개	㉑직업훈련실	㎡	㉒강의실	㎡
㉓자원봉사자실	㎡	㉔운동장	㎡	㉕대 지	㎡
㉖기타	㎡				

직원	㉗총인원	㉘사회복지사 자격증소지자	예산	㉙수입총액	㉚지출총액
	명	명		원	원

사회복지사업법 제34조제2항 및 동법시행규칙 제20조제1항의 규정에 의하여 위와 같이 사회복지시설을 설치·운영하고자 신고합니다.

년 월 일

신고인 (서명 또는 인)

(시장·군수·구청장) 귀하

수수료
없음

※ 구비서류

1. 법인의 정관(법인에 한함) 1부
2. 시설운영에 필요한 재산목록 (소유 또는 사용을 증명할 수 있는 서류를 첨부하여야 함) 1부
3. 법인등기부등본 (법인에 한함) 1부
4. 사업계획서 및 예산서 각 1부
5. 시설의 평면도(시설의 층별 및 구조별 면적을 표시하여야 함)와 건물의 배치도 각 1부

※ 사회복지시설 설치·운영 신고서는 개별시설의 신고양식이 없는 경우에 사용

(뒷쪽)

신고서 작성시 참고사항

① 대표자 성명 : 시설의 설립자 또는 법인의 대표자 성명을 기재

② 법인명 : 허가 받은 법인의 명칭을 정확하게 기재

③ 주 소 : 시설의 설립자 또는 법인이 소재하고 있는 주소 기재

④ 명 칭 : 신고하고자 하는 시설의 명칭을 기재

⑤ 사업의 종류 : 운영하고자 하는 시설의 종류를 개별법령을 참고하여 기재

⑥ 소재지 : 신고하고자 하는 시설의 주소를 기재

⑦ 시설의 장의 성명 : 시설장의 성명 기재

⑧ 주민등록번호 : 시설장의 주민등록번호 기재

⑨ 설치연월일 : 시설을 설치한 연월일 기재

⑩ 입소정원 : 운영하고자 하는 시설의 규모 등을 고려한 입소정원 기재

⑪~㉖ 시설설비 : 시설설비의 경우 현재 실측치를 정확하게 기재

㉗~㉘ 직원 : 시설에서 상시적으로 고용하고 있는 종사자를 정확하게 기재

※ 무급여로 일하고 있는 가족, 일용직 고용자, 자원봉사자 등 제외

㉙ 수입총액 : 입소자가 지불한 생활비(기초생활수급대상자의 생계비 포함), 후원금, 시설장 자기부담액 등 총 시설수입의 총액을 기재

㉚ 지출총액 : 운영에 지출한 금액, 기능보강비 등 시설지출의 총액을 기재

< 신청서 작성시 주의사항 >

☞ 현재 시설현황에 근거하여 정확하게 기재할 것

※ 현지실사 등을 통해 사실여부를 확인하여 악의에 의한 허위작성시 신고접수를 철회할 수 있음

☞ 신고서 및 구비서류 작성시 반드시 개별법령을 참고할 것

※ 세부사항은 시·군·구 미신고복지시설 담당자에게 문의

☞ 신고사항은 신고당시를 기준으로 하되, 수입총액 및 지출총액은 추정치를 기재할 것

양식) 노인주거복지시설설치신고서

노인주거복지시설설치신고서				처리기간 7일
신 청 인	성명(대표자)		법인명	
	주소	(전화 :)		
	명칭		시설의 종류	
복 지 시 설	운영형태(노인복지주택만 기재)	☐ 분양형 ☐ 임대형 ☐ 혼합형		
	소재지			
	시설의 장		주민등록번호	
입소정원		사업개시예정일		
직원	총인원	자격보유자	비고	
	명	명		
예산	수입액	지출액	비고	
	천원	천원		

노인복지법 제33조제2항 및 동법시행규칙 제16조의 규정에 이하여 위와 같이 신고합니다.

년 월 일

신고인 (서명 또는 인)

시장 · 군수 · 구청장 귀하

수수료
없음

※ 구비서류

1. 설치하고자 하는 자가 법인인 경우에는 법인의 정관 및 법인등기부 등본 각 1부
2. 위치도 · 평면도 및 설비구조내역서 각 1부
3. 입소보증금 · 이용료 기타 입소자의 비용부담 관계서류 1부
4. 사업계획서(제공되는 서비스의 내용을 포함하며, 유료양로시설 및 유료노인복지 주택의 경우에는 의료기관과의 연계에 관한 사항을 포함합니다) 1부
5. 시설을 설치할 토지 및 건물의 소유권을 증명할 수 있는 서류(유료양로시설의 경우에는 사용권을 증명할 수 있는 서류로 갈음할 수 있습니다) 각 1부

양식) 장애인복지시설설치·운영신고서

<table>
<tr><td colspan="5">장애인복지시설설치·운영신고서</td><td>처리기간
10일</td></tr>
<tr><td rowspan="2">신청인</td><td>법인명</td><td></td><td>대표자성명</td><td colspan="2"></td></tr>
<tr><td>주소</td><td colspan="4">(전화)</td></tr>
<tr><td rowspan="4">시설개요</td><td>명칭</td><td></td><td>시설종류</td><td colspan="2"></td></tr>
<tr><td>소재지</td><td colspan="4">(전화)</td></tr>
<tr><td>시설장의성명</td><td></td><td>주민등록번호</td><td colspan="2"></td></tr>
<tr><td>설치연월일</td><td></td><td>입소정원</td><td colspan="2">명</td></tr>
</table>

<table>
<tr><td rowspan="11">시설설비내역</td><td>거 실</td><td>m²</td><td>사무실</td><td>m²</td><td>의료재활실</td><td>m²</td></tr>
<tr><td>재활상담실</td><td>m²</td><td>집단활동실</td><td>m²</td><td>직업훈련실</td><td>m²</td></tr>
<tr><td>조리실</td><td>m²</td><td>목욕실</td><td>m²</td><td>세탁장</td><td>m²</td></tr>
<tr><td>건조장</td><td>개</td><td>화장실</td><td>m²</td><td>도서실</td><td>m²</td></tr>
<tr><td>오락실</td><td>m²</td><td>자원봉사자실</td><td>m²</td><td>강의실</td><td>m²</td></tr>
<tr><td>강 당</td><td>m²</td><td>운동장</td><td>m²</td><td>대 지</td><td>m²</td></tr>
<tr><td colspan="6">기 타</td></tr>
<tr><td></td><td></td><td></td><td></td><td></td><td></td></tr>
<tr><td></td><td></td><td></td><td></td><td></td><td></td></tr>
<tr><td></td><td></td><td></td><td></td><td></td><td></td></tr>
<tr><td></td><td></td><td></td><td></td><td></td><td></td></tr>
</table>

<table>
<tr><td rowspan="2">직원</td><td>정원</td><td>사회복지사
자격증소지자</td><td rowspan="2">예산</td><td>수입총액</td><td>지출총액</td></tr>
<tr><td>명</td><td>명</td><td>원</td><td>원</td></tr>
</table>

장애인복지법시행규칙 제34조제1항의 규정에 의하여 위와 같이 장애인복지시설을 설치·운영하고자 신고합니다.

년 월 일

신고인 (서명 또는 인)

(시장·군수·구청장) 귀하

수수료
없음

※ 구비서류

1. 정관 1부(법인에 한합니다)
2. 시설운영에 필요한 재산목록 1부(부동산등기부등본을 포함합니다)
3. 법인등기부등본 1부(법인에 한합니다)
4. 사업계획서 및 예산서 각 1부
5. 시설의 운영에 관한 규정 각 1부
6. 시설의 평면도(시설의 층별 및 구조별 면적을 표시하여야 합니다)와 설비 구조내역서 각 1부
7. 시설의 장의 주민등록표초본 1부(시설의 장이 직접 시설의 설치·운영을 신고하는 경우에는 본인의 주민등록증을 확인함으로써 이에 갈음합니다)

양식) 아동복지시설설치신고서

<table>
<tr><td colspan="7" rowspan="2">아동복지시설설치신고서</td><td>처리기간</td></tr>
<tr><td>2일</td></tr>
<tr><td rowspan="2">신고인</td><td>대표자성명</td><td colspan="2"></td><td>법인명</td><td colspan="3"></td></tr>
<tr><td>주소</td><td colspan="6">(전화)</td></tr>
<tr><td rowspan="4">시설개요</td><td>명칭
(시설의종류)</td><td colspan="2"></td><td>사업의종류</td><td colspan="3"></td></tr>
<tr><td>소재지</td><td colspan="6">(전화)</td></tr>
<tr><td>시설장의성명</td><td colspan="2"></td><td>주민등록번호</td><td colspan="3"></td></tr>
<tr><td>설치연월일</td><td colspan="2"></td><td>입소정원</td><td colspan="3">명</td></tr>
<tr><td rowspan="6">시설설비내역</td><td>거 실</td><td>m²</td><td>사무실</td><td>m²</td><td>도서실</td><td colspan="2">m²</td></tr>
<tr><td>목욕실
(화장실)</td><td>m²</td><td>조리실
(식당)</td><td>m²</td><td>강당
(오락실)</td><td colspan="2">m²</td></tr>
<tr><td>변기수</td><td>m²</td><td>세탁장</td><td>m²</td><td>심리검사・
치료실</td><td colspan="2">m²</td></tr>
<tr><td>상담실</td><td>개</td><td>건조장</td><td>m²</td><td>직업훈련장</td><td colspan="2">m²</td></tr>
<tr><td>집단지도실</td><td>m²</td><td>양호실</td><td>m²</td><td>대지
(놀이터)</td><td colspan="2">m²</td></tr>
<tr><td>운동장</td><td>m²</td><td>기타</td><td></td><td></td><td colspan="2"></td></tr>
<tr><td rowspan="2">직원</td><td>총인원</td><td>사회복지사
자격증소지자</td><td rowspan="2">예산</td><td colspan="2">수입총액</td><td colspan="2">지출총액</td></tr>
<tr><td>명</td><td>명</td><td colspan="2">원</td><td colspan="2">원</td></tr>
</table>

아동복지법 제14조제2항 및 동법시행규칙 제10조제1항의 규정에 의하여 위와 같이 아동복지시설을 설치하고자 신고합니다.

년 월 일

신고인 (서명 또는 인)

(시장・군수・구청장) 귀하

※ 구비서류	수수료
	없음

1. 정관(법인인 경우에 한합니다) 1부
2. 시설운영에 필요한 재산목록 (소유 또는 사용에 관한 권리를 증명할 수 있는 서류 포함) 1부.
3. 법인등기부등본 (법인인 경우에 한합니다) 1부
4. 사업계획서 및 예산서 각 1부
5. 재산의 평가조서 및 재산수익조서 각 1부
6. 시설의 운영에 관한 규정 각 1부
7. 시설의 평면도(시설의 층별 및 구조별 면적을 표시하여야 합니다) 및 건물의 배치도 각1부
8. 시설에 종사할 직원의 명단과 자격증 사본(자격증이 필요한 직원에 한하되, 자격증을 확인한 경우에는 이를 첨부하지 아니합니다.) 각 1부

양식) 부랑인복지시설 및 모자복지시설 설치 신고서

사회복지시설 설치·운영신고서

<table>
<tr><td rowspan="2">신청인</td><td>대표자성명</td><td colspan="2"></td><td>법인명</td><td colspan="2"></td></tr>
<tr><td>주소</td><td colspan="5">(전화)</td></tr>
<tr><td rowspan="4">시설개요</td><td>명칭</td><td colspan="2"></td><td>사업의종류</td><td colspan="2"></td></tr>
<tr><td>소재지</td><td colspan="5">(전화)</td></tr>
<tr><td>시설장의성명</td><td colspan="2"></td><td>주민등록번호</td><td colspan="2"></td></tr>
<tr><td>설치연월일</td><td colspan="2"></td><td>입소정원</td><td colspan="2">명</td></tr>
<tr><td rowspan="6">시설설비내역</td><td>거 실</td><td>m²</td><td>사무실</td><td>m²</td><td>상담실</td><td>m²</td></tr>
<tr><td>도서실</td><td>m²</td><td>오락실</td><td>m²</td><td>조리실</td><td>m²</td></tr>
<tr><td>목욕실</td><td>m²</td><td>세탁장</td><td>m²</td><td>건조장</td><td>m²</td></tr>
<tr><td>변기수</td><td>개</td><td>직업훈련실</td><td>m²</td><td>강의실</td><td>m²</td></tr>
<tr><td>자원봉사자실</td><td>m²</td><td>운동장</td><td>m²</td><td>대지</td><td>m²</td></tr>
<tr><td>기타</td><td colspan="5">m²</td></tr>
<tr><td rowspan="2">직원</td><td>총인원</td><td>사회복지사 자격증소지자</td><td rowspan="2">예산</td><td>수입총액</td><td colspan="2">지출총액</td></tr>
<tr><td>명</td><td>명</td><td>원</td><td colspan="2">원</td></tr>
</table>

사회복지사업법 제34조제2항 및 동법시행규칙 제20조제1항의 규정에 의하여 위와 같이 사회복지시설을 설치·운영하고자 신고합니다.

년 월 일

신고인 (서명 또는 인)

(시장·군수·구청장) 귀하

수수료
없음

※ 구비서류

1. 법인의 정관(법인에 한함) 1부
2. 시설운영에 필요한 재산목록 (소유를 증명할 수 있는 서류를 첨부하여야 함) 1부.
3. 법인등기부등본 (법인에 한함) 1부
4. 사업계획서 및 예산서 각 1부
5. 시설의 평면도(시설의 층별 및 구조별 면적을 표시하여야 함)와 건물의 배치도 각1부

양식) 정신요양시설설치허가신청 및 허가사항변경통지서

정신요양시설설치허가신청 및 허가사항변경통지서	처리기간 10일

신청인 (통지인)	법인명		대표자 성명		
	소재지	(전화)			
시설개요	명칭		사업종별		
	소재지	(전화)			
	시설장성명		주민등록번호		
	설치연월일		입소정원		

시설설비	거 실	㎡	사무실	㎡	의무실	㎡
	상담실	㎡	면회실	㎡	휴게실	㎡
	조리실	㎡	목욕탕	㎡	세탁장	㎡
	건조장	개	변기수	㎡	급수시설	유 · 무
	배수시설	유 · 무	비상재해대비시설	유 · 무	운동장	㎡
	대지	㎡				
직원	시설장	인	총무	인	정신과전문의	인
	간호사	인	보조원	인	영양사	인
	사무원	인	생활지도원	인	작업치료사	인
	취사부	인	세탁부	인	경비원	인
	총인원			정신보건전문요원수		
	인			인		
변경사항	변경전					
	변경후					

정신보건법 제10조제1항 · 제4항, 동법시행령 제24조제1항 및 동법시행규칙 제6조제1항 · 제2항의 규정에 의하여 위와 같이 정신요양시설의 설치허가(허가사항의 변경)를 신청(통지)합니다.

년 월 일

신고인 (서명 또는 인)

(시장 · 군수 · 구청장) 귀하

수수료
없음

※ 구비서류

1. 법인등기부등본 1부
2. 정관 1부
3. 사업계획서 및 수지예산서 각 1부
4. 법인재산의 평가조서 및 재산수익조서 각 1부
5. 시설의 위치도 및 시설의 구조별 면적이 표시된 평면도 각 1부
6. 정신요양시설의 설치기준 등에 관한 보건복지부령에 의한 종사자의 수 및 자격에 해당함을 입증하는 서류 1부

<서식 4 개인운영시설 계약서 예시>

<table>
<tr><th colspan="7">입소 계약서 (예시)</th></tr>
<tr><td rowspan="2">● 입주자(을)</td><td>1. 성명</td><td>이 몽룡(夫)</td><td>주민등록번호</td><td colspan="3">301111-1111111</td></tr>
<tr><td>2. 성명</td><td>성 춘향(婦)</td><td>주민등록번호</td><td colspan="3">311111-2111111</td></tr>
<tr><td rowspan="2">● 을의 보호자</td><td>성명</td><td>이 길동(子)</td><td>주민등록번호</td><td colspan="3">571111-1111111</td></tr>
<tr><td>주소</td><td colspan="3">서울 마포구 공덕동 21-1</td><td>연락처</td><td>011-111-1111</td></tr>
<tr><td rowspan="2">● 시설장 또는
● 운영자 (갑)</td><td>1. 성명</td><td>변 사도</td><td>주민등록번호</td><td colspan="3">481111-111111</td></tr>
<tr><td>2. 성명</td><td></td><td>주민등록번호</td><td colspan="3"></td></tr>
<tr><td rowspan="2">목적시설</td><td>명칭</td><td>광한루</td><td>시설의 종류</td><td colspan="3">노인요양시설</td></tr>
<tr><td>소재지</td><td colspan="5">서울 마포구 공덕동 33-3</td></tr>
<tr><td rowspan="6">입소관련
계약사항</td><td>입소보증금</td><td>금 2,000만원
(₩ 20,000,000)</td><td>월 생활비</td><td colspan="3">금 50만원
(₩ 500,000)</td></tr>
<tr><td>입소기간</td><td colspan="5">2012. 1. 1 ~ 2014. 1. 1 (2년)</td></tr>
<tr><td rowspan="3">을의 거실</td><td>호실</td><td colspan="4">202호</td></tr>
<tr><td>거실형태</td><td colspan="4">■ 온놀
□ 침대
□ 기타 ( )</td></tr>
<tr><td>거실평형</td><td colspan="4">공급면적 (9.0) ㎡
전용면적 (7.0) ㎡</td></tr>
<tr><td>기타사항</td><td colspan="5">○ 제공서비스, 계약의 종료, 비용부담 등 세부적인 계약내용은 반드시 약관 또는 별도의 세부계약서를 작성하여 차후에 분쟁이 발생하지 않도록 관리 요망
○ 입소기간 등 계약내용 변경시 변경기재란에 기재하고 계약당사자의 확인을 받을 것</td></tr>
<tr><td colspan="7">갑과 을은 상기와 같이 광한루 이용과 관련하여 계약을 체결함
2012. 1. 1.
(계약자)
시설장(갑) : 변사도 인
입소자(을) : 이몽룡 인</td></tr>
</table>

○ 변경기재란

변경사항	변경내용	확인
2012년 8월 20일	월 생활비를 50만원에서 55만원으로 인상함	갑(인) 을(인)
2014년 1월 2일	계약기간을 2012. 1. 1~ 2014. 1. 1에서 2014. 1. 2 ~ 2015. 1. 2로 변경함	갑(인) 을(인)
년 월 일		갑 을
년 월 일		갑 을
년 월 일		갑 을
년 월 일		갑 을
년 월 일		갑 을

<서식 5 개인시설 생활자 입퇴소 보고서>

생활자 입・퇴소 보고서

시설명		시설의유형	
시설소재지			
시설장		시설장주민번호	

/4분기 시설 입소인원 명단

연번	입소자 성명	주민등록번호	주소	보호자명	보호자 연락처	보호유형 (무료・실비・유료)	비고

/4분기 시설퇴소인원 명단

연번	퇴소자 성명	주민등록번호	퇴소사유	보호자명	보호자 연락처	비고

※ 주민등록번호가 없을 경우 "주민번호 없음"으로 표기

상기와 같이 /4분기 시설 생활자 입・퇴소 내역을 보고합니다

200 . . .

시설장 : 인

( ) 시장・군수・구청장 귀하

<붙임 1 : 사회복지법인정관 변경인가신청서>

<table>
<tr><td colspan="4" rowspan="3">사회복지법인정관변경인가신청서</td><td>처 리 기 간</td></tr>
<tr><td>2개 시도 : 7일</td></tr>
<tr><td>1개 시도 : 5일</td></tr>
<tr><td rowspan="2">신
청
인</td><td>①법인명</td><td></td><td>②대표자성명</td><td></td></tr>
<tr><td>③소재지</td><td colspan="3">(전화번호 :)</td></tr>
<tr><td rowspan="2">변 경
내용 및
사 유</td><td colspan="2">④ 변경전의 정관조문</td><td>⑤ 변경후의 정관조문</td><td>⑥ 변 경 사 유</td></tr>
<tr><td colspan="2"></td><td></td><td></td></tr>
<tr><td colspan="5">사회복지사업법 제17조제2항 및 동법시행규칙제8조의 규정에 의하여 사회복지법인 정관변경인가를 신청합니다.

년 월 일

신청인 (서명 또는 날인)

보건복지부장관
시 · 도 지 사 귀하</td></tr>
<tr><td colspan="4" rowspan="2">구비서류
1. 정관변경을 결의한 이사회 회의록 사본 1부.
2. 정관변경안 1부.
3. 사업계획서, 예산서 및 재산의 소유를 증명할 수 있는 서류(사업변동이 있는 경우에 한함) 각 1부.
4. 재산의 평가조서 및 재산의 수익조서(사업의 변동이 있는 경우에 한함) 각 1부.
※ 2개시도 : 목적사업이 2개 시도이상에서 수행
1개시도 : 목적사업이 1개 시도내에서 수행</td><td>수수료</td></tr>
<tr><td>없 음</td></tr>
</table>

210㎜×297㎜(일반용지 60g/㎡)

<붙임 2 : 기본재산처분허가신청서>

<table>
<tr><td colspan="5">기본재산처분허가신청서</td><td>처리기간
12일</td></tr>
<tr><td rowspan="2">신청인</td><td colspan="2">법 인 명</td><td colspan="2"></td><td>대표자성명</td></tr>
<tr><td colspan="2">소 재 지</td><td colspan="3">(전화 :)</td></tr>
<tr><td rowspan="5">처분 재산의 표시</td><td>종 류</td><td>규 모</td><td>평 가 가 액</td><td colspan="2">소 재 지</td></tr>
<tr><td></td><td></td><td></td><td colspan="2"></td></tr>
<tr><td></td><td></td><td></td><td colspan="2"></td></tr>
<tr><td></td><td></td><td></td><td colspan="2"></td></tr>
<tr><td></td><td></td><td></td><td colspan="2"></td></tr>
<tr><td colspan="2">처 분 종 류</td><td colspan="4">□ 매도 □ 증여 □ 교 환 □ 담보제공 □ 기 타</td></tr>
<tr><td colspan="2">처분사유 및 용도</td><td colspan="4"></td></tr>
<tr><td colspan="2">처 분 방 법</td><td colspan="4"></td></tr>
<tr><td colspan="2">감소된 재산의 보충방법</td><td colspan="4"></td></tr>
<tr><td colspan="6">사회복지사업법 제23조제3항 및 동법시행규칙 제14조제1항의 규정에 의하여 위와 같이 사회복지법인의 기본재산을 처분하고자 신청하오니 허가하여 주시기 바랍니다.

년 월 일

신 청 인 (서명 또는 날인)

(시 · 도 지사) 귀하</td></tr>
<tr><td colspan="5">※ 구비서류
1. 기본재산의 처분을 결의한 이사회 회의록 사본 1부
2. 처분하는 기본재산의 명세서 1부
3. 처분하는 기본재산의 감정평가서(교환의 경우에는 취득하는 재산의 감정평가서를 포함함) 1부</td><td>수수료
없 음</td></tr>
</table>

210㎜×297㎜(일반용지 60g/㎡)

<붙임 3 : 장기차입허가신청서>

장기차입허가신청서	처리기간
	17일

신청인	법 인 명			대표자성명	
	소 재 지	(전화 :)			
차 입 금 액					
차 입 사 유 및 용 도					
상 환 계 획 또는 방법					

기 본 재 산 총 액	종 류		규 모	평가가액 (천원)	연간수익액
	목 적 사업용				
		계			
	수 익 사업용				
		계			

부 채 총 액	종 류	규 모	평가가액(천원)
	계		

사회복지사업법 제23조제3항, 동법시행규칙 제15조제2항의 규정에 의하여 위와 같이 장기차입의 허가를 신청합니다.

년 월 일

신 청 인 (서명 또는 날인)

(시 · 도 지사) 귀하

※ 구비서류	수수료
	없 음

1. 이사회 회의록 사본 1부
2. 차입목적 또는 사유서(차입용도를 포함함) 1부
3. 상환계획서 1부

31313-21211민
'98. 7.20 승인

210㎜×297㎜
(일반용지 60g/㎡)

<붙임 4 : 사회복지법인합병허가신청서> (앞쪽)

<table>
<tr><td colspan="9">사회복지법인합병허가신청서</td><td colspan="2">처리기간
2개시도:22일
1개시도:17일</td></tr>
<tr><td rowspan="2">신청인</td><td rowspan="2">(대표자)</td><td colspan="2">① 성 명</td><td colspan="3"></td><td colspan="2">②주민등록번호</td><td colspan="2"></td></tr>
<tr><td colspan="2">③ 주 소</td><td colspan="7">(전화 :)</td></tr>
<tr><td colspan="4">④ 법인의 명칭</td><td colspan="7"></td></tr>
<tr><td colspan="4">⑤ 주된 사무소의 소 재 지</td><td colspan="7">(전화 :)</td></tr>
<tr><td colspan="4">⑥ 합 병 목 적</td><td colspan="7"></td></tr>
<tr><td colspan="4">⑦ 사업의 종별</td><td colspan="7"></td></tr>
<tr><td rowspan="12">자산</td><td rowspan="8">기본재산</td><td rowspan="4">목적사업용</td><td colspan="2">⑧ 종 류</td><td colspan="2">⑨ 규 모</td><td>⑩ 평가액 (천원)</td><td colspan="2">⑪ 연간수익액 (천원)</td><td>⑫ 출연자</td></tr>
<tr><td colspan="2"></td><td colspan="2"></td><td></td><td colspan="2"></td><td></td></tr>
<tr><td colspan="2"></td><td colspan="2"></td><td></td><td colspan="2"></td><td></td></tr>
<tr><td colspan="2">계</td><td colspan="2"></td><td></td><td colspan="2"></td><td></td></tr>
<tr><td rowspan="3">수익용</td><td colspan="2"></td><td colspan="2"></td><td></td><td colspan="2"></td><td></td></tr>
<tr><td colspan="2"></td><td colspan="2"></td><td></td><td colspan="2"></td><td></td></tr>
<tr><td colspan="2">계</td><td colspan="2"></td><td></td><td colspan="2"></td><td></td></tr>
<tr><td rowspan="2">보통재산</td><td colspan="3">⑬ 종 류</td><td colspan="3">⑭ 수 량</td><td colspan="3">⑮ 가 액(천 원)</td></tr>
<tr><td colspan="3"></td><td colspan="3"></td><td colspan="3"></td></tr>
<tr><td rowspan="2" colspan="2">임원</td><td>⑯ 직 위</td><td>⑰ 임기</td><td>⑲ 성명</td><td colspan="2">⑲ 주민등록번호</td><td colspan="3">⑳ 주 소</td></tr>
<tr><td></td><td></td><td></td><td colspan="2"></td><td colspan="3"></td></tr>
<tr><td rowspan="2" colspan="3">직 원</td><td colspan="4">㉑ 총 인 원</td><td colspan="4">㉒사회복지사 자격증 소 지 자 수</td></tr>
<tr><td colspan="4">명</td><td colspan="4">명</td></tr>
</table>

사회복지사업법 제30조, 동법시행령 제11조 및 동법시행규칙 제19조의 규정에 의하여 사회복지법인 합병허가를 신청합니다.

년 월 일

신청인 (서명 또는 날인)

보건복지부장관
귀하
시·도 지 사

31313-21411민
'98. 7. 20 승인

210㎜×297㎜
(일반용지 54g/㎡)

(뒷쪽)

※ 구비서류	수수료
	없 음

1. 합병후 존속하는 법인의 경우

가. 관계법인의 합병결의서·정관·재산목록 및 대차대조표 각 1부

나. 정관병경안 1부

다. 사업계획서·예산서 및 재산의 소유를 증명할 수 있는 서류 각 1부

라. 재산의 평가조서 및 재산의 수익조서 각 1부

2. 합병에 의하여 새로이 설립되는 법인의 경우

가. 합병취지서·재산목록 및 대차대조표 각 1부

나. 합병 당해 연도 및 다음 연도 사업계획서 및 예산서 각 1부

다. 제7조제2항제2호 내지 제9호의 서류 각 1부

※ 2개시도 : 합병후 존속하는 법인
1개시도 : 합병후 신설되는 법인

사회복지법인설립허가신청서

처리기간
2개시도 : 22일
1개시도 : 17일

신청인 (대표자)	① 성 명		②주민등록번호	
	③ 주 소	(전화 :)		
④ 법인의 명칭				
⑤ 주된 사무소의 소 재 지	(전화 :)			
⑥ 설 립 목 적				
⑦ 사업의 종별				

자산			⑧ 종 류	⑨ 규 모	⑩ 평가액 (천원)	⑪ 연간수익액 (천원)	⑫ 출연자
기본재산	목적사업용						
		계					
	수익용						
		계					

보통재산	⑬ 종 류	⑭ 수 량	⑮ 가 액(천 원)

임원	⑯ 직 위	⑰ 임기	⑲ 성명	⑲ 주민등록번호	⑳ 주 소

직 원	㉑ 총 인 원	㉒사회복지사 자격증 소 지 자 수
	명	명

사회복지사업법 제16조, 동법시행령 제8조 및 동법시행규칙 제7조의 규정에 의하여 사회복지법인 설립허가를 신청합니다.

년 월 일

신청인 (서명 또는 날인)

보건복지부장관
귀하
시·도 지 사

31313-00811민
'98. 7. 20 승인

210㎜×297㎜
(일반용지 60g/㎡)

	수수료
※ 구비서류	없 음

1. 설립취지서 1부
2. 정관 2부
3. 재산출연증서 1부
4. 재산출연자의 인감증명서 1부
5. 재산의 소유를 증명할 수 있는 서류(부동산의 경우에는 등기부등본) 1부
6. 재산의 평가조서(지가공시및토지등의평가에관한법률에 의한 감정평가업자의 감정서를 첨부하여야 함) 1부
7. 재산의 수익조서(수익용 기본재산을 갖춘 경우에 한하며, 공인된 감정평가기관의 수익증명 또는 수익을 증명할 수 있는 기관이 증빙서류를 첨부하여야 함) 1부
8. 임원의 취임승낙서(인감증명서를 첨부하여야 함) 및 이력서 각 1부
9. 임원 상호간의 관계에 있어 법 제18조제2항의 규정에 저촉되지 아니함을 입증하는 각서 1부
10. 설립 당해 연도 및 다음 연도의 사업계획서 및 예산서 각 1부

※ 2개시도 : 목적사업이 2개 시도이상에서 수행
1개시도 : 목적사업이 1개 시도내에서 수행

<붙임 5 : 발기인 총회회의록 예시>

발기인 총회 회의록 (예시)

○ 회의일시 : ○○년 ○○월 ○○일 ○○시 ~ ○○시
○ 회의장소 : ○○시 · 도 ○○구 ○○동 ○○빌딩 ○○층
○ 참 석 자 : 발기인 ○○명
○ 의 제 : 1. 정관의 심의 · 의결
2. 임원선출
3. 재산출연사항
4. 사업계획 등

– 발기인 대표선출 : ○○○을 만장일치로 선출함

– 200○년 ○○월 ○○일 ○○시 가칭 "사회복지법인 ○○○ 복지재단" 설립을 위한 발기인 총회를 개최, 발기인 전원이 참석하여 발기인대표 ○○○의 사회로 개회를 선언하다.

– 발기인대표
법인설립취지와 목적사업을 설명하고 정관 안건 상정

– ○○○

※ 의제별로 구체적인 토의사항을 발표자 순서대로 기록정리함.

– 이상으로 가칭 "사회복지법인 ○○재단" 의 설립 발기인총회를 모두 마치겠습니다. 위 결의를 명확히 하기 위하여 회의록을 작성하여 발기인 전원이 다음에 기명날인 한다.

200○년 ○○ 월 ○○ 일

가칭 사회복지법인 ○○○ 재단
발 기 인 ○○○
발 기 인 ○○○ 인
발 기 인 ○○○ 인

<붙임 6 : 설립 발기인명단>

연번	직위	성명	주민번호	주소	약력 (간략히)	비고

<붙임 7 : 기본재산목록>

기본재산 목록

구 분	소 재 지	규 모	평 가 가 액	출 연 자	비 고

※ 목적사업용과 수익사업용으로 구분 작성

<붙임 8 : 임원명단>

임 원 명 단

직 위	임 기	성 명	주민등록번호	주 소
대표이사	200 . . .~ 200 . . . (3년간)			
상임이사	〃			
이 사	〃			
.	〃			
.	〃			
.	〃			
감 사	200 . . .~			
.	200 . . .			
.	(2년간)			
.	〃			
	〃			

<붙임 9 : 법인이 사용할 인장>

법인이 사용할 인장

1) 직 인　　　2) 대표이사의 인　　　3) 계 인

이상과 같이 "사회복지법인 가 사용할 인상을 날인하고 발기인 전원이 기명 날인함으로써 이를 확인한다..

2012.　.　.

발기인대표 ○○○ 인
발 기 인 ○○○ 인
발 기 인 ○○○ 인
.
.
.
.
.

<붙임 10 : 재산출연증서>

재산출연증서 (기부승낙서)

사회복지법인

설립대표자 귀하

본인소유인 다음의 재산을 설립코자 하는 사회복지법인에 무상 출연(기부) 합니다.

년 월 일

위 기부자 ○ ○○ (서명)

기부재산표시

소 재 지	종 별	수 량	금 액	비 고

<붙임 11 : 임원 취임승낙서>

임원 취임승낙서

주소 :

성명 :

주민등록번호 :

최종경력 :

직위 : (이사, 감사)

취임기간 :

본인은 사회복지법인 의 (이사, 감사)직에 취임할 것을 승낙합니다.

년 월 일

(이사, 감사) (서명)

사회복지법인 ( ) 이사장 귀하

<붙임 12 : 임원의 이력서>

이 력 서

1. 성 명		3. 현주소	
2. 주민등록번호		4. 전화번호	

5. 학 력

기 간		학 력
부터	까지	

6. 자격면허		7. 상 벌	
년 월 일	종 별	년 월 일	종 류

8. 훈 련

기 간		훈 련 내 용
부터	까지	

9. 경 력

기 간		부 서	직 위	직 명	발령청	비고
부터	까지					

(뒷면)

10. 보 충 란						
기 간		부 서	직 위	성 명	발령청	비고
11. 비고						

위에 기재한 사항은 사실과 틀림이 없음.

년 월 일

성 명 (인)

<붙임 13 : 특수관계 부존재 각서>

특수 관계 부존재 각서

주소 :

성명 :

주민등록번호 :

직위 : (이사, 감사)

취임기간 :

본인은 출연자 및 임원상호간의 관계에 있어서 사회복지사업법시행령 제9조의 규정에 의한 "특별한 관계에 있는 자"가 아님을 확인합니다.

년 월 일

(이사, 감사) (서명)

사회복지법인 ( ) 이사장 귀하

<붙임 14 : 사회복지법인임원임면보고서>

<table>
<tr><td colspan="6" align="center">사회복지법인임원임면보고서</td></tr>
<tr><td rowspan="2">보고자</td><td>법인명</td><td colspan="2"></td><td>대표자 성명</td><td></td></tr>
<tr><td>소재지</td><td colspan="4">(전화 :)</td></tr>
<tr><td rowspan="6">임원선임 또는 해임내용</td><td>직 위</td><td>임 기</td><td>성 명</td><td>주민등록번호</td><td>주 소</td></tr>
<tr><td></td><td></td><td></td><td></td><td></td></tr>
<tr><td></td><td></td><td></td><td></td><td></td></tr>
<tr><td></td><td></td><td></td><td></td><td></td></tr>
<tr><td></td><td></td><td></td><td></td><td></td></tr>
<tr><td></td><td></td><td></td><td></td><td></td></tr>
<tr><td>선임 또는 해임 사유</td><td colspan="5"></td></tr>
<tr><td colspan="6">사회복지사업법 제18조제5항 및 동법시행규칙 제10조의 규정에 의하여 사회복지법인의 임원선임(해임)을 보고합니다.

년 월 일

사회복지법인 대표이사 (서명 또는 날인)

(시 · 도 지 사) 귀하</td></tr>
<tr><td colspan="6">※ 구비서류
1. 당해 임원의 선임 또는 해임을 결의한 이사회의 회의록 사본 1부
2. 임원의 취임승낙서(인감증명서를 첨부하여야 합니다) 각 1부
3. 임원 상호간의 관계에 있어 법 제18조제2항의 규정에 저촉되지 아니함을 입증하는 각서(연임되는 임원의 경우에는 제외합니다) 1부</td></tr>
</table>

210㎜×297㎜(일반용지 60g/㎡)

참고문헌

강선경・김욱(2005),「사회복지가치와 윤리」, 시그마프레스(주).

김규수외(2002).인간행동과 사회환경,Charles Zastrow저, 나눔의집

김조년(2002),「생활재활교사 교육교재」, 한국장애인복지시설협회.

김종태(2005),「사회복지시설 운영실무」, 홍익재.

김항규(2004),「행정철학」, 대영문화사.

박연호, 이상국(2002),「현대행정 관리론」, 박영사.

박태영(2004),「사회복지시설 운영론」, 현학사.

서찬교(2005),「사회복지시설 운영론」, 홍익재.

오석홍,「행정과 가치」,서울대학교행정대학원 『行政論叢』,1995.

오혜경외(2004),「사회복지실천의 이해」, 학지사.

이재환(2003),「사회복지행정론」, 홍익재.

이해영(2005),「케어복지개론」, 양서원.

조유향(1994), 「노인간호」, 현문사.

한영수, 行政價値에 관한 一考, 江南大學校『論文集』, 第32輯, 1998

보건복지부(2005), "사회복지법인 관리안내"

보건복지부(2005), "사회복지시설 업무편람"

보건복지부(2006), "노인복지시설 설치 사업 안내"

보건복지부(2007), "노인복지법 시행령 및 시행규칙 개정안 입법예고"

보건복지부(2009), 장기요양보호제도 안내.

찾아보기

가정 폭력 방지 및 피해자 보호 등에 관한 법률 33
가치(value) ······19
가치(價値 : values) ······19
가치론(axiological, 善) ······20
가치실재론(價値實在論) ······20
가치유명론(價値唯名論) ······20
감사(監事) ······60
감사의 의의 ······60
개발계획의 이념 ······15
개별기준 ······92
개별지도 ······125
개인운영시설 ······273
개인운영시설 ······275
개인운영신고시설 ······85, 94, 278
객관적 규정 ······25
결연사업 ······192
겸직 ······94
경로당 ······193
경로식당 ······189
경로우대제도 ······223
경로효친 ······220
계획가(planner) ······115
공공시설 ······79
공동생활가정 : 시설장 ······245
공동생활가정 ······243
공동생활시설 ······281
공법인 ······36
공적사회복지영역 : 사회복지사업법 ······115
공제 ······224
공존공생(共存共生) ······21
과정전문가(PME) ······122
관리감독 ······75
관리자(manager) ······113
교사(teacher) ······115
교수학습설계전문가(IDE) ······123
교육자(educator) ······113
교정사회복지사 ······116
구제명령 ······137
국가인권위원회법 ······101
국고보조사업계획 ······218
국민기초생활보장법 ······33
국민의 자유권 ······34
군사회복지사 ······116
군의무복무기간 ······108
귀속권리자 ······73
근로계약 ······127, 133
근로시간제 ······141
급식대상 ······189
급식지원방법 ······188
기관운영관리 ······118
기능보강비 ······79
기본재산 ······53, 67
기초생활수급자 ······278

내용전문가 ······123
네트워킹지원 ······118
노숙인 ······255
노숙인복지시설 ······255
노숙인쉼터 ······256
노인보호전문기관 ······226
노인복지법 ······33
노인복지생활시설 ······171
노인복지시설 ······84, 171
노인복지시설비치장부 ······181
노인복지이용시설 ······172
노인복지회관 ······197, 205
노인봉양의식 ······220
노인여가시설 ······193
노인의료복지시설 ······177, 180
노인일자리 ······203
노인일자리사업 ······191
노인장기요양보험제도제도 ······284
노인전문요양시설 ······180
노인주거복지시설 ······174, 180

노인학대 ······226
노인학대사례 ······230
노인학대신고 ······226
노인학대예방 ······227
노인학대예방사업 ······226
노인학대예방센터 ······225, 226, 231
농어촌주민의 보건복지 증진을 위한 특별법 33

단기보호 ······304
단체협약 ······127
대내적 직무 ······60
대외적 직무 ······61
도움관계 ······25, 26
동료(colleaque) ······115
동료 ······30
뒤르켕 ······22
등기 관리 ······64
등기의 효력 ······65

모범경로당 ······193
모범노인 ······222
모부자복지시설 ······250
모・부자 복지법 ······33
무료급식 ······189
무료급식사업자 ······188
무료노인복지시설 ······206
물품관리 ······161
미신고복지시설 ······276
민간위탁 ······88
민간자격증 ······105

바람직 한 것(desirable) ······20
바트렛(H.Bartlett) ······20
반합리적(半合理的)가치 ······20
반합리적 ······20
방문목욕서비스 ······304
방문요양서비스 ······304
벌칙규정 ······76
법인설립동기 ······55
법인소멸 ······70
법인시설 ······79
법인의 대표 ······59
법인합병허가신청서 ······74
법인해산(解散) ······70
법인회계 ······150
법정시설명 ······86
변경등기 ······65
보통재산 ······53
보험가입여부 ······101
복지(welfare) ······15
부랑인 ······255
부랑인시설 ······259
부모봉양자 ······225
분석가/평가자(analyst/evaluator) ······113
분할보상 ······147
비과세 ······225
비복지(diswelfare) ······16
비영리법인 ······36
비지정후원금 ······129
비치서류 ······76

사단법인 ······37
사법인 ······36
사업제휴하기 ······118
사회(social) ······15
사회계획모형 ······117
사회권(생존권적 기본권) ······34
사회복귀관련 ······267
사회복지 시설 운영자(종사자) ······26
사회복지공동모금회법 ······33
사회복지관련법령 ······85
사회복지기관과 시설영역 ······115
사회복지법인 정관 ······35
사회복지법인 ······35
사회복지사업 ······16
사회복지사업 ······33, 34, 35
사회복지사업법 시행규칙 ······35
사회복지사업법 시행령 ······35
사회복지사업법 ······33, 34, 35
사회복지사업법령 ······34
사회복지사의 역할 ······112

사회복지사직무분석표 ············119
사회복지생활시설 ············98
사회복지서비스 ············16
사회복지시설 운영자(종사자) ············27
사회복지시설 ············79, 89
사회복지시설종사자 ············98
사회사업실천 ············15
사회정상화(normalization) ············79
사회행동모형 ············117
산업사회복지사 ············116
3년보존장부 ············268
상근의무 ············94
상속세 ············224
상호관계의 이념 ············15
생계급여 ············278
생리휴가 ············145
생활세계 ············25
생활시설 ············81
생활재활교사 ············124
서비스제공형태 ············284
설립등기 ············64
성과분석 ············118
성매매 방지 및 피해자 보호 등에 관한 법률 33
세부기준 ············91
수시안전점검 ············102
수유시간 ············145
수익사업회계 ············150
수탁자선정심의위원회의 ············89
수퍼바이저 ············30
승급 ············110
시각장애인생활시설 ············236
시공업체선정 ············217
시도노인학대예방센터 ············232
시설급여수가 ············305
시설기능보강 ············216
시설생활아동 ············248
시설생활자 ············248
시설신고기준 ············280
시설안전점검 ············101
시설운영위원회 ············96
시설운영자(종사자) ············19
시설운영자 ············111
시설입소 ············300
시설장(법인대표) ············126
시설장(원장) ············94
시설종류 ············86
시설종사자 ············105
시설회계 ············150
신설법인 ············74
신용카드 ············99
실비이용자 ············213
10년보존장부 ············268

아동보호치료시설 ············242
아동복지법 ············33
아동복지시설 ············84, 241, 246
아동양육 ············243
아동일시보호시설 ············243
안내자 ············117
양도소득세 ············224
양로시설 ············180
어버이날 ············220
업무상질병 ············145
엥겔스(Friedrich ············23
역사(발달과정) ············25
연구자/학자(researcher/scholar) ············115
연차유급휴가 ············143
영구보존장부 ············268
영리법인 ············36
영유아보육법 ············33
예비비의 ············152
5년보존장부 ············268
옳음(right) ············20
옳음(right)과 좋음(good) ············20
옹호자(advocate) ············114
요보호자 ············16
요양보상 ············146
요양보호사 ············105, 126
요양보호사교육과정 ············290
요양보호사배치기준 ············126
운영위원회 ············96
원리 ············24

위탁기간 ·····89
유급휴가 ·····143
유기학대 ·····227
유료노인복지시설의 ·····213
유료노인요양시설 ·····178
유료양로시설 ·····176
의결정족수 ·····58
의료사회복지사 ·····116
의무론(deontological, 正) ·····20
의사결정전문가(DME) ·····123
이사(理事) ·····59
이사회(理事會) ·····57
이사회소집 ·····58
이용시설 ·····81
이타주의(altruism) ·····22
이해관계인 ·····60
인간중심주의(humanitarianism) ·····22
인간학(장애인의 인간학) ·····26
인권보호강화 ·····100
인력배출 ·····106
일반기준 ·····91
일시보상 ·····147
일제하일본군위안부피해자에대한생활안정지원
및기념사업등에관한법률 ·····33
임대주택 ·····225
임마누엘 칸트 ·····23
임원의 겸직금지 ·····63
임원의 보충 ·····63
임원의 임면(任免) ·····61
임원의 해임명령 ·····63
입양촉진 및 절차에 관한 법률 ·····33

자기방임 ·····227
자립지원시설 ·····243
자선사업 · 사회사업 ·····18
자원봉사결연 ·····191
자원봉사활동관리전문가 ·····116
자진폐쇄 ·····90
자활후견기관 ·····86
잔여재산 ·····73
장비보강사업 ·····217
장애인 복지법 ·····33
장애인공동생활시설(5~10인) ·····280
장애인노인임산부등의편의증진보장에관한법률 33
장애인복지시설 ·····235
장애인생활시설 ·····83, 238
장애인직업재활시설 ·····83
장해보상 ·····146
재가복지서비스 ·····185
재가서비스제공기관 ·····302
재단법인 ·····37
재산의 취득 ·····69
재산처분허가 ·····69
재해보상 ·····145, 146, 147
전문가 ·····117
정관변경 ·····69
정관변경인가신청 ·····66
정관변경절차 ·····66
정년퇴직년 ·····99
정보공유하기 ·····118
정신보건법 ·····33
정신보건사회복지사 ·····116
정신보건시설 ·····260
정신요양시설 ·····260, 262, 268
정신질환자 ·····264
조건부신고시설 ·····275
조력자(enabler) ·····112
조력자 ·····117
종(Gattung) ·····24
종사자관리 ·····102
좋음(good) ·····20
주야간보호서비스 ·····304
중앙노인학대예방센터 ·····231
중재자(broker) ·····113
중재자(mediator) ·····113
지도감독 ·····76
지방정신보건심의위원회에 ·····265
지역사회개발모형 ·····117
지역사회복지실천 ·····117
지역사회복지의 ·····35
지역사회재활시설 ·····83
지정신청서제출 ·····295

지정후원금 ……129
직업보도관리 ……259
집단지도 ……125
집합주의(collectivism) ……22
쯔쯔가무시병 ……146

차별의식을 ……17
참고 : 보호의무자의 ……263
채권신고 ……72
채권의 추심 ……72
채무의 변제 ……72
처벌기준 ……271
철학(philosophy) ……19, 23
청산(淸算) ……71
청산법인 ……71
청산인 ……71
청산종결 ……73
초임호봉 ……110
초합리적(超合理的) ……20
초합리적(超合理的)가치 ……20
촉매자(catalyst) ……115
촉매자 ……117
촉진자(facilitator) ……114
추가경정예산의 ……152
추가조치사항 ……90
출산휴가 ……145
취업규칙, ……127
취업규칙 ……148
치료자 ……117

칸트(Immanuel ……23
칼 마르크스 ……23, 24
쾌락(pleasure) ……24
클라이언트 ……26, 27, 28

통합자/조정자(integrator/coordinator) 113
퇴직금제도 ……137
특별대리인 ……60
특별현금급여 ……305
특정의 상태(stare of thing) ……15

파산신청 ……73
파산에 의한 청산 ……72
파스칼 ……23
풍요의 이념 ……15
프로그램개발 ……118
프로그램개발전문가 ……122
프로그램내용 ……118
프로그램설계하기 ……118
프로그램실행 ……118
프로그램실행하기 ……118
프로그램운영 ……118
프리드리히 엥겔스 ……23, 24
필요(need) ……16

학교사회복지사(School ……116
학대노인보호체계구축 ……226
학대아동보호사업 ……245
합리적(合理的)가치, ……20
합병 · 해산 ……57
합병 ……74
해산등기 ……65
해산등기사항 ……72
행동가(activist) ……115
행동조직가 ……117
행정처분 : 100만원이하 ……270
행정처분 ……91
허가조건 ……55
현장개입가(outreach) ……115
협상가(negotiator) ……114
협상전문가(NTE) ……123
회계총칙 ……155
회계통합시스템 ……98
효행자 ……220
후원금관리 ……129
훈련가(trainer) ……115
휴업보상 ……146